DAVID ABULAFIA

ROBERT S. LOPEZ
The Shape of Medieval Monetary History

Also in the Variorum Collected Studies Series:

ROBERT-HENRI BAUTIER
Etudes sur la France capétienne:
De Louis VI aux fils de Philippe le Bel

ROBERT-HENRI BAUTIER
Recherches sur l'histoire de la France médiévale:
Des Mérovingiens aux premiers Capétiens

ROBERT-HENRI BAUTIER
Sur l'histoire économique de la France médiévale:
la route, le fleuve, la foire

ARYEH GRABOÏS
Civilisation et société dans l'Occident médiéval

ANDRÉ-E. SAYOUS
Commerce et finance en Méditerranée au Moyen Age

JOHN H. PRYOR
Commerce, Shipping and Naval Warfare in the Medieval Mediterranean

HARRY A. MISKIMIN
Cash, Credit and Crisis in Europe,
1300–1600

ELIYAHU ASHTOR
East-West Trade in the Medieval Mediterranean

ELIYAHU ASHTOR
Studies on the Levantine Trade in the Middle Ages

PIERRE TOUBERT
Histoire du Haut Moyen Age et de l'Italie médiévale

DAVID ABULAFIA
Italy, Sicily and the Mediterranean,
1100–1400

FREDERIC C. LANE
Studies in Venetian Social and Economic History

JEAN GAUTIER DALCHÉ
Economie et société dans les pays de la Couronne de Castille

ROBERT S. LOPEZ
The Shape of Medieval Monetary History

Commerce méditerranéen et banquiers italiens au Moyen Age

Professeur Robert-Henri Bautier

Robert-Henri Bautier

Commerce méditerranéen et banquiers italiens au Moyen Age

Routledge
Taylor & Francis Group
LONDON AND NEW YORK

First published 1992 by Variorum, Ashgate Publishing

Published 2017 by Routledge
2 Park Square, Milton Park, Abingdon, Oxon, OX14 4RN
52 Vanderbilt Avenue, New York, NY 10017

Routledge is an imprint of the Taylor & Francis Group, an informa business

A CIP catalogue record for this book is available from the British Library and the US Library of Congress.

ISBN 13: 978-0-86078-311-4 (hbk)

COLLECTED STUDIES SERIES CS362

TABLE DES MATIÈRES

Ce volume est composé de xii + 338 pages

NOTE DE L'ÉDITEUR

Nos meilleurs remerciements vont aux éditeurs qui ont bien voulu consentir à la reproduction des articles publiés par leurs soins: Revue historique (n° I); Académie des inscriptions et belles-lettres (n° II); Comité des travaux historiques et scientifiques (n° III, V, XI); Ecole des Hautes Etudes en sciences sociales (n° IV); Publications de la Sorbonne (n° VI); Société de l'histoire de France (n° VII); Société de l'Ecole des chartes (n° VIII); Annales de Bourgogne (n° IX); Giunta centrale per gli studi storici (n° X); Cassa di risparmio di Piacenza e Vigevano (n° XII).

NOTE DE L'ÉDITEUR

Les articles dans ce volume, comme dans tous les autres de la Série Recueils d'Etudes, n'ont pas reçu une nouvelle pagination suivie. En vue d'éviter une confusion possible et de faciliter la consultation lorsqu'il est fait référence ailleurs à ces mêmes études, on a maintenu la pagination originelle partout où c'était faisable.

Tous les articles ont été pourvus d'un numéro en chiffres romains dans l'ordre de leur parution, conformément au Sommaire. Ce numéro se répète sur chaque page et se retrouve aux titres de l'Index.

AVANT-PROPOS

Le présent volume vient clore la série de quatre volumes de réimpressions d'études de Robert-Henri Bautier. D'autres contributions, qui concernent également les thèmes abordés ici, sont reproduites dans le volume intitulé *Sur l'histoire économique de la France médiévale: la route, le fleuve, la foire*, en particulier des articles sur *Les foires de Champagne, recherches sur une évolution historique* et *Les registres des foires de Champagne*.

Un lien très synthétique entre l'ensemble de ces recherches d'histoire économique a été établi par l'auteur dans un volume publié sous le titre *The economic development of medieval Europe* (London: Thames and Hudson, 1971). Il a d'autre part consacré plusieurs articles aux sources de l'histoire économique médiévale italienne et méditerranéenne, dont: *Notes sur les sources de l'histoire économique médiévale dans les archives italiennes*, I, *Florence, Lucques, Pistoie et Pise*, II, *Gênes et Savone*, dans *Ecole française de Rome, Mélanges d'archéologie et d'histoire*, t.58, 1941–1946, p.291–306 et t.60, 1948, p.181–210; *Sources de l'histoire du commerce maritime en Méditerranée du XIIIe au XVIe siècle*, dans *Les sources de l'histoire maritime en Europe, du Moyen Age au XVIIIe siècle. Actes du 4e colloque international d'histoire maritime, Paris, 1959*, présentés par Michel Mollat, Paris, 1962, p.137–179. Signalons enfin qu'une bibliographie des travaux de Robert-Henri Bautier, publiés de 1942 à 1990, a été imprimée en tête de deux volumes de réimpressions d'articles, édités par l'Ecole nationale des chartes sous le titre *Chartes, sceaux et chancelleries: études de diplomatique et de sigillographie médiévales*, Paris, 1990 (*Mémoires et documents de l'Ecole des chartes*, 34).

PRÉFACE

Ce volume, consacré aux activités économiques dans l'espace méditerranéen, s'ouvre par deux travaux de synthèse. L'un porte sur "les grands problèmes politiques et économiques" qui ont dominé l'histoire de la Méditerranée médiévale; l'autre, sur les grandes questions posées par la réapparition de la frappe de l'or au milieu du XIIIe siècle et par la fuite de l'argent vers les pays d'Orient désormais voués à la monnaie d'argent en conséquence de la conquête mongole, tandis que les variations désordonnées des rapports de valeur entre l'or et l'argent en Occident provoquent des déséquilibres, qui furent souvent à l'origine des faillites des compagnies financières italiennes.

On y trouve ensuite un groupe d'études portant sur les relations commerciales à travers la Méditerranée. L'une concerne les rapports entre l'Europe – et spécialement Gênes – et l'Afrique du Nord du XIIe au XIVe siècle. L'autre traite des relations qui se sont établies au long du Moyen Age entre l'Europe et les pays de la Méditerranée orientale: politique des puissances commerciales occidentales dans le Levant, rôle de Caffa et de la Mer noire, routes à travers l'Asie centrale vers la Chine, problème de l'importance réelle du commerce des épices et surtout renversement, au profit des pays européens, de la balance commerciale avec l'Orient. Ce second article est accompagné d'un relevé, établi vers 1315, de la nature des importations et exportations qui se faisaient alors par les principales places marchandes de la Méditerranée orientale; on y relève notamment la voie à suivre pour les trafics d'Astrakhan à Pékin. S'y joint l'analyse d'un certain nombre de documents passés par des Occidentaux dans diverses places orientales (Caffa et Péra, Trébizonde et Tabriz etc.). Un troisième article montre le maintien de l'activité maritime d'Amalfi au XIVe siècle, longtemps après ce qu'on considérait comme le déclin de cette cité: elle avait, en fait, cessé ses trafics avec l'Orient pour se mettre au service du ravitaillement de Naples, sa grande voisine. La quatrième étude est consacrée aux données chiffrées de l'exploitation et de l'exportation du sel de Cagliari au cours du XIVe siècle.

Le second groupe d'études concerne les "Lombards", c'est-à-dire les marchands et banquiers italiens, principalement les citoyens de Sienne et de Plaisance, et leurs opérations commerciales et bancaires. Dans deux articles on voit les Siennois opérer aux foires de Champagne en y achetant des draps français et flamands pour le marché italien; une lettre expédiée par le facteur de la grande compagnie des Tolomei à ses patrons, et encore conservée en original, y est publiée et étudiée. Dans un troisième article, le testament d'un usurier siennois installé à Auxerre, en Bourgogne, et ordonnant de restituer ses "usures" à ceux qui lui avaient fait des emprunts, permet de voir le rayon d'action d'une de ces "tables de prêt", une vingtaine de kilomètres environ, soit la distance d'un aller et retour en une journée; au-delà, c'était le ressort d'autres "tables", dont la densité en France du Nord et de l'Est était fort grande.

C'est précisément au problème du crédit qu'est consacré le dernier groupe d'études. Le rôle des "Lombards" dans la France des XIIIe et XIVe siècles fait l'objet d'un premier article, qui a valeur de synthèse pour cet aspect fondamental de l'histoire des relations économiques franco-italiennes au Moyen Age. Avec une autre étude, on pénètre à l'intérieur même du système des prêts, grâce à tout un ensemble de documents conservés aux Archives de Plaisance et s'étendant de 1293 à 1330: il s'agissait alors des compagnies de soldats "français", de diverses origines - Dauphiné et Provence, Bretagne, Gascogne, Brabant - au service de l'armée pontificale. Les soldes étant souvent perçues avec retard, beaucoup étaient contraints de recourir à des emprunts auprès des prêteurs de la ville et on les voit engager auprès d'eux jusqu'à leurs armes et leur cheval. La dernière étude est, au contraire, de portée beaucoup plus générale: elle vise à dresser le bilan de l'activité des marchands et des banquiers de Plaisance du XIIe au XVe siècle, depuis leurs premières opérations de caractère régional. Très vite liés aux opérations nouées aux foires de Champagne pour le trafic de la draperie vers le marché italien, et, agissant, d'autre part, en étroite coopération financière avec les marchands génois pour leur permettre leurs opérations commerciales, les Placentins constituent de puissantes compagnies. L'élection pontificale d'un de leurs concitoyens contribue à faire d'eux des banquiers de la Chambre apostolique et à étendre encore davantage leurs relations financières tant vers l'Orient qu'à travers la France. Avec le retournement de la conjoncture internationale et le déclin des foires de Champagne, ils se lancent dans le grand commerce vers l'Ouest, s'installent à Séville et à Lisbonne et trafiquent avec Bruges et l'Angleterre. L'histoire de leurs activités contribue ainsi à éclairer celle de l'économie européenne du Moyen Age.

ROBERT-HENRI BAUTIER

Paris, 1991

I

Les grands problèmes politiques et économiques de la Méditerranée médiévale[1]

Ce n'est nullement à moi que revenait l'honneur redoutable de présenter en ce Congrès National des Sociétés Savantes, au nom de la Section de Philologie et d'Histoire du Comité des Travaux historiques et scientifiques, les grands problèmes politiques et économiques de la Méditerranée médiévale. Notre collègue et ami Yves Renouard, professeur d'histoire du Moyen Age à la Sorbonne, avait bien voulu s'en charger, lui qui, mieux que personne, connaissait ces problèmes, lui qui avait consacré sa thèse de doctorat aux relations des papes d'Avignon avec les compagnies commerciales et bancaires italiennes, qui avait étudié le fonctionnement des sociétés toscanes et retracé les activités des hommes d'affaires italiens, qui se préoccupait des relations économiques entre la France et l'Italie médiévales et qui en ses derniers travaux s'efforçait de retrouver les chemins qui, au Moyen Age, conduisaient vers Rome marchands et pèlerins. Vous savez quel a été le deuil des historiens français lorsque Yves Renouard, président du Comité français des Sciences historiques, a disparu, en pleine force, à 56 ans, le 15 janvier dernier, et quelle perte cette mort tragique a été pour les études médiévales.

En prenant donc ici la parole à sa place sur le thème même qu'ensemble nous avions choisi à sa propre mesure, je me dois de rendre à sa mémoire, du fond du cœur et avec beaucoup d'émotion, un hommage qui ne vient pas seulement de moi-même, mais l'hommage unanime de tous ses collègues du Comité des Travaux historiques et scientifiques qui avaient tant d'estime pour ses qualités si profondément humaines et pour son admirable intelligence d'historien.

Je ne sais comment Yves Renouard avait l'intention de traiter à Nice, centre d'études de la civilisation méditerranéenne, ce sujet qu'après lui je reprends. Je sais seulement qu'il l'aurait fait avec un brillant incomparable et que, dominant la matière, il en aurait dégagé les lignes de force essèntielles. Je sais aussi que le sujet est colossal, puisqu'il s'agit de l'histoire, pendant plus d'un millénaire, d'une mer — et quelle mer ! le cœur même de notre civilisation. Seul un tableau, brossé à très grands traits, peut en être dressé ici : je le ferai très modestement, avec l'espoir que l'on voudra bien ne pas voir dans mon exposé autre chose qu'une grossière ébauche.

***

Le monde antique avait été centré sur la Méditerranée. La civilisation avait progressé de l'Orient vers l'Occident, puis elle s'était diffusée lentement vers l'intérieur, à partir des bases commerciales, lancées en territoire barbare par les Phéniciens ou par les Grecs

1. Conférence donnée au 90e Congrès national des sociétés savantes, à Nice, le 12 avril 1965.

comme des prolongements de leur propre patrie. Par ses conquêtes, Rome avait fini par faire de la Méditerranée un immense lac au cœur de ses domaines, en reprenant l'héritage carthaginois et hellénique, en poussant à travers la péninsule ibérique et au-delà de la Gaule vers l'Océan et la mer du Nord, en protégeant contre les tribus germaniques, slaves ou scythes les abords de ses territoires par le *limes* des régions rhénane et danubienne, en rejetant au-delà des déserts et d'un autre *limes* tout ce qui, des profondeurs des continents asiatique et africain, risquait de menacer la Syrie romaine, l'Égypte, la Libye, la Maurétanie. L'Empire romain, c'est une domination assise tout autour de la mer, à une distance plus ou moins proche ou lointaine de celle-ci et drainant vers la capitale, au centre de la péninsule médiane, le blé, le vin, le métal, les esclaves. De cet empire commercial et naval, tout autant que politique et militaire, nous verrons en quelque sorte le symbole dans cette place dite des Corporations, dégagée des fouilles d'Ostie et dont les pavements de mosaïque illustrent les magasins des armateurs accourus de tous les centres de la Romanité.

La fin de l'Antiquité se marque par la dislocation de cet empire de la mer et par la poussée des peuples qui ont cheminé dans l'épaisseur des continents : ils bousculent les derniers Romains qu'on voit, en 413, replier en Gaule leur capitale de Trèves sur Arles, ils parviennent à la mer et, arrivés là, ils lui tournent le dos. Les Wisigoths s'établissent en Aquitaine et en Espagne, mais c'est à Toulouse d'abord, puis au cœur même de la péninsule épaisse, à Tolède, qu'ils placent le centre de leur puissance. Les Suèves filent jusque dans l'angle galicien. Les Francs, bien que s'étant rendus maîtres de la Provence (pour son malheur !) dès le règne des fils de Clovis, n'en gardent pas moins leurs quatre capitales presque côte à côte, dans cette « France » du Nord toute proche de leurs bases de départ, à Reims, à Soissons, à Paris et à Orléans.

Seuls les Vandales ont traversé les antiques colonnes d'Hercule pour tendre la main aux tribus du désert et occuper cette Afrique du Nord qui était demeurée le dernier grenier de Rome ; seuls ils se sont donné une marine qui permet à Genséric d'aller piller Rome même. Mais ils s'effondrent devant la tentative de reconquête venue de l'autre extrémité de la mer, de la Nouvelle Rome.

Constantinople en effet a entendu relever le flambeau de Rome ; mais, quoi qu'on en puisse penser, le Basileus n'est pas le véritable héritier de Rome, car l'héritage de Rome est une succession en déshérence et ce n'est pas un vain symbole si le dernier empereur d'Occident, le jeune Romulus Augustule, n'a pas d'héritier désigné qui puisse reprendre les insignes impériaux abandonnés. Byzance est, en fait, directement influencée par l'Orient, intégrée même à lui, avec ses traditions millénaires des monarchies protohistoriques et hellénistiques, cet Orient qui avait déjà contaminé la Rome des derniers siècles avec ses religions et son étiquette impériale.

La Méditerranée, qui a perdu son unité et qui cesse d'être le cœur de la civilisation, va être profondément soumise aux influences orientales. L'Italie même est devenue le champ de bataille des armes et des cultures orientales et septentrionales. Certes le roi ostrogoth Théodoric, gouvernant de Ravenne, a réussi une dernière fois, à la fin du ve siècle, à ramasser les débris de la puissance de Rome en Italie, en Provence et sur la mer. Byzance reconquiert la Sicile et l'Italie du Sud, qui demeureront si profondément marquées par elle, sans doute parce qu'il s'agit d'un retour à quelque chose de très profond qui, dans ces populations déjà très orientalisées, remontait à la fondation même de ces cités du Sud. De même Ravenne et sa région, les lagunes où Torcello et bientôt Venise vont naître des populations de pêcheurs réfugiés, l'Istrie et la Dalmatie, se tournent aussi vers Byzance qui irradie vers elles son art, son droit, son commerce. En revanche, dans le reste de l'Italie, les Francs (dont la première expédition remonte à 539) et les Lombards (qui ont franchi les Alpes en 568) n'apportent guère que leurs destructions et leurs coutumes juridiques germaniques.

Sans doute tout lien n'est pas rompu d'un bout à l'autre de la Méditerranée et les historiens modernes n'ont pas manqué de monter en épingle les insignes de consul envoyés à Clovis par l'empereur Anastase, les correspondances échangées entre les souverains francs et l'empereur « romain », les marchands dits « syriens » établis encore dans quelque port provençal, les exemptions de péages accordées pour des jarres d'huile entreposées aux magasins de Fos ou de Marseille et destinées à l'abbaye de Saint-Denis, les papyrus utilisés jusqu'à la fin du viie siècle par la chancellerie franque, les pièces d'or byzantines signalées en quelques trésors. Cela a suffi à certains pour affirmer qu'aucune révolution économique n'était intervenue entre l'Antiquité et le Moyen Age, entre le Bas-Empire et l'époque mérovingienne, l'une poursuivant l'autre sans solution de continuité. C'est le fondement de la thèse fameuse d'Henri Pirenne, si féconde par les études qu'elle a suscitées même si aujourd'hui nous n'en devons pas retenir grand-chose d'assuré.

En fait, que valent ces éléments sporadiques en face du fait brutal de la rupture entre la civilisation byzantine et la barbarie mérovingienne telle que nous la voyons à travers les récits d'un Grégoire de Tours ou d'un Frédégaire ? Nous n'avons pas le droit de récuser le témoignage de ces auteurs et de tant d'œuvres hagiographiques de cette époque, sous le prétexte qu'il s'agit d'atroces légendes romantiques vues à travers les *Récits des temps mérovingiens* d'Augustin Thierry. Même s'il y a encore des traces d'une permanence d'une certaine culture — des laïques savent encore écrire, il n'en sera plus de même au VIIIe ou au IXe siècle — même s'il y a encore un enseignement d'une certaine rhétorique, le fait d'évidence est que les Francs tournent le dos à la mer : leur politique s'intéresse avant tout à la Frise, à la Thuringe, à la Bavière, à la Saxe, et les missionnaires qu'ils envoient évangéliser le cœur du continent viennent de Grande-Bretagne ou d'Irlande.

Pirenne a vu dans la conquête arabe la cause directe qui a provoqué la grande coupure entre les extrémités occidentale et orientale, septentrionale et méridionale de la Méditerranée. Celle-ci lui est sans doute bien antérieure et elle a été progressive, car c'est avant la diffusion de l'Islam que s'est produit le grand repli continental de l'Europe occidentale et il est significatif que les plus récentes poteries d'Espagne trouvées au Testaccio de Rome — le dépôt d'ordures de la cité — ne dépasseraient pas l'année 257, ce qui pourrait témoigner d'un arrêt vers cette date des importations massives de vin et d'huile d'Espagne à Rome. C'est d'autre part des IVe, V^e^ ou VIe siècles qu'on peut dater l'abandon de la plupart des habitats antiques et l'irrémédiable décadence et la ruine des cités et des bourgs. On sait qu'une autre thèse, plus récente mais non moins brillante, elle aussi non moins admirée et non moins combattue, celle de Jean Lombard, a pris le contre-pied de la thèse de Pirenne et a prétendu au contraire que l'Islam, en réoccupant les rivages d'une partie de la Méditerranée occidentale, l'Afrique, l'Espagne et les îles, en reprenant pied sur ceux de l'Italie, sinon de la Provence, avait recréé, au début ou au milieu du VIIIe siècle, des conditions propices à une nouvelle unité méditerranéenne : l'or musulman, venu des trésors thésaurisés d'Égypte et du Proche-

Orient comme aussi des caravanes inter-africaines, aurait contribué à réinjecter quelque élément d'activité aux territoires barbares de l'Occident entrés en léthargie. Il est évident, en tout cas, que l'Espagne des califes omayyades a connu une nouvelle prospérité, que la Sicile arabe (en attendant la Sicile arabo-normande) reprend vie. Cependant, plus que jamais sous les Carolingiens, la monarchie franque se fait continentale. Elle attire dans son sillage l'Italie naguère lombarde et la Papauté elle-même, désormais détachée de Byzance ; ce n'est pas une coïncidence fortuite si le pape renonce alors à dater ses bulles des années de l'empereur byzantin pour adopter celles du souverain franc.

Si tant est qu'il existe une économie monétaire dans le royaume et l'empire carolingien, celle-ci se fonde sur l'argent (comme elle l'était d'ailleurs en fait déjà sous les Mérovingiens, dès le milieu du VIIe siècle), argent produit par les mines de la France centrale et de la Germanie, et non pas sur l'or, étalon des pays méditerranéens. S'il est vrai que le royaume d'Italie est centré sur la cité de Pavie qui subit l'influence économique des pays byzantinisés des bouches du Pô, les frontières de l'Empire reculent toujours plus loin au plus profond du continent, jusqu'au-delà des frontières des Germains avec les Slaves et les Avares. L'empire de Charlemagne, sans marine, sans commerce maritime, a pour noyau les pays de la Meuse, de la Moselle et du Rhin, autour d'Aix-la-Chapelle. L'empereur peut être ébloui par telles des réalisations qu'il a vues en Italie, par des églises ou des mosaïques, par une législation ou des institutions ; il peut calquer sa titulature sur celle du Basileus (ou sur celle des anciens maîtres de Ravenne), il peut exceptionnellement adopter pour certains de ses actes la bulle de type byzantin au lieu de son épais sceau de cire et proclamer sur cette bulle la *Renovatio imperii romani*, il peut reprendre pour dater ses actes l'année de l'indiction selon le style de Constantinople ; il peut se faire acclamer empereur à Rome, construire à Aix une chapelle sur un modèle byzantin et faire apporter sur le Rhin des colonnes romaines. Cela ne change rien au fait qu'il s'agit, comme au temps de ses prédécesseurs, d'un souverain germanique quasi illettré, que le commerce à longue distance est mort — sinon avec les peuplades de l'Europe centrale où il s'opère par l'intermédiaire de quelques places militaires et de comptoirs de troc — que toute richesse est foncière, que les grands domaines sont devenus des centres d'autoconsommation.

Après Charlemagne, ce sera plus vrai encore : pendant un siècle et demi, la Méditerranée n'attire aucun de ses successeurs de France ou de Germanie : tout au plus, comme Charles le Chauve, Charles le Gros ou Arnulf vont-ils recevoir à Rome la couronne impériale pour revenir au plus vite dans leurs États continentaux, aux prises avec les invasions normandes, hongroises ou slaves et avec l'anarchie grandissante que provoquent à la fois et l'appétit d'autorité de la grande aristocratie féodale et l'éparpillement des pouvoirs sur les hommes qu'assument ou usurpent une multitude de menus seigneurs.

Le seul trafic international qu'on décèle contourne la masse continentale, désurbanisée, ruralisée et appauvrie : c'est par derrière l'empire carolingien que s'établissent au IXe siècle, de la mer Noire à la Baltique, par les fleuves russes, par Kiew, Novgorod et les pays baltes, les relations directes entre le Scandinavie d'une part, Byzance de l'autre, et d'autre part encore les pays arabes et iraniens. Routes immensément étendues que jalonne une traînée de monnaies coufiques jusque dans l'île baltique de Gotland et jusqu'aux places commerciales de l'ancienne Suède, à Birka et à Sigtuna sur le lac Mälar, ou jusqu'à Haithabu à l'embouchure de la Schlei. Et, en revanche, en dépit des tributs et des pillages, point de pièces carolingiennes, sinon tout à fait exceptionnelles et isolées, dans ces trésors de Scandinavie : le commerce occidental est anéanti dans une économie exsangue.

Tangente donc à un empire carolingien qui lui est étranger, la Méditerranée de cette époque est tout entière dominée par les Orientaux, Byzance et l'Islam, qui se partagent le domaine de la mer : une Byzance, à qui, sous les coups des Sarrazins, échappe l'Italie méridionale, et, sous ceux des Slaves, une partie des Balkans, un Islam qui, maître des rivages de la Syrie à l'Espagne, tend lui-même à se fragmenter entre puissances rivales selon une des lois immuables de l'histoire arabe. Quant au reste des pays littoraux, de l'Èbre à la Sicile, vidés par le repli musulman sous la poussée franque ou bien ravagés par les coups de main des Sarrazins venus des îles, ce n'est plus qu'une terre désertée, où les cités antiques, d'Ampurias à Saint-Blaise, à Luni et à Cumes, achèvent de disparaître, et où les Sarrazins parfois s'installent, comme en Camargue ou à la Garde-Freinet, et d'où ils lancent leurs rezzou vers l'intérieur et jusqu'aux cols alpins.

Problèmes politiques et économiques de la Méditerranée

***

De l'Occident européen, seule la façade orientale et méridionale de l'Italie, politiquement liée à Byzance, avait gardé une certaine activité économique : au VIIIe siècle, des marchands *(negotiatores)* de Ravenne et de Comacchio, organisés en corporations, se poussent par le Pô jusqu'à Plaisance et Pavie où ils apportent à la Cour lombarde le sel et des produits d'Orient. Au début du IXe, Venise, où Rialto a été fondée, construit sa première flotte et pénètre sur les marchés de terre ferme. Au sud, Bari, centre de l'administration byzantine, et Naples, qui garde sa curie romaine, assurent des liaisons entre Constantinople et la Méditerranée centrale.

C'est à partir de ces villes que, de proche en proche, à l'extrême fin du Xe siècle et dans la première moitié du XIe, se produit un certain renouveau de la vie économique. Profitant de sa position intermédiaire entre les deux empires, celui d'Orient dont elle dépend nominalement, et celui d'Occident qui, sous les Ottons, regarde de nouveau vers le Sud, Venise s'essaye à son rôle de commissionnaire de la Méditerranée. Dès 960, le doge interdit à ses compatriotes de transporter à Constantinople des lettres et des messages qui viendraient de Lombardie, de Bavière, de Saxe ou d'autres pays de Germanie, ce qui prouve que dès lors, par le Pô et le Brenner, des communications s'étaient ouvertes entre Venise et les pays germaniques et lombards. En 992, la bulle d'or de Basile et Constantin, premier privilège accordé à des Occidentaux, concède aux Vénitiens libre accès au port de Constantinople et réduction de taxes douanières. Peu après, le doge Pietro Orsolo II ajoutait à son titre celui de duc ou doge des Dalmates. Au début du XIe siècle, des gens de Venise, de Gaëte et de Salerne accourent aux foires de Pavie. De leur côté, dès 973, des marchands de Gaëte se sont rendus au Caire.

Amalfi surtout, projetée vers la mer du haut du promontoire avec quoi se confond son minuscule duché, va jouer un rôle déterminant dans la nouvelle vie de relations qui s'établit. Vers 977, un voyageur arabe affirmait que de tous les pays dits lombards, elle était la ville la plus peuplée et la plus opulente, et le moine Aimé du Mont-Cassin la qualifie de « cité riche d'or et de draps ». La première, elle établit des colonies dans les principales places du Levant : chacun sait que l'hôpital de Saint-Jean de Jérusalem, futur siège des Hospitaliers, a été fondé, sous sa forme primitive, dans la seconde moitié du XIe siècle par un Amalfitain de Scala, tout comme l'hôpital d'Antioche. Aujourd'hui encore les célèbres portes de bronze des cathédrales d'Amalfi et d'Atrani, fondues à Constantinople sur l'ordre de marchands amalfitains, continuent à attester les anciens fastes urbains du milieu du XIe siècle, de même que les *Tables d'Amalfi*, premier règlement du droit de la mer, témoignent de l'antique primauté maritime de la cité déchue.

Il est à noter que d'autres portes de bronze d'Orient furent également offertes par des membres de la famille des Pantaleoni d'Amalfi à la basilique de Saint-Paul-hors-les-murs de Rome, à l'abbatiale du Mont-Cassin et au sanctuaire de Saint-Michel du Mont-Gargan à Monte-Sant'Angelo, trois des plus grands pèlerinages italiens, et ce n'est pas là simple coïncidence.

Les voyages n'avaient certes jamais complètement cessé et, à toutes les époques, il y eut des pèlerins qui se rendaient à Rome et même aux lieux saints : au VIIe siècle et au début du VIIIe, on avait créé de nombreux hospices *(xenodochia)* sur les routes qui convergeaient vers Rome, en Lombardie et en Toscane notamment. Il y en avait même eu en Bourgogne où le père de l'évêque d'Auxerre, saint Aunaire, en fonda un en pleine Puisaye pour les Anglais qui allaient à Rome. Mais c'est brusquement au milieu du Xe siècle que l'on assiste à l'établissement de relations plus étroites à travers le monde méditerranéen.

Trois éléments jouent en effet à fond, à ce moment, en faveur de cette reprise des contacts humains. Les uns sont économiques : nous y avons fait allusion et il est inutile d'insister à leur sujet. D'autres sont politiques : c'est en 950 la première descente d'Otton le Grand en Lombardie et son couronnement à Pavie, puis en 961 sa deuxième descente et son couronnement impérial à Rome. Événement décisif s'il en fut dans l'histoire, plus important peut-être que le couronnement impérial de Charlemagne qui n'avait été qu'un accident : avec Pépin et Charlemagne, l'Italie et la Papauté avaient été arrachées à l'influence dominante de Byzance ; avec les Ottons, désormais, l'Empire germanique et l'Italie sont irrémédiablement unis et, pendant trois siècles, la politique impériale sera attirée par l'aimant romain ; le pouvoir impérial en sera ébranlé jusque dans ses fondements et les territoires germaniques et italiens profiteront des vicissitudes des luttes pour se défaire en des principautés, des seigneuries, des villes, indépendantes et rivales. Otton le Grand déjà, attiré par le mirage byzantin, a marié la princesse Theophano, fille du Basileus Romain II, à son fils Otton II, qui, englué dans les intrigues italiennes, s'en ira guerroyer jusqu'en Calabre et en Pouille avant de mourir à Rome. Et Otton III s'installera au palais de Ravenne où, sous l'influence de sa mère, il se conduira en souverain byzantin bien plus que germanique.

A ces éléments économiques et politiques viennent se joindre des facteurs religieux et culturels qui élargissent soudain les horizons : moines et laïcs se mettent à parcourir les chemins de l'Occident. C'est le début du grand pèlerinage de Saint-Jacques-de-Compostelle où, premier pèlerin étranger connu, l'évêque du Puy se rend en 950, suivi en 961 par le comte de Rouergue et, la même année, par l'archevêque prétendant au siège de Reims. C'est l'époque aussi où le moine Gerbert va se former en Espagne aux sciences mathématiques, avant de monter successivement sur les trônes métropolitains de Reims et de Ravenne et avant d'accéder, sous le nom de Sylvestre II, à celui de Rome. L'influence de Cluny va se faire déterminante par la fondation de ses centaines d'établissements, dispersés à travers toute la chrétienté occidentale mais unis entre eux par d'incessants échanges, et c'est ainsi que l'abbé de l'abbaye-mère, saint Mayeul, toujours sur les routes, fait six voyages entre Cluny et l'Italie entre 953 et 987. Au début du XIe siècle, l'abbé de Saint-Benoit de Fleury-sur-Loire, Gauzlin, au témoignage de son biographe, va lui aussi à Rome, prêche au Capitole, fait venir des artistes de Lombardie et commande pour son abbatiale une mosaïque dans l'Empire byzantin, tandis que des ornements arabes lui sont envoyés de Gascogne, que des Catalans de Montserrat viennent vivre à Fleury sous sa férule et que lui-même envoie ses disciples dans des abbayes bretonnes.

Ainsi, peu à peu et dans tous les domaines, entre 950 et 1050, la Méditerranée reprend une place éminente dans la chrétienté occidentale.

***

C'est autour de 920-945 que la pression sarrazine sur les rives de la Méditerranée chrétienne s'était faite la plus forte. En 923, l'évêque de Marseille abandonne une nouvelle fois la ville et demande asile à l'archevêque d'Arles. L'archevêque d'Aix se réfugie à Reims. Maguelonne est délaissée. Basées en Sardaigne, des flottes fatimides ravagent les côtes ligures en 930 et 934 et détruisent Gênes. Saint Mayeul est arrêté au cœur des Alpes par une bande sarrazine.

Mais en Occident comme en Orient (nous le verrons plus loin), l'Islam s'épuise et recule. Dès 945, l'évêque de la petite bourgade de Gênes se réinstalle dans sa cité épiscopale et reconstruit une cathédrale à l'intérieur d'une enceinte urbaine. En 949, une campagne ramène les Sarrazins de Provence à leur base de la Garde-Freinet qui sera définitivement détruite par les Provençaux en 972. Il y aura encore une grande offensive arabe sur les côtes de la Tyrrhénienne en 1015, mais c'est la dernière : l'année suivante, une flotte génoise et pisane — dont, soulignons-le, c'est l'entrée dans l'histoire — écrase sur les côtes de Sardaigne la flotte sarrazine et capture la famille même du souverain des Baléares.

Dès lors, la Méditerranée occidentale a cessé d'être un lac musulman. Disparue depuis trois siècles, une marine chrétienne y fait sa réapparition, entraînant une activité commerciale renouvelée. Pise prend pied en Sardaigne et peut-être déjà en Corse ; en 1034, pour la première fois, elle intervient en Afrique même, à Bône. La décomposition rapide de l'Islam espagnol et marocain permet en effet aux souverains chrétiens et aux villes italiennes une audace nouvelle : les *reyes de taifa*, rois de province et chefs de bande, sont battus ou soumis isolément. Pise aide la Castille et Barcelone, et en même temps elle facilite aux Normands la conquête de l'Italie du Sud et de la Sicile.

Les Normands ont en effet débarqué en Italie méridionale dès le début du XIe siècle ; peu à peu, ils y élargissent leur emprise aux dépens des Arabes et des Grecs. Soudain, tout le pays tombe entre leurs mains : Reggio et la Calabre en 1060, Bari et Brindisi en 1071, Palerme en 1072, Amalfi en 1073, Salerne en 1076, Taormine en 1077, Syracuse en 1086, et bientôt Robert Guiscard, déjà maître de Malte, débarque en Épire et s'avance en Illyrie.

En 1087, sous l'impulsion du pape Victor II, toutes les cités de la Tyrrénienne, Gênes et Pise, Gaëte, Salerne et Amalfi, entreprennent la première des croisades, s'emparent de Mahdia, sur la côte tunisienne et imposent à l'émir de Kairouan un impôt de 100 000 dinars d'or et des privilèges commerciaux. Puis Gênes et Pise vont prêter la main aux Barcelonais et aux Castillans engagés dans la grande Reconquista : encore unies, les deux villes, en 1092, combattent à Valence dont le Cid se rend maître après vingt mois de siège.

Ainsi la grande croisade d'Orient aura été préparée par près d'un siècle d'efforts et de combats sur mer et sur terre. A la veille de la croisade, la Méditerranée occidentale est complètement libérée de toute emprise des Orientaux : Byzance est définitivement expulsée d'Italie et de Sicile et attaquée dans les Balkans ; l'Islam, réduit à la défensive, est bousculé et contraint d'abandonner la totale maîtrise de la mer aux flottes de Pise et de Gênes. Les ports ont repris vie : indice de la reprise économique, Raymond de Saint-Gilles abandonne à Saint-Victor de Marseille les taxes qu'il percevait sur les navires qui remontaient le Rhône. Venise est déjà installée à Constantinople et les chartes que nous ont conservées ses archives attestent l'importance de son commerce avec la Méditerranée orientale. Et des marins de Bari qui négociaient à Antioche, jugent bon de s'emparer en 1087 du corps de saint Nicolas de Myre en Cilicie et de le ramener triomphalement dans leur cité.

En Orient, on avait assisté à un effondrement concomitant de la puissance arabe. Dès le début du xᵉ siècle, l'Empire abbasside s'était fragmenté et affaissé, miné de l'intérieur par la dissidence iranienne et par le morcellement féodal de l'Islam syrien. Byzance s'était réveillée sous la dynastie macédonienne : au moment même où en Occident les Sarrazins de Freinet étaient expulsés de Provence, Nicéphore et Léon Phocas reprenaient la Crète (961), Chypre (964), Tarse et la Cilicie (965), Antioche même, capitale de la Syrie (969). La croisade de Jean Tzimiscès ravageait en 975 les régions de Damas, de Beirouth et d'Acre. L'Islam oriental était paralysé par le schisme entre les Fatimides du Caire et les Abbassides abâtardis de Bagdad. La conquête des Turcs seldjoukides, au milieu du xıᵉ siècle, si elle eut pour effet de reconstituer un grand Empire continental et d'anéantir en quelques campagnes les conséquences du réveil byzantin, ne put redonner à l'Islam la puissance maritime qui lui avait échappé.

On voit alors — symbole du pourrissement de la situation et préfigure des croisés de la fin du siècle — deux chefs de bandes, Normands venus de Sicile, Hervé et Roussel de Bailleul, se tailler une principauté aux dépens des deux empires, en plein cœur de l'Anatolie, et venir brûler Scutari, en face de Constantinople (1074), au moment où Robert Guiscard mettait la main sur la Sicile.

A la fin du xıᵉ siècle, l'Empire grec s'est comme disloqué sous les coups des Turcs en Asie et sous ceux des Normands en Italie, en Épire, en Macédoine et même en Thessalie (1081-1085). Mais simultanément, la puissance turque se morcèle en une série d'émirats. Sans cette double circonstance, la première croisade et son succès seraient inexplicables. En Orient comme en Occident, après plusieurs siècles de prédominance politique et économique byzantine et arabe, l'heure est venue de la suprématie des Occidentaux.

Inutile d'évoquer ici le déroulement de cette croisade, lancée du concile de Clermont par le pape Urbain II, le 27 novembre 1095, et qui aboutit le 15 juillet 1099 à la prise de Jérusalem et à la fondation du royaume latin. Gênes (qui avait aidé Bohémond au siège d'Antioche), Pise (qui avait envoyé une flotte de secours de 120 vaisseaux pendant le siège de Jérusalem), Venise (qui, voyant comment tournaient les choses, avait fini par mettre 200 navires à la disposition de Godefroy de Bouillon pour le siège de Jaffa en 1100), les trois cités, en compensation de leur aide, ainsi que secondairement Amalfi et Ancône, se font concéder des quartiers, des entrepôts, des marchés, des églises dans les principales villes, avec des privilèges exorbitants en matière commerciale et même politique qui, de ces « concessions », firent au XIIe siècle de véritables seigneuries, administrées par des consuls envoyés de la mère patrie.

Sans la foi et sans l'initiative pontificale, la Croisade ne se serait sans doute pas produite ; sans la maîtrise de la mer par les villes italiennes, sans leurs intérêts économiques, le royaume n'aurait pu être ni fondé ni maintenu. Il convient de le souligner, même si par la suite les incessantes rivalités économiques entre ces cités en vinrent, assez vite, à miner cette construction politique artificielle et fragile. Leur puissance allait prendre appui sur ces places d'Orient : pour leurs relations commerciales comme pour l'approvisionnement du royaume, elles durent construire des flottes toujours plus nombreuses et plus lourdes, qui jouèrent un rôle déterminant dans le prodigieux développement économique qui va dès lors, et spécialement à partir du milieu du XIIe siècle, mettre en branle tout l'Occident.

Des ports de la côte, les marchands latins vont négocier sur les places de l'intérieur, centres de trafic et points d'aboutissement des grandes caravanes transasiatiques : Alep, un moment vassalisé, Damas, économiquement lié à Beirouth, et même Bagdad. Mieux même, de 1116 à 1171, les Francs vont monter la garde sur la mer Rouge, à Eilath, au fond du golfe d'Akaba, d'où ils peuvent intercepter les convois entre l'Égypte et la Syrie et menacer les communications de l'Égypte avec les sources de son approvisionnement en marchandises précieuses de l'Extrême-Orient. Mais surtout, appuyés sur leurs bases d'Acre, de Tripoli, de Sidon, de Tyr, de

Césarée, de Jaffa, d'Ascalon, les marchands occidentaux se taillent une part toujours plus importante dans les trafics de l'Empire byzantin : Venise surtout y accentue sa pression et Pise s'y fait concéder, en 1111, les mêmes privilèges que les Vénitiens, et il en sera de même pour Gênes en 1155.

L'événement décisif se produisit en 1123 : Venise intervient alors avec toutes ses forces aux côtés des croisés et sa flotte (300 vaisseaux, dit-on, dont 120 gros navires), armée de 15 000 hommes et dirigée par le doge en personne, intercepte la flotte de guerre égyptienne au large d'Ascalon et la détruit complètement, s'emparant aussi d'un riche convoi marchand. Désormais toute flotte musulmane disparaît de la Méditerranée orientale. Les marchands des cités italiennes en profitent, en dépit des guerres et des croisades officielles, pour s'installer sur les marchés du Caire, d'Alexandrie et de Damiette. Ils en viennent ainsi à contrôler tous les débouchés du commerce entre l'Europe et l'Orient, sinon l'Extrême-Orient. Les navires vénitiens assurent les relations entre Constantinople, Acre et Alexandrie, et un homme d'affaires vénitien (dont Yves Renouard, après Heynen, a retracé la carrière), Romano Mairano, dirige tour à tour de Venise et de Constantinople, au gré des fluctuations politiques et selon les années, un fructueux mouvement de va-et-vient avec Smyrne, Acre, Tyr, Alexandrie et Bougie.

***

La seconde moitié du XIIe siècle et les premières années du XIIIe sont capitales dans l'histoire économique du monde méditerranéen. Un axe commercial s'établit en effet à travers toute l'Europe occidentale et toute la Méditerranée, rattachant les centres industriels de la France du Nord, de la Flandre et de l'Angleterre aux grands ports italiens et à leurs lointains débouchés orientaux. D'abord, des marchands du Nord se rendent à Gênes ou à Venise, mais bientôt la rencontre se fait aux foires de Champagne, ou secondairement à celles de Flandre. C'est autour de 1174 que ces contacts s'établissent dans les quatre grands sièges de foires (Troyes, Provins, Lagny et Bar-sur-Aube), qui deviennent le moteur de toute l'économie occidentale : là les draperies fabriquées en quantités sans cesse croissantes par les villes d'Ypres, de Gand, de Douai, de Valenciennes, etc., passent aux mains des intermédiaires de Florence, de Sienne, de Lucques, de Plaisance, qui, éventuellement, leur font subir des opérations de finition ; chargées à Gênes et à Pise, elles sont répandues sur tous les marchés du monde méditerranéen, en Sicile et en Italie du Sud, en Afrique du Nord comme en Syrie, en Égypte et à Constantinople. Inversement, les laines et les cuirs d'Afrique du Nord, les soieries, les épices, le coton et les produits tinctoriaux de la Méditerranée orientale gagnent les centres de consommation ou de transformation de l'Italie et de la France, cependant que le crédit et le change enrichissent les banquiers toscans et lombards qui s'en sont assuré le monopole. Phénomène essentiel que ces foires de Champagne qui, pendant un siècle et demi, sont le carrefour économique du monde occidental et où, par-dessus les limites étroites des seigneuries féodales et les frontières des royaumes et des nationalités, s'élaborent, pour la première fois dans l'histoire du monde, les rudiments d'un droit commercial international.

De Bruges, de Londres et de Cologne, par la Champagne, à Florence et à Gênes et jusqu'à Acre se fonde une communauté économique. De proche en proche est provoqué un essor des industries et des villes ; pour nourrir ces nouvelles concentrations urbaines, se produit un développement des campagnes ainsi que des places d'échanges entre villes et campagnes. Paris, Chalons, Provins, des centaines d'autres centres se lancent à leur tour dans l'industrie drapière, Reims, Troyes et Saint-Gall dans l'industrie toilière. On voit dès 1187 Marseille, Montpellier et Barcelone, unis sous une même domination politique, se liguer pour obtenir des privilèges à Tyr ; participant, de la Champagne à la Syrie, aux mêmes trafics que les cités italiennes, elles établissent à Acre la base de leurs affaires en Orient, après que le royaume latin se fut, en 1190, concentré autour de cette place.

En Orient, en effet, en dépit de la décadence du royaume latin, les débouchés économiques des occidentaux s'étendent : la troisième croisade a eu pour effet de faire basculer Chypre dans le camp latin (1191) et l'île sera une base de pénétration commerciale sur le continent. Plus importante encore, la quatrième croisade fait naître, en 1204, l'Empire latin de Constantinople, qui permet aux Vénitiens une exploitation renforcée de Byzance et de l'Orient : Venise qui, quelques années plus tôt (1182), avait craint d'être expulsée de l'Égée, reçoit les trois huitièmes de l'Empire et soumet à sa puissance la Crète, Nègrepont (Eubée), les îles de l'archipel, Gallipoli, des bases sur les côtes ioniennes depuis l'Épire jusqu'à la pointe de la Morée (Durazzo, Modon, Coron, etc.), et elle pénètre dans la mer Noire, demeurée jusqu'alors chasse gardée des Byzantins.

Gênes, au contraire, consacre principalement ses efforts à la Méditerranée occidentale : à la période des coups de main sur les côtes de Bougie et du Maroc succède un régime d'entente avec le grand empire des Almohades fondé au milieu du XIIe siècle par Abd-al-Moumen, qu'on a pu surnommer le « Charlemagne berbère ». Par des traités en forme (1161, 1176, 1191), les Génois reçoivent sécurité pour venir dans les ports du « Gharb » et y commercer. Le trafic génois avec l'Afrique du Nord prend alors un développement considérable, avec Ceuta, point d'articulation du Maroc et de l'Espagne, avec Safi, Salé et Honein, points d'aboutissement des trafics intérieurs marocains et de ces caravanes qui, à travers les immensités africaines apportaient jusque-là la poudre d'or dite de « paiole » venue du Soudan. Toute flotte islamique ayant disparu de la Méditerranée occidentale comme de la Méditerranée orientale, ce sont les bateaux génois qui servent au transport des marchandises entre le Maroc ou l'Espagne arabe et l'Égypte : le froment et l'orge oranais sont acheminés sur Alexandrie par les navires de Gênes et de Savone ; même les pèlerins pour La Mecque doivent recourir aux transporteurs génois. Tel bâtiment de Savone, dont j'ai pu reconstituer les périples, fait dans les années 1201-1204 deux fois le trajet Ceuta-Alexandrie et retour, directement ou avec escales à Oran, Bougie et Tunis, et d'autres fois procède à un trafic triangulaire avec Marseille et Savone. Gênes s'efforce en même temps d'établir des comptoirs sur les côtes espagnoles : elle aide les Barcelonais à prendre Tortose et sa propre flotte s'empare d'Almeria (1146-1147). Elle vise à établir son protectorat, non seulement sur les côtes ligures, mais sur celles de Provence et de Languedoc et elle tente, par des traités ou des interventions militaires, de bloquer le développement maritime de Marseille et de Montpellier en leur interdisant de trafiquer avec l'Outre-mer et de faire concurrence à ses propres commerçants.

Pour toutes ces raisons, Gênes ne pouvait pas ne pas entrer en conflit avec Pise : dès le XIe siècle, les luttes avaient commencé entre les deux villes. Pise en effet, après avoir contribué à l'occupation des Baléares, visait au contrôle de toutes les îles, et d'abord à celui de la Sardaigne et de la Corse où elle rencontra l'hostilité de Gênes. Elle prétendait aussi se réserver le fructueux trafic des laines de Kabylie, nécessaires à l'industrie toscane naissante et qu'elle chargeait à Bougie, Bône, Collo, Djidjelli. Enfin, en face de la Sicile où elle entendait s'assurer le contrôle de la traite des blés, source prodigieuse de richesses, elle avait acquis à Tunis une situation privilégiée. Longtemps Gênes abandonna à Pise, de fait, ces trafics de la Méditerranée centrale. Mais la Sicile n'était pas seulement le territoire méditerranéen le plus riche en blé, elle était le verrou de la Méditerranée occidentale et un chaînon utile sur la route de la Méditerranée orientale : Gênes allait donc devoir la disputer vigoureusement à Pise, surtout lorsque des événements extérieurs vinrent y contraindre la cité de Saint-Georges en modifiant du tout au tout sa politique.

***

Après la défaite des Maures devant les Castillans à Las Navas en 1212 allait en effet commencer, vers 1225-1235, la dislocation de l'Empire almohade. Or le développement du commerce génois, tel qu'il s'était instauré depuis le milieu du siècle précédent, supposait la prospérité et l'ordre politique établi aux deux bouts de la chaîne. Aussitôt Gênes se replie de Salé et de Ceuta sur Bougie et sur Tunis d'où elle doit déloger les Pisans. Elle y est d'autant plus contrainte que les côtes de la Méditerranée septentrionale lui échappent : les comtes de Provence bouchent à Gênes toute velléité d'expansion au-delà de Vintimille et de Monaco, et Marseille, redevenue maîtresse de ses destinées, commence une concurrence profitable, de même que Montpellier. Enfin, mesure capitale, comparable à l'Acte de navigation de l'Angleterre du XVIIe siècle, Jacques Ier concède en 1227 à la cité de Barcelone pour ses bâtiments le privilège de chargement pour toute marchandise circulant entre la ville, l'Outre-mer, Alexandrie et Ceuta.

Gênes donc, peu avant le milieu du XIIIe siècle, opère une complète volte-face et, abandonnant les places devenues secondaires de la Méditerranée occidentale, elle se lance frénétiquement à l'assaut des trafics avec l'Orient : saint Louis, ayant recouru aux services de la flotte génoise pour son grand passage vers l'Égypte en 1248, n'est peut-être pas sans avoir exercé une influence prédominante sur cette nouvelle orientation. Dans sa tentative pour dominer l'Orient et ses accès, Gênes rencontre Pise et Venise. Pise, serrée de près sur terre par son éternelle ennemie, Florence, et harcelée par une lutte sans merci pour la Sardaigne, la Corse, les approches de l'Afrique du Nord et de la Syrie, succombera définitivement en 1284 dans la célèbre bataille de la Meloria et ne gardera plus, grâce à l'appui aragonais, que ses débouchés siciliens. Mais Gênes n'a pas attendu cette victoire pour se lancer, militairement et diplomatiquement, à l'assaut des positions de Venise. Une rixe à Acre en est le prétexte : Gênes, par le traité de Nymphée, s'allie à l'empereur grec réfugié à Nicée et lui permet ainsi, en 1262, de reprendre pied à Constantinople en mettant fin à l'Empire latin. Elle y gagne d'en déloger provisoirement les Vénitiens, de s'installer à Péra et de fonder sur toutes les côtes de la mer Noire des établissements politiques et commerciaux qu'elle allait conserver plus de deux siècles : aux bouches du Danube d'où est assuré le ravitaillement en grains de Constantinople, à Caffa clef de la Crimée et à Soudak, sur les rives du Caucase, à Trébizonde et à Samsoun où aboutit le commerce intérieur de l'Asie Mineure. A La Tana, Vénitiens et Génois vont se succéder, en cette place capitale où, depuis que les Mongols ont détourné les caravanes qui précédemment gagnaient l'Égypte, aboutissent les lourds convois qui, à travers les steppes de l'Asie centrale, relient l'Occident aux marchés des soies et des épices précieuses de l'Extrême-Orient.

Cette période, de 1262 à 1330 environ, marque l'apogée de la puissance des Républiques italiennes. C'est l'époque où le Vénitien Marco Polo, partant une première fois de Soudak et de la Crimée, une autre fois d'Acre et de Laias d'Arménie, gagne, à travers l'Asie immense, l'Empire du grand khan, la Chine infiniment lointaine, d'où, après un séjour de plus de vingt ans, il rapportera les récits qu'il dictera en 1298. C'est l'époque aussi où un manuel de commerce, celui du Florentin Pegolotti, nous énumère les étapes par lesquelles ses compatriotes se rendent aux grandes places commerciales du plus extrême Orient, l'époque où les Franciscains bâtissent pour les marchands occidentaux un grand fondouq dans le port chinois de Zayton (Ts'uan-chou), et où l'un des leurs devient archevêque de Pékin, où des colonies génoises ou placentines s'établissent à Tabriz, où les frères Vivaldi de Gênes tentent l'aventure de parvenir en Inde en contournant l'Afrique (1291). C'est à peine si sur le plan économique la chute d'Acre et des derniers lambeaux du royaume latin sera ressentie : l'essentiel de l'activité était déjà passée ou repassée (à défaut d'Alexandrie et du Caire alors en dépression) à Constantinople et aux villes de la mer Noire, le reste se concentrant à Famagouste en Chypre, à Laias en Arménie.

Triomphe économique de l'Occident, que symbolise la reprise de la frappe de l'or, arrêtée depuis la fin de l'époque mérovingienne : après plus d'un demi-millénaire d'interruption, où on a vu l'Occident d'abord vivre d'une économie resserrée dans laquelle le signe monétaire avait à peine sa place, puis établir ses échanges sur une monnaie d'argent dont la petite pièce d'un denier était l'expression normale — denier lui-même souvent affaibli et noirci par les alliages — on assiste au XIIIe siècle à un redressement monétaire spectaculaire. C'est d'abord Venise qui en 1202 est de nouveau capable de frapper une vraie grosse pièce d'argent, le gros, qui vaut 24 deniers ; son exemple est suivi par les villes toscanes et saint Louis crée en France le gros d'argent valant un sou. Mais surtout, mettant fin à la circulation du besant ou du dinar d'or qui a toujours eu cours en Méditerranée, voici que les États chrétiens en viennent à frapper à leur tour l'or, non pas tant comme éléments de prestige que comme moyen de paiement du grand commerce international. C'est d'abord Frédéric II qui, en 1231, prenant en fait la suite d'une tradition arabo-normanno-sicilienne, lance l'augustale, d'ailleurs éphémère. Mais le mérite d'avoir institué la première grande monnaie d'or de l'Occident revient à Florence : le florin d'or fait son apparition en 1252, imité sans délai par Gênes et bientôt par saint Louis. Venise attendra 1284 pour frapper ce qui sera l'autre grande monnaie d'or médiévale, le ducat. De proche en proche, tous les États vont à leur tour reprendre la frappe de l'or.

Ceci marque de façon éclatante le retournement brutal de la situation économique du monde occidental : l'Occident désormais draine toujours plus l'or des pays byzantins et islamiques. Moment capital dans l'histoire de la civilisation mondiale, où sont assurés pour des siècles et jusqu'à nos jours, la suprématie économique occidentale, l'enrichissement et l'industrialisation irréversibles et toujours accélérés de l'Occident entendu au sens large, aux dépens de ce qui va dès lors (et en dépit d'une peu contestable supériorité culturelle) devenir les pays sous-développés.

Tout va en effet dans le même sens. La balance des paiements est en faveur de l'Occident de façon écrasante, contrairement à ce qu'en ont pu penser certains historiens obnubilés par le prestige du commerce des épices importées. Car ce ne sont pas les quelques centaines de balles de poivre ou de gingembre, les quelques dizaines de balles de drap de soie et d'or, qui peuvent compenser — même en y ajoutant l'alun et le coton — les dizaines de milliers de balles de draps qui quittent chaque année la Flandre, le Brabant, l'Artois, la Champagne, l'Ile-de-France, la Normandie, le Berry, la Rhénanie, l'Angleterre, puis le Languedoc, le Milanais et Florence, vers les moindres villages de tout le monde méditerranéen. Se rend-on compte qu'une balle de drap vaut nettement plus cher qu'une balle de poivre et que le prix d'une robe en drap de Bruxelles (la marchandise industrielle la plus luxueuse et la plus chère que le Moyen Age ait fabriquée) dépassera au XIVe siècle celui d'une robe de velours de soie, brodé d'or filigrané de Chypre et équivaudra au prix d'un bon diamant, de cinq rubis et de cinq émeraudes... Le solde du commerce excédentaire de l'Occident est payé précisément avec ces pierres précieuses, qui brusquement abondent dans les inventaires princiers de l'époque, et surtout avec l'or thésaurisé depuis mille ans dans tout le Proche-Orient : l'hyperpère d'or de Constantinople blanchit sous les alliages, pendant que le florin et le ducat sont frappés d'or pur à 24 carats. Le « besant sarrazinois » disparaît. Le triomphe en Asie de l'Empire mongol a d'ailleurs pour effet de couper l'Égypte de ses sources d'enrichissement traditionnel en marchandises extrême-orientales que les Latins vont se procurer en Chine même, en Inde, ou tout simplement aux points d'aboutissement sur la Caspienne ou la mer Noire des caravanes vers l'Asie intérieure. Pour commercer avec le monde mongol, dont l'économie se fonde sur l'argent, l'Orient appelle l'argent frappé en Occident et le surhausse, en échange de son or. En même temps, l'or du Soudan se détourne et, renonçant aux grandes caravanes transafricaines, abandonne la voie de l'Egypte, et s'écoule, par le Maroc, vers l'Espagne et Gênes. Et c'est précisément à ce moment que l'Europe centrale — la Hongrie et la Silésie — entre dans le giron de l'Europe occidentale et méridionale et, comme Yves Renouard l'a montré, dirige ses métaux précieux vers Venise et vers Bruges.

L'Occident gagne encore en fournissant à l'Orient le bois, les métaux, les armes, les esclaves, et en jouant un rôle d'intermédiaire nécessaire. Pas un trafic dans le monde méditerranéen qui ne passe par les mains des citoyens des Républiques marchandes : fourrures de Russie, caviar et poissons du Caucase, esclaves de Crimée, de Circassie et des steppes destinés à la Cour des sultans, blé des régions danubiennes et de l'Ukraine vital pour l'immense concentration urbaine qu'est alors Constantinople, alun d'Asie Mineure indispensable aux industries textiles de l'Europe du Nord-Ouest, coton de Syrie et épices des grands marchés orientaux, vins de Crète, de Chypre, d'Italie du Sud, blé de Sicile et de Pouille sans lequel une partie des pays méditerranéens subirait une effroyable et permanente famine, sel de Provence, d'Ibiza et de Sardaigne, laines et cuirs d'Afrique du Nord et d'Espagne, huile du Napolitain et d'Andalousie, orge du Maroc destiné à l'Égypte et parfois à l'Espagne du Nord ou à l'Angleterre. Chaque stade de la transaction, chaque transport enrichit Génois, Vénitiens et autres trafiquants.

C'est que dans la seconde moitié du XIIIe siècle, les dimensions du marché se sont en Occident démesurément accrues : il ne s'agit plus de livrer des marchandises, ou de les recevoir, dans des ports où des transporteurs routiers les achemineront à destination par de durs voyages à dos de mulets, de plusieurs semaines. Certes il y aura toujours des convois qui traverseront les Alpes où des cols nouveaux s'ouvrent à la circulation, ou qui, par le Massif central ou la vallée du Rhône, joignent Gênes, Nice, Marseille, Aiguesmortes et Montpellier aux foires de Champagne, à Paris et à la Flandre. Mais depuis 1274, les galées de Gênes ont fait leur apparition dans la Manche et la mer du Nord, et au cours du XIVe siècle, des lignes régulières s'établissent entre Gênes et Venise d'une part, et de l'autre Bruges, Londres et Southampton, places charnières reliées elles-mêmes très étroitement au monde hanséatique en plein développement.

La Méditerranée est bien dès lors redevenue ce qu'elle avait été aux meilleurs jours de l'Empire romain, le centre des échanges, le moteur de l'économie, le cœur de la civilisation, mais cette fois dans un monde considérablement élargi, plus riche et infiniment plus peuplé. Après mille ans de civilisation presque purement rurale, partout s'est produit un large développement urbain : des régions entières s'industrialisent ; villes et bourgs se développent rapidement, en même temps que les échanges régionaux ; le cabotage atteint une extraordinaire intensité. Mais tout cela profite en dernier ressort à quelques places privilégiées, des républiques urbaines, des États villes comme on a dit, qui se taillent dans le grand commerce international, la banque et les transports une part prépondérante, et où tout le pouvoir se concentre entre les mains d'un petit groupe de patriciens.

Problèmes politiques et économiques de la Méditerranée

Éclatante génération, celle qui au point culminant d'une longue phase d'ascension économique, voit s'achever le Palais communal de Florence (1314), Dante terminer sa *Divine comédie* à la veille de sa mort (1321), Marcile de Padoue écrire son *Defensor pacis* (1324), Giotto décorer Santa Croce et construire en 1334 le Campanile de Florence que décore un Andrea Pisano, Pétrarque enfin recevoir à Rome en 1342 les honneurs de la couronne de laurier.

***

Mais ce triomphe se produit au moment précis où l'on constate un arrêt brutal de la croissance démographique et économique, où les grandes compagnies commerciales et bancaires de Florence tombent, l'une après l'autre, en faillite, où la conjoncture économique jusque-là favorable aux républiques urbaines s'est retournée. C'est à la naissance d'une autre forme de prépondérance qu'on assiste au XIVe siècle, celle de puissances impérialistes, à l'assiette territoriale plus vaste, ayant des visées politiques et non plus économiques et qui vont, pendant deux siècles remodeler le monde méditerranéen et lui donner un tout autre aspect. Deux États se sont en effet constitués au cours du XIIIe siècle, par la puissance des armes et sous une poigne monarchique, les Angevins de Naples et la Couronne d'Aragon ; dans les deux cas, un vaste ensemble de territoires qui occupent sur la carte européenne une place de choix.

D'un côté, Charles Ier, Charles II et Robert d'Anjou, maîtres de la Provence, de Nice, de Marseille alors à son apogée, d'Arles point de départ de la bâtellerie du Rhône, des salins d'Hyères et des Saintes-Maries ; poussant même en Piémont et jusqu'à Gênes ; s'infiltrant en Toscane et à Rome ; souverains absolus du royaume de Naples, l'un des États médiévaux les mieux organisés et les plus riches ; ayant à leur discrétion le blé de Pouille et, un moment, celui de Sicile ; disposant de la marine d'Amalfi qui demeure en plein XIVe siècle une des plus importantes de la Méditerranée pour les transports lourds (blé, vin, sel, huile), de la flotte aussi de Gaëte, de Naples, d'Ancône ; s'efforçant au contrôle des îles ; prenant pied, à la suite des Normands de Sicile, en Tunisie, à Malte, à Corfou, en Dalmatie, dans le Péloponnèse ; intervenant enfin en Orient.

En face, les Aragonais, dont la volonté de puissance est issue de celle d'un homme, Jacques Ier le Conquérant : il a octroyé à Barcelone, dès 1227, à l'image de Gênes, un privilège inappréciable en réservant à ses navires — nous l'avons dit — le monopole du trafic catalan avec l'Afrique et l'Outre-mer. Il donne de l'air à la ville, enlevant de 1229 à 1235 aux Musulmans les Baléares, premier relais entre Barcelone et les ports de la Méditerranée centrale et orientale, escale obligée entre les places chrétiennes des rivages septentrionaux et les villes musulmanes des rives méridionales. En 1238, la plus grande place de l'Espagne du Levant, Valence, capitulait. Il se trouva que, lorsque Jacques Ier eut renoncé par le traité de Corbeil (1258) à toutes ses terres au nord des Pyrénées, lorsqu'il eut abandonné à la Castille le royaume de Murcie (1266) et délimité à l'intérieur de la péninsule les zones d'influence entre Castille et Aragon, la puissance aragonaise était nécessairement projetée vers la mer : contrainte à une politique d'expansion maritime, elle donnera à la marine et au commerce barcelonais la base territoriale et les moyens humains qui manquaient aux Républiques italiennes. Le symbole est la concession accordée à Barcelone, en 1269, de désigner désormais les consuls catalans à l'extérieur.

L'Angevin a pour lui l'étendue, la richesse, l'appui presque continu du Saint-Siège, l'assistance diplomatique et parfois militaire du plus puissant État continental qu'est alors la France, l'aide financière de la grande banque toscane. L'Aragonais domine un sol plus pauvre, mais il dispose des soldats d'élite que dispense la miséreuse et prolifique noblesse d'Aragon ; sa politique coïncide avec les intérêts de la principale cité, Barcelone, qui jettera sa flotte et ses finances dans la bataille, jusqu'à l'épuisement ; Valence, Palma, Montpellier, Collioure, et tous les petits ports de l'espace catalan font beaucoup plus que doubler la force propre de Barcelone.

Les circonstances contraignent l'Angevin à se démener dans le guêpier italien, à la merci de tous les intérêts contradictoires qui ne cessent de se combattre, à la merci aussi de tous les retournements des villes et des seigneuries, guelfes et gibelines. Il s'y épuisera d'autant plus facilement que la position géographique du « Royaume » force ses maîtres à mener une double politique, l'une dirigée vers la Méditerranée occidentale et l'Afrique, l'autre vers les Balkans et Constantinople.

Lutte sans merci entre les deux empires et leurs alliés, Gênes unissant son destin à celui de Naples, Venise et ce qui reste de la puissance pisane joignant leurs intérêts à ceux des Aragonais. Un siècle de guerre sur mer, d'une guerre de course implacable, mine peu à peu tous les adversaires à une époque marquée ailleurs par la guerre de Cent ans et par le Grand Schisme, et partout par de terribles épidémies, la récession démographique, les troubles sociaux, le recul des cultures, l'abandon des villages, la famine. Le temps me manque pour retracer les péripéties de cette lutte pour l'hégémonie, qui commence avec les Vêpres siciliennes en 1282 et s'achève par l'entrée d'Alphonse V d'Aragon à Naples en 1442.

Durant cette longue période, stratégie politique et finalité économique vont de pair. Celui qui règne à Barcelone doit viser à dominer l'axe insulaire de la Méditerranée, sans lequel la marine catalane perdrait ses bases indispensables. La possession des îles lui est d'autant plus nécessaire que sans leur blé, leurs viandes, leur sel, Barcelone, tête trop lourde pour un territoire trop pauvre, serait acculée à une perpétuelle famine.

Les Catalans prennent en mains l'exploitation économique de la Sicile, la conquête entraînant un déplacement du centre de gravité de l'île : Messine, dont la fortune venait de ce qu'elle était le pont entre la Sicile et le continent, est condamnée par l'interception des communications dans le détroit, tandis que Trapani, à l'extrême pointe occidentale, acquiert un rôle stratégique et économique prééminent, au cœur de l'empire de la maison d'Aragon, au point de convergence des courants commerciaux qui relient entre eux et à l'Afrique du Nord les trois royaumes unis de Sicile, d'Aragon et de Sardaigne.

La conquête de la Sardaigne, dans le second quart du XIVe siècle, arrachée par les Catalans à Pise et à Gênes, leur assure une autre clef de la puissance : carrefour stratégique, l'île leur donnera une réserve alimentaire appréciable et, en outre, leur fournira de l'argent et du corail, monnaie d'échange du grand commerce.

Au début du XVe siècle, tandis que Pise tombe définitivement sous les coups de Florence qui l'annexe, que Gênes se débat dans les troubles civils et est tour à tour occupé par les Français et les Milanais, que les Angevins épuisent la Provence et Naples dans des luttes interminables au-dessus de leur force, Alphonse V conclut rapidement la politique séculaire de ses prédécesseurs : en 1420, il occupe la Corse ; l'année suivante, adopté par la reine Jeanne, il commence la conquête de l'Italie du Sud ; en 1423, il met Marseille à sac ; en 1426, il se fait céder, aux dépens de Gênes, l'actuel golfe de La Spezia, préludant aux futurs présides espagnols d'Italie ; en 1432, il s'empare de l'île de Djerba sur la côte tunisienne ; en 1442 enfin, Naples tombe, et avec elle les Abruzzes, la Pouille et la Calabre.

La lutte s'achevait donc par l'absorption de l'ennemi de toujours : politiquement la Méditerranée occidentale est devenue catalane. Florence, qui gouverne Pise, appuie ses lignes de navigation sur les bases aragonaises. Jacques Cœur, se lançant dans le grand commerce (fait exceptionnel dans l'histoire de la France médiévale), prend appui sur Barcelone, Collioure et Naples. Les marchands de l'Allemagne méridionale, alors en plein développement économique, font de Barcelone, depuis 1380 et définitivement en 1420, le centre de leurs affaires, sans pour autant délaisser le « Fondacho dei Tedeschi » de Venise. C'est que Barcelone et désormais aussi Valence leur offrent un moyen de pénétration dans la péninsule ibérique ; c'est par elles qu'est drainée la laine de l'intérieur, les métaux, les cuirs, l'huile, le riz, le safran. Elles demeurent aussi la base de tout trafic avec l'Afrique du Nord et sont devenues un relais vers un Occident en expansion. Barcelone continue aussi ses trafics avec l'Orient ; ses marchands sont parmi les plus actifs à Constantinople, en Égypte, à Rhodes. Enfin elle est devenue une des places de change les plus importantes d'Europe.

Cependant l'ambition d'Alphonse V, en voulant conquérir la Méditerranée entière, a fini par ruiner la marine catalane, qui s'effondre à la bataille de Ponza. Au moment où le succès semble couronner politiquement les efforts du roi, l'économie a déjà craqué. L'implacable guerre sur mer a provoqué, à la longue, l'épuisement d'une cité dont les capitaux, la population, l'arrière-pays étaient insuffisants pour supporter l'effort de renouvellement que supposait un si long conflit. Comme précédemment, l'une après l'autre, les cités méditerranéennes, ses rivales — comme Pise, dans la seconde moitié du XIIIe siècle, comme Marseille au temps du roi Robert, comme Gênes après la guerre de Chioggia à la fin du XIVe siècle, Barcelone s'est consumée dans la lutte.

Pour tenir tête, en raison de la faiblesse économique de l'arrière-pays catalano-aragonais, il lui aurait fallu s'appuyer plus efficacement sur le potentiel de ses lointaines colonies. Mais greniers traditionnels, Sicile, Sardaigne et Pouille s'épuisent pour des raisons fort diverses — conséquences de la guerre permanente et effets de la trop dure exploitation aragonaise — et cela au moment même où, après tant d'années de régression démographique, intervient un brusque redressement de la natalité, catastrophique pour les exportations. En Orient, c'est l'avance turque et le sentimentalisme catholique des souverains qui arrachent à Barcelone ses positions les plus solides, au Levant comme à Constantinople.

La conjoncture cependant est, de nouveau, favorable aux villes appuyées sur des États forts. Barcelone seule n'en profite pas et, en ville même, le grand commerce est passé entre les mains des Italiens et des Allemands. Venise a cessé d'être un État ville : elle est sortie victorieusement de ses conflits séculaires avec Gênes, s'est taillé un riche hinterland, la Terra ferma, et domine l'Adriatique ; elle profite au maximum de l'expansion économique de l'Allemagne du Sud, dont elle devient le commissionnaire dans la Méditerranée ; grâce à une politique intelligente en Orient, elle ne souffrira guère de la prépondérance turque dans la Méditerranée orientale et pourra y maintenir longtemps ses positions politiques en y améliorant même sa situation économique : elle garde la première place sur le marché oriental des épices et sauvegarde son monopole de fait de la commercialisation du coton syrien qu'elle livre aux centres textiles de Lombardie et d'Allemagne méridionale.

Gênes, son indépendance perdue, son pouvoir sur la Riviera battu en brèche, chassée de ses colonies et de ses marchés d'Orient — d'un intérêt économique, d'ailleurs, depuis bien longtemps affaibli — s'appuie maintenant sur le capital et l'industrie de Milan en pleine expansion. Gênes a survécu et elle connaît une grande prospérité, précisément parce qu'au XIVe siècle, écartée des bases aragonaises et en butte à la course catalane, elle a misé sur les relais de Malaga, de Séville, de Cadix, de Lisbonne. Dans une guerre sans merci, les Catalans avaient cru enfermer Gênes au fond de son golfe, mais ils ont été pris à leur propre jeu ; car Gênes a débordé Barcelone et acquis une position dominante sur la route de l'Angleterre et de la Flandre à qui, par des navires du plus gros tonnage alors réalisé, elle livre notamment cet alun d'Asie Mineure sans lequel l'industrie textile du Nord ne saurait travailler. Dans l'ombre de la puissance catalane et portugaise, le marin et le financier génois sont devenus indispensables, et Gênes s'apprête à prendre sa revanche et à se procurer au sein des nouveaux Empires une richesse renouvelée.

Pise, en attendant Livourne, se lance de nouveau, vers 1440, dans le grand commerce international, non seulement vers l'Afrique du Nord, mais elle aussi, cette fois, vers le Ponent, et elle est appuyée par la finance florentine, dont la banque (celle des Médicis notamment) domine le marché des capitaux.

Marseille, de son côté, connaît un premier relèvement, avant même que l'union de la Provence au royaume de France ne donne à ses trafics une résonance nouvelle.

Les marins de Raguse, au carrefour des mondes occidental et oriental et au débouché des mines balkaniques neuves, commencent, grâce à leur bonne entente avec les Turcs, le rôle de rouliers de la Méditerranée qu'ils tiendront trois siècles durant.

En dépit de tout cela, dans cette seconde moitié du XVe siècle, c'est la Méditerranée elle-même qui tend à perdre la primauté qu'elle s'était acquise dans l'économie et dans la civilisation depuis la fin du XIe siècle : l'avenir appartient aux nations et aux navires de l'Atlantique.

Au cœur de la Méditerranée on avait déjà assisté au XIVe siècle à l'entrée en jeu des navires des ports atlantiques, de ces bâtiments — barges et brigantins — venus des côtes de Biscaye et du Guipuzcoa, de Santander, de Bilbao, de Laredo, de Saint-Sébastien, de Bayonne aussi. Dès le milieu du siècle, on les a vus en nombre croissant aller de port en port, suivis occasionnellement de quelque navire breton ou anglais, préludant à cette intrusion en force des navires du Nord qui sera l'une des caractéristiques du XVIe siècle. En sens inverse les lourdes naves génoises et les galées vénitiennes et florentines ont établi des lignes régulières avec Séville, Lisbonne, Bruges et Londres. Au milieu du XVe siècle, Séville et Cadix, avant même de réaliser au-delà des océans leur vocation exceptionnelle, deviennent le marché de l'or d'Afrique, que des pionniers génois s'épuisent à aller chercher par-delà le Sahara dans le Touat et jusqu'à Tombouctou.

En dehors du strict monde méditerranéen, le Portugal, à peine l'Algarve conquise, se rend maître des îles de l'Atlantique, Madère et Açores, dont il va faire le centre de la production du sucre, détrônant à cet égard les marchés orientaux. Il occupe les places du Maroc atlantique. A l'instigation de son prince, le génial Henri le Navigateur, il se lance dans les voyages de découverte ; de proche en proche, au prix d'efforts surhumains, il fait glisser ses vaisseaux tout le long de l'Afrique : jusqu'en Guinée, terre de l'or et du poivre long, avec Cadamosto ; jusqu'au cap de Bonne-Espérance, avec Barthélemi Diaz, en 1486, et jusqu'aux Indes, avec Vasco de Gama, sous le roi Manuel, en 1498, remontant ainsi la route des épices jusqu'à leur source même. Événement capital dans l'histoire de la civilisation et de l'économie puisque, ce jour-là, les positions traditionnelles de l'Europe méditerranéenne étaient tournées : la Méditerranée devenait un lac fermé, tandis que l'Océan découvrait ses possibilités illimitées. Bientôt les routes millénaires de l'Asie centrale ayant perdu leur raison d'être, le sang du commerce lointain cesse d'affluer vers l'Égypte, qui se dévitalise. L'Asie intérieure se meurt. Le commerce arabe de l'océan Indien est frappé par la hardiesse concurrente des Portugais. Les voies inter-africaines se détournent d'autant plus des rivages africains de la Méditerranée que le Maroc les capte à son profit et contribue à détruire les empires noirs intermédiaires. C'est toute la Méditerranée des Arabes qui est frappée à mort par une lente asphyxie économique, qui exerce ses effets sur les places de la Méditerranée chrétienne. Cherchant par une autre voie la route des épices et des Indes, le Génois Christophe Colomb, en 1492, découvrait l'Amérique : l'avenir de l'Espagne s'inscrivait au-delà des mers. Cortez allait en 1519 commencer la conquête du Mexique, Pizzarro en 1525 celle du Pérou. Le XVIe siècle sera le siècle de l'argent et de l'or qui, coulant à travers la puissance hispanique et cheminant par les banques italiennes, allemandes et néerlandaises, transformera les fondements mêmes de l'économie européenne.

En fait, à mesure que le Portugal et l'Espagne se tournaient vers les espaces océaniques, l'équilibre méditerranéen se modifiait. Les Ottomans après les Balkans, investissaient allégrement et méthodiquement les rives jadis chrétiennes de la Méditerranée : l'Asie Mineure, cœur millénaire de l'hellénisme, dernière force de l'Empire grec chancelant au XIIIe siècle, devenait la citadelle osmanlie. Après la chute de Constantinople, Athènes tombait en 1456 aux mains des Turcs, la Bosnie en 1462, les terres génoises et moldaves de la mer Noire vers 1475 ; ils atteignaient l'Adriatique et s'emparaient de Scutari en 1479, et même, nouveau défi à la chrétienté, en 1480, ils prenaient pied en Italie même, à Otrante. Au XVIe siècle, la poussée continue : l'Égypte et la Syrie leur échoient en 1516-1517, et bientôt Aden et l'Arabie. Belgrade tombe en 1521, le verrou des chevaliers de Rhodes en 1522, la Hongrie s'effondre à Mohacz en 1526 et Vienne même est assiégée en 1529.

Après quatre siècles d'interruption, l'étendard de l'Islam flotte de nouveau sur tout l'espace méditerranéen avec cette flotte de Barberousse qui, en 1529, s'empare d'Alger, en fait le centre de ses activités et, qui finalement, après avoir pris Nice, va hiverner à Toulon en 1543, avec l'accord de François Ier, allié des Turcs.

C'en est dès lors fini de tout le système sur lequel avait vécu au Moyen Age le monde méditerranéen. La vie de la Méditerranée moderne sera dominée par l'équilibre instable de deux empires, formés l'un et l'autre de territoires immenses qui, en très large partie sont d'ailleurs extérieurs à la Méditerranée. D'une part, l'Espagne de Charles Quint et de Philippe II, appuyée sur les Flandres, sur l'Empire habsbourgeois, sur les Indes, absorbant finalement le Portugal et son propre Empire. D'autre part, les Turcs, qui dominent d'Alger au Yémen, sur plus de 8 millions de kilomètres carrés. Équilibre précaire entre deux puissances partout face à face, qui s'affrontent en Hongrie et à Vienne, sur les rivages de l'Adriatique, à Oran, à Alger, à Tunis, au gré des expéditions armées, qui se harcèlent en une guerre de course incessante, jusqu'au coup d'arrêt de Lépante, par lequel cet équilibre est un moment consolidé...

La France, qui a tenté avec Charles VIII, dans un dernier grand rêve médiéval, d'intervenir en une vaste chevauchée à travers l'Italie avant de conduire jusqu'en Orient la dernière des Croisades, a échoué, et la défaite de Pavie, en 1521, fait passer l'Italie pour plus de deux siècles sous la domination de l'Espagne et des Habsbourg. Mais tandis que l'Espagnol et le Turc se battent ou s'observent sur le champ de bataille méditerranéen où l'économie se désagrège et se dissipe, l'avenir de l'Europe n'est plus dans la mer limitée de ses origines. Il est sur tous les autres océans, de l'Atlantique à l'Indien et au Pacifique même, où se fondent (ou vont se fonder) les colonies des puissances occidentales pour la gloire des souverains et le profit des marchands.

II

L'OR ET L'ARGENT EN OCCIDENT DE LA FIN DU XIIIe SIÈCLE AU DÉBUT DU XIVe SIÈCLE[1],

Un fait s'impose à l'historien de l'économie médiévale : le bouleversement à peu près complet de cette économie dans les dernières années du XIIIe siècle et les premières du XIVe. Or la manifestation la plus éclatante de cette transformation apparaît dans le domaine monétaire : dans tout l'Occident l'économie reposait traditionnellement, et jusque dans la seconde moitié du XIIIe siècle, sur l'argent ; désormais l'or tend à prendre la place de l'argent. L'argent fuit l'Occident où l'or se précipite, tandis que le mouvement inverse s'établit dans les pays de la Méditerranée orientale. Il semble bien que l'intelligence des vicissitudes de l'économie des XIIIe et XIVe siècles ait pour condition l'étude de la circulation des métaux précieux et des espèces métalliques.

Les contemporains se sont rendu compte de l'ampleur du phénomène : financiers italiens et conseillers du roi se sont appliqués à en noter les symptômes, à en déceler les causes ou à en combattre les effets. Presque tous les avis au roi, si nombreux à partir de 1295, accordent une importance primordiale au « fait des monnaies », à la fixation du juste rapport entre l'or et l'argent, à la convertibilité des espèces. Or tous ces avis concordent pour nous montrer le royaume se vidant de son argent — considéré par beaucoup comme le signe de la richesse — tandis qu'il s'emplit d'or. Vers 1310, un Lucquois, spécialiste des questions financières et durant vingt ans maître général des monnaies, estime déjà à plus de 400.000 marcs (environ 100 tonnes) l'argent exporté de France ; non seulement l'argent monnayé, mais le métal vierge à peine extrait des mines méridionales sort clandestinement du royaume, ce qui nous est d'ailleurs confirmé par un rapport du sénéchal de Beaucaire.

A une époque où le numéraire en circulation est limité et où la production minière est extrêmement faible, une telle saignée devait avoir des conséquences graves. Le roi manque de matière pour frapper monnaie. Ses ateliers sont contraints au ralentissement, voire au chômage : sous le régime de la forte comme de la faible monnaie, de 1308 à 1314, le roi est pratiquement incapable de frapper l'argent, sinon la monnaie noire, et au début du règne de Philippe VI l'ensem-

1. **Le texte de la communication, dont on trouvera ici le résumé, sera publié avec des notes et développements complémentaires, dans l'un des prochains fascicules de la *Bibliothèque de l'École des Chartes*.**

ble des Monnaies royales cessent la fabrication pendant trois ans, d'octobre 1329 à septembre 1330 et de mars 1334 à février 1336. Par suite, les opérations monétaires les plus saines sont vouées à l'échec, le roi n'ayant pas à sa disposition un stock de matière suffisant pour alimenter le marché et renverser la tendance. C'est en vain qu'il recourt aux mesures extrêmes allant jusqu'à la défense aux particuliers de sortir du royaume sans licence pour établir un contrôle sur les exportations de numéraire et jusqu'à l'interdiction, la saisie ou le rachat des monnayages seigneuriaux dans la crainte que le métal ne soit plus attiré par ceux-ci que par les siens propres.

Les contemporains ont accusé la spéculation. En fait le facteur psychologique, « la voulenté du peuple », dont parlent les textes, a joué largement contre le roi : auxiliaire inconscient des spéculateurs, elle a contribué à accentuer les tendances en évaluant les espèces à des cours que la taxation officielle s'essoufflait à suivre. Mais l'opinion désignait les étrangers, les « Lombards », comme coupables de la « grant dureté » dont on souffrait. Le roi lui-même les faisait surveiller spécialement et sa conviction n'a peut-être pas été entièrement étrangère à l'expulsion des Lombards en 1311 et 1315. Il est d'ailleurs incontestable qu'en apportant de l'extérieur des quantités notables de monnaies d'or, notamment des florins de Florence, ils ont contribué à déséquilibrer le marché tandis que leur profession les contraignait à prêter naturellement intérêt aux fluctuations des changes et aux variations de l'intrinsèque des monnaies.

Tous les documents par contre concordent pour désigner Montpellier et sa région comme le centre principal de la fraude. Nous avons pu réunir le dossier d'une dizaine d'affaires de trafic clandestin et de scandales dans lesquels se sont trouvés compromis l'élite des patriciens de cette cité pendant un quart de siècle. Dans l'un des cas, les fraudeurs fondaient les monnaies en trois lieux à Montpellier et avaient deux moulins à Saint-Laurent d'Aigouze à la frontière royale ; les témoins évaluent de 100 à 120.000 marcs l'argent fondu par ces derniers moulins. Le cuivre extrait des monnaies noires était vendu à part ; nous connaissons les noms des acheteurs de 660 quintaux de cuivre ainsi fondu, des témoins évaluant d'ailleurs le total de ces ventes de cuivre à 1.000 quintaux, ce qui doit correspondre à un poids de monnaie de 200.000 marcs au moins et pouvant aller jusqu'à 400.000 (soit de 50 à 100 tonnes). Or nous savons que les quantités de monnaies blanches fondues étaient encore plus considérables. Une autre affaire porte sur une exportation clandestine de 100.000 marcs de monnaie noire. Dans plusieurs cas, des agents de la haute administration royale se sont trouvés enveloppés dans ces trafics.

Ces faits ne sont pas propres à la France. Les replaçant sur le plan international, le Lucquois Bettino Calcinelli nous indique que les rois d'Angleterre et de Castille, dont la politique monétaire était cependant plus habile, ont dû aussi prohiber les sorties d'argent. Cette allusion à l'Angleterre est confirmée par une belle série de textes des *Patent rolls* qui nous montrent, notamment de 1298 à 1301, les lingots d'argents et les bonnes monnaies exportés du royaume par les marchands étrangers, lombards et brabançons. La destination de tout cet argent est connue : pour l'une des affaires de Montpellier, nous connaissons les dates d'embarquement, les noms des bâtiments, la quantité transportée. C'est essentiellement Gênes qui attire l'argent et qui fond les espèces en des lingots qu'elle revêt de sa marque. C'est aussi, secondairement, Barcelone et parfois la monnaie du roi Robert, c'est-à-dire Marseille. Derrière Gênes, Barcelone et Marseille, c'est la terre d'Orient qui se profile, cette terre des « Sarrazins » où Bettino Calcinelli voit s'engouffrer l'argent des royaumes d'Occident.

Ainsi à la fin du XIIIe et au début du XIVe siècle, tandis que la frappe de l'or se substitue à celle de l'argent, la masse de l'argent, monnayé ou non, fuit en Orient. A un tel bouleversement de structure, les explications doivent être cherchées à la fois en Occident et en Orient.

En Occident, lorsque reprend la frappe de l'or au milieu du XIIIe siècle, la quantité de matière disponible était relativement limitée. Le seul fait de frapper l'or, de le réintroduire dans le grand commerce eut une conséquence normale : la montée des prix du métal. De plus en plus demandé par les ateliers et les marchands, l'or est rapidement surhaussé, à ce point que l'argent, irrémédiablement sous-estimé par rapport à l'or, est contraint de se cacher et de disparaître. Le rapport des métaux s'élève brutalement dans tous les pays occidentaux et, plus qu'ailleurs, en France où l'on assiste à deux cycles successifs de surhaussement de l'or, avec des pointes en 1313-1314 et 1329-1330 : de 10 à 12 au temps de saint Louis, le rapport des espèces se trouve fréquemment porté à 15-17 sous Philippe le Bel et ses successeurs, atteignant et même dépassant parfois le rapport 20.

En Orient, la situation est dominée par un événement auquel les historiens de l'économie occidentale n'ont pas prêté une attention suffisante et auquel, dans un article classique, Marc Bloch ne fait aucune allusion : la conquête de l'Asie par les Mongols. Jusque dans la première moitié du XIIIe siècle, Alexandrie avait été avec Constantinople le but le plus fréquent des marchands génois et vénitiens, le marché des épices que dominait l'or égyptien, le « besant sarrazinois ». La conquête mongole coupant d'abord la route terrestre, puis la route maritime par Ormuz, la chute de Bagdad en 1258, la guerre entre les Mamelouks et les Mongols en 1260 contribuèrent à isoler l'Égypte de ses sources d'approvisionnement en épices aussi bien qu'en or ; les remous provoqués d'autre part par les rudes conquêtes du nouveau sultan de Mali (1230-1255) et la destruction totale de Ghana l'antique capitale de l'or, suffisent à expliquer le relâchement des liens traditionnels du Soudan, riche en or, avec l'Égypte. Tandis que les Occidentaux renoncent à fréquenter Alexandrie dans la seconde moitié du XIIIe siècle, plus encore après la prise d'Acre et totalement dans la première moitié du XIVe, l'Égypte passe elle-même au monométallisme-argent et s'efforce par des prix élevés d'attirer l'argent des relais chypriote et arménien.

Pour compenser la décadence, puis l'abandon du marché égyptien, Génois et Vénitiens se sont tournés vers la mer Noire et sont entrés vers 1260 en contact direct avec les sujets des Mongols. Trébizonde, Caffa, la Tana, Soldaia, terminus de caravanes transasiatiques, les attirent et ils s'y installent. Or l'économie de l'empire mongol repose tout entière de la Pologne au Pacifique sur l'argent. Pour se procurer soie et épices, les Occidentaux doivent amener chez les Mongols de l'argent : le témoignage de Pegolotti et de Marco Polo est formel. Ainsi au moment où l'Occident le refoule, l'argent se trouve positivement aspiré par les colonies de la mer Noire et le commerce oriental.

En sens opposé un flux d'or s'écoule vers l'Occident. La domination génoise de la mer Noire met en effet le ravitaillement de l'Empire et Constantinople même sous sa coupe : le blé, acheté contre argent dans la mer Noire, est revendu contre hyperpères d'or. De même les textiles de France et d'Italie. Cela ne va pas sans provoquer un assèchement croissant des réserves métalliques et un appauvrissement de l'Empire, coupé des sources de l'or : l'hyperpère devient une monnaie misérable.

Plus important encore est un courant nouveau qui, des mines de l'Europe centrale et orientale, draine maintenant l'or vers les ateliers d'Italie et de France, où la frappe de l'or et la demande croissante de métal provoquent une élévation constante de son prix. L'or de Transylvanie, l'or hongrois gagne Venise. Des « pailloles » de Bohême et de Pologne sont mentionnées dans un manuel de marchand dès 1305. Les marchands polonais, prussiens et silésiens entrent en relations directes avec Bruges et y portent dès le début du siècle, avec des produits agricoles et forestiers, la précieuse poudre d'or.

Brusquement, un peu avant 1340, on peut observer partout un phénomène inverse de celui qui vient d'être décrit. Pendant quelques années, le rapport de l'or à l'argent retrouve un certain équilibre (entre 11 et 13), puis le prix de l'argent s'élève tandis que celui de l'or s'abaisse. Très rapidement l'argent en vient à être à son tour surhaussé et l'or sous-estimé : le glissement s'accentue en 1350 avec une pointe au début de 1352 (4 1 /2). Les causes en sont multiples ; mais, comme à l'époque précédente, tout concourt à accentuer la tendance.

La cause essentielle est incontestablement la guerre franco-anglaise : le déclenchement des hostilités coïncide avec la revalorisation de l'argent. C'est que l'équipement et l'administration des armées exigeaient une énorme quantité de monnaies blanches et noires, les soldes notamment étant toujours payées en cette matière. Pour se les procurer, le Trésor royal était contraint de relever suffisamment le prix d'achat. En même temps les impositions sous leurs diverses formes provoquaient une sortie des monnaies thésaurisées, tandis que, en France comme en Angleterre, les prêts consentis au roi en or par les Lombards, contribuaient à injecter au royaume un nouveau flux de ce métal et à en faire baisser la valeur.

A ce moment précis, les événements d'Orient exercèrent une influence décisive. Sous l'effet de luttes civiles, d'insurrections et de guerres, les Occidentaux sont amenés, de 1340 à 1346 au moins, à rompre pratiquement tout contact avec les Mongols : Génois et Vénitiens sont massacrés ou expulsés à Tabriz, Trébizonde, la Tana ; Caffa est par deux fois assiégé. La mer Noire est pratiquement fermée. Les Occidentaux se retournent alors vers l'Égypte : après vingt-trois ans d'absence, les nefs vénitiennes se rendent de nouveau à Alexandrie en 1344, immédiatement suivies par les Catalans et en 1346 par les Génois. Le brusque renouveau du commerce oriental produisit un choc sur la circulation des métaux. En quelques mois, la demande d'argent se fit considérable et cet argent s'enfuit en telles quantités vers l'Orient que vers 1345-1350 il vint à faire presque complètement défaut sur la plupart des places italiennes. G. Villani en est un sûr témoin et les délibérations du Sénat de Venise en apportent une preuve d'une rare précision pour l'époque. Cette carence de l'argent entraîne par sa soudaineté même un relèvement brutal de sa valeur par rapport à l'or, tandis que les arrivées d'or en provenance de l'Europe centrale et orientale se font toujours plus abondantes.

Succédant à une période de lentes fluctuations monétaires, des variations aussi sensibles et aussi rapides des cours des métaux et de leur rapport, capables de faire osciller en France le prix du marc d'argent de 54 sous à 13 livres 10 sous, celui du marc d'or de 40 à 171 livres et d'élever leur rapport en trente-cinq ans de 12 à plus de 20, puis de l'abaisser dans le quart de siècle suivant de 12 à 4 1 /2, ne furent pas sans affecter profondément toute la vie économique. C'est à elles — plus encore qu'à une politique consciente des rois — que sont dues les mutations monétaires qui furent la plaie de cette époque. Aggravées par les guerres, les mesures irréfléchies, la spéculation, elles sont à la base de la transformation du monde médiéval; elles ont provoqué la faillite des sociétés dont la fortune resposait sur le commerce de l'argent et celle des villes qui vivaient de ce trafic. Elles ont amené un protectionnisme accru, une industrialisation plus poussée, voire la prise de conscience d'une économie politique rudimentaire. Elles ne peuvent se comprendre sans une vue d'ensemble unique du monde médiéval, centré sur la Méditerranée et embrassant à la fois l'Occident et l'Orient.

III

LES RELATIONS COMMERCIALES ENTRE L'EUROPE ET L'AFRIQUE DU NORD ET L'ÉQUILIBRE ÉCONOMIQUE MÉDITERRANÉEN DU XIIe AU XIVe SIÈCLE

L'un des faits les plus importants de l'histoire économique du moyen âge, fait sur lequel sans doute les historiens n'ont pas encore appelé comme il conviendrait l'attention générale, est le renversement quasi-total de l'économie méditerranéenne au cours du XIIIe siècle [1].

Au XIIe siècle Gênes, par exemple, regarde essentiellement vers les côtes de la Méditerranée occidentale; sa politique est tout entière fondée sur une tentative de domination des côtes ligures, provençales et languedociennes [2]. Depuis le milieu du siècle l'Afrique du

(1) Nous avons fait état de certaines des conclusions qui seront ici développées sur le bouleversement de l'économie internationale au milieu du XIIIe siècle dans *Les foires de Champagne* (Bruxelles, 1953, in-8°, 51 p.; extr. des *Recueils de la Société Jean Bodin,* t. V, *La foire*); sur le cas génois dans un compte rendu de l'ouvrage de L. TRIA sur *La schiavitù in Liguria* (*Bibliothèque de l'École des chartes,* t. CVII, 2, 1947-1948, p. 307-308); sur le cas marseillais dans un compte rendu de l'ouvrage de E. BARATIER et F. REYNAUD, sur l'*Histoire du commerce de Marseille,* t. II (*ibid.*, t. CXII, 1954); sur le cas sicilien (d'un caractère d'ailleurs quelque peu différent en raison des problèmes locaux) dans *Une explication économique de l'histoire de Sicile au Moyen Age* (*ibid.*, t. CIX, 2, 1951, p. 291-295).

(2) Voir notamment dans A. SCHAUBE, *Handelsgeschichte der romanischen Völker des Mittelmeergebiets bis zum Ende der Kreuzzüge* (München-Berlin, 1906), la section VII consacrée à la région catalano-provençale. Cf. J. KOHLER, *Handelsverträge zwischen Genua und Narbonne in XII. und XIII. Jahrhundert,* dans *Festgabe der juristischen Gesellschaft zu Berlin für Richard Koch* (Berlin, 1903). p. 275-292.

Nord est devenue pour elle un marché indispensable [1]. Elle dispute à Pise la prédominance en Sardaigne et en Corse. Elle tente de prendre pied en Sicile [2], relais certes sur la route de l'outremer, mais plus encore peut-être verrou de la Méditerranée occidentale. On constate par contre un peu avant le milieu du XIIIe siècle un subit retournement de la politique génoise, suivie d'ailleurs — ou précédée — par un retournement analogue de la politique des autres grandes villes maritimes. Tout l'effort se porte désormais sur les essais de domination de la Méditerranée orientale, culminant avec l'année 1261, qui voit s'asseoir la puissance génoise à Constantinople avec l'empire grec renouvelé. La fondation de Caffa et des comptoirs de la Mer noire [3], la rivalité avec Venise pour la possession économique de la Syrie et de Chypre marquent la volte-face de Gênes de façon d'autant plus éclatante qu'à ce moment même, cette ville venait à bout de Pise et pouvait légitimement espérer avoir les mains libres dans la Méditerranée occidentale.

On connaît bien les événements qui en Orient ont pu susciter un tel changement de politique. Mais que s'est-il donc passé en Occident qui a pu concourir à le favoriser ? Deux faits essentiels — d'ailleurs en relation — d'une part l'effondrement de l'empire almohade et ce qui s'en est suivi dans le Moghreb, et d'autre part la croissance de la puissance catalane.

C'est principalement le premier de ces deux faits que je me propose d'examiner ici, fait qui, à ma connaissance, n'a encore fait l'objet d'aucune étude et est même demeuré complètement inaperçu des historiens. Nous allons donc, à l'aide de documents d'archives publiés et surtout inédits, provenant principalement de Gênes, de Savone et de Marseille, examiner les relations de ces villes avec l'Afrique du Nord musulmane du milieu du XIIe siècle à la seconde moitié du XIIIe.

GÊNES

L'histoire des relations de Gênes — et de Pise aussi — avec les côtes musulmanes de la fin du XIe siècle au milieu du XIIe est celle d'une succession de coups de main réciproques, de pirateries en mer, de sacs de villes enlevées par surprise, puis de trêves et même de périodes

(1) SCHAUBE, ouvr. cité, chap. 21-22.

(2) Cf. V. VITALE, *Le relazioni commerciali di Genova col regno normanno-svevo* (*Giornale storico e letterario della Liguria*, III, 1927, p. 3-29).

(3) Cf. l'ouvrage fondamental de G.J. BRATIANU, *Recherches sur le commerce génois dans la mer Noire au XIIIe siècle* (Paris, 1929).

de relations commerciales normales sur lesquelles les chroniqueurs sont beaucoup moins bavards que sur les faits d'armes. C'est ainsi qu'une attaque des Génois contre Bougie et les côtes marocaines aboutit à un traité de commerce en 1137 ou 1138 (1).

Mais avec l'établissement de la dynastie almohade tout va bientôt changer. On sait qu'Abd al Moumen conquiert à partir de 1130 l'Atlas marocain, sape la puissance des Almoravides, s'empare du Maroc de 1140 à 1147, puis de l'Andalousie, avant d'établir sa puissance sur tout l'ensemble de l'Afrique du Nord, réalisant pour la première et dernière fois dans l'histoire de ce pays un grand empire berbère (2). Celui que Masqueray a pu qualifier de « Charlemagne berbère » fait régner partout l'ordre et c'est avec lui que Gênes va traiter. En 1161 un ambassadeur est envoyé, Ottobono de' Alberici, qui conclut avec le souverain un traité en bonne forme pour 15 ans (3), qui sera renouvelé, sans doute, en 1176 par le successeur d'Abd al Moumen, Abou Yaqoub Yousef, et, certainement, à l'issue d'une nouvelle période de 15 ans par le successeur de celui-ci, Abou Yousef Yaqoub al Mansour, l'un des plus grands souverains de cette dynastie. Par ces traités, sécurité était donnée aux Génois pour venir et commercer sur terre et sur mer; les droits de douane étaient pour eux réduits du dixième au huitième de la valeur des marchandises, sauf à Bougie où pourtant la République se voyait ristourner directement les deux cinquièmes de ces droits.

Sous le régime de ces traités, le commerce génois avec l'Afrique du Nord prit un essor considérable et les actes notariés de Gênes permettent de mesurer en quelque sorte ce courant commercial. M. Krueger, ayant fait connaître, d'après cette source, l'ensemble des chiffres de ce commerce pour les années 1155-1200 (4), je m'appuierai sur ses chiffres, mais en les présentant de façon différente.

On constate d'abord dans le registre du notaire Giovanni Scriba,

(1) SCHAUBE, ouvr. cité, p. 278-279. Cet aspect de la politique génoise est à mettre en relation avec les grands efforts faits par les rois normands de Sicile sur la côte de l'Ifriqiya et spécialement avec la conquête de Djerba en 1134 et l'attaque contre Bougie en 1136.

(2) Sur la conquête almohade, excellent résumé par H. TERRASSE, *Histoire du Maroc*, t. I (Casablanca, 1950), p. 282-305.

(3) L. DE MAS-LATRIE, *Traités de paix et de commerce... concernant les relations des chrétiens avec les Arabes de l'Afrique septentrionale au Moyen Age*, p. 108 (d'après les Annales de CAFFARO).

(4) Hilmar C. KRÜGER, *Genoese trade with Northwest Africa in the twelfth century* (*Speculum*, t. VIII, 1933, p. 377-395); cf. du même, *The routine of commerce between Genoa and Northwest Africa* (*The Mariner's mirror*, London, t. XIX, 1933, p. 417-438).

seule source pour les années 1155-1164 [1] qu'aucun contrat ne se trouve libellé pour aucun port à l'ouest de Bougie avant cette année 1160 où nous savons que Gênes envoya un ambassadeur au prince almohade. De 1155 à 1159, trois ports nord-africains apparaissent seulement : Bougie, Tunis et Tripoli, avec des chiffres très limités de « commenda » :

1155-1159.	Bougie	563 l.
	Tunis	240 l.
	Tripoli	72 l.

La période quinquennale suivante est marquée par l'apparition des ports de Ceuta et de Salé qui atteignent immédiatement des chiffres relativement importants, tandis que l'on constate un accroissement parallèle de l'activité des ports du Moghreb oriental :

1160-1164.	Bougie	1 966 l.
	Tunis	353 l.
	Tripoli	70 l.
	Gabès	88 l.
	Ceuta	1 683 l.
	Salé	390 l.
	Non précisé : Garbo	412 l.
	Barbarie	57 l.

Salé est mentionné dans quatre actes, le premier de 1162 étant précisément dû à l'ambassadeur Ottobono qui avait signé l'année précédente le traité au nom de la République. Ce fait est utile à signaler, car il est vraisemblable que l'ambassadeur, qui était aussi marchand, avait pris quelques commandes de la cour de Fès ou de l'un ou l'autre des grands marchands de cette cité, et il ne me semble pas qu'il faille voir là, comme on a voulu le faire, une étape consciemment établie par les Génois pour la prospection de la route de l'or du Niger [2]. Après 1163, Salé disparaît, à ma connaissance, des actes notariés génois, le commerce se concentrant essentiellement sur Ceuta. M. Lopez, voulant absolument voir dans cette ville et dans celle de Safi qui apparaît (et disparaît) à la même date [3] un chaînon indis-

(1) M. Moresco et M. Chiaudano, *Il cartolare di Giovanni Scriba* (Turino, 1935. 2 vol.).

(2) R. Lopez, *I Genovesi nell'Africa occidentale,* dans *Studi sull'economia genovese nel Medio evo* (Torino, 1936; *Documenti e studi per la storia del commercio... t. VIII*).

(3) Cf. R. Ciasca, *Un centro marocchino del traffico genovese nel Medio evo,* dans *Atti del II. Congresso di studi coloniali* (Firenze, 1936), t. II, p. 173-204; réimprimé dans *Rivista internazionale di scienze sociali,* 1935, p. 443 et suiv.

pensable de la route de l'or, a imaginé que les Génois avaient dès lors dissimulé à quiconque (et pour commencer à leurs notaires) la destination d'une partie de leurs expéditions en les recouvrant prudemment de formules vagues, comme par exemple *in Garbo* ou *ire quo Deus melius voluerit*. C'est là sans aucun doute forcer les textes, car le « Garb » qu'on rencontre bien souvent dans les documents n'a aucunement un sens géographique précis : ce mot désigne la plus grande partie de l'Afrique du Nord et recouvre à peu près celle de *Barbaria*, ne voit-on pas dans un texte de Savone de 1208 [1] un change maritime remboursable là où le navire fera port entre Bougie et Tunis *per Garbum* et dans un document notarié génois de 1210 [2], l'expression *in Garbo* glosée par « de Tunis à Ceuta » [3]. Rien en tout cas ne nous permet de mettre en relation le développement du commerce génois au Maroc avec le souci, supposé exclusif, des Génois de se procurer de la poudre d'or par ce pays; je reviendrai d'ailleurs sur ce point.

Dans les années suivantes le courant vers l'Afrique du Nord ne se ralentit pas et l'on constate que Ceuta l'emporte maintenant très

(1) Arch. di Stato Savona, Pergamene, n° XLVIII, 22 octobre 1208.

(2) Arch. di Stato Genova, Notai 5, Raimondo Medico (dit Lanfranco IV), fol. 18, 2 juillet 1210.

(3) Bien qu'en général les Chrétiens aient réservé le nom de *Garbo* à la partie la plus occidentale de l'Afrique du Nord, comprenant à l'ouest de Tlemcen la majeure partie du Maroc actuel — selon l'étymologie même du mot Gharb = Occident — la distinction n'a pas toujours été faite. Ainsi un cahier de « dilationes et termini » d'octobre 1203 à janvier 1204 figurant dans le registre judiciaire de Savone, dit du notaire Martini (Arch. di Stato Savona, n° 39, Not. Martini, fol. 106-123) : le juge accorde aux parties absentes des délais de comparution, variant avec l'éloignement; trois termes sont légalement prévus : neuf mois pour ceux qui sont *Ultramare* (Terre Sainte, Constantinople, Alexandrie), six mois pour ceux qui sont *in Garbo*, trois mois pour ceux qui sont en Provence (des Alpes aux Pyrénées). Par le « Garb », il faut entendre ici l'ensemble de l'Afrique du Nord, de Tunis (sinon de Tripoli) à Ceuta.

Cela est en parfait accord avec le célèbre historien et géographe Ibn Khaldoun, si représentatif de ses coreligionnaires : pour eux, le Maghreb a pour limites l'Océan, la Méditerranée et la barrière des ergs de sable qui sépare la « Berbérie », le pays des Berbères, au sud du pays des Noirs, à l'est de la province de Tripoli. Ce « Gharb » ainsi entendu correspond donc à peu près à l'acctuelle Afrique du Nord française; il comprenait le « Moghreb el-Acsa » (Maghreb occidental ou Ghard au sens restreint), nord et centre du Maroc actuel, le Maghreb central à l'est de la Moulouya et jusqu'à Bougie, et l'Ifriqiya, vastes plaines allant de Bône à Tripoli et mordant par conséquent sur la partie occidentale de la Tripolitaine. Ibn Khaldoun place en outre dans le Maghreb les territoires du Sud : les deux Sous (celui de la plaine de Taroudant et celui des oasis du Draa et du Ziz), le M'zab ainsi que la série d'oasis méridionales marquée notamment par Figuig, Ouargla, le Rirh, Nefta, Tozeur et Gafsa.

nettement sur Bougie et Tunis, l'importance de Bougie par rapport à Ceuta variant, selon les années, entre la moitié et le sixième de l'activité de cette place.

1179-1183, [1179 et 1182].

Bougie	513 l.
Tunis	250 l.
Ceuta	3 250 l.
Oran	33 l.
Tlemcen	33 l.

1184-1188, [1184 et 1186].

Bougie	824 l.
Tunis	805 l.
Ceuta	3 688 l.
Oran	5 l.
« Garb »	10 l.

1189-1193, [1190 à 1192].

Bougie	3 735 l.
Tunis	1 901 l.
Tripoli	466 l.
« Africa » [Ifriqiya]	210 l.
« Barbaria »	177 l.
Ceuta	7 293 l.
Oran	1 098 l.
« Garb »	3 540 l.

1194-1198, [1197 et 1198].

Bougie	432 l.
Tunis	46 l.
« Barbaria »	62 l.
Ceuta	2 908 l.
Oran	98 l.
« Garb »	108 l.

1200.

Bougie	645 l.
Tunis	20 l.
Ceuta	1 703 l.
« Garb »	80 l.

Ces chiffres nous montrent à quel point le Moghreb occidental l'emporte en dépit de son éloignement. Mais il est facile de comprendre ce rôle essentiel de Ceuta. Il ne faut pas voir en cette ville, comme MM. Gautier, Lopez et Ciasca, la porte de la route de l'or, d'autant que sa position par rapport à cette route est fort excentrique et que le franchissement du Rif par les caravanes bien hypothétique. C'était au point de vue économique le point d'articulation de l'empire almohade à son apogée, entre l'Espagne et l'Afrique. Les documents de Savone nous le prouveront à l'évidence.

Après 1200, nous ne disposons plus des relevés de Krueger établis sur l'ensemble de la documentation conservée, mais seulement de la publication des fragments du très important protocole du notaire Giovanni di Guiberto [1]. Sur sept ans, 1200-1206, les fragments conservés couvrent seulement 19 mois, mais les actes sont d'une grande densité (un millier environ). L'Afrique du Nord représente plus du quart des contrats (26 % exactement), tout le commerce oriental : Syrie, Égypte, Romania, 43 %; la Sicile, 19 %; la Corse et la Sardaigne, 9 %. Le commerce nord-africain demeure donc essentiel pour Gênes. Si l'on excepte deux contrats isolés pour Tunis, deux ports seulement apparaissent dans les contrats : Bougie et Ceuta, le premier l'emportant cette fois nettement par le nombre des contrats et leur valeur (7.000 livres contre 4.500). Si la plupart des contrats s'appliquent à des « commende » directes ou à des expéditions de toiles de Champagne ou d'Allemagne, d'épices orientales, de perles, de lin ou de vin pour l'une ou l'autre de ces deux places, un certain nombre de contrats nous montrent, comme par le passé, des bâtiments se rendant d'abord en Syrie, puis en Afrique du Nord, indifféremment à Ceuta ou à Bougie, et d'autres allant de l'une de ces places sur Alexandrie.

Pour l'année 1210, on y peut joindre le résultat de mes propres dépouillements : pour cette année, pour deux mentions de voyage à Bougie et à Tripoli, on trouve près de 500 l. de marchandises sur Ceuta et en 1212 : 1.627 l. sur Ceuta, contre 133 pour Bougie et 15 pour Tunis [2]. Il semble bien qu'à ce moment on soit à l'apogée du rôle de Ceuta. Nous sommes d'ailleurs à l'apogée de l'empire almohade. Victorieux des Castillans en 1195 à la grande bataille

(1) *Notai liguri del sec. XII*, t. V : *Giovanni di Guiberto, 1200-1211*, a cura di M. W. Hall-Cole, H.C. Krüger, R.J. Reinert, R.L. Reynolds (Genova, 1939-1940, 2 vol.; *Documenti e studi per la storia del commercio*, t. XVII-XVIII).

(2) Arch. di Stato Genova, Notai, P. Ruffi (en réalité, Wino Sapiente) et Lanfranco IV (en réalité, Raimondo Medico); quelques autres documents des années 1214-1217 dans le volume dit de Giovanni Enrico de Porta (en réalité, Simone Donati),

d'Alarcos, les Maures sont précisément défaits à leur tour, en 1212, par Alphonse VIII de Castille à Las Navas et la décadence commence.

Mes dépouillements ne me permettent pas pour les années suivantes de donner des chiffres en nombre suffisant pour obtenir des résultats valables; néanmoins il ne semble pas qu'il y ait de différences appréciables avant les années 1225-1230. Mais alors se produisent les événements que l'on sait [1] : la prise et le sac de Ceuta par le gouverneur de Séville, prétendant au califat, Al-Mamoun aidé par une milice chrétienne espagnole, le soulèvement d'Abu Mousa contre son frère, la reconquête de la ville par Mohammed Ibn Hud, autre prétendant au califat, le soulèvement des habitants contre le vali envoyé par ce dernier, enfin, après diverses tentatives d'intervention, l'expédition des Génois à Ceuta et l'échec final de cette campagne qui aboutit à la constitution en 1235 de la première Mahone génoise, modèle des mahones du XIVe siècle dont Di Tucci a étudié la genèse [2].

Après cette date le renversement de situation est total. Ceuta disparaît des actes, ainsi que d'une façon générale tout le Moghreb oriental : Tunis passe au premier plan. Rien n'est plus révélateur que le dépouillement fait par R. Lopez de tous les actes passés durant le mois de mars 1253 par devant les notaires de Gênes [3]. Nous y trouvons une seule mention d'une quittance pour un remboursement effectué « près de Ceuta » [4], mais par contre 13 contrats sur Tunis pour un montant de 793 l. (plus un nolo d'une nef de Messine pour cette destination), 6 contrats pour 106 l. sur Bougie et un autre de 200 l. sur Safi [5].

(1) Sur ces événements, cf. H. TERRASSE, ouvr. cité, t. I, p. 342-357.

(2) R. DI TUCCI, *Documenti inediti sulla spedizione e sulla Mahona dei Genovesi a Ceuta* (1234-1237), dans *Atti della Società ligure di storia patria,* t. LXIV, 1935, p. 271-340.

(3) R. LOPEZ, *L'attività economica di Genova nel marzo 1253 secondo gli atti notarili del tempo* (*ibid.*, t. LXIV, 1935, p. 163-269).

(4) LOPEZ, ouvr. cité, not. Bartolomeo Fornari, n° 72 (15 mars 1253).

(5) Il faut pourtant souligner l'intérêt exceptionnel que présente ce document (LOPEZ, ouvr. cité, not. Gianuino de Predone, n° 63). Il s'agit d'un acte de « commenda » de 200 livres génois, faite le 14 mars 1253 à Cristiano Grimaldi par la très importante banque Leccacorvo et Ravaldo agissant pour le compte des Fieschi, et destinée à commercer à Safi. On a beaucoup épilogué sur ce document : faut-il y voir avec R. LOPEZ (*I Genovesi nell'Africa orientale,* ouvr. cité) et avec R. CIASCA (*Un centro marrochino,* ouvr. cité) un témoignage de voyages réguliers génois le long des côtes d'Afrique vers la route de l'or? Est-ce au contraire un voyage isolé de prospection commerciale ou de découverte (ou de redécouverte)? Un reste attardé de la fréquentation antérieure des ports marocains atlantiques par les Génois? Nous estimons pour notre part que ce document doit être mis directement en relation avec la si curieuse tentative d'Innocent IV de convertir à la foi chrétienne le souverain du

Dans la seconde moitié du XIIIe siècle, on ne trouve pratiquement plus à Gênes de mentions de Ceuta : tout contact semble rompu avec les Mérinides [1].

Il n'en est cependant pas de même avec les Hafsides. Il semble même que les puissances maritimes chrétiennes, devant les obstacles grandissants rencontrés au Moghreb occidental, aient tenté de reporter le fort de leur commerce sur ces paisibles territoires de l'Ifriqiya maintenus par leurs gouverneurs hafsides dans une autonomie toujours croissante à l'égard des souverains almohades jusqu'à l'indépendance complète de 1236. La coincidence est en effet très caractéristique. C'est d'abord en 1223, le premier traité de Gênes avec Abou-l-Ala, qualifié de « rex Tunesis », traité qui accorde aux Génois les privilèges qui jusqu'alors avaient été le fait des seuls Pisans, notamment la possession d'un fondouk avec bains et four [2]; en 1227, Venise à son tour envoie un ambassadeur. Dès lors les traités se succèdent : avec Venise en 1231 pour 40 ans, avec Pise en 1234 pour 30 ans, avec Gênes en 1236 pour 10 ans [3]. En dépit des incidents divers entre marchands et indigènes tant à Tunis qu'à Bougie, ils seront régulièrement renouvelés jusqu'au début du XIVe siècle [4].

Maroc en 1245-1246 — tentative qui se manifeste à nous par une douzaine de lettres pontificales — avec la nomination d'un évêque pour le Maroc, avec la lettre du pape demandant au sultan en mars 1251 d'accorder aux chrétiens des places de sûreté « supra ripam maris ». En effet, Safi est alors le port de Marrakech et le point d'où il était le plus aisé de gagner en toute sécurité la capitale du Sud qu'une grande route reliait à son port (Cf. L. MASSIGNON, *Le Maroc dans les premières années du* XVIe *siècle. Tableau géographique d'après Léon l'Africain* [Alger, 1906; *Mémoires de la Société historique algérienne,* t. I] § I. Avant Léon, p. 55, carte p. 105). De plus le pape est alors un Fieschi et ce sont précisément des Fieschi qui dans cette affaire baillent les fonds : n'auraient-ils pas profité de quelque amabassade pontificale vers la cour de Marrakech pour effectuer quelque fructueuse opération commerciale?

(1) Des relations épisodiques avec des ports marocains de l'Atlantique ne reprendront qu'à la fin du siècle ou au début du XIVe, permettant à des navires génois de s'approvisionner, à l'instar des Espagnols, en blé et en orge; de telles céréales pourront même être transportées en cas de disette en Angleterre ou en Flandre.

(2) Sur ces relations entre l'Ifriqiya et les chrétiens, cf. R. BRUNSCHWIG, *La Berbérie orientale sous les Hafsides des origines à la fin du* XVe *siècle* (Paris, 1947, 2 vol.; *Publications de l'Institut d'études orientales d'Alger,* t. XI), p. 25-29. De ce traité de 1223 avec les Génois, le texte n'est pas conservé, mais seulement un récit de Marchisio, l'un des ambassadeurs, *Annales Januenses,* II, p. 189-192.

(3) Textes de ces traités dans MAS-LATRIE, *Traités de paix et de commerce,* ouvr. cité, p. 31-35, 116-118, 196-199.

(4) Traités avec Gênes en 1250 pour dix ans, en 1272 (après la Croisade de Saint-Louis) pour dix ans, en 1287 (après de graves incidents); — avec Pise en 1264 pour vingt ans, en 1313 pour dix ans; — avec Venise en 1251 pour quarante ans, en 1271 (après la Croisade de Saint-Louis) pour quarante ans, en 1305 pour dix ans, en 1317 pour quinze ans. Le texte de ces traités est publié par MAS-LATRIE, ouvr. cité; il ne cite cependant qu'en extrait la convention avec les Génois de 1287, dont l'original

Si pourtant Pise s'efforce de maintenir tant bien que mal avec ces pays des relations régulières (cf. *infra*, p. 413), il est incontestable que dans l'ensemble du commerce extérieur génois le commerce nord-africain ne représente bientôt plus qu'un filet d'importance secondaire (1) : Gênes regarde maintenant essentiellement vers l'Orient.

SAVONE

A Savone aussi, une part très importante de l'activité maritime fut dirigée depuis 1178 au moins, date du plus ancien registre notarié (2), vers l'Afrique du Nord. Les registres judiciaires de la commune, conservés pour les premières années du XIIIe siècle (3), admettaient normalement les délais suivants pour produire des témoins si ceux-ci se trouvaient à l'extérieur : 9 mois pour l'Outremer (c'est-à-dire essentiellement la Syrie), 6 mois pour le « Garb » (et spécialement Ceuta) et 3 mois pour la Provence (ordinairement Marseille). On constate que le délai de 6 mois pour séjour en « Garb » est le plus souvent sollicité. Très nombreux sont, d'autre part, les causes relatives à des différends au sujet de « commende » à Ceuta. Deux d'entre elles sont même tellement importantes pour l'histoire

est à l'Arch. di Stato (Genova Materie politiche, mazzo VI) : cette convention se réfère à un traité entre le roi de Tunis et Jacopo Doria dont le texte ne nous est pas parvenu; sans doute s'agit-il du renouvellement du traité de 1272 à son échéance de 1282.

(1) Si l'on néglige l'insignifiant et épisodique trafic avec le Maroc, Gênes reste seulement en relation avec Tunis et Bougie, essentiellement pour la fourniture de laine dite de Bougie. Il faudrait cependant signaler ici que Gênes a gardé avec Grenade des rapports intéressants, mais jusqu'ici négligés par les historiens. On possède, en effet, dressé à Grenade, le 21 janvier 1298, par un notaire génois à la requête de Guglielmo Doria, ambassadeur de Gênes auprès du roi de Grenade depuis le mois de septembre précédent, le vidimus d'un traité du 20 février 1295, celui-ci confirmant d'ailleurs un autre traité du 10 octobre 1278 qui ne nous est pas parvenu (Arch. di Stato Genova, Materie politiche mazzo VII). On y remarque parmi les témoins : les consuls de Gênes à Grenade (Gioannino De Mari) et à Almeria (Francesco de' Negroni), ce qui atteste dans ces deux villes au moins l'existence d'une colonie génoise de quelque importance. Les relations se poursuivront ultérieurement; les Génois garderont même à Grenade une position exceptionnelle, qu'attestera encore dans le dernier demi-siècle de l'existence du royaume un volumineux et précieux compte des dommages subis dans la ville en 1452 par les marchands génois qui y résidaient (Arch. di Stato Genova, Finanze dell' antico comune, n° 783).

(2) Sezione di Arch. di Stato Savona, Arch. storico comunale, n° 38, not. Arnaldo Cumano et Giovanni Donati, 1178-1183.

(3) *Ibid.*, n° 39, attribué au notaire Martini, 1203-1206; n° 40, attribué au notaire Saono, 1216-1217, et n° 41, attribué au notaire Uberti, 1213-1215. Sur le caractère et le contenu de ces registres et l'identification des notaires, cf. R.H. BAUTIER, *Notes sur les sources de l'histoire économique médiévale dans les Archives italiennes* (*Mélanges d'Archéologie et d'histoire publiés par l'École française de Rome,* 1948), VI. Savone, § III : Actes de la commune, p. 203-206.

du droit commercial du moyen âge et pour l'histoire de l'économie internationale que j'avais pensé en faire le sujet exclusif de la présente communication.

Il s'agit de procès entre bailleurs de fonds et commandités au retour d'un long voyage ayant donné lieu à « commenda ». Vu la contestation sur le montant du profit, la procédure oblige les parties à établir le décompte de chacun des frais et des bénéfices résultant de chacune des opérations faites depuis le départ de Savone jusqu'au retour au port. Dans l'un des cas, le trajet effectué a été le suivant : départ de Gênes en juin ou juillet 1201, Marseille, Ceuta, Oran, Bougie, Tunis, Messine (arrivée en mars ou avril 1202), Alexandrie, Ceuta; de là le navire devait regagner à nouveau Alexandrie, mais à la suite d'avaries produites par une tempête, il dut regagner Gênes où il hiverna de novembre 1202 à la mi-mars suivante; il en repartit alors pour Alexandrie avant de regagner Gênes pour l'hiver suivant, de septembre 1203 à avril 1204, date du procès, période durant laquelle le navire fut désarmé [1].

Cette cause nous montre parfaitement le rôle de Ceuta comme terminus d'une ligne essentielle de navigation et de commerce, puisque, directement ou avec escales à Oran, Bougie et Tunis, le navire fait deux fois aller et retour le trajet Ceuta-Alexandrie. Le trafic était assuré en grande partie par des marchands musulmans qui se servaient du bâtiment pour exporter du froment et de l'orge oranais en Égypte et en ramener sur Ceuta des épices. Le payement du nolo était effectué en nature, mais le tarif était fort différent pour les Chrétiens et pour les Sarrazins, ceux-ci payèrent quatre fois et demie le taux de transport d'un Génois pour leur froment et leur orge, soit 35 % de l'orge et 30 % du froment (selon le demandeur, ou respectivement 33 et 28 % seulement selon le défendeur); au retour, il est vrai, sur les épices, le nolo des Sarrazins n'était plus élevé que d'un tiers par rapport à celui des Chrétiens. Nous saisissons là en tout cas la raison de la prospérité du commerce génois ou savonais : intermédiaire entre les musulmans du Maghreb et de l'Égypte [2], ce commerce était lié à la prospérité et à l'ordre politique des deux extrémités de la chaîne

[1] *Ibid.*, nº 39, fol. 82-88 (Balduino Scorzuto et sa femme contre Oberto Scorzuto, et action reconventionnelle).

[2] Une belle illustration de ce fait nous est donnée par les récits du célèbre pèlerin et voyageur IBN JOBAIR (*Voyages,* traduits et annotés par M. GAUDEFROY-DEMOMBYNES, 1re partie, 1949; *Documents relatifs à l'histoire des Croisades publiés par l'Académie des Inscriptions et Belles-Lettres,* t. IV). Celui-ci, allant de Grenade à la Mecque en 1183 (p. 33-38), se rend d'abord à Jaen qu'il quitte le 14 février et gagne Tarifa le 21 par Alcaudete, Ecija et Osuna, traverse le lendemain le détroit à Qaçr-aç Çaghir, en part le 23 au matin pour Ceuta où tout naturellement il trouve « un navire appartenant à des Roums génois et prêt à mettre à la voile pour Alexandrie ». Il s'y

et conditionné en outre par l'absence d'une marine musulmane et par la sécurité de la route maritime. La dislocation de l'empire almohade le compromettra définitivement.

Une autre cause nous le confirme nettement : de 1200 à 1203, le navire a fait le trajet Marseille, Alexandrie, Marseille, Ceuta, Marseille, Savone, Ceuta, Alexandrie, Savone [1]. Trafic triangulaire : à Ceuta est porté du coton, on en tire de la cire, des cuirs et des peaux qu'on porte à Marseille ou à Alexandrie, d'où du poivre ou de l'alun est réexporté sur Marseille ou sur Ceuta même [2].

En tout cas à Savone aussi, comme à Gênes, ce trafic africain qui

embarque et le navire quitte le port le 24. La traversée dure trente jours pleins, avec une seule relâche à Oristano en Sardaigne. L'itinéraire suivi n'est pas sans intérêt pour nous : le navire remonte d'abord le long des côtes d'Andalousie jusqu'en face de Denia aperçu le 3 mars; Iviza est doublée le 4, Majorque le 5, Minorque le 6. La traversée vers la Sardaigne s'opère avec une extrême rapidité, puisque la côte se dresse à un mille du bâtiment dès la soirée du 8. L'orage et la houle forcent le navire à louvoyer; un autre navire chrétien allant de Carthagène en Sicile le double. Puis on longe la côte jusqu'à Oristano où le pèlerin voit sur le marché quatre-vingts de ses coreligionnaires mis en vente. Le navire remet à la voile le 15 mars, suit la côte sur 200 milles et une tempête le pousse jusqu'au large des côtes de Sicile, qui sont longées à leur tour sur 200 milles le 18. Après avoir vu l'Etna, le bâtiment se dirige droit sur la Crète qu'il côtoie le 22 sans d'ailleurs la voir sur 200 milles. Le 23 le continent africain est en vue à 400 milles à l'ouest d'Alexandrie dont le phare apparaît enfin le matin du 26 mars à 20 milles de distance. Un tel transport de Musulmans à bord de navires génois est considéré comme tout naturel. C'est ainsi que devant les « procédés démoniaques » des gens d'Aidhab sur la mer Rouge, exploiteurs des pèlerins, Ibn Jobair conseille tout simplement à ses lecteurs (p. 81) de passer par l'Irak, Bagdad et la Syrie, d'aller à Acre et de là facilement à Alexandrie, en Sicile ou ailleurs, car on y pourra trouver « un vaisseau des Roums cinglant vers Ceuta ou telle autre terre des Musulmans ».

(1) Arch. di Stato Savona, n° 39, fol. 153-160 (Salvi Mascone contre Balduino Scorzuto et action reconventionnelle).

(2) *Passim* dans les trois registres cités *supra*, p. 408, n. 3. L'intérêt des deux procès cités et de nombreux autres causes commerciales contenues aux mêmes registres justifierait une édition intégrale. La majorité des problèmes juridiques et économiques soulevés par les contrats commerciaux des XIIe et XIIIe siècles pourrait en recevoir, sinon des solutions définitives, au moins des éclaircissements notables. Évoquons seulement celui des *loca* ou *loci* des navires, si controversé : « lignum de quo nunc agit est novem loci et novem marinarii ipsum lignum serviebant » (n° 39, fol. 36); « in quolibet locorum fuit unus marinarius... IIII marinarii tenent unum servientem qui eis servit » (*ibidem*, fol. 84; de même, fol. 176, 177, etc.).

Signalons d'autre part que les conclusions que nous tirons de ces registres communaux sont parfaitement confirmés par le petit fonds d'archives privées d'une famille d'armateurs de Savone, aujourd'hui conservé à l'Arch. di Stato Savona, parmi les « Pergamene dell'Archivio comunale » : les Barbaria; l'importance des relations de Savone avec l'Afrique du Nord s'y marque avec une netteté caractéristique. L'inventaire de ce fonds a été publié (non sans quelques erreurs, notamment dans la datation) par F. NOBERASCO, *Le pergamene dell'Archivio comunale di Savona* (*Atti della Società savonese di storia patria*, t. V, 2, 1919, 236 p.).

demeure essentiel durant tout le premier tiers du XIIIe siècle, disparaît ensuite à peu près totalement.

MARSEILLE

Pour Marseille les relations commerciales avec l'Afrique du Nord étaient peut-être plus importantes encore que pour Gênes et Savone; d'ailleurs la plupart des navires de ces deux villes se rendant dans le Moghreb occidental, n'osant pas encore traverser du Nord au Sud la Méditerranée, longeaient une grande partie des côtes et, nous venons de le voir, passaient obligatoirement à Marseille où la cargaison était complétée et surtout des vivres achetés.

Grâce à Blancard [1], on dispose pour la première moitié du XIIIe siècle, d'une source excellente sur le commerce marseillais, les chartes commerciales des Manduel d'une part, les fameuses notules d'Amalric de l'autre. Les unes et les autres nous éclairent sur l'évolution du trafic entre Marseille et l'Afrique du Nord.

Tout d'abord la proportion écrasante des actes relatifs à l'Afrique du Nord par rapport à ceux concernant les autres secteurs est édifiante dans le chartrier commercial des Manduel. Sur 85 actes de « commende », de sociétés ou de quittances, comportant une mention de destination dans la première moitié du XIIIe siècle, 52 [soit plus de 60 %] se rapportent à l'Afrique du Nord entre Tunis et Ceuta, tandis que 11 seulement se rapportent à Acre et à la Syrie, 8 à la Sicile, 2 à l'Égypte, le reste se partageant entre Barcelone, Majorque, Montpellier, les foires de Champagne et du Lendit et l'Angleterre. On a vraiment l'impression — et très nombreux sont les autres documents qui la confirment — qu'à cette époque le trafic nord-africain est essentiel pour Marseille.

Mais on remarque aussi qu'à Ceuta, 15 des 16 actes sont antérieurs à novembre 1236, et cette date correspond exactement à la dislocation de l'Empire almohade, à la révolte de Yaghmoraçen qui établit alors à Tlemcen la nouvelle dynastie des Zianides, à la révolte d'Abou Zakariya qui établit sur Tunis et Bougie la dynastie des Hafsides. On ne pouvait souhaiter meilleure illustration de ce que nous tentons de démontrer. A Oran d'autre part, tous les actes sont antérieurs à 1233.

On constate au contraire que 17 des 24 actes pour Bougie sont postérieurs à 1233, et 5 des 6 actes de Tunis postérieurs à avril 1234.

On a donc vraiment l'impression d'une coupure brutale, d'un

(1) L. Blancard, *Documents inédits sur le commerce de Marseille au Moyen Âge* (Marseille, 2 vol., 1884-1885).

brusque déplacement du commerce de Marseille vers l'Orient maugrabin, tandis que d'autres documents nous montrent qu'au même moment Marseille fait, comme Gênes même, un effort nouveau vers le Levant.

Les notules du notaire Amalric, échelonnées sur quatre mois seulement, de mars à juillet 1248, nous autorisent à mesurerce déplacement. Sur 483 actes relatifs à des « commende » pour des destinations précises au cours de ces quatre mois, 72 seulement [soit 14 %] sont relatifs à l'Afrique du Nord contre 175 pour Acre et la Syrie [soit 36 %] et 112 pour Naples et la Sicile [22 %], proportion inverse de celle du premier tiers du siècle. Un seul bâtiment, le *Bonaventure*, se rend à Ceuta (17 contrats), contre 3 à Bougie (51 contrats) et 7 à Acre (167 contrats, dont 129 pour le seul Saint-Esprit).

Si l'on se reporte enfin à l'excellent volume récent de M. Baratier sur l'*Histoire du commerce de Marseille* (1), on constate que la décadence n'a fait que s'accentuer à la fin du XIIIe siècle. Le fondouk de Ceuta a certainement disparu très tôt; des tracasseries administratives (sinon des difficultés plus sérieuses) ont gêné (ou arrêté) le commerce à Bougie dans les dernières années du siècle (2). A Bougie en 1305, les autorités marseillaises demandent « restitution, réfection et restauration du fondouk » (3). Nous savons qu'en 1316 il était détruit et qu'en 1331 et 1358 il ne rapportait rien aux finances municipales (4). Quant à celui de Tunis, il était loué en 1331 à la compagnie florentine des Peruzzi (5). Pour le XIVe siècle, M. Baratier, en dépit de ses recherches très sérieuses, dresse un procès-verbal de carence presque absolue : pas un seul document dans les archives de notaires marseillais sur les relations avec Bougie et Tunis de 1314 à 1332 et de 1354 à 1379, et bien peu en dehors de ces dates.

***

La comparaison avec la situation antérieure est édifiante. Rapprochée de la situation que nous avons constatée à Savone et à Gênes, elle doit faire réfléchir.

Peut-être un texte est-il encore plus net, bien qu'il s'agisse d'un

(1) *Histoire du commerce de Marseille*, publiée par la Chambre de Commerce de Marseille..., t. II, de 1291 à 1423, par Ed. BARATIER (Paris, 1951). Cf. notre compte rendu dans la *Bibliothèque de l'École des Chartes*, t. CXII, 1954, où nous avons donné quelques appréciations sur les coupures de l'histoire économique de Marseille.

(2) *Ibid.*, p. 98, n. 1.

(3) *Ibid.*, p. 99, n. 6.

(4) *Ibid.*, p. 102 et n. 1, 2 et 3.

(5) *Ibid.*, p. 102, n. 4.

mémoire justificatif de la politique génoise à l'égard de Venise [1]. En effet à une plainte des ambassadeurs de Venise sur un certain nombre d'agissements génois, les autorités de la République en 1285 répondent ainsi sur l'un des points : le Vénitien Marino Sanudo est venu acheter à Gênes une nef en jurant qu'il n'irait pas à Pise tant que durerait la guerre entre les deux villes; désirant aller en Barbarie et ne connaissant pas cette région, il prit à son bord un pilote et des marins génois. Il alla charger des laines et des toisons à Bougie et à Djidjelli *in quo loco pauci utuntur christiani, nisi solummodo Pisani.* Au retour il fut intercepté par l'escadre de Benedetto Zaccaria au large de Piombino et accusé de vouloir livrer sa cargaison à Pise; la nef fut mise sous séquestre et envoyée à Gênes, et la raison était *quia Pisani in partibus Zizari exercent inter ceteros precipue mercationes lane et bodronorum et in ipso loco super facto lane et bodronorum ceteris preeminentiam noscuntur habere.* Cet aveu génois que seuls les Pisans fréquentent la région de Bougie et de Djidjelli et que ni les Génois eux-mêmes ni les Vénitiens ne leur y font concurrence, est particulièrement caractéristique. D'autant plus que trente ou quarante ans auparavant encore la majeure partie de la laine vendue à Gênes provenait précisément de Kabylie, et venait par Bougie, Collo et Djidjelli.

Cette remarque peut nous amener à poser un autre problème : si les marchands de Milan et de Florence cherchent avec tant d'insistance, et malgré de tant difficultés, à partir de la seconde moitié du XIIIe siècle la laine de France et d'Angleterre, alors que précédemment la laine du Gharb était à peu près seule recherchée, ce fait ne doit-il pas être mis en relation avec les événements d'Afrique du Nord et avec la fermeture plus ou moins complète de cette source d'approvisionnement?

Il ne faudrait cependant pas croire que l'Afrique du Nord se soit fermée totalement et d'un seul coup à tout commerce avec les Chrétiens. Dans toute la seconde moitié du XIIIe siècle, la porte reste encore entr'ouverte, voire encore au début du XIVe. Des Génois par exemple, à titre individuel, ont pu non seulement demeurer dans le pays, mais même, avec ce caractère individualiste sur lequel insistent tous leurs historiens, pénétrer loin à l'intérieur du continent et s'y installer, comme ce Génois qui s'établit à Sijilmassa et dont une carte du début du XIVe siècle porte témoignage [2].

(1) Arch. di Stato Genova, Materie politiche, Mazzo V (ad ann. 1271, à tort, la date, 1285, étant en partie rongée).

(2) Un cartouche du planisphère de Giovanni da Carignano, vers 1320 (cf. Ch. de La Roncière, *La découverte de l'Afrique au Moyen Âge*, t. I [Le Caire, 1925; *Société royale de Géographie*], p. 113 et pl. VI et XII; sur l'auteur, cf. A. Ferretto,

* * *

Il est surtout un élément sur lequel il convient d'attirer l'attention en terminant, car il est capital, et lié à la fois au recul économique des anciennes villes marchandes en Afrique du Nord et à la décadence et à l'anarchie musulmane : la politique catalane.

A la différence des autres colonies marchandes, de caractère essentiellement commercial, les Catalans — comme d'ailleurs les Castillans et plus tard les Portugais — pratiquent résolument une politique d'intervention armée. Tous les chefs musulmans se disputent au XIIIe et au XIVe siècle le concours de mercenaires chrétiens venus d'Espagne; on rencontre ces milices espagnoles dans tous les camps, entretenant partout l'anarchie et le désordre, tandis que les colonies catalanes se développent et prospèrent et que les rois d'Aragon, sollicités par les chefs locaux en profitent pour établir une sorte de protectorat sur un certain nombre d'entre eux. On se rappelle que la milice espagnole joua un grand rôle dans les événements de Ceuta en 1233; M. Brunschwig a attiré récemment l'attention sur l'importance de cette milice au service des Hafsides (1) et M. Jean Richard sur la *non modica multitudo* de chevaliers chrétiens du Maroc et de Tlemcen (2) et je pourrais joindre sur ce point un certain nombre de documents.

Quoi qu'il en soit, on constate que peu à peu toutes les positions dominantes de la Méditerranée occidentale passent aux mains des Catalans, déjà maîtres des Baléares et de Valence. Après les Vêpres

Giovanni Mauro di Carignano, rettore di San Marco, cartografo et scrittore, 1291-1329, dans *Atti della Società ligure di storia patria,* t. LII, 1924, p. 31-52) décrit les mœurs des Berbères voilés de Sijilmassa, honnêtes marchands qui commercent à travers les sables du désert avec Oualata et la Guinée, et ajoute : *Hoc audivi a fide digno mercatore Januensi qui aliquando morabatur in Sigelmesa et habebat societatem cum eis.*

Chacun connaît d'autre part l'équipée célèbre du génois Antonio Malfante de qui nous a été conservé une lettre adressée en 1447 du Touat, centre des échanges de l'Afrique occidentale, à son patron à Gênes. Sur cette affaire, cf. Ch. DE LA RONCIÈRE, *Découverte d'une relation de voyage datée du Touat et décrivant en 1447 le bassin du Niger* (*Bulletin de la section de Géographie du Comité des Travaux historiques,* 1918, p. 1-28); P. SCHIARINI, *Antonio Malfante...* (*Bollettino della Società geografica italiana,* t. X, 1921, p. 441-456); Ch. DE LA RONCIÈRE, *La découverte de l'Afrique,* ouvr. cité, p. 144-160, avec fac-similé; R. DE TUCCI, *Nuovi documenti e notizie sul genovese Antonio Malfante...* (*Bullettino della R. Società geografica italiana,* t. XI, 1934, p. 179-210); G. PIERSANTELLI, *La penetrazione commerciale genovese nel Sahara...* (Genova, 1937, 72 p.).

(1) R. BRUNSCHWIG, ouvr. cité, t. I.

(2) J. RICHARD, *An account of the battle of Hattin referring to the Frankish mercenaries in Oriental Moslem States* (*Speculum,* XXVII, 2, 1952, p. 168-177).

siciliennes, la Sicile leur appartient et par là ils sont à même de reprendre à Tunis la politique traditionnelle des souverains siciliens.[1] Puis au début du XIVe siècle la campagne de Sardaigne leur donna avec Cagliari une base fondamentale pour la domination de la Méditerranée occidentale[2].

Aussi à Barcelone l'abondance relative des documents pour l'histoire des relations avec l'Afrique du Nord à partir de 1250[3] fait-elle pendant à la pénurie croissante des archives des autres cités. Mon propos n'est pas de faire état ici des documents que j'ai recueillis au cours d'une mission de recherche à Barcelone[4], mais je dirai seulement que les résultats recoupent parfaitement une observation faite par M. Baratier à propos du commerce de Marseille : à partir de la fin du XIIIe siècle, le commerce entre l'Europe et l'Afrique du Nord, commerce d'ailleurs très affaibli et point du tout comparable à celui du demi-siècle précédent, passe presque tout entier par les galères et les nefs catalanes et majorquines, voire par les barques de Trapani et de Cagliari sous domination aragonnaise.

(1) Cf. R.-H. Bautier, *Une explication économique,* ouvr. cité. Très symptomatique est le privilège accordé dès 1227 par Jayme Ier à la ville de Barcelone, concédant aux bâtiments barcelonais le monopole du trafic entre cette ville et l'outre-mer, Alexandrie et Ceuta (A. de Capmany, *Memorias históricas sobre la marina, commercio y artes de... Barcelona,* Madrid, 1779, t. I, doc. IV). Les Catalans avaient dès 1253 au moins une loge et un consulat à Tunis (Arch. de la Corona de Aragon, Cancill., reg. 9, fol. 57).

(2) Sur cette base économique et politique que constitua la Sardaigne médiévale, nous nous permettons de renvoyer à l'article que nous destinons aux prochains *Mélanges Armando Sapori.*

(3) Cf. J. Miret y Sans, *Un missatge de Yarmorasen rey de Tremecen a Jaume I* (*Boletín de la R. Academia de Buenas Letras de Barcelona,* t. VIII, 1915-1916, p. 48-51). On sait d'autre part qu'avant de débarquer en Sicile après les Vêpres siciliennes, le roi Pierre regroupa son armée à El-Koll (Collo) entre Bougie et Philippeville en juillet-août 1282 (cf. du même auteur, *Notes sobre la expedició del rey Pere lo Gran en Berberia, ibid.,* t. VII, 1914, p. 354-360).

(4) Pour ne prendre que quelques exemples, citons : la licence accordée en 1278 par le roi Pierre à des armateurs barcelonais pour envoyer à Tlemcen un bâtiment chargé d'épices, de vin, d'huile, de miel, de riz, de fruits secs et de draps, destinés à l'infant Jayme (Arch. de la Corona de Aragón, Cancill., reg. 41, fol. 43). De même en 1293 les Génois s'emparent des ambassadeurs « sarrazins » envoyés au roi d'Aragon et transportés d'Alexandrie à Majorque sur une nef barcelonaise; des mesures sont prises pour la protection de leurs marchandises (Arch. de la Catedral, Barcelona, Not. Bernat de Villarubia, 7 août 1293 et 8 mai 1294). Un citoyen de Tarragone vend au « seigneur de Ceuta », à Ceuta même, un quart de sa nef, mais il s'enfuit après avoir reçu de « Cidi Bocalip » le prix d'achat. La ville de Barcelone entend le contraindre sur ses biens au respect du contrat (Arch. Historico de Barcelona, Consell, I, fol. 37, 25 mai 1302). Les autorités de la ville écrivent avec beaucoup d'amitié « als honrats, savis e discrets al alcayt e al consol de Bugia » (*ibid.,* fol. 28 v°, 23 mai 1302); en même temps elles s'adressent au Maroc pour compléter son approvisionnement (*ibid.,* fol. 39 v°, 1er juin 1302). On pourrait très aisément multiplier ces exemples.

Tandis que la Méditerranée occidentale lui échappe progressivement, Gênes se lance de toutes ses forces à la conquête des marchés et des richesses de l'Orient. Alexandrie et l'Égypte étant d'autre part fermées au commerce occidental de la fin du XIIIe siècle jusque vers 1343 [1], c'est Chypre, Constantinople, Caffa, la mer Noire et plus loin encore la route de l'Inde qui attirent l'attention de ses marchands [2]. Il faudra attendre le début ou le milieu du XVe siècle pour assister devant la poussée turque à un nouveau retournement de la situation.

C'est un fait capital dans l'histoire de l'économie internationale au moyen âge que ce déplacement de l'équilibre économique méditerranéen : l'effondrement de l'empire almohade et le dynamisme catalan nous permettent selon toute vraisemblance de l'expliquer. Des études spéciales devront ultérieurement en préciser les dates et apporter tous les correctifs indispensables. Mais il m'a paru utile de présenter le fait lui-même et son explication au Congrès d'Alger.

[1] Sur cette prohibition d'Alexandrie au commerce occidental et sur la réouverture du grand port égyptien, cf. un bref résumé de nos recherches, publié dans *Comptes rendus des séances de l'Académie des Inscriptions et Belles-Lettres*, 1951, p. 172-173 (*L'or et l'argent en Occident aux* XIIIe *et* XIVe *siècles*).

[2] Sur cette poussée génoise vers la mer Noire, voir les travaux de Bratianu, *Actes des notaires génois de Péra et de Caffa de la fin du* XIIIe *siècle, 1281-1290* (Bucarest, 1927; Académie roumaine, *Études et recherches*, II); — *Recherches sur le commerce des Génois dans la mer Noire au* XIIIe *siècle* (Paris, 1928); — *Recherches sur Vicina et Cetatea Albă* (Bucarest, 1935; Universitatea din Iași, *Studii di istorie generală*, I). Sur la pénétration des Génois en Asie, cf. R. Lopez, *European merchants in the medieval Indies* (*Journal of economical history*, t. III, 2, 1943, p. 164-184).

IV

LES RELATIONS ÉCONOMIQUES DES OCCIDENTAUX AVEC LES PAYS D'ORIENT, AU MOYEN ÂGE POINTS DE VUE ET DOCUMENTS

Au Moyen Âge, les relations directes entre les pays de la chrétienté occidentale, d'une part, et ceux des profondeurs asiatiques ou des bords de l'océan Indien, de l'autre — thème central de ce Colloque international d'histoire maritime — furent pratiquement inexistantes. Certes, on en pourra toujours citer quelques manifestations exceptionnelles et occasionnelles, mais ces exemples n'offrent pas de signification particulière pour l'histoire générale de la période : le fait que les historiens, comme parfois les contemporains, les aient montés en épingle est la preuve même de leur caractère extraordinaire, et encore doit-on noter que la plupart d'entre eux appartiennent à la période privilégiée que fut la paix mongole, à la fin du XIIIe siècle et au début du XIVe. L'énormité des distances, la difficulté des voyages, la divergence complète des civilisations étaient telles que les continents s'ignoraient foncièrement et que, même dans les cercles les mieux instruits par les récits de quelques voyageurs, marchands ou missionnaires, l'incompréhension était totale.

En fait, deux blocs territoriaux, politiques, religieux, linguistiques, s'interposaient entre l'Occident européen et l'Asie mongole, indienne ou chinoise : le monde byzantin et le monde islamique. C'est à travers eux que toute influence de civilisation ou de culture, comme toute marchandise, devait passer, et l'histoire des relations de l'Occident avec l'Orient au Moyen Âge est celle de ses relations politiques et économiques avec Byzance et avec l'Islam.

Avec les Byzantins, il faut le souligner, les relations, en raison des erreurs mutuelles d'appréciation, furent souvent orageuses. En outre, les circonstances politiques furent telles que l'Orient byzantin, avec sa longue décadence en escalier, vit progressivement ses moyens se restreindre et ses contacts se rompre avec ses voisins de l'Est et du Sud. A son tour, il en vint à ne connaître l'arrière-pays asiatique qu'à travers le monde souvent hostile des Arabes ou des Turcs. Bien mieux, quand les puissances maritimes et commerciales de l'Occident, Venise et Gênes, après l'avoir miné, se furent rendues maîtresses de son économie dès l'aube du XIIIe siècle — grâce à l'habileté de leurs marchands, à l'importance de leur soutien financier, au nombre de leurs navires ou encore aux armes de chevaliers francs, ambitieux ou naïfs — les lambeaux de son empire furent bien moins une terre d'Orient ouverte sur l'Asie qu'une extension lointaine, mais fermée, de l'espace occidental.

Avec le monde arabe, largement ouvert, au contraire, vers l'Asie intérieure ou méridionale, les Occidentaux, raidis dans le fanatisme d'une foi intransigeante qui engendrait chez leurs partenaires des réactions guère moins violentes, n'eurent de contacts qu'en des régions limitées et sur des places relativement peu nombreuses. Avant les Croisades — mis à part les pèlerinages aux Lieux saints qui, pratiquement, ne cessèrent jamais — les rapports furent restreints au minimum, sauf de la part des Vénitiens et des Amalfitains qui en cela s'assimilaient aux Byzantins. Par la suite, la lutte sanglante pour la libération du Sépulcre du Christ eut pour conséquence paradoxale de développer les relations entre les deux ethnies, et le commerce, d'abord limité au ravitaillement de la simple tête de pont qu'était le royaume latin de Jérusalem, s'étendit, en dépit des interdictions officielles, à l'Égypte et à la Syrie.

La constitution de ce royaume chrétien fut, en effet, un accident de peu de portée *directe* ou immédiate en ce qui concerne l'histoire du commerce de l'Occident avec l'Orient, car il se produisit à une époque où l'Occident ne possédait pas encore une marine assez nombreuse et ne disposait pas d'une activité industrielle ou commerciale suffisante pour lui permettre d'exploiter sur le plan commercial ses avantages politiques. Mais la conséquence *indirecte* et lointaine de l'événement — elle intervint après les premiers échecs du royaume latin — fut importante : elle donna aux Occidentaux la maîtrise de la mer. Dès lors, toute l'histoire des relations économiques entre Occident et Orient se déroula dans le cadre suivant : le commerce de l'Asie resta concentré entre les mains des marchands arabes (et, secondairement, arméniens et persans), tandis que les marins latins s'assuraient le monopole des transports par mer vers l'Occident tant chrétien que maghrébin, établissaient des bases navales et commerciales aux points stratégiques, obtenaient des concessions en diverses « échelles » et, bondissant d'île en île jusqu'aux approches des côtes orientales de la Méditerranée, y établissaient des colonies, centres d'exploitation tout autant que relais pour les trafics fructueux avec le continent.

A tout bien considérer, les relations économiques entre Orient et Occident, au Moyen Âge, ne devaient jamais être que marginales. Elles furent l'œuvre des gens de la mer, et le commerce maritime fut monopolisé par les riverains : d'abord, les marins et marchands de Venise et des ports de l'Italie méridionale, auxquels se joignirent ceux de Gênes et de Pise, et enfin, par irradiation successive, ceux de Marseille, de Narbonne, de Barcelone et des ports catalans. Rares furent les gens de l'intérieur qui y participèrent, encore étaient-ils liés par tous leurs intérêts aux hommes de mer, comme les Placentins, par exemple, l'étaient aux Génois.

Parvenus outre-mer, ils ne cherchèrent guère à se pousser au delà des places du littoral : c'est seulement dans des cas exceptionnels qu'ils élargirent leurs horizons jusqu'à la ligne des grandes villes édifiées en arrière de la côte, jusqu'à Alep, Hama, Damas ou Le Caire. Ils n'eurent jamais accès aux routes maritimes qui partent de la mer Rouge ou du golfe Persique, et les Francs qui, avec Renaud de Châtillon, s'établirent dans le golfe d'Aqaba, se conduisirent en pirates et non pas en marchands. Quant aux routes terrestres, ce ne sont par les convois qu'ils lancèrent quelques années durant, au temps de la paix mongole, sur les routes de la soie ou des perles au départ de Tabriz et d'Urgendj, qui comptent beaucoup ni dans l'évolution générale de la civilisation, ni dans celle du commerce international.

C'est l'histoire de ce commerce dans les échelles, les *fondachi* et les îles, sur les rivages de la mer et aux franges des empires, qu'il convient de brosser à grands traits. Car, n'étant attachées par aucun intérêt profond à aucun des peuples de l'Orient, les puissances maritimes occidentales ont déplacé le centre de leurs affaires de la Syrie à l'Égypte, puis à Constantinople et à la mer Noire, puis de nouveau vers l'Égypte et la Syrie, enfin à Constantinople encore, selon les variations des conjonctures politiques et économiques. Cette constante adaptation à la conjoncture fit sans doute pour les villes italiennes la force de leur commerce d'Orient.

Ne pouvant étudier ici l'ensemble des problèmes si complexes que posent ces relations, nous nous contenterons d'en examiner ci-après quelques aspects particuliers et de faire connaître à leur sujet des points de vue que d'aucuns jugeront peut-être trop personnels. Nous nous excusons du caractère incomplet et décousu des notes qui vont suivre. Nos scrupules sont cependant atténués par le fait que nos collègues et amis Roberto S. Lopez et Édouard Baratier ont accepté de leur côté de présenter d'autres aspects de ces mêmes relations entre l'Occident et l'Orient de la Méditerranée [1].

1. Nous ne pouvons ici multiplier les références bibliographiques. Le seul ouvrage d'ensemble, véritable mine documentaire mais sans perspectives d'ordre général, demeure celui d'Adolf Schaube, *Handelsgeschichte der romanischen Völker des Mittelmeergebiets bis zum Ende der Kreuzzüge*, München-Berlin, 1906, xix-816 p. (*Handbuch der mittelalterlichen und neueren Geschichte*, hgg. v. G. von Below und F. Meinecke, Abt. III). En revanche, le nombre des travaux particuliers est fort élevé en ce qui concerne les pays occidentaux, spécialement italiens. Nous sommes malheureusement fort dépourvus en ce qui concerne l'économie des pays d'Orient et J. Lombard est décédé sans avoir achevé le vaste ouvrage qu'il méditait. Le travail le plus important (et le plus récent) est celui de Claude Cahen « Douanes et commerce dans les ports méditerranéens de l'Égypte médiévale d'après le Minhadj d'Al-Makhzumi », in *Journal of economic and social history*, vol. VII, 3, 1964, p. 217-314; voir aussi « Quelques problèmes concernant l'expansion économique musulmane au Haut Moyen Âge », in *L'Occi-*

Les origines, jusqu'au début du XIIe siècle

Au très haut Moyen Âge, entre l'Occident barbarisé, appauvri, vidé de son or, ruralisé, étroitement cloisonné, replié sur lui-même, bref passif, et l'Orient byzantin, qui demeure un vivant foyer d'activité économique et de civilisation, les rares liens commerciaux passent par les marchands « syriens » et juifs, qui depuis le IIe siècle ont progressivement imposé leur prédominance dans l'ensemble des pays méditerranéens. Les premiers disparaissent, semble-t-il, au moins dès l'époque carolingienne; les seconds perdent à cette époque de leur importance, puis connaissent un regain très remarquable d'activité au temps des Ottoniens, enfin s'effacent devant les marchands indigènes chrétiens, sauf sur quelques places méridionales, Narbonne, Barcelone ou Montpellier, et dans les pays de l'Occident islamique. Il est en tout cas peu contestable qu'au cours du pré-Moyen Âge et du haut Moyen Âge, ce sont les Orientaux qui ont assuré la permanence d'un certain trafic inter-méditerranéen [1].

Ce n'est certes pas ici le lieu d'insister une nouvelle fois — les faits sont à la fois trop connus et leur interprétation trop controversée — sur la date, les circonstances et les causes de ce qu'on a dit être une rupture et qui fut plutôt un graduel affaiblissement de liens déjà fort relâchés. En même temps que son économie s'affaisse, l'Occident franc tourne le dos à la mer pour se faire plus continental encore, tandis que, contournant cette masse territoriale, l'or et l'argent de l'Orient, fruit d'un trafic d'esclaves, de fourrures et d'ambre (quand ils ne provenaient pas plus simplement d'exactions et de pillages), viennent se thésauriser, improductifs, dans les bracelets et les coffres des Scandinaves et des populations échelonnées de la Baltique à la Volga.

Seules monnaies d'or, celles des Byzantins et des Arabes courent le monde méditerranéen, dont les flottes de Byzance et de l'Islam se disputent l'hégémonie. Le seul commerce qui atteigne encore l'Occident franc est celui — infiniment limité — des produits de luxe, soieries et étoffes précieuses, ivoires et œuvres d'art, quelques épices aussi et notamment le poivre, et cela presque

dente e l'Islam nell' alto medioevo (*Settimane di studio del Centro italiano di studi sull'alto medioevo*, XII, 1965), p. 391-432.

A titre d'orientation générale, nous nous permettons de conseiller la lecture de deux courts et excellents articles : Claude CAHEN, « Orient latin et commerce du Levant », in *Bulletin de la Faculté des lettres de Strasbourg*, 29e année, n° 8, mai-juin 1951, p. 328-356; et Roberto S. LOPEZ, «Les influences orientales et l'éveil économique de l'Occident», in *Cahiers d'histoire mondiale*, vol. I, n° 3, janvier 1954, p. 594-622, qui expriment les points de vue de deux des meilleurs connaisseurs de l'histoire des relations Orient-Occident au Moyen Âge. Qu'il nous soit permis aussi d'indiquer ici notre propre article sur « Les grands problèmes politiques et économiques de la Méditerranée médiévale », in *Revue historique*, n° 475, juil.-sept. 1965, p. 1-28, et en ce qui concerne les sources d'archives : « Sources pour l'histoire du commerce maritime en Méditerranée du XIIe au XVe siècle », in *Les sources de l'histoire maritime en Europe, du Moyen Âge au XVIIIe siècle. Actes du 4e Colloque international d'histoire maritime. École pratique des Hautes Études*, VIe Section, Bibliothèque générale, p. 137-177.

1. Sur les problèmes ici évoqués, nous renvoyons à notre chapitre « Histoire économique et sociale », du volume III (*Moyen Âge*) de *Civilisations, Peuples et Mondes*, sous la direction de N. SCHUMANN, Paris, 1967, gr. in-4°, p. 243-374.

exclusivement par le relais italien. En effet, une certaine activité a pu se maintenir (ou renaître?) dans les régions de la Méditerranée centrale imprégnées des civilisations byzantines ou arabes et plus ou moins rattachées à ces deux mondes politiques en balance : Venise, les villes de l'Italie méridionale, la Sicile. Rome et l'Italie ont toujours les yeux fixés sur la *Romania* qui, de son côté, se refuse à renoncer à ce qui fut le berceau et le cœur de l'Empire. C'est parce qu'il est devenu le maître de l'Italie que Charlemagne délibère de faire de Byzance le modèle qu'il se propose d'imiter, qu'il est amené à faire une large politique italienne, combattant l'Islam sur terre à Barcelone et sur mer en Corse et dans les Baléares, luttant contre Byzance à la charnière des deux empires, à Venise et sur les côtes dalmates; Charles reçoit les cadeaux du sultan Haroun al-Rashid, échange des ambassades avec l'impératrice Irène et l'empereur Nicéphore, innove une politique impériale que nul ne sera en mesure de reprendre avant les Ottons — sinon peut-être Louis II? — tandis que du Saint-Sépulcre même on se tourne vers lui.

Mais après lui, l'Occident, en proie aux luttes intestines, se replie davantage encore sous l'effet des incursions des pirates du Nord, des Slaves et des Hongrois. Son très lent réveil sera incontestablement l'œuvre de l'Italie où, dès la seconde moitié du xe siècle, à Venise et en Pouille, la reprise économique devient sensible. Venise surtout, qui anime les cités de la vallée padane, joue à cet égard un rôle déterminant : dès 992, elle obtient de l'empereur byzantin des privilèges pour son commerce, qui lui seront renouvelés en 1082; au XIe siècle, ses marchands trafiquent non seulement à Constantinople et dans l'empire byzantin, mais à Antioche, à Alexandrie, à Tripoli, bref en terre des Infidèles arabes et seldjoukides. Les gens de Bari, en 1087, ramènent triomphalement le corps de saint Nicolas de Myre, qu'ils ont enlevé au cours d'une expédition commerciale à Antioche et sur les côtes de Cilicie. Une famille d'Amalfi, celle des Pantaleoni, fonde à Jérusalem un hôpital qui est à l'origine de celui qu'illustreront les Hospitaliers de Saint-Jean, et elle fait fondre dans les ateliers de Constantinople les vantaux de bronze dont elle orne les portes de divers sanctuaires d'Italie. Vers la même époque, l'affaiblissement de l'Islam en Occident surtout et aussi en Orient, l'atténuation des rezzou sur les côtes chrétiennes facilitent le premier et timide essor de nouveaux centres maritimes dans la Tyrrhénienne, à Pise, puis à Gênes.

Le milieu du XIe siècle est décisif : de proche en proche, l'activité économique et la vie de relation tendent à se rétablir, l'Occident chrétien se redonne une marine qui s'impose aux dépens des flottes des puissances d'Orient, affaiblies par leurs rivalités. C'est elle qui, conjuguée au mouvement de *Reconquista* terrestre et au désir insensé d'obtenir par la force la libération du Saint-Sépulcre, va permettre la Croisade. Moment capital dans l'histoire de la civilisation que celui où l'économie occidentale, presque totalement passive depuis bien plus d'un demi-millénaire, redevient active.

Certes la première Croisade va se faire par la voie terrestre, en dépit des aléas d'une route qui traverse tout au long tant de pays peu connus ou hostiles : c'est que l'Occident, à cette époque, ne dispose pas encore d'une flotte suffisante à la fois pour transporter autant d'hommes et pour faire face à une marine adverse autrement plus nombreuse, d'autant plus que Venise, pour sauvegarder ses intérêts, ne devait s'engager dans les opérations qu'avec la plus grande circonspection et seulement en 1100 quand la victoire fut devenue certaine et là où, comme à Jaffa, le Basileus ne pouvait émettre nulle prétention. La seconde croisade, au temps de Louis VII et de Conrad III, fut encore menée par terre et pour la même raison; mais il n'en fut plus de même lors de la troisième, quand en 1190 Philippe Auguste et Richard Cœur de Lion s'embarquèrent à Marseille sur une flotte génoise.

Dès la conquête et en dépit de leur apparente répugnance à s'y engager, les villes maritimes avaient demandé et obtenu des comptoirs ou *fondouks* sinon des quartiers, dans diverses villes, ainsi que des privilèges pour leur commerce. Pourtant celui-ci était bien faible encore : c'est l'instrument qui cette fois allait contribuer à développer le besoin : pour Gênes tout au moins, qui jusqu'alors n'avait aucun intérêt particulier en Orient, cela est très net. Il fallait d'ailleurs assurer le ravitaillement de l'armée des Croisés, rapatrier ceux qui désiraient regagner leur foyer, amener des renforts, transporter les pèlerins que le nouveau statut des Lieux saints faisait accourir en nombre.

En fait, paradoxalement, c'est surtout après les premiers revers du royaume latin, sinon même après la chute de Jérusalem (1187), que les républiques maritimes commencèrent à exploiter les possibilités que leur conféraient leurs échelles et à faire de certaines d'entre elles de véritables bases commerciales. Jusqu'alors, l'état de guerre en Syrie et les troubles en Irak n'avaient guère favorisé le maintien des routes traditionnelles menant de l'intérieur de l'Asie vers les ports de la Syrie et de la Cilicie. L'essor ne se produisit guère que lorsque le royaume de Jérusalem se fut transformé en royaume d'Acre, limité à une bande côtière et appuyé sur les ports marchands : le royaume des chevaliers de Dieu devenait le champ d'action des trafiquants chrétiens, en relations d'affaires avec les Arabes et les Turcs.

Ce fut en tout cas à l'école des Orientaux que se formèrent les marchands chrétiens : même sans parler des Vénitiens qui, après tout, n'étaient que l'avant-garde des Byzantins, et même si l'on discute pour savoir si le contrat de *commenda* en usage dans toute la Méditerranée occidentale est ou non d'origine arabe, il est incontestable que la langue commerciale a été empruntée aux pratiques de la Méditerranée orientale. La « boutique » (*apotheca*), le « magasin », le *fondaco*, le « bazar » en témoignent, comme la « douane » et la « gabelle », de même que les « arrhes », la « tare », le « tarif », et le *sensale* ou courtier, tout comme les désignations de mesures (le *cantar* génois, le « carat », le *cafis*, le *metro* de l'huile ou la *sporta*) ou les noms de tissus (mousseline, organdi, damas, baudequin, cendal, *sciamito* ou samit, bougran ou *boccherame*) et de tant d'autres marchandises (« balais » ou rubis du Balakshan, alun, sucre, rhubarbe, alcool). C'est en Orient que les Occidentaux s'initièrent aux méthodes et aux instruments nouveaux de la navigation et de l'astronomie, avec l'astrolabe, le compas, les cartes marines et sans doute la boussole — sans parler de termes passés dans le vocabulaire maritime, comme l'arsenal (ou *darsena*) et l'amiral. L'importation des plantes orientales (cerisier, oranger, canne à sucre, épinard, échalotte, etc.), aussi bien que le dessin des tissus — mais il n'est point ici besoin d'insister — tout nous montre à quel point ont été fructueux les contacts des marins et marchands de l'Occident sous-développé du XIIe siècle avec le monde gréco-arabe, alors si en avance sur le plan technique.

Les puissances commerciales en présence dans le Levant et leur politique

Les historiens qui mènent leurs recherches dans la perspective du commerce occidental ont bien souvent tendance à considérer comme un bloc les pays d'Orient : la Morée, Nègrepont, Candie, Constantinople et la mer Noire, la Petite-Arménie, la Terre sainte, sinon Damiette et Alexandrie, ne sont pas toujours très clairement distinguées dans leurs travaux, bien que chacune de ces régions ait constitué un secteur économique, sinon politique, distinct. Ils y sont d'ailleurs invités par les sources notariales de l'époque qui recouvrent les opérations relatives à l'Orient du terme générique d'affaires *de Ultra mare* (de même que celui d'*Ultra montes* désignait les pays situés au Nord et à l'Ouest des Alpes, de la Provence à la Flandre et même à l'Allemagne méridionale).

A dire vrai, nombre de sources distinguent «outre-mer» deux secteurs géographiques particuliers : d'une part, la *Romania*, c'est-à-dire les terres de l'empereur de Constantinople, auxquelles on annexe l'Asie Mineure, les îles de la mer Égée et les côtes de la mer Noire qui ne ressortissent que partiellement au Basileus, et d'autre part, l'outre-mer proprement dit, qui comprend la Syrie, Chypre et l'Égypte.

Dominant chacune leur secteur propre, deux métropoles : Constantinople et Alexandrie. Les autorités politiques de l'une et de l'autre s'efforcent de réserver à leurs nationaux le monopole des trafics avec leur arrière-pays asiatique ou africain, proche ou lointain, dont ils interdisent l'accès aux Occidentaux. Pour des raisons financières et fiscales, tout autant que par défiance envers des adversaires en puissance et des ennemis de leur foi religieuse, Grecs et Arabes surveillent étroitement la venue et l'activité de ces étrangers, qu'ils parquent (précaution utile en ces territoires facilement xénophobes et portés aux violences) dans des quartiers particuliers soumis à un statut spécial. Ils contrôlent leurs importations et leurs exportations, grâce au mécanisme perfectionné de la gabelle et de la douane, sans parler du système des courtages et des entrepôts. Tout cela est réglé par des traités fort précis, consécutifs à de longues négociations, lesquels sont renouvelés, avec plus ou moins d'extension ou de limitation, après chaque conflit comme aussi — tout au contraire — à l'occasion de toute aide fournie par la communauté intéressée.

Trois « communes », du début du XIIe siècle à la fin du XIIIe, rivalisent pour s'assurer une place, la plus large possible, en l'une ou l'autre de ces deux grandes métropoles, et pour cela elles se combattent constamment : *Venise* dont les traditions byzantines font que l'essentiel de sa puissance repose, à cette époque, sur son commerce d'Orient; *Gênes* qui, après avoir subi des échecs dans sa tentative d'hégémonie sur la Méditerranée occidentale, se retourne avec d'autant plus d'énergie vers le pactole oriental, avant de reconvertir une nouvelle fois son dynamisme vers l'Occident au milieu du XIVe siècle; *Pise* enfin qui, dominant économiquement la Méditerranée centrale (Sicile et est de l'Afrique du Nord), s'efforce d'élargir dans l'orient de cette mer un rôle qui visiblement dépasse ses forces. Serrée sur terre par une Florence en expansion, Pise succombe définitivement sur mer devant la puissance génoise à La Meloria en 1284; mais entre Venise et Gênes le duel va se poursuivre, acharné, tout au long du XIVe siècle. En outre les *Catalans*, dès le début de ce siècle, se hissent presque à leur niveau, avant de tenter de dominer au XVe siècle, politiquement et militairement, l'espace méditerranéen où la puissance espagnole finira par se heurter à la puissance turque en permanente expansion. Les autres Occidentaux ne sont que des figurants et leur activité en Orient, notable du point de vue de leur économie propre, n'est que secondaire considérée dans la perspective de l'histoire générale des commerces d'Orient : Ancône, Naples et Amalfi; Palerme, Messine et Trapani; Savone, Marseille, Montpellier et Narbonne; Raguse enfin, qui ne jouera pleinement son rôle qu'à l'époque ottomane.

Entre les deux Empires, l'existence de la « Terre Sainte » trouble le jeu, car elle est, par l'effet d'un hasard historique, comme un coin enfoncé de force par les Occidentaux en pleine terre d'Asie, malgré la malveillance byzantine et l'hostilité arabe. La politique des « communes » est donc double : d'une part, s'assurer des bases économiques aussi fortes que possible sur les côtes du « Royaume », et de l'autre — et surtout — négocier la présence de leurs colonies de marchands et renforcer la puissance de celles-ci tant dans la *Romania* qu'en Égypte.

La première de ces politiques provoque l'intervention des « communes » dans la vie même du royaume et permet aussi à leurs marchands de se pousser vers les villes de l'intérieur, points d'aboutissement des grandes caravanes : Alep, un moment vassalisé; Damas, économiquement liée à Tripoli, à Tyr et à Beyrouth; Bagdad même, et surtout cette Petite-Arménie qui tient le golfe d'Alexandrette et la route vers l'Anatolie et la Perse. Des Francs ont même monté la garde, de 1116 à 1171, au fond du golfe d'Aqaba, à Eilath (Aila), d'où ils peuvent taxer au passage ou intercepter les convois terrestres destinés à l'Égypte, aussi bien que couper celle-ci de ses sources d'approvisionnement par la mer Rouge en marchandises d'Extrême-Orient. A tout considérer, il faut bien avouer que l'existence du royaume de Jérusalem n'a guère permis aux Occidentaux de créer à leur profit en Terre Sainte même, un véritable courant de commerce asiatique; elle a eu surtout un effet négatif sur le commerce arabe, mais l'union cairote-damasquine de Saladin colmata en large partie la brèche ouverte dans le dispositif du monde arabe.

La logique de l'impérialisme des cités marchandes, jointe à la conscience qu'elles ont acquise de leur force depuis qu'elles ont complètement éliminé des mers, dans le dernier tiers du XIIe siècle, les marines arabe et byzantine, leur désir de vengeance pour des affronts reçus ou leur jalousie des bienfaits réservés à leurs adversaires, tout cela fait que la volonté leur vint de dominer, non plus seulement économiquement mais politiquement et militairement, l'un ou l'autre empire, l'une ou l'autre métropole. Les conséquences de cette politique de force, menée sous des prétextes religieux, ce sont : d'une part, la quatrième Croisade et la prise de Constantinople en 1204, à l'instigation et en large partie au profit des Vénitiens, et par voie de conséquence l'appui prêté par les Génois au rétablissement de l'empire grec en 1261; d'autre part, la Croisade contre l'Égypte et la prise éphémère de Damiette en 1218, et ensuite la Croisade génoise de saint Louis de 1249. Chacun de ces événements a une résonance immédiate sur l'attitude de la ville éliminée d'un secteur : quand Venise prend en mains l'économie grecque et occupe des bases stratégiques dans l'ancien Orient byzantin, Gênes et Pise accentuent leurs efforts en Syrie et renouent leurs relations avec l'Égypte; quand Gênes, après son échec de la Croisade, se retourne vers Byzance, reprend pied à Constantinople et se lance dans l'exploitation de la mer Noire, Venise fait des efforts décisifs pour l'éliminer d'Acre et de Tripoli et sollicite un nouveau privilège du roi d'Arménie.

Le double plan de l'activité commerciale en Orient et l'évolution de la conjoncture

Pour comprendre la situation commerciale des places du Proche Orient et l'histoire de leurs relations avec les marchands occidentaux, il faut considérer que l'activité économique s'y déroule sur deux plans, indépendants l'un de l'autre.

En effet, chaque région, sinon chaque place, a d'abord une fonction propre, liée aux productions locales et aux relations commerciales directes de la place. C'est ainsi qu'il y a sur les côtes du nord et du nord-ouest de la mer Noire des *caricatori*, des ports du blé (et aussi de la cire) comme il y en a sur les côtes de Pouille et de Sicile — tandis que des havres des côtes orientales de cette même mer recueillent à peu près exclusivement des cargaisons de poissons. Caffa et Tana chargent en outre des esclaves. Éphèse (*Altoluogo*, Theologos) et Phocée (*Foglia*) ont le quasi-monopole de l'alun, Chio celui du mastic, Rhodes et Candie exportent du vin et du sucre; Alanya (*Candeloro*), du bois; les petits ports d'Arménie, de la soie dite « du golfe » et des tapis de Turquie. Le coton et le sucre viennent en masse des côtes syriennes, et le lin est fourni par Alexandrie, etc.

Puis, derrière cette façade où s'agitent le plus grand nombre de marchands et les flottes les plus actives et du plus gros tonnage, il y a les mouvements en profondeur de l'Asie, courants limités mais combien précieux, qui, de l'Inde, de l'Indonésie ou de la Chine, apportent la soie et les épices, les perles et les pierres précieuses par de traditionnelles voies maritimes et terrestres. Ces voies sont nombreuses et des rocades les relient les unes aux autres. Il suffit que des troubles se produisent en l'une des régions placées sur le long ruban du cheminement des caravanes pour que l'itinéraire vienne à être modifié et que les marchands des places intermédiaires adoptent pour la majorité de leurs expéditions de nouvelles voies. Or au cours du Moyen Âge, les tourbillons provoqués par l'agitation des nomades n'ont guère cessé au cœur de l'Asie, au temps des conquêtes des Seldjoukides, des Mongols et des Ottomans, et les noms de Gengiz Khan et de Tamerlan suffisent pour attester l'ampleur et la sauvagerie de ces guerres. Un seul moment a vu la paix à peu près assurée d'un bout à l'autre de l'immense chemin, lorsqu'à la fin du XIIIe siècle et au début du XIVe, les quatre khanats issus du démembrement de l'empire mongol (Chine, Turkestan, Perse et Kiptchak), tout en s'imposant à leurs voisins, surent maintenir entre eux une bonne intelligence. Mise à part cette pause, exceptionnelle les modifications du *statu quo* eurent pour effet que les marchandises, acheminées vers l'Occident par des voies diverses selon les époques, vinrent aboutir et se concentrer en plus grand nombre tantôt à Constantinople et sur la mer Noire, tantôt au Caire et en Égypte. De même, les relais des places intermédiaires (Ormuz, La Mecque, Damas, Alep, Tabriz, Siwas, Tana, pour ne parler que des plus proches de l'Occident) contribuaient à les redistribuer de façon variable vers les différents ports des côtes. Elles étaient ensuite reconcentrées en de nouvelles places dont l'importance varia surtout pour des raisons de politique méditerranéenne : Damiette et Alexandrie; Acre, Tyr et Beyrouth; Antioche, Lattaquié et Laias; Soldaia Trébizonde et Caffa enfin, sans parler des bases insulaires de Chypre (Famagouste), de Rhodes et de Candie qui, avec Modon en Grèce, servent d'entrepôt.

Ceci explique qu'à certaines époques les grands marchands occidentaux font porter tous leurs efforts sur tel ou tel secteur géographique et économique : ce n'est pas un simple effet du hasard si, durant la dernière décennie du XIIIe siècle et au début du XIVe, l'Égypte ne fut plus fréquentée par les Occidentaux; l'interdiction pontificale eût sans doute été insuffisante pour venir à bout des intérêts mercantiles, mais l'Égypte était alors, en large partie, coupée de son arrière-pays asiatique par la puissance mongole et la majorité des caravanes, lui échappant, se dirigeaient vers la mer Noire. Inversement, dans la seconde moitié du XIVe siècle, au temps des luttes entre Turcs et Grecs et de l'intervention de Tamerlan, Alexandrie et Beyrouth reprirent toute leur importance et redevinrent la base des lignes régulières des Vénitiens, des Génois et des Catalans, tandis que seuls de simples filets des courants asiatiques parvenaient encore à la mer Noire. Mais dans la seconde moitié du XVe siècle, la Constantinople des Turcs devait reprendre son rang de métropole des trafics orientaux.

Nous connaissons en fait fort mal ces vicissitudes de la conjoncture, car les historiens, jusqu'ici, ne semblent guère en avoir tenu compte dans leurs travaux. Pour les déterminer avec précision, il faudrait non seulement une connaissance sûre de la chronologie des événements qui agitèrent l'Asie, mais aussi une recherche, plus poussée qu'on ne l'a faite, de l'activité commerciale des Occidentaux sur chacune des différentes places. Appelons donc de tous nos vœux les dépouillements systématiques qui s'imposent dans les très riches sources documentaires de Gênes, de Venise, de Prato, de Florence, de Barcelone : ils permettront de déterminer la chronologie des relations commerciales et de dégager l'évolution des trafics, autant que possible chiffrée en quantité et en valeur. Les sources nous y autorisent; des recherches sont en cours. Tant que leurs résultats n'auront pas été publiés, l'obscurité régnera dans ce domaine historique essentiel. Car, affirmons-le avec force, il ne faut plus continuer à parler de l'Orient comme d'un bloc : c'est la conjoncture propre à chaque place et la fonction propre de chacune d'elles qui doit faire l'objet d'études particulières.

Il va de soi qu'il ne saurait être question, dans les limites d'un rapport comme celui-ci, de nous livrer à un bilan des recherches faites ou entreprises sur chacun des secteurs. Il faudrait considérer successivement et par époques les opérations et les comptoirs propres des Génois, des Vénitiens, des Pisans et des Catalans dans chacune des trois zones : Terre Sainte, Égypte, Constantinople, étudier ensuite leurs activités dans les ports de la mer Noire et spécialement à Caffa, voir les tentatives de pénétration des marchands occidentaux au cœur de l'Asie mongole. Il faudrait ensuite retracer l'exploitation des domaines coloniaux et, spécialement, celle des domaines insulaires (Chypre, Crète, Chio, Rhodes, îles de la mer Égée), examiner enfin les effets de la poussée turque sur les établissements des Occidentaux, la résistance de ceux-ci, leur adaptation et leur repli. Pour ne pas demeurer dans de trop grandes généralités, il faut nous borner à certains aspects particuliers des problèmes concernés : nous examinerons donc le cas de Caffa, le problème de la pénétration des marchands latins sur les routes du Cathay, enfin le problème des épices orientales, ce qui nous permettra de proposer un bilan du commerce global entre l'Orient et l'Occident et de ses conséquences sur l'économie monétaire des deux mondes.

Le rôle de Caffa

On parle souvent de Caffa comme d'un territoire colonial génois; il s'agit en fait d'une ville-port, qui, concédée aux Génois par le khan de Crimée, continue à s'insérer dans le cadre du khanat [1]. La ville s'administre elle-même, sous l'autorité de la métropole qui y envoie des fonctionnaires et en assure la tutelle financière, mais le khan lève en ville le *canlucum*, héritier du *commercium* byzantin, et il partage avec le consul génois la juridiction sur le plat-pays, courte banlieue en arrière de la cité. Plutôt qu'une colonie au sens moderne du terme, Caffa était une concession, analogue à celles qui ont existé en Chine au XIXe siècle et au début du XXe, centre politique et religieux,

1. Sur Caffa, voir notamment les travaux classiques de G.I. Bratianu, *Recherches sur le commerce génois dans la mer Noire au XIIIe siècle*, Paris, 1929, in-8°, XII-359 p., et *Actes des notaires génois de Péra et de Caffa de la fin du XIIIe siècle (1281-1290)*, Bucarest, 1927, in-8°, 377 p. A compléter par l'étude inédite de M. Balard, présentée comme mémoire à l'École pratique des Hautes Études, IVe section, en 1965 : *Les sources génoises pour l'étude des relations de Gênes avec la Romanie* où l'auteur a analysé les actes d'un notaire de Caffa en 1290. — Pour la fin de l'indépendance caffiote, voir notamment M. Malowist, *Kaffa, Kolonia genuenska na Krymie i problem Wschodni, w latach 1453-1475*, Warszawa, 1947. A compléter par la thèse inédite présentée à l'École des Chartes en 1964 par Mireille Massot, *La fin de la colonie génoise de Caffa, 1453-1475*. Nous utilisons ici nos propres recherches sur cette ville et les établissements génois de la mer Noire.

doublé d'un port franc et protégé par une garnison. Cette situation se retrouve d'ailleurs dans la plupart des établissements génois et vénitiens de la mer Noire et de tout l'Orient.

C'est dans les années qui suivirent le traité de Nymphée de 1262 — peut-être en 1266 — que Caffa fut accordée aux Génois, le lieu étant assis dans les ruines de l'antique Theodosia dont l'enceinte fut relevée à cette occasion. Le traité conclu avec le Basileus restauré avait ouvert à Gênes, son allié, l'accès des détroits et notamment du Bosphore. Grâce à sa position sur les côtes méridionales de la Crimée, Caffa fut le centre administratif de tous les comptoirs que les Génois établirent dans la *Mare majus*, selon des statuts fort variés, au cours des dernières années du XIIIe siècle, pour profiter de la situation particulière de territoires très divers, dont les uns relevaient de l'empire grec, les autres des Comnène de Trébizonde, d'autres encore du khanat de Crimée, du seigneur de Mengup, des royaumes d'Abkhazie, de Géorgie, de Circassie, du sultanat de Konieh, etc. La ville fut le marché des capitaux qui, appuyés sur le relais de Péra, permettaient le financement des opérations commerciales génoises en mer Noire, et des expéditions qui, loin vers l'intérieur, s'élançaient sur les pistes de l'Asie Mineure et du Caucase et, au delà de la Caspienne, vers l'Asie lointaine; c'est là aussi qu'étaient les entrepôts où se concentraient les marchandises (et notamment les esclaves de toutes origines) que les navires, principalement génois, enlevaient sur Péra et Gênes et souvent sur la Syrie et l'Égypte. Cette activité financière et commerciale — totalement indépendante d'un arrière-pays qu'animaient seulement un élevage médiocre, une maigre viticulture et quelques salins — draina très rapidement vers cette ville artificielle, tournée vers la mer, une population nombreuse et hétérogène. Mise à part la petite oligarchie de citoyens génois, on y trouvait une bourgeoisie formée d'Italiens de la péninsule et de tout l'Orient, de Grecs et surtout d'Arméniens que leur connaissance du pays autant que leurs capitaux rendaient indispensables; elle y côtoyait un prolétariat principalement tartare et des esclaves de toutes races.

Moins d'un quart de siècle après sa fondation, Caffa était donc devenue l'une des métropoles économiques de la mer Noire; elle se substituait ainsi à Soldaia, cité voisine qui avait jusque-là joué un rôle comparable et qu'Ibn Battutah devait encore tenir pour une des plus riches cités du monde avec Alexandrie, Zaitun et Calicut [1].

1. C'est à *Soldaia* (Guillaume de Rubrouck, qui s'y rendit en 1254, l'atteste) que précédemment les soieries, les cotonnades et les épices apportées d'Asie Mineure s'échangeaient contre les fourrures venues de Russie. C'est là que le père et l'oncle de Marco Polo, vers 1255, partirent pour l'un de leurs périples qui devait les conduire à Pékin; là aussi qu'un notaire génois venu de Siwas, au cœur de l'Asie Mineure, par Fatsa, instrumentait en 1274 et prenait pour témoins tout un groupe de marchands génois (cf. A. FERRETTO, « Codice diplomatico delle relazioni fra la Liguria, la Toscana e la Lunigiana ai tempi di Dante », in *Atti della Società ligure di storia patria*, t. XXXI, n° 956, p. 379, et n° 988, p. 388).

Soldaia étant demeurée aux mains des Tartares et les Vénitiens d'autre part s'y maintenant, la fonction économique qu'elle assumait passa à Caffa, favorisée à la fois par sa situation géographique et par les mérites de l'administration génoise au temps du rétablissement de l'empire grec.

Caffa se trouvait en effet placée au point de conjonction de trois grandes forces internationales :

— Gênes, c'est-à-dire l'Occident avec l'arrière-plan de ses industries (draperie et toilerie) française, anglaise et italienne, son appel à des produits de luxe de l'Orient, son expérience financière, sa marine, ses ordres mendiants conquérants;

— les Mongols et les Tartares, avec le continent asiatique pour fond, les routes de la soie et des épices;

— Byzance, puis les Turcs — ce qui, au moins sur le plan économique, revient au même — c'est-à-dire le plus grand marché de consommation du monde médiéval et, derrière les Turcs, l'Islam et sa puissante demande d'esclaves.

Un autre facteur s'exerça encore à la fin du XIVe siècle, au profit de Caffa : le développement de l'Europe centrale et orientale et sa poussée vers la mer Noire, dont témoignent d'abord la politique de l'empereur Sigismond au delà de la Hongrie, puis l'entrée en lice des Lithuaniens et des Polonais, l'activité florissante des centres de Cracovie et de Lwów, l'essor de la Moldavie et de la Valachie aux bouches du Danube.

Ces divers éléments expliquent le rôle économique et politique fondamental, joué à un certain moment de l'histoire mondiale par le triangle Caffa (ou Tana) - Trébizonde - Moncastro (Akkerman).

Le premier développement de Caffa est donc dû à une conjoncture extrêmement favorable, qui mit en jeu simultanément les trois forces dont nous venons de parler. Restauré grâce à l'appui génois, le Basileus ouvre à Gênes la porte des détroits. A ce moment, Gênes vient de sortir d'une grave crise, crise à la fois financière, consécutive à la liquidation de la Croisade de saint Louis, et politique puisqu'elle s'est trouvée éliminée tant de la Sicile (par le triomphe provisoire de Manfred) que d'Acre (par le désastre subi du fait des Vénitiens) : la ville cherchait de nouveaux profits en Arménie cilicienne, dans le sultanat de Konieh, à Constantinople et dans la mer Noire. En quelques années, on voit la République s'insinuer dans la plupart des ports de la côte méridionale de la mer Noire qui naguère dépendaient de la seigneurie de Trébizonde et qui restent en étroites relations avec la Crimée, tandis que ses marchands poussent leur trafic sur les places qui jalonnent les routes de l'isthme arméno-anatolien. C'est ainsi que Caffa put rassembler une large part de ce qui aboutissait tant à Trébizonde (par les caravanes venues de Tabriz et de l'Asie centrale) qu'à Fatsa et Samsoun en provenance de Cilicie (Laias) ou de Siwas (ville où se réunissait à la voie venue de Cilicie celle des pays de l'Euphrate).

A ce même moment encore, la pacification mongole permettait l'établissement de la grande voie de pénétration directe par les steppes vers les marchés du Turkestan et de la Chine, route dont nous aurons à reparler : la position de Caffa, à proximité du détroit de Kertch, lui valut de bénéficier directement de ce courant et de concentrer les marchandises extrême-orientales qui s'acheminaient par Astrakhan et Tana.

Enfin, grâce à une entente imprévue intervenue à la fois avec l'empereur grec, avec le khan du Kiptchak et avec Gênes, l'Égypte put recevoir du Basileus en 1263 l'autorisation de s'approvisionner en esclaves en Crimée et dans la Russie méridionale, et Gênes se lancer dans l'un des trafics les plus rémunérateurs, en lui fournissant les esclaves dont elle avait besoin pour ses harems et pour ses armées. La traite des futurs « Mamelouks » s'organisa donc par navires entiers chargés de Géorgiens, d'Abkhazes, de Lezghiens, d'Alains, de Tartares, de Russes, de Valaques (et même de Grecs), que l'on se procurait soit directement auprès des Tcherkesses et des Géorgiens, soit par l'intermédiaire des Tartares et des Arméniens. Parallèlement la colonie vénitienne de Tana connaissait un trafic analogue, qui se prolongea jusqu'au XVe siècle où, échappant aux Occidentaux, il devint un monopole turc.

Les derniers soubresauts du royaume d'Acre et sa chute définitive en 1290, l'isolement de l'Égypte acquis par la conjonction fortuite du *devetum* pontifical de 1291 et du blocus mongol, le développement des routes à travers l'Asie pacifiée concoururent à provoquer un remarquable essor de Caffa.

Après l'offensive vénitienne de 1296 qui détruisit Péra et Phocée et menaça Caffa, la ville connut cependant une grave crise au début du XIVe siècle : elle fut prise et incendiée par le khan du Kiptchak Toktaï en 1308 et alors abandonnée pour cinq ans. La conjoncture était d'ailleurs devenue provisoirement défavorable : toutes les places chrétiennes de la mer Noire étaient également abandonnées ou végétaient, tandis que les pirates turcs, pour la première fois en 1303, attaquaient les îles de l'Archipel. Peut-être ce changement de conjoncture doit-il être mis en relation avec un nouveau détournement des routes vers Laias d'Arménie (et par voie de conséquence sur Famagouste), détournement dont les Génois installés en nombre sur ces places ne furent pas sans profiter. On y peut voir aussi l'effet d'une brève réouverture du marché égyptien.

Mais en 1313, un nouveau revirement se produisit quand le successeur de Toktaï invita les Génois à se réinstaller à Caffa : en 1316, dans sa colonie réorganisée, Gênes plaçait de nouveau le centre de ses affaires de la mer Noire : tous les navires entrant dans cette mer devaient obligatoirement venir y relâcher. La chute de Laias en 1321 et une éclipse chypriote, la cessation totale du trafic occidental avec l'Égypte devenue pour eux sans intérêt, l'extension que connurent alors les relations entre les mondes occidental et extrême-oriental, coïncidant avec une nouvelle flambée de l'économie occidentale et avec l'expansion de son industrie textile, tout cela poussa Caffa au premier rang pendant un quart de siècle. La place, épaulée par le marché de Péra, acquiert alors une sorte de monopole du commerce avec l'Orient, tandis que se développent de leur côté les colonies vénitiennes de Tana (rétablie en 1319) et de Trébizonde (reconstituée en 1333). Malheureusement, il ne nous reste de cette période que des sources indirectes, puisque les registres notariés de Caffa qui sont aujourd'hui conservés, sont ou antérieurs ou bien postérieurs à cette époque et qu'on n'a point encore fait de recherches systématiques dans les Archives génoises sur l'histoire de Caffa entre 1316 et 1348.

Cet âge d'or ne dépassa pas, en effet, la durée d'une génération. Des troubles éclatèrent en Perse vers 1338 et le khanat se brisa. La même année, un pogrome liquidait toute la colonie chrétienne, missionnaires et marchands, établis à Almaligh, capitale du khanat du Turkestan. Or on constate qu'en 1339 des navires catalans, en payant amende, se rendaient de nouveau en Égypte. En 1340-1341, à la suite de troubles très graves à Tabriz, les Génois proclamaient le *devetum*, c'est-à-dire le boycottage de cette ville et de son khanat : c'était admettre la rupture de l'une des principales routes des épices et de la soie. Cette même année, des négociations se nouaient pour le retour officiel des Catalans à Alexandrie. Ils furent bientôt suivis des Génois et, en 1345, les Vénitiens, après vingt ans d'interruption du trafic, y faisaient leur réapparition. Brusquement tout le commerce de la mer Noire était compromis et celui de Constantinople atteint. Si l'on n'a pas recueilli de chiffres précis pour Gênes, Freddy Thiriet a publié les enchères des galées vénitiennes de Romanie et de mer Noire pour les années 1332-1396 [1], et leurs chiffres reflètent, au moins en partie, les relations de Venise avec Constantinople, Trébizonde et Tana : de huit à dix galées par an de 1332 à 1341, le chiffre tombe à six ou sept en 1342 et 1343, et à deux par la suite. En 1343, le peuple de Trébizonde massacrait la colonie vénitienne; à la suite d'une rixe qui dégénéra en soulèvement, les Vénitiens devaient évacuer Tana, qui par la suite ne recouvrera jamais son importance antérieure. Jani Beg vint alors assiéger Caffa où ses adversaires s'étaient réfugiés : la ville lui résista plusieurs mois, mais la Peste noire qui survint au cours du siège — comme en témoigne le stratagème macabre que chacun connaît — contribua d'autant plus à détruire le dynamisme de la cité qu'une guerre sans merci éclata en Orient, l'année suivante, entre Gênes et Venise.

Caffa cessa dès lors d'être l'un des foyers actifs du commerce d'Asie. La place sut cependant se reconvertir : elle continua à assurer le ravitaillement de Constantinople, de plus en plus pressée par le besoin. Des comptoirs génois furent fondés ou développés en Bulgarie et aux bouches du Danube, à Vicina, Licostomo, Kilia, etc. [2]. Le commerce du blé devint vite l'activité principale des Génois de la mer Noire, avec celui des esclaves qui se poursuivait. Les courants commerciaux avec les pays du Nord se développèrent, spécialement avec la Russie méridionale et l'Ukraine qui envoyaient des fourrures et recevaient du vin, avec la Bulgarie qui expédiait miel et cire en quantités considérables, ainsi qu'avec le Caucase où, en échange du sel de Crimée et de grosses toiles, les Génois se procuraient des chargements accrus de poissons et de caviar.

1. Fr. Thiriet, *La Romanie vénitienne au Moyen Âge...*, thèse, Paris, 1959, p. 344-345.

2. Nous avons retrouvé et préparé en vue de son édition un fragment d'un protocole de notaire génois, tenu à Kilia en 1360-1361 (Arch. di St. Genova, Notaio Antonio di Podenzolo, filza I), 2° reg., f°s 1-36 (anc. f°s LXXVI-CXI); cf. O. Iliescu, « Notes sur l'apport roumain au ravitaillement de Byzance, d'après une source inédite du XIVe siècle », in *Nouvelles études d'histoire* publiées à l'occasion du XIIe Congrès des sciences historiques, Vienne, 1965, Bucarest, 1965, p. 105-116. — Voir aussi G.I. Bratianu, *Recherches sur Vicina et Cetatea Alba*, Bucarest, 1935.

Après la seconde peste (1364), la guerre de Ténédos et de Chioggia avec Venise après 1378, les conquêtes de Tamerlan, l'élargissement incessant de la tache d'huile de la domination ottomane, le rôle de Caffa déclina sans cesse, en dépit de relations plus suivies encore avec l'Europe centrale. Mais grâce à sa progressive intégration à la Crimée tartare et aux prudentes relations de Gênes avec l'État turc, maître des détroits depuis 1453, la Caffa génoise put se maintenir jusqu'à 1475. Du point de vue qui nous retient ici, ce n'était plus qu'une survivance : définitivement coupée de la route des épices asiatiques depuis le début du siècle, écartée de la route du blé par sa rupture forcée avec la Moldavie et les autres pays chrétiens après la conquête turque de Constantinople, évincée du trafic des esclaves par le monopole ottoman [1], progressivement « tartarisée », Caffa, dernière terre génoise au sein du monde turquisé, avait subi une lente agonie avant de disparaître, brutalement détruite et vidée de sa population.

Les marchands occidentaux à l'intérieur du continent asiatique et le problème de la soie du Cathay

Parlant de Caffa et des ports de la mer Noire, nous avons déjà fait allusion aux voyages des Occidentaux vers l'intérieur du continent asiatique. Il nous faut maintenant revenir à cette question importante, sur laquelle Heyd autrefois [2], Roberto Lopez récemment [3], ont réuni de précieux éléments d'information. Deux sources principales sont à notre disposition : l'une est l'œuvre même de Marco Polo, qui nous renseigne sur les voyages de son père et de son oncle et qui mentionne plus d'une fois la présence des marchands sur certaines places [4]; l'autre est un double relevé que l'on trouve dans la *Pratica della mercatura* de Pegolotti et qui signale les conditions des voyages et les étapes entre Tana et Pékin et entre Laias et Tabriz [5]. Il s'y ajoute quelques

1. Nous trouvons cependant en 1455 un procès à Alexandrie, à l'occasion d'une *avania* subie trois ans auparavant par un bateau génois chargé d'esclaves de Caffa pour Le Caire sur commande du sultan (Arch. St. Venezia, Not. T 211, Nic. Turiano, n° 3, f°s 14 et suiv.).

2. En dépit de sa date, le volume de W. HEYD, *Histoire du commerce du Levant au Moyen Âge*, Leipzig, 1885, 2 vol. in-8°, garde toute son importance; on peut également consulter la première version de cette œuvre, dans sa traduction italienne par G. MÜLLER, *Le colonie commerciali degli Italiani in Oriente nel Medio evo*, Venezia-Torino, 2 vol., 1876-1878.

3. R.S. LOPEZ, « Nuove luci sugli Italiani in Estremo Oriente prima di Colombo » in *Studi Colombiani*, Genova, 1951, p. 337-398 (reprenant l'étude antérieure : « European Merchants in the Medieval Indies : the evidence of commercial Documents », in *The Journal of Economic History*, III, 2, 1943, p. 164-184).

4. Le *Livre des merveilles* ou *Millione* de Marco Polo a été publié avec soin par L. FOSCOLO BENEDETTO, Firenze, 1928, édition qui ne rend pas inutiles les notes des éditions antérieures de M.G. PAUTHIER, Paris, 1865, 2 vol., et de H. YULE et H. CORDIER, New York-Londres, 1926 (1re éd., Londres, 1903). Voir aussi l'édition simplifiée (avec bonne introduction) de R. ALLULLI, *Viaggi e scoperte di navigatori ed esploratori italiani*, Milano, 1929.

5. Francesco Balducci PEGOLOTTI, *La pratica della mercatura*, éd. by Allan EVANS, Cambridge, Mass., 1936 (The Mediaeval Academy of America, Publication n° 24); *Avisamento del viaggio del Gattaio per lo cammino della Tana ad andare e tornare con mercadantia*, p. 21-23, et *Spese che si fanno ordinatamente a conducere mercadantia da Laiazo d'Erminia infino a Torissi per terra*, p. 28-29.

notations intéressantes dans les récits laissés par des missionnaires envoyés par les autorités religieuses occidentales vers l'Extrême-Orient, et quelques rares documents isolés [1].

Une chose semble certaine : sauf cas spéciaux — celui, par exemple, des Juifs de l'Occident méditerranéen — il ne paraît pas que jamais les marchands occidentaux aient normalement pénétré en Asie par les pays arabes et en particulier par l'Égypte. Même au Caire, les Occidentaux n'eurent pas — semble-t-il — d'établissement permanent avant le XVe siècle, mis à part le fondouk pisan du XIIe siècle dont il n'est plus question par la suite : consuls et marchands s'y rendent seulement, de temps à autre, pour certaines négociations politiques ou commerciales et pour le règlement de certains litiges épineux.

De même, à l'époque du royaume latin, il ne paraît pas que les marchands latins se soient avancés au delà d'Alep et de Damas; encore ne fréquentèrent-ils qu'assez exceptionnellement ces places. Ils laissaient aux Syriens eux-mêmes [2] le soin d'apporter à Acre les marchandises vendues sur les marchés d'Alep, de Damas et de Bagdad et dont certaines étaient originaires de l'Asie intérieure et des rivages de l'océan Indien.

On trouve rappelé dans bien des ouvrages, il est vrai, qu'en 1290, 200 Génois auraient été chargés par Argoun de descendre le Tigre pendant que 700 autres « Francs », venus par terre, construisaient deux galées qui auraient permis d'intercepter le trafic entre l'Égypte et l'Inde par le golfe Persique; les Génois se divisèrent entre partisans des Guelfes et des Gibelins au point qu'après avoir quitté Bassora l'expédition dut être annulée. Mais cet échec se place dans le cadre de l'habituel mercenariat militaire, pratiqué à l'occasion de bien des guerres [3] : on sait que du Maroc à l'Égypte et à l'Arménie, des Turcs aux Mongols, il y eut peu de souverains « infidèles » qui n'ait eu du XIIe au XIVe siècle sa milice chrétienne, de même que Richard Cœur de Lion et Frédéric II avaient de leur côté des mercenaires sarrazins.

Il faut enfin distinguer des marchands fréquentant les routes et les marchés asiatiques, les aventuriers qui, soit volontairement, soit qu'à l'origine ils y aient été conduits comme esclaves, se sont installés sans intention de retour auprès d'une cour ou dans une ville de l'Orient. Chacun connaît, par exemple, le cas de cet orfèvre français Guillaume Boucher et de cette couturière dame Pâquette de Metz que Guillaume de Rubrouk eut la surprise de rencontrer

1. Voir les travaux classiques de G. GOLUBOVICH, *Biblioteca bio-bibliografica della Terra Santa e dell'Oriente Francescano*, Firenze, 1906-1927; A. VAN DER WIJNGAERT, *Sinica Franciscana*, Firenze, 1929 (cf. B. ALTANER, *Die Dominikaner Missionen des 13 Jhts*, Habelschwerdt (Schles.), 1924).

2. Parfois aussi aux marchands de Mossoul : cf. J. RICHARD, « La confrérie des Mosserins d'Acre et les marchands de Mossoul au XIIIe siècle », in *L'Orient syrien*, XI, 4, 1966, p. 451-460.

3. Sur cette très importante question du mercenariat franc, voir notamment J. RICHARD, « An account of the battle of Hattin referring to the Frankish mercenaries in oriental Moslem States », in *Speculum*, XXVII, 2, 1952, p. 168-177 (sur l'équipée des Génois à Bagdad, p. 174); le fait a été étudié dans les royaumes de l'Islam occidental par R. BRUNSCHVIG, *La Berbérie orientale sous les Hafsides*, Paris, 2 vol., 1940-1947, et par Ch.-Emm. DUFOURCQ, *L'Espagne catalane et le Maghreb aux XIIIe et XIVe siècles*, Paris, 1966.

à la cour du Grand Khan à Karakorum, au cœur de la Mongolie [1].

Combien y en eut-il de ces aventuriers, tant italiens que français, qui un jour s'enfoncèrent en plein continent sans espoir de retour, sinon l'espérance de revenir au soir de leur vie, fortune faite? Il y eut dès le Moyen Âge des prototypes de ce comte de Boigne qui au XVIIIe siècle sut mettre son habileté au service des princes indiens et en tirer le profit que l'on sait. Il y eut au Moyen Âge nombre de tels aventuriers dans les cours byzantines, turques, arabes, mongoles ou arméniennes; certains y devenaient conseillers écoutés ou capitaines, et parfois étaient un jour envoyés comme ambassadeurs auprès de souverains lointains. Un Pietro Rombulo de Messine, à dix-huit ans, gagne Alexandrie en 1403 avec un marchand génois; pendant trois ans, il est au Caire où son patron meurt, lui laissant — dit-il — une grosse somme en or, à moins que nous ne devions croire qu'il s'en est emparé lui-même : quoi qu'il en soit, par peur du sultan, il trouve le moyen d'accompagner en son pays un ambassadeur du roi d'Éthiopie. Il séjourne donc trente-sept ans à la cour du Négus, s'y marie avec une femme du pays, puis en 1444 il est envoyé comme ambassadeur en Inde et en Chine, via Ormuz, avec huit navires et en revient trois ans plus tard; en 1450, il est chargé d'une ambassade à Naples auprès du roi Alphonse V afin d'en ramener quelques artistes. Il écrit alors un volume de mémoires sur l'Éthiopie et sur ses voyages, lequel, aujourd'hui perdu, ne nous est connu qu'à travers les papiers d'un humaniste sicilien Pietro Ranzano [2]. Toutes proportions gardées, y a-t-il tellement de différence entre ce Rombulo et les Polo, un siècle et demi plus tôt? Mais ce n'est certes pas le lieu ici de parler de Marco Polo, dont la vie est l'exemple même, non pas comme on l'a dit d'un grand marchand italien, mais d'un prestigieux aventurier : parti à quinze ans, absent durant vingt-trois ans de son pays, homme de confiance du Grand Khan, gouverneur d'une province chinoise, chargé du contrôle sur les finances du sel, commissaire impérial en Yunnan, en Birmanie et en Annam, ambassadeur enfin pour le compte du maître qui l'entretenait.

Nous laisserons donc de côté les personnages de ce type, pour voir les relations que, sur un plan strictement commercial, les Occidentaux nouèrent à l'intérieur de l'Asie. Deux systèmes de routes s'imposent spécialement à notre attention : l'un passant par le grand carrefour de Tabriz, l'autre partant de Tana et des côtes de la mer Noire pour s'enfoncer par les steppes de l'Asie centrale vers la Chine et vers l'Inde.

1. *Les routes par Tabriz.*

Le premier de ces systèmes routiers était sans doute le plus important, au moins du milieu du XIIIe siècle jusqu'au milieu du XIVe. Durant ce temps, en effet, les marchands occidentaux firent de Tabriz, grande cité de l'Iran du Nord et capitale de l'Azerbaïdjan, le centre de leurs opérations dans l'Asie

1. Voir L. OLSCHKI, *Guillaume Boucher, a French artist at the court of the Khans*, Baltimore, 1946.

2. Cf. Carmelo TRASSELLI, « Un Italiano in Etiopia nel XV secolo, Pietro Rombulo da Messina », in *Rassegna di studi etiopici*, I, 2, 1941, et à part, Roma, 32 p.

antérieure et au-delà. Au carrefour des grandes routes asiatiques et de celles qui menaient vers la mer Noire et la Méditerranée, au point d'arrivée des caravanes apportant les marchandises extrême-orientales venues soit du Khorassan, soit du golfe Persique, Tabriz était le seul centre de l'intérieur où les Latins eussent un établissement permanent, des *fondachi*, des consulats.

De l'Occident, deux grandes routes confluaient à Tabriz : l'une venait de Laias, au fond du golfe d'Alexandrette; la seconde, de Samsoun ou de Trébizonde, ports que l'on gagnait aisément de Péra, de Caffa ou de Tana. Examinons les documents qui nous les font connaître.

a. La première route vers Tabriz partait de Laias, où parvenait également une route venant de Bagdad. Elle contribua à animer l'économie de l'Arménie et du plateau intérieur, donna vie aux petits ports de la côte de Cilicie et fit de l'échelle-forteresse de Laias, pendant près d'un demi-siècle, une des grandes places commerciales de la Méditerranée, tout en rehaussant l'éclat du marché chypriote, son indispensable relais. Pegolotti a consacré un chapitre de son manuel à cette route; il nous en fait connaître les étapes : la principale était « Casena », lisons « Caseria », autrement dit Kayseri, l'antique Césarée; puis Siwas, Erzincan et Erzerum. Entre Césarée et Siwas, les deux célèbres et magnifiques « hans » de Sultan-Hani et de Karatay-Hani, que cite Pegolotti, subsistent de nos jours — entre bien d'autres; d'après leurs inscriptions, ils ont été construits respectivement l'un entre 1232 et 1236 et l'autre vers 1230-1240 [1].

Siwas était — plus encore que Konieh — la véritable plaque tournante de l'Asie Mineure, puisque de là on pouvait gagner soit Laias et la Méditerranée, soit la côte de la mer Noire, soit vers l'intérieur Tabriz; les deux grands hôpitaux, construits l'un en 1217-1218 par le sultan Kaykavus, l'autre par l'Iranien Muzafer en 1271-1272, attestent encore de son importance sur la route. En 1274, on y voit un notaire génois y instrumenter : parti de Laias, il allait poursuivre son voyage vers Fatsa, sur la côte, où il passa de nouveaux contrats, puis sur Soldaia, le grand port de la Crimée [2]. En 1280, les Génois (qui y ont sans doute déjà un consulat) y disposent d'une chapelle dans leur

1. A. Evans, dans son édition de la *Pratica* de Pegolotti (*op. cit.*, p. 389-391), s'est essayé - après sir Henry Yule (*Cathay and the Way thither*, 2e ed. revised by H. Cordier, London, 4 vol., 1913-1916, t. III, p. 159 et suiv.), après Heyd, H. Kiepert (« Über Pegolotti's vorderasiatisches Itinerar », in *Monatsberichte der K. Preussischen Akademie der Wissenschaften zu Berlin*, 1881, p. 901-913) et E. Friedmann (« Der mittelalterliche Welthandel von Florenz in seiner geographischen Ausdehnung », in *Abhandlungen der Wiener K.K. geographischen Gesellschaft*, X, 1, 1912, p. 39 et suiv.) - à identifier les diverses stations de la route, mentionnées par Pegolotti. C'est Evans qui a proposé la correction Caseria pour Casena; elle s'impose à l'évidence, étant au surplus parfaitement justifiée du point de vue paléographique. Dès lors, il s'agit de la route impériale bien connue au XIIIe siècle et jalonnée par des caravansérails encore existants, que Pegolotti désigne successivement sous les noms de « Gavazera dell'Amiraglio », « Gavazera del Soldano » et « Gavazera di Casa Jacomi »; le second est évidemment le Sultan-Han; le troisième ne peut manquer d'être celui de Karatay (ce que n'a pas reconnu Evans; les auteurs antérieurs ayant arbitrairement suggéré d'autres identifications en relation avec la route qu'ils avaient erronément cru retrouver). Karatay-Han est à 41 km de Césarée sur la route de Siwas.

2. Cf. *supra*, p. 274, note 1. Voir aussi G. Bratianu, *Recherches*, *op. cit.*, app. 1-2.

fondouk : pendant que des marchandises partent de là sur Sinope et Samsoun, les actes qu'y rédige un notaire génois nous montrent certains de ses clients arriver de Tabriz tandis qu'on y trouve également rappelé qu'une des parties intéressées a passé peu de temps auparavant deux contrats successivement, l'un à Nakhitchevan le 17 janvier, l'autre à Erzincan le 8 février, ce qui nous fixe sur les étapes de la route [1]. Un manuel de marchands, dont nous reparlerons, nous confirme d'ailleurs que les bougrans d'Erzerum viennent à Laias par Erzincan [2].

Cette route vers Tabriz fut sans doute dans la seconde moitié du XIIIe siècle et dans les premières années du XIVe la plus suivie par les Latins; elle était aussi la plus ancienne. Nous avons en effet conservé le texte d'un testament rédigé à Tabriz en 1264 par un Vénitien, Pietro Viglioni, en présence de cinq autres Italiens [3]; or il est ordonné qu'à son décès ses biens soient consignés entre les mains du bayle vénitien d'Acre, et leur inventaire nous montre que de Syrie le marchand était parti avec des toiles d'Allemagne, de Lombardie et de Venise et avec des draps de Milan; outre du sucre, ses bagages contenaient des perles et des pierres précieuses sans doute achetées sur place. On sait d'autre part que pour leur second périple, en 1271, le père et l'oncle de Marco Polo se rendirent de Venise à Acre, puis à Laias : c'est de cette ville qu'ils partirent pour leur immense voyage à travers la Perse et la Chine, jusqu'au Grand Khan.

b. C'est aussi par Pegolotti que nous savons l'importance de la *deuxième route vers Tabriz*, celle qui partait de Trébizonde et se réunissait à la première à Siwas [4]. C'est elle que suivirent les ambassades échangées entre l'ilkhan de Perse et les souverains de France, d'Angleterre et de Naples à la fin du XIIIe siècle : nous le savons par le compte rendu du voyage entrepris en 1292 par l'ambassadeur d'Édouard Ier d'Angleterre [5]. A l'aller, il débarque à Samsoun, passe à Césarée et à Siwas et atteint Tabriz, tandis que son écuyer, débarqué à Trébizonde, allait au plus vite à Tabriz, par Gümüs-Hané porter les lettres de créance de son maître; au retour, l'ambassadeur suivit cette dernière route, passant par Erzerum, Bayburt et Karakaban, avant de rejoindre Trébizonde.

La même année 1292, plusieurs contrats de change maritime étaient passés

1. *Ibid.*, app. 12-13.
2. Cf. *infra*, p. 318.
3. Ed. *Archivio veneto*, t. XXVI (n. ser., XIII, 51), 1883, p. 161-165.

Il nous semble qu'on pourrait fixer aux environs de 1260 l'établissement d'une colonie franque à Tabriz : c'est en effet après la prise de Bagdad de 1258 que Houlagou vint s'établir près de Tabriz et qu'à l'occasion d'une attaque contre les descendants de Saladin il tenta, après s'être emparé d'Alep et de Damas, une politique d'entente avec les Chrétiens de Syrie.

4. Siwas était, si l'on peut dire, la porte de Tabriz : le 15 mai 1280, en présence de sept Génois appartenant à la grande bourgeoisie de la cité (Lercari, Embriaco, Zaccaria, etc.), dans le Gamal-ed-Din («in fondico Camaladini ubi stant Januenses»), résidence des Génois, Lucchetto da Recco déclare que Lamba Doria, présent, doit lui remettre à Tabriz 180 livres (cf. A. Ferretto, « Codice diplomatico delle relazioni fra la Liguria, la Toscana e la Lunigiana », in *Atti della Società ligure di storia patria*, t. XXXI, 2, 1903, note des p. 305-306).

5. Cf. C. Desimoni, « I conti della ambasciata al chan di Persia nel 1292 », in *Atti della Società ligure di storia patria*, t. XIII, 3, 1879, p. 537-698.

à Gênes sur Tabriz [1] : se montant respectivement à 200, 150 et 412 génois d'or, ils prévoyaient expressément que, si à Trébizonde il s'avérait qu'il n'était point possible aux caravanes (*caterve*) de se rendre à Tabriz, ce serait à Trébizonde même qu'aurait lieu le paiement. A l'occasion de ce même voyage, un marchand confiait à un arbalétrier le soin de transporter pour son compte cinq petites balles de toile de Reims, estimées 400 livres de génois, et en outre 7 livres en espèces : il devait les remettre à Tabriz aux correspondants de la firme; au cas où il ne les y trouverait pas, il avait l'autorisation de négocier au mieux la toile et de réinvestir les fonds en marchandises qui seraient dirigées sur Caffa [2].

Ainsi par Trébizonde, Tabriz était en relations avec le monde singulièrement actif de la mer Noire : nous trouvons en 1289 un contrat de change établi directement de Caffa sur Tabriz. Le rapprochement de deux documents inédits de Plaisance [3] nous montre également des liens entre Tana et Tabriz : en effet, en 1307 un certain Obertino de Pontenuri de Plaisance faisait à son associé Oberto de Pasamorte [4] une *commenda* de 1 700 aspres de Tana pour les gérer dans les mêmes conditions que leurs autres affaires. Or par un acte de 1311, nous savons que ce personnage était drapier et qu'il était établi à Tabriz : en 1311, il remet à un Génois une somme importante payable à Gênes sur gage de quatre *pondi* de poivre à conduire en cette ville.

Mais la meilleure preuve des relations entre la Perse et le nord de la mer Noire par l'intermédiaire de Trébizonde et de Caffa est sans doute le célèbre *Codex Cumanicus,* de 1303, dictionnaire trilingue : latin, persan et couman [5].

Ainsi doublement reliée à l'Occident par la mer Noire et par la Méditerranée, Tabriz était également au carrefour des *routes de l'Orient.* Se rendant à Pékin, Giovanni de Montecorvino emportait en 1289 des lettres pontificales de recommandation pour la cour de Tabriz et pour deux Italiens qui s'y trouvaient, et il y rencontra Pietro de Luccolongo qui de son côté était en route pour l'Inde. C'est de même par Tabriz que les Polo, à qui, le Grand Khan avait confié le soin d'accompagner la reine qu'il destinait à l'ilkhan de Perse, retournèrent en Europe : Marco nous dit en effet que du Cathay, ils allèrent s'embarquer à Trébizonde d'où ils regagnèrent Constantinople, Nègrepont et Venise.

Mais il est un autre témoignage de Marco Polo, qui nous est fort précieux : les hommes vivent à Tabriz, dit-il, de commerce et d'industrie, notamment du travail des draps de soie et d'or, « et est ce lieu si bon que les marchands y viennent de l'Inde, de Bagdad, de Mossoul et de Cremosor ». On a cherché

1. G. Bratianu, *op. cit.*, app. 17, 19 et 20.
2. *Ibid.*, app. 18.
3. Ces documents se trouvaient, quand nous les avons analysés, aux Archives des Hospices civils, dans une liasse de documents de caractère commercial (« Documenti mercantili ») sous les n°s 1, 12 et 25; depuis lors, l'ensemble des documents de ces Archives a été versé dans les nouvelles Archives d'État, où ils sont en cours de reclassement. Voir ci-après, appendice III, n° 15, p. 325, et n° 18, p. 326.
4. Nous retrouvons ce marchand à Caffa, où il fait son testament en février 1348, cf. *infra,* n° 2, p. 321.
5. Cf. G. Kuun, *Codex cumanicus*, Budapest, 1880.

vainement à identifier cette localité : il s'agit évidemment d'Ormuz qu'ailleurs Marco désigne sous les noms de « Cormos » ou « Cremosu ». On sait que de cette dernière ville les Polo voulurent s'embarquer pour la Chine mais que finalement ils optèrent pour la voie terrestre; à son retour de Pékin, Marignolli aussi passa à Ormuz où, dit-il, se réunissent les marchands du monde entier, et c'est là qu'Oderico de Pordenone s'embarqua pour la Chine en 1322. Puisque l'irréductible bloc égyptien coupait aux Occidentaux la route maritime directe vers l'Extrême-Orient, Ormuz, le grand port du golfe Persique, était pour eux la porte occidentale de l'extrême Asie, pour peu qu'ils voulussent éviter l'interminable et difficile route terrestre des steppes et des déserts. Or, répétons-le, c'est par Tabriz que passait la route directe des Occidentaux vers Ormuz. Nous en avons la preuve en 1343 : accompagnant un groupe de ses compatriotes vers le Cathay, un jeune Génois, Tomasino Gentile, tombe malade à Ormuz et décide de rentrer seul, sans bagage, par la route de Tabriz parce qu'elle était la plus aisée et bien que Gênes eût interdit à ses ressortissants, pour des raisons politiques, l'accès de ce territoire placé en *devetum* : cette exception de force majeure permit aux autorités génoises de trancher par un non-lieu le procès qui avait été engagé contre le jeune homme et sa famille [1].

Ainsi, carrefour de l'Orient et de l'Occident, Tabriz est en quelque sorte l'avant-garde des marchands d'épices latins et, spécialement, l'un des centres de leur trafic de la soie. De ce fait, comme aussi de l'existence des deux routes vers l'Occident dont nous avons parlé plus haut, nous trouvons une parfaite confirmation dans un manuel de marchand florentin, recopié en 1438-1442 sur un manuel antérieur qui devait remonter à 1315 environ. L'auteur écrit en effet : « On porte à vendre à Trébizonde tout ce qui se porte à Tabriz, parce que les navires et les frets aboutissent à Trébizonde, puis ceux-ci vont par terre à Tabriz. On exporte de Trébizonde ce qui s'exporte de Tabriz, parce que les gens de Tabriz viennent avec leurs marchandises soit à Trébizonde, soit à Laias d'Arménie ». Et à propos de Laias, il précise que cette place exporte des épices de toutes sortes qui lui viennent de Tabriz et de Badgad (sauf le sucre et le safran), de la soie crue de toutes les sortes et des draps également de toutes sortes en provenance de Tabriz, ainsi que de la soie dévidée et teinte en cramoisi et des draps cramoisis venant de Siwas, des bougrans d'Erzincan venant d'Erzurum, des perles enfin de toutes sortes provenant soit de Tabriz, soit de Bagdad [2].

Un certain nombre de documents nous confirment la présence à Tabriz d'une colonie marchande permanente. Dès avant 1264, les Vénitiens y trafiquent, puisqu'à cette date y est rédigé, comme nous l'avons dit, le testament d'un marchand vénitien [3]. En 1320, Abu-Saïd délivra un important privilège

1. Voir l'étude du document par R. S. Lopez, « Nuove luci », in *op. cit.*, p. 370-371; éd., *ibid.*, app. XIII, p. 392-393.

2. Florence, Bibl. Marucelliana, C 226. Nous avons depuis longtemps préparé l'édition de ce très important manuel, dont on trouvera en appendice (*infra*, p. 311) un extrait : « Une géographie des courants commerciaux entre Orient et Occident au début du XIVe siècle ».

3. Cf. *supra*, p, 282, note 3.

pour les Vénitiens établis sur son territoire [1] et, en 1325, Venise y avait un consulat [2]. Plus notable, sans doute, était l'activité des Génois et de leurs habituels associés, les Placentins. Aux archives de Plaisance, des documents inédits[3] nous ont révélé l'existence à Tabriz de deux drapiers placentins en 1311 (Oberto de Pontenuri) et en 1328 (Pietro Buccapiccina). Ce dernier acte de 1328 et un autre de 1332 sont passés devant le notaire du consulat de Gênes et, parmi les témoins, nous relevons les noms d'un Génois de grande famille, Manfredo Lomellini, d'un Pisan (Bartolomeo di Bonagrazia), de deux Placentins (Giovanni Cabrit et Antonio di Bonifacio, del fù Oberto — ce dernier également connu comme témoin d'un acte passé à Trébizonde en 1338 [4]), enfin de l'évêque, le dominicain Guillaume « de Sygiis ». Cette présence d'un groupe de marchands de Plaisance à Tabriz nous explique pourquoi cette ville, seule de l'Italie continentale, eut un consulat sur la place de Laias [5].

En 1341, Gênes concédait à sa colonie de Tabriz un *officium mercancie* avec un conseil de 24 membres, ce qui suppose — même si le quorum pour la validité des délibérations pouvait être réduit à 12 — une colonie nombreuse de marchands [6].

Cependant des troubles secouaient le khanat depuis 1338 et en 1341-1342 atteignaient Tabriz, à la suite de quoi Gênes interdisait cette région à ses ressortissants [7]; bien qu'en 1344, le nouveau khan eût demandé le retour des Génois, la conjoncture politique générale s'y opposait : des révoltes populaires contraignaient en effet alors les Vénitiens à abandonner précipitamment leurs comptoirs de Tana et de Trébizonde, et les Tartares assiégeaient Caffa. Au même moment, l'Arménie succombait sous les coups des Égyptiens, et Laias était en 1347 définitivement détruite. Les routes vers la Perse étaient donc coupées. Or c'est précisément à cette époque entre 1339 et 1345, que nous voyons tous les marchands européens se tourner de nouveau vers l'Égypte [8] et reprendre,

1. Cf. Heyd, *Le colonie..., op. cit.*, p. 82-84.
2. *Ibid.*, p. 84.
3. Cf. *supra*, p. 283, note 3 : Documenti mercantili, I, nos 12, 106 et 107. Cf. *infra*, appendice, nos 15-17, p. 325-326.
4. *Ibid.*, I, no 49, Cf. *infra*, appendice, no 21, p. 327.
5. V. Langlois, *Le Trésor des chartes d'Arménie ou cartulaire de la chancellerie des Roupéniens*, Venise-Paris, 1863, p. 164.
6. Cf. Bratianu, *op. cit.*
7. Cf. R. S. Lopez, *op. cit.*, p. 360 et 368-370; Heyd, *op. cit.*, p. 84-85.
8. Le fait est bien connu pour Gênes et Venise; nous n'y insisterons pas. Il se constate aussi pour les Aragonais. Le roi, devant les entorses faites à son interdiction de naviguer vers l'Égypte, s'est vu forcé de confirmer ses intentions le 19 février 1343 et de renouveler les pouvoirs des commissaires chargés de lever des compositions sur les contrevenants; on a conservé leur cahier de comptes (Arch. de la Couronne d'Aragon, Real Patrimonio, reg. 2954). Mais les marchands se rendent à Alexandrie, au besoin avec la licence du pape (nous en avons trouvé aussi des témoignages de la même date dans le fonds non classé d'une confrérie hospitalière de Savone). Le 1er juin 1344, Pierre de Mitjavila reçoit à son tour une licence du roi pour s'y rendre et il est en outre chargé par lui de négocier avec le sultan le retour des Aragonais sur la place. Ce marchand étant mort, le roi Pierre IV désigne le 1er décembre 1345 une nouvelle ambassade qui reçoit mission de demander aux autorités égyptiennes l'alignement des droits de douane des Aragonais sur ceux des Vénitiens (soit une baisse de moitié) et en outre la remise des reliques de sainte Barbe. Documents analysés dans Amada Lopez de Meneses, « Florilegio

comme nous avons dit, le chemin d'Alexandrie. C'est ainsi que disparut la poignée de marchands chrétiens la plus importante que l'Occident ait jetée dans l'Asie antérieure.

2. *Les routes de l'Asie centrale.*

L'expression « route de la soie » est familière à chacun, même si la réalité est plus complexe. Plus que d'une route, il s'agit d'un grand axe de circulation, unissant par les steppes de l'Asie centrale la Chine au monde occidental et animant, grâce aux variantes possibles, une série de marchés d'importance variable selon les époques.

Le marchand florentin Pegolotti, sans doute lors d'un de ses séjours en Orient (vers 1321-1329 ou en 1335-1336), a recueilli un mémoire décrivant les conditions de voyage sur la route du « Cathay » et ses principales étapes, et il l'a placé en tête de sa *Pratica della mercatura* [1]. C'est ce qui a donné à la route ainsi décrite une réelle notoriété parmi les médiévistes. De ce texte nous avons d'ailleurs trouvé une autre version, provenant de la même source que celle qu'a utilisée Pegolotti, comportant les mêmes étapes mais un peu plus développée [2].

Cette route partait de Tana, au fond de la mer d'Azov, en territoire tartare ou couman. De là on gagnait Astrakhan, sur la Volga, et, par le fleuve, Sarai, puis Urgendj, pour arriver à Almaligh, centre du khanat mongol de Turkestan, puis par Kanchou et Quinsaï (l'actuelle Hangshou) à Kanbaluc, c'est-à-dire Pékin. Enjambant déserts et steppes, plateaux glacés et étendues brûlantes, les hauts plateaux du Pamir comme le terrible désert de Gobi, ce fut là sans aucun doute au temps de l' « empire des steppes », l'une des pistes sans fin qui servit de trait d'union à ce conglomérat politique aux frontières indécises. C'est à peu près celle que les Polo, partant de Tana, mais remontant la Volga jusqu'à Bolgra, résidence des khans du Kiptchak, avaient empruntée : elle réunissait trois sur quatre des « capitales » des khanats entre lesquels s'était partagée la domination de Gengis et de ses successeurs. Il est extrêmement vraisemblable qu'elle fut empruntée par des marchands occidentaux (et le témoignage du mémoire de Pegolotti est à cet égard capital), aussi bien que par les missionnaires franciscains et dominicains auxquels la papauté crut pouvoir confier à la fin du XIIIe siècle et au début du XIVe la conversion du monde mongol. N'oublions pas qu'il y eut à cette époque des archevêques romains à Pékin et à Almaligh et que des marchands latins s'installèrent dans ces villes, de même qu'au grand port chinois de Tsaitun, en face de Formose.

documental del reinado de Pedro IV de Aragon... », in *Quadernos de historia de España* (Universidad de Buenos Aires, Fac. de Filos. y Letras, 1950, t. XII, n° XI, p. 188-190; et t. XIII, n° XIV, p. 183-185). — Cf. Arch. de la cour d'Aragon, reg. 1055, f° 27, et reg. 1057, f° 52 : pouvoirs aux commissaires sur les contraventions aux défenses de commerce avec Alexandrie (1er juillet 1338, 20 décembre 1340 et 13 juin 1341).

1. Cf. *supra*, p. 278.
2. Voir en appendice, *infra*, p. 315-316.

Encore ne faudrait-il pas surestimer le nombre de ceux qui se rendirent en ces pays et l'importance des activités qu'ils purent y exercer. On est en droit de considérer les quelques exemples cités dans divers travaux de médiévistes, pour passionnants qu'ils soient, comme des cas exceptionnels. Les dangers, les fatigues, les distances monstrueuses de l'itinéraire (284 jours de voyage sans arrêt, soit neuf mois et demi, selon Pegolotti) devaient en détourner tout commerce régulier des marchands latins; il s'agit d'un trafic proprement caravanier, traditionnel chez les peuples nomades de l'Asie centrale : que certains marchands occidentaux aient désiré remonter jusqu'à la source de la soie et de certaines épices, qu'ils aient participé à des caravanes indigènes, qu'ils en aient même exceptionnellement organisé, cela est extrêmement vraisemblable, mais pour notre part nous n'entendons pas aller au delà de cette présomption.

A examiner de près les manuels de marchands, on a l'impression que ceux-ci se bornaient normalement à attendre les caravanes à Tana. Au mieux, ils se rendaient à leur rencontre à Astrakhan (soit, d'après Pegolotti [1], à une distance de dix à douze jours à cheval ou de vingt-cinq jours avec des chariots tirés par des bœufs) : déjà là, les conditions de voyage dans la région étaient si mal connues qu'un groupe de marchands vénitiens qui vers 1340 avaient monté, comme Roberto Lopez l'a étudié [2], une expédition vers l'Inde, ignoraient qu'à l'époque où ils l'entreprenaient ils allaient se trouver bloqués, cinquante jours durant, par les glaces. A Astrakhan, notons-le en passant, deux voies s'ouvraient aux voyageurs, soit la route dont nous venons de parler, soit la voie maritime, par la Caspienne : Marco Polo l'appelle « mer de Gleuechelan », c'est-à-dire mer de Ghilan, du nom de la province persane qui la borde au Sud; de cette province venait vers Astrakhan (comme aussi vers Tabriz) la soie *ghella*, l'une des meilleures. Or Marco Polo ajoute que, tout récemment (par conséquent dans les dernières années du XIIIe siècle), les marchands de Gênes s'étaient mis à naviguer sur cette mer [3].

Mais les marchands pouvaient souhaiter aller à la rencontre des caravanes de l'Extrême-Orient plus loin encore, jusqu'à Saraï ou même Urgendj : ce sont les plus reculées des localités sur lesquelles les manuels de marchands nous donnent des informations et notamment des équivalences de leurs mesures avec d'autres places. Urgendj semble avoir eu une réelle importance: c'est le dernier marché où intervienne un trafic organisé des Occidentaux et c'est en même temps la bifurcation de deux axes routiers : la voie de Chine et celle de l'Inde. Au delà, il n'y a plus de commerce régulier, il y a éventuellement des expéditions commerciales, plus ou moins aventurées. Vers la Chine, les étapes suivantes sont : Otrar (près du confluent de l'Arys avec le Syr Daria) et Almaligh, respectivement à 35-40 et 85 jours à âne. La version déve-

1. PEGOLOTTI, *op. cit.*, p. 21.

2. R.S. LOPEZ, *op. cit.*, p. 361-368, qui publie le document par extraits dans son app. XIV, p. 393-398; sur la glace qui bloqua les marchands à Astrakhan, p. 395.

3. Voir dans ce même volume, la communication faite par Jean Richard sur la navigation des Génois dans la Caspienne, p. 353 et suiv.

loppée inédite du mémoire sur le voyage du Cathay [1] précise : « Qui va [au Cathay] avec un chariot de marchandise, il lui convient d'aller à Urgendj, parce que c'est une terre où la marchandise trouve facilement preneur; tu peux vendre à Urgendj les toiles que tu as, et acheter des *sommi* (pièces de monnaie) d'argent avec le produit de la vente de ces toiles; si tu le veux, tu peux réserver quelque balle des plus fines toiles et les porter avec toi, et puis continue avec tes *sommi* d'argent et ce qui te reste. D'Urgendj à Otrar, il y a 35 à 40 journées de chameau avec chariot, et qui n'aurait pas de marchandise pourrait aller directement de « Saracingho » à Otrar, sans passer par Urgendj, en 50 jours, et la voie serait meilleure pour qui n'aurait pas de marchandise mais seulement des *sommi* d'argent, mais il vaut mieux y aller avec des toiles que l'on vend à Urgendj et on fait ainsi très bon gain ». De leur côté, les marchands vénitiens dont nous parlions plus haut, revenant de Delhi, par Ghazna (et par conséquent par la passe de Khiber entre Inde et Afghanistan, et ensuite par la Bactriane) partagent à Urgendj tout le produit de leur expédition : jusque-là, ils l'ont conservé en commun; en deçà d'Urgendj, chacun recouvre sa part personnelle. L'un d'entre eux fait parvenir son lot de perles à Famagouste et de là en France : c'est la preuve d'une liaison entre l'itinéraire par le Turkestan et celui que nous avons examiné précédemment par Tabriz et Laias [2].

A Urgendj, il fallait encore 230 jours pour atteindre Pékin. Pour admettre que les marchands occidentaux aient fait sur une telle distance et dans de telles conditions un trafic régulier, il faudrait imaginer qu'il eût donné lieu à des profits considérables. Or la Chine n'envoyait guère vers l'Occident que de la soie, la soie du Cathay, *seta catuxia, seta catuia*. Or cette soie, brisée par les longs voyages, parvenait en si mauvais état que par un jeu de mots facile elle devenait parfois dans les manuscrits la *seta cattiva* (« méchante soie »). En effet, aux dires mêmes de Pegolotti, elle était tour à tour, selon les régions traversées, transportée à cheval, en bateau, à dos d'âne, à dos de chameau, en char à bœufs et encore en chariot attelé de chameaux, avant de parvenir à Tana. C'est précisément pour cette raison que celui qui, à la fin du manuel de Pegolotti, a ajouté un chapitre sur les qualités des épices met en garde les marchands contre la *chattuia* [3]. Roberto Lopez, qui le premier a signalé plusieurs cas de vente de cette soie en Occident [4], a été frappé de cette situation [5] : la soie de Chine à Gênes était vendue un peu moins chère

1. Voir notre appendice, *infra*, p. 315.

2. R. S. Lopez (*op. cit.*, p. 383, note 53) indique, d'après une note de Spuler (*Goldene Horde*, p. 408, n. 162), que l'on a retrouvé à Zhukotin, dans le bassin de la Moyenne Volga, de nombreuses monnaies de Delhi, datées de 741-744 de l'Hégire (1340-1344 de notre ère), ce qui atteste des relations commerciales entre l'Inde et le Kipchak à cette date cruciale pour les liaisons entre l'Asie intérieure et l'Occident.

3. Pegolotti, *op. cit.*, p. 382 : « on doit faire attention à ce qu'elle ne soit pas abimée...; parce que la soie du Cathay (*seta cattuia*) vient d'un long chemin, elle s'en ressent plus qu'autre soie; aussi doit-on prendre garde plus à celle du Cathay qu'à toute autre soie en raison du long chemin qu'elle fait; néanmoins pour toutes il faut faire attention ».

4. R. S. Lopez, *op. cit.*, p. 350-354, et app. I (16 janvier 1257), II (27 février 1259), III (10 décembre 1259), IV et V (4 novembre 1261), VI (29 avril 1266), p. 388-390.

5. *Ibid.*, p. 352-353.

que celle qui provenait de la Perse et du Turkestan. Nous pouvons confirmer et préciser cette indication. Nous avons en effet retrouvé le livre de comptes d'une importante société de soyeux lucquois, celle des Burlamacchi, qui de 1332 à 1338 employa une trentaine de tisserandes [1]; or cette firme, à cette date, comptabilisait régulièrement le *testoio chattuio* au prix de 5 livres et 5 livres 2 sous la livre, contre 7 livres et 7 livres 10 sous celui qui n'était pas du Cathay. Était-il donc tellement nécessaire d'affronter les épreuves d'un voyage terrible d'une durée d'au moins deux ans aller et retour pour vendre une soie d'un prix inférieur d'un tiers aux autres soies?

Cela ne serait admissible que si l'abondance du courant commercial compensait le prix relativement limité du produit. C'est ce qui a conduit Roberto Lopez à conclure : « L'importation directe de la soie chinoise est un commerce de masse, qui se soutient non par la qualité, mais par la quantité et le bon marché relatif » [2]. Or il est bien sûr que jamais le trafic de la soie de Chine n'a mis en mouvement vers l'Occident des masses importantes de matières brutes. Lucques, en effet, occupait, dans la première moitié du XIVe siècle, le premier rang en Occident pour le tissage de la soierie, et de très loin; or les sondages [3] que nous avons faits dans les registres de comptes de la gabelle nous montrent un chiffre d'importation qui ne semble pas dépasser 100 000 livres de soie par an et qui souvent est même nettement inférieur. Même en admettant — ce qui ne semble vraiment pas être le cas — qu'en certaines années la soie de Chine soit arrivée à former le quart de cet approvisionnement, ce n'est pas 25 000 livres — soit l'équivalent de 225 *scibet* ou ballettes — qui permettraient d'imaginer un trafic régulier et « de masse », d'autant plus que, visiblement, cette soie parvenait aussi en Occident en empruntant bien d'autres routes (puisque le courant du trafic utilisait aussi la voie de l'océan Indien puis du golfe Persique ou de la mer Rouge). Or Pegolotti nous dit que sur de longs trajets à travers la steppe, les marchandises étaient chargées sur des chariots, tirés ici par trois bœufs, ailleurs par trois chameaux, les premiers étant chargés de dix cantars ou 1 500 livres, les autres de trente cantars ou 4 500 livres : autrement dit, toute la soie du Cathay destinée à la cité ayant en Occident le quasi-monopole du travail de la soie, même si elle était venue en bloc et par une seule route, aurait représenté le chargement de six chariots. Il s'agit donc bien là d'un trafic aux mains des nomades, transportant des ballots de soie comme ils le faisaient de toute antiquité et avec bien d'autres marchandises de plus ou moins grande valeur. Le fait que les ballots étaient maniés sans aucune précaution et arrivaient généralement éventrés et leur contenu abîmé, est une autre indication que les Latins, pour qui la soie aurait

1. Arch. d'État de Lucques, Archivio Bottini, 1 (compagnie formée le 1er septembre 1332 entre Nicolao Astolfi, Princivale Manni, Turellino Porcelli et Gieri Burlamacchi, renouvelée le 15 octobre 1333 entre Princivalle Manni et son fils Marco, Nicolao Astolfi, Bordo Pinelli et Gieri Burlamacchi; nous avons préparé l'édition de cet important registre de comptabilité).

2. R. S. Lopez, *op. cit.*, p. 354.

3. Nous avons dépouillé complètement les trois plus anciens registres de la « Gabella maggiore » de Lucques (filza 10), aux Archives d'État de cette ville, pour 1338 et 1339 (reg. 3, 4 et 5; le reg. 1, 1329, est sans intérêt, ne comportant que les deniers transmis après l'ouverture des différentes caisses) et fait des sondages dans d'autres registres.

représenté un capital précieux, n'accompagnaient pas normalement la caravane. Que certains s'y soient associés, cela nous paraît assuré; mais il ne convient point de tirer du témoignage de Pegolotti (ou de sa source) de conclusions aventurées et, rappelons-le encore, il n'est pas du tout sûr que toute la soie de Chine, que les documents nous signalent sur les marchés d'Occident, provenait de liaisons directes intercontinentales entre ces pays et la Chine.

Sur l'acheminement de cette soie, les documents jettent en effet une certaine lumière indirecte. On observe en effet que les plus anciens documents concernant la soie du Cathay en Italie, relevés par Roberto Lopez, sont datés de janvier 1257, de 1259 et de 1261 [1]. A cette époque, on ne peut conjecturer qu'elle soit venue directement de Chine par les steppes mongoles : que l'on pense à ce que pouvaient être les conditions de voyage quand la conquête mongole n'était pas achevée et que les successeurs de Gengis Khan s'apprêtaient à envahir Hongrie et Pologne, combattaient dans le Caucase et l'Asie Mineure et massacraient dans Bagdad en janvier 1258 le khalife et la population [2]. La conjoncture politique, bien au contraire, nous offre une explication lumineuse : c'est, en effet, en 1254 que le roi Héthoum de Petite-Arménie s'est rendu à la cour du Grand Khan [3] et a reconnu la souveraineté supérieure des Mongols, et c'est en 1256 que Hulagu a reçu le gouvernement de la Perse. Ainsi entre les Seldjoukides d'une part, les Mameluks et les Aiyubides de l'autre, une route était ouverte en pays pacifié : sans faille, la domination mongole, par Tabriz et Laias, trouvait sa voie jusqu'à la fenêtre méditerranéenne de l'Arménie. En conséquence, dès janvier 1257 — donc un peu plus de deux ans après le départ de Héthoum de la cour mongole —, ce qui correspond au temps normal du cheminement de la caravane et du transport à Gênes — la soie du Cathay était en vente à Gênes. Vers le même temps, une colonie « franque » s'installait à Tabriz, puisque nous y avons trouvé le testament d'un Vénitien en 1261. Nous en avons une autre confirmation : tous les achats de soie sont faits à Gênes par des Lucquois, mais tous les paiements, sans exception, sont prévus en foire de Champagne, ce qui a intrigué Roberto Lopez [4]. L'explication vient d'elle-même : c'est en foire de Champagne que les Génois, avec les deniers provinois remis par les changeurs lucquois, se procurent les draps qu'ils vont ensuite revendre à Laias pour se procurer le numéraire nécessaire à leurs achats de soie à Tabriz, admirable opération triangulaire avec son prolongement imprévu jusqu'à l'Extrême-Orient... Autre confirmation encore, s'il en était besoin : Roberto Lopez a signalé que précisément l'un des vendeurs de cette soie du Cathay nous est connu par des opérations qu'il fit en 1259 à Laias, où il se procurait de la soie de diverses

1. Cf. *supra*, p. 288, note 4.
2. Voir N. Iorga, *Brève histoire de la Petite Arménie*, p. 125. — Sur la conjoncture politique internationale, voir J. Richard, *Le royaume latin de Jérusalem*, Paris, 1953, chap. vii : « Entre Mongols et Mameluks »; R. Grousset, *Histoire des Croisades*, Paris, 1960, t. III, p. 563 et suiv.; Cl. Cahen, *La Syrie du Nord, à l'époque des Croisades*, Paris, 1940, dernier chap.; P. Pelliot, « Les Mongols et la Papauté », in *Revue de l'Orient chrétien*, XXVIII, p. 3-84.
3. Voyage préparé par une mission confiée au connétable Sempad en 1249-1251.
4. R. S. Lopez, *op. cit.*, p. 350-351.

provenances et des épices. En 1259 également, nous avons connaissance de très importants envois de fonds de Gênes sur Laias.

Si l'on admet donc qu'entre 1257 et 1266, la soie du Cathay qui vient à Gênes avec une certaine abondance a été apportée de Laias et qu'elle vient de Tabriz où elle n'a pu être transportée que par des marchands mongols ou persans, pourquoi voudrait-on qu'il n'en eût pas été de même quelques années plus tard? Nous estimons donc que les marchands génois de Tabriz et vénitiens de Tana se procuraient sur ces places mêmes une certaine quantité de soie de Chine lorsque celle-ci y était apportée par les caravaniers orientaux, ou bien qu'ils allaient éventuellement à la rencontre de ces caravanes jusqu'à leur point d'arrivée aux marchés d'Astrakhan, d'Urgendj ou de Merv.

Tabriz était, en tout cas, un des lieux de convergence de nombreuses soies dont les origines, citées dans les documents d'archives comme dans les manuels des marchands, ne sont pas encore identifiées avec certitude aujourd'hui, car il n'est point aisé de retrouver sous leur habit latino-italien les toponymes orientaux; en outre, ces provenances ont varié selon la conjoncture politique et économique. Les plus prisées de ces soies venaient des régions qui environnaient la Caspienne : soie *ghella*, produite dans la province du Ghilan; soie *leggi* qu'on dit être de Lahidjan, ville de cette province, ce qui n'est point absolument assuré; soie *talani* où on croit reconnaître, comme dans la soie *taliva* (?), celle de Talish; soie *giorgiana* ou *gorgiana*, où l'on voit généralement de la soie de Géorgie mais où nous verrions plus volontiers celle de Gorgan, ville et région du Sud-Est de la Caspienne, précisément renommées pour leurs soieries; soie *cangie*, provenant du Gandja; soie *mordocasia*, originaire de Merv — Merv Chadijan — en Sogdiane, etc. Il était normal que sur ces marchés de base de la soie, celle du Cathay vînt éventuellement se joindre aux autres lorsque les circonstances étaient favorables, et l'on remarquera justement que les achats connus de soie chinoise se groupent surtout en deux périodes, autour de 1257-1266 et 1330-1338[1].

1. Pegolotti donne deux listes de types de soie; la première, tirée d'un tarif pisan, dont Bonaini a publié le texte de 1323 (*Statuti Pisani*, III, p. 589), mais dont certains mots, non compris par les scribes ultérieurs ont déformé la graphie (p. 208-209 de l'éd. Evans); la seconde (p. 297-298), dans le petit traité sur les noms des « épices ». Dans la première figurent les soies *mordecascio* (*merdacascia* dans la seconde; *merdacesi* dans un document du 18 septembre 1288 aux Arch. d'État de Lucques, fonds Arch. di Stato; *mordecastio* dans le registre de 1409 des *sensali* [courtiers], dans les fonds de la Corte dei Mercanti); *ghella* (*id.*, 2e liste; de même dans de nombreux documents lucquois, où on trouve aussi *chella*); *turcin* (*di Turti* dans le bref pisan; *turci* dans la 2e liste et p. 300); *talani* (*di Talocio* dans le bref pisan; *talani* de même dans les documents lucquois et notamment dans le registre des *sensali*); *mettasella* (*masseria* dans la 2e liste; *in matasellis*, dans le registre du notaire Fulcieri, 14 juillet 1284; *di matterella*, dans un document du 20 septembre 1300, fonds Certosa : ce n'est pas de la soie en écheveau, car en 1393 à Venise, en 1395 à Montpellier, la *seta matafolia* ou *matosela* figurera sur les relevés des prix parmi les cinq ou six provenances de soie : cf. Kern, « Il commercio nel Mèditerraneo... », dans *Archivio storico italiano*, CXIII, 2, 1955, p. 195); *soriana* (fréquente dans les documents ducquois : notaire 5, Gherardetto da Chiatri, 10 mars 1288; document du 5 septembre 1310, fonds Opera Santa Croce, etc.); *seta di fregio* (généralement dite *seta cruda di fregio*, dans les documents : notaire 15, Fulcieri, 23 mai, 26 juin 1284, etc.); *seta lombarda di fregio* (acte du 9 décembre 1299, fonds de S. Maria Forisportam), type et non pas provenance. La seconde liste (outre les sortes déjà signalées ci-dessus) mentionne : la soie *cattua*, *pisciaccheri*, *guardabanco*

En tout cas, un demi-siècle plus tard, la soie du Cathay n'apparaît jamais dans les documents lucquois, pourtant très abondants et explicites. Quant au Cathay lui-même, il était devenu si étranger aux marchands que l'un d'entre eux, recopiant entre 1438 et 1442 la notice sur le voyage en Chine que nous avons utilisée et qui devait dater de 1330 environ, ne trouvait rien de mieux que de donner pour rubrique à son chapitre sur les marchandises du Cathay et les chemins pour s'y rendre : « Ora diremo del Chattaio d'Ischiavonia », confondant ainsi Cattaro et le Cathay. Ceci nous dispensera d'insister sur les relations économiques entre l'Occident et la Chine à cette époque tardive du Bas Moyen Âge.

Le problème des épices orientales

Si l'on se reporte à bien des ouvrages généraux sur l'histoire médiévale, on a l'impression que le trafic des épices a été le principal moteur de l'économie occidentale : on parle peu des transports de sel, de grains, de cuirs, de laines, de bois, qui pourtant sillonnent la mer; on n'a d'yeux que pour les épices, tenues pour un produit noble par excellence. De la quête des épices, on fait l'une des causes essentielles du renouveau de l'activité économique internationale, et de la lutte pour les marchés des épices l'une des raisons des guerres acharnées que se livrèrent les puissances maritimes. Mieux même, les épices seraient, nous dit-on, à l'origine d'un déséquilibre de la balance commerciale de l'Occident avec l'Orient. Une de ces épices détient un prestige plus considérable que les autres, le poivre : on a vu en lui comme un substitut de l'or, un mode de paiement entre marchands, voire un moyen libératoire des censitaires envers leur seigneur, ce qui n'est pas contestable pour le Haut

taliva (mais ne faudrait-il pas couper différemment ces deux derniers mots? *guardaban* et *cotaliva* (ou *cotalina* ?; car les documents lucquois connaissent la *seta castolina* : notaire 15, Fulcieri, 22 mai, 14-18 juillet 1284, etc.); *leggi* (une des plus fréquentes dans les documents lucquois et encore dans le registre des *sensali* de 1409); *del golfo d'Erminia* (la plus prisée d'après le manuel de marchands, dont nous publions le passage en appendice); *cappelletti* (en écheveaux ? cf. notaire 15, Fulcieri, 25 mai et 27 juillet 1284 : *de capellis jorgianis, de capellis sete giorgane*); *d'Andria*; *Coverciero*; *Rupara* (*ripara*, PEGOLOTTI, p. 300); *Cannaruia*.

Dans les documents lucquois du XIIIe siècle, la *seta gorgiana, georgiana, giorgiana, jorgiana* est la plus courante; chez le notaire Fulcieri (1284), on rencontre aussi la *seta giorgiana* de Romania (4 avril), mais plus souvent *seta di Romania*; *de Terta* (ou *Terca*?) (26 avril); de *Romania dicta de chavalieri* (26 juin); *de Catapuso* (18 juillet) ou *de cablopise* (14 juillet); *de Sinisso* (*Samsoun* = *Simisso*; 9 nov. 1283); *seta colusmia de Soldania* (*Sultanieh*, 6 novembre). On trouve aussi la *seta gangia* (notaire 5, Gherardetto da Chiatri, 17 janvier 1288; cf. *seta tasina et gangia*, dans un document du 28 mars 1314, fonds des Serviti; ailleurs *seta Cangie*).

Le registre des *sensali* lucquois de 1409 mentionnera, outre la soie *leggi* et *talani* et le *testoio mordecastio*, la soie *catasano* ou *catarsana* (de Catanzaro), de *Calavria* ou *calavrese* (de Calabre), *sermollini*, *belled.*, *spagnuola* (la plus fréquente) et éventuellement la *nostrata* (lucquoise).

Dans les relevés de prix de Venise et de Montpellier en 1393 et 1395 (article cité de J. Heers, p. 95), les provenances suivantes sont citées : *leggi*, *talani*, *matosela* (voir ci-dessus), *giudesca*, *di Sermona* ou *Sermant* (cf. ci-dessus *Sermollini*) et *colarise*.

Sur les soies employées à Lucques, voir le travail classique de T. BINI, « Sui Lucchesi a Venezia », in les *Atti della R. Accademia lucchese di Scienze, Lettere e Arti*, XV, 1854; voir aussi Fl. EDLER DE ROOVER, « Lucchese Silks », in *Ciba Review*, n° 80, juin 1950, p. 2902-2930.

Moyen Âge, époque où les échanges étaient rares à travers le monde méditerranéen et où le poivre était une denrée peu altérable et d'une valeur élevée sous un petit volume.

Puisque les épices ont été le principal, sinon l'unique, objet du commerce au Moyen Âge entre les pays d'Occident et la Chine, l'Inde ou l'Indonésie, il n'est pas inutile dans ce colloque consacré aux affaires d'Asie de prendre nettement position sur ce problème-clef. Disons tout de suite qu'il faut très soigneusement distinguer les époques : le Haut Moyen Âge jusqu'au cours du XIe siècle pose, en effet, des problèmes particuliers et se caractérise par une sous-consommation peu contestable des épices orientales en Occident; il n'en sera pas parlé ici. D'autre part, les données générales se modifient profondément entre le milieu du XVe siècle et le second quart du XVIe, quand sous la double impulsion du Portugal et de Gênes, la canne à sucre des îles de l'Atlantique, le poivre long de Guinée, l'or et les esclaves d'Afrique — sans parler de l'alun de Tolfa — tendent à se substituer aux marchandises jusque-là tirées de la Méditerranée orientale, tandis que Vasco de Gama sous le roi Manuel, en 1498, remonte la route des épices jusqu'à leur source même. Nous devons donc borner notre rapide étude du XIIe au milieu du XVe siècle.

Par « épices », *spezierie,* on entendait au Moyen Âge bien des produits de toute nature et de toute origine, dont certains venaient d'Orient et d'autres — la plus grande masse d'ailleurs — étaient indigènes. Nous en restreindrons ici le terme à ces innombrables drogues condimentaires, tinctoriales et pharmaceutiques, que fournissaient l'Extrême-Orient et les pays de l'océan Indien et qui passaient de mains en mains tout au long du continent asiatique, en enrichissant les marchands arabes et en alimentant les spéculations de la très haute oligarchie de quelques cités d'Occident. Ces « épices », au sens étroit du terme, apparaissent, surtout en Italie, en listes démesurées dans les tarifs des gabelles et des péages et dans les manuels des marchands : poivre, gingembre, girofle, cannelle, noix de muscade, indigo, bois de brésil, encens, aloès, gomme laque, galanga, macis, « sang de dragon », etc. Ces divers produits, comme l'ivoire, ont pour caractère commun que les pays de l'Orient méditerranéen n'interviennent dans leur commerce que comme places de transit et de redistribution. Il convient d'en distinguer nettement — même si à l'époque on les rangeait comme les précédentes au nombre des « épices » — les productions locales des diverses régions de cet Orient de la Méditerranée, lesquelles résultaient de l'activité extractive, agricole ou artisanale de telle ou telle région et qui pouvaient parfois s'exporter en masses : ainsi l'alun, le coton, la cire, le sucre, auxquels s'ajoutaient encore, la porcelaine et la verrerie, les armes damasquinées, les tapis, le cuir et certaines fourrures, le miel, le lin, les confiseries et des parfums (eau de rose notamment), le vin de dessert, etc. [1]. Négociés sur telle ou telle place, ils ne mettaient nullement

1. A titre d'exemple; entre bien d'autres, voir dans PEGOLOTTI, *op. cit.*, les noms d'épices, p. 293-300, et le chapitre « Conoscere le mercatantie », p. 360-383, lequel, avec des variantes, se rencontre en de nombreux manuscrits. Sur le commerce des épices (la soie exceptée), on aura avantage à se reporter au volume très riche de références (mais souvent décevant) de R. CIASCA,

en jeu le réseau complexe des routes internationales de l'arrière-Asie, les grandes caravanes, les grands intérêts financiers des États : ces divers produits faisaient l'objet d'un commerce libre, étaient exportés par des navires marchands de nationalités diverses et de tous tonnages, lesquels fréquentaient précisément à cette fin outre les grandes métropoles, une cinquantaine de places commerciales échelonnées de la mer Noire à l'Égypte. Bien au contraire, les « épices » proprement dites ne font pas l'objet d'un commerce libre; le rythme de l'arrivée des très grosses caravanes maritimes ou terrestres provoque l'organisation à dates fixes des convois occidentaux correspondants. La valeur exceptionnelle de tels convois rend nécessaire leur protection militaire par l'État, vénitien ou génois. Les transactions s'opérant par quantités très importantes, les autorités interviennent tant du point de vue des prix que de la fiscalité, à telle enseigne que le sultan finit par revendiquer le monopole du commerce du poivre; de même, les négociations sont menées du côté occidental par un petit groupe de grands marchands spécialisés mettant en jeu des moyens financiers considérables.

Cette concentration du trafic des épices et cette protection assurée par l'État nous permet aujourd'hui de connaître l'ordre de grandeur des opérations. Venise en effet vendait chaque année aux enchères les galées autorisées à participer aux *mude* ou convois : par ces enchères, nous savons s'il y a eu un ou bien deux convois dans l'année sur l'une des trois ou quatre lignes vers l'Égypte (Alexandrie), la Syrie (Beyrouth), la Romanie (Constantinople) et parfois Chypre (Famagouste) ou la Crète et combien de navires y ont pris part [1]. Ceci n'est d'ailleurs qu'un élément d'information, car si la quantité des épices à charger était insuffisante, les armateurs complétaient la cargaison avec les produits pondéreux de l'Orient : alun, coton, parfois vin. Venise organisa d'ailleurs au XVe siècle, pour le coton, une seconde *muda* distincte, formée de coques et non plus de galées.

Nous disposons d'une autre source de renseignements, autrement plus satisfaisante : l'état des chargements des convois, que les correspondants en Orient des grandes sociétés occidentales faisaient parvenir à leur firme, souvent assorti des cours pratiqués. Jacques Heers a trouvé et étudié, sans malheureusement les publier intégralement, un certain nombre de ces relevés dans les archives du marchand Francesco Datini de Prato [2], et nous-mêmes en

L'arte dei medici e speziali nella storia e nel commercio fiorentino dal sec. XII al XV, Firenze, 1927 (Biblioteca storica a cura della Deputazione toscana di storia patria, IV); on y trouvera, p. 367-375, une classification commode des types d'« épices ».

1. D'où l'importance du fonds des Misti del Senato aux Archives d'État de Venise, souvent mis à contribution par les historiens vénitiens (voir notamment les travaux de R. Cessi). — Sur les *mude* de Romanie, d'Alexandrie (reprises en 1344) et de Beyrouth, voir Fr. THIRIET, *op. cit.*, p. 329, 343-345 (chiffres des encans de 1332 à 1396), p. 417 (*muda* du coton), p. 421-423 (encans de 1400 à 1450), p. 434 (*mude* de 1451 à 1463); pour le détail, voir du même, *Registres des délibérations du Sénat vénitien concernant la Romania, I, 1329-1399*, Paris-La Haye, 1958 (s. v. « Galées », « incanti »). Sur l'organisation générale, cf. J. SOTTAS, *Les messageries maritimes de Venise*, Paris, 1938.

2. J. HEERS, « Il commercio nel Mediterraneo alla fine del sec. XIV e nei primi anni del XV », in *Archivio storico italiano*, CXIII, 2, 1955, p. 157-209.

avons rencontré de semblables dans les papiers du vice-consul vénitien en Syrie, Donà Soranzo [1].

Loin de nous la pensée d'affirmer que ces relevés sont absolument exacts et complets : d'une part, les marchands ont toujours pu frauder sur leurs manifestes (mais cela devait être assez difficile, les différents groupes de nationalités s'observant avec beaucoup trop d'attention); d'autre part, des navires « libres » ont pu de leur côté enlever quelques ballots d'épices en sus de leur fret propre [2]. Il faut pourtant constater que le nombre de galées indiqué dans ces relevés correspond dans tous les cas à celui que portent les délibérations du Sénat vénitien pour le voyage en question. Cela vaut donc la peine d'examiner de près les quantités d'épices qui s'y trouvent mentionnées. Nous verrons successivement les trois grands secteurs géographiques du trafic, à la fin du XIVe et au début du XVe siècle; mais rappelons encore une fois que nous ne parlerons ici ni des galées vénitiennes de la soie et du coton, ni des naves génoises chargées de coton et d'alun. Seules les « épices » seront prises en considération.

a. Du côté de la *Romania,* la situation est alors particulièrement défavorable : en 1395, Tamerlan a détruit Tana et, en 1396, c'est la bataille de Nicopolis et le terrifiant développement de la puissance de Bajazet, mais celui-ci est battu à Ankara en 1402 par Tamerlan, lequel, s'emparant de Siwas et d'Erzerum, a coupé la route classique entre Tabriz et Trébizonde. La flotte vénitienne se contente d'assurer la couverture navale de Constantinople et de maintenir l'ouverture des détroits. Nous savons que la *muda* vénitienne comprit 3 galées en 1394 et 1395, 2 seulement en 1396 (dont la valeur d'enchères ne se monta qu'au huitième de celles de 1394); il n'y en eut pas les années suivantes, deux coques étant seulement envoyées en 1399 dans la mer Noire; la *muda* ne reprit qu'en 1404, après la rentrée du Basileus à Constantinople et le traité intervenu entre lui et Soliman.

Or les relevés nous confirment que la guerre a bien interrompu totalement la circulation des épices vers Trébizonde, Tana ou Constantinople : en 1395 les navires vénitiens y enlèvent seulement 8,7 tonnes de poivre; en 1396, 16 tonnes d'indigo; en 1399, 2,5 tonnes de menues épices chargées à Trébizonde. Il faut attendre 1404 pour qu'on retrouve un chargement de 20 tonnes de poivre, 20 d'indigo, 7 de cannelle, 4 de gingembre, et des perles; le reste de la cargaison est constitué de soie, qui par conséquent doit être de production régionale (respectivement pour les trois années considérées, 22, 16 et 31 tonnes), et de cuir (respectivement 36,4, 50 et 45 tonnes). Pour ne pas repartir avec si peu d'épices, les bâtiments ont chargé au retour aux entrepôts de Modon, la base maritime et commerciale du Péloponèse, des épices qui y

1. Arch. d'État de Venise, Miscellanea di documenti non appertenenti a nessun archivio, busta 8 : correspondance adressée à Donà Soranzo.

Tous les chiffres mentionnés ci-après sont tirés des trois sources ci-dessus indiquées.

2. Notons à cet égard que les quatre coques vénitiennes de la *muda* du coton en mars 1408 ne chargent en dehors du coton brut (171 tonnes) et filé (25 tonnes) que de la poudre de sucre, de l'alun, un peu de perles, mais aucune autre épice. Les épices sont réservées pour l'autre *muda.*

étaient venues tant de Beyrouth que d'Alexandrie : en 1397, 42 tonnes de poivre; en 1399, 34 tonnes de poivre, 4 de gingembre et 2,5 d'indigo; en 1404, 18 tonnes de poivre.

Quant aux navires génois, on ne nous signale qu'une nave génoise qui, à côté d'une lourde cargaison d'alun, de cire, de fromages et de cuirs, charge simplement 1 tonne de poivre. On peut donc considérer que dans cette décennie à cheval sur l'an 1400, seul un très mince filet du courant asiatique des épices passait encore par la mer Noire et Constantinople.

b. Le trafic des épices tend donc à se concentrer — du point de vue des débouchés en Occident — sur les deux places d'Alexandrie et de Damas; cette dernière ville les reçoit par caravanes, partie par Alep (c'est-à-dire par la voie de l'Euphrate), partie par La Mecque (c'est-à-dire par la voie maritime jusqu'à la mer Rouge), et elle les réexpédie par *Beyrouth*.

Dans les quatre années 1395, 1399, 1404 et 1405, *Venise* envoie sur Beyrouth une *muda* annuelle de 3 à 5 galées qui y enlèvent de 200 à 400 tonnes d'épices fort diverses : en tout, elles chargent en quatre ans 439 tonnes de poivre, 460 de gingembre, 75 de girofle, 55 de cannelle, 15 d'indigo, 6 de noix de muscade, et une cinquantaine de tonnes d'épices variées, outre de la soie et des perles (dont on compte 50 *sazi*, soit 1 marc vénitien, en 1404). Quelques bribes d'épices sont encore parfois enlevées au passage à quelque escale complémentaire, à Tripoli en 1395, à Rhodes en 1404 (2 tonnes de poivre).

Les naves ou les galées de *Gênes*, une ou deux par an, s'intéressent davantage aux produits locaux, le coton, le sucre et l'alun; les « épices » ne constituent donc qu'un complément, d'ailleurs précieux, de chargement : nous trouvons pour deux années, malheureusement non précisées sur le bulletin d'avis, deux fois 11 tonnes de poivre, 10 et 23 tonnes de gingembre, 2,5 et 19,5 tonnes de cannelle, etc.

Les *Catalans* fréquentent aussi et avec prédilection, semble-t-il, Beyrouth, qui nous apparaît cependant avoir été pour eux plus une place de grand cabotage qu'une tête de ligne de navigation régulière, puisque leurs bâtiments mettent de deux à six mois pour le voyage de retour avec de nombreuses escales, contre de trois à six semaines pour les galées de Venise et de Gênes. Comme les marchands de ces dernières cités, ils sont surtout intéressés par le sucre, mais à chaque voyage (par exemple en 1378 et 1391 sur Barcelone, en 1399 sur Aigues-Mortes, en 1400 sur Marseille) ils prennent du poivre (81 tonnes en quatre voyages), du gingembre (80 tonnes et 25 barils en quatre ans), parfois un peu de cannelle, de girofle, d'indigo, de laque, de brésil, etc.

c. A *Alexandrie*, *Venise* domine nettement le marché des épices : chaque année, sa *muda* formée en moyenne de trois galées vient charger de 200 à 400 tonnes d'épices, dont le poivre occupe de fort loin le premier rang, avec 725 tonnes en quatre ans (200 tonnes en 1394, 191 en 1395, 143 en 1396, 191 en 1399); le gingembre, qui vient ensuite, n'est chargé qu'à raison de 61 tonnes en quatre ans; ce n'est que de loin en loin qu'on trouve d'autres épices, notamment de la cannelle (12 tonnes en 1395). En 1414, la situation sera un peu différente : beaucoup moins de poivre (76 tonnes), mais davantage d'autres épices (32 tonnes de gingembre, 4,8 de cannelle, 1 d'encens et d'autres marchandises en moindres quantités).

Comme en Syrie, *Gênes* semble, ici aussi, bien plus intéressée par les produits de masse comme le coton, l'alun et le sucre que par les « épices » proprement dites. D'après les fiches du fonds Datini, les navires génois chargèrent ainsi, en 1379 : 67 tonnes de poivre, 15 de gingembre et 3,6 d'indigo, et en 1395 : 34 tonnes de poivre, 4 d'indigo et 1,2 de laque. Cependant, à la différence du commerce de Venise, celui de Gênes était laissé à l'initiative des particuliers, si bien que les relevés du fonds Datini peuvent parfaitement ne pas refléter la situation exacte et laisser de côté les chargements effectués sur des navires isolés.

En outre, il semble que les relevés du fonds Datini n'aient pas tenu compte, au moins régulièrement, des épices que des navires génois chargeaient à Alexandrie directement pour l'Angleterre et la Flandre, celle-ci étant forte importatrice en vue de la redistribution qui s'opérait à Bruges vers les places de l'Europe septentrionale. Les correspondants de Datini n'ont pas manqué d'informer leur patron des départs, passages et arrivées de bâtiments, principalement génois, chargés d'épices pour Southampton et l'Écluse; un dépouillement systématique du fonds Datini nous apporterait donc à cet égard les précisions qui nous manquent. Notre confrère et ami, l'inspecteur général Robert Brun, nous a communiqué un dossier de pièces se rapportant à de tels chargements. Nous y voyons qu'en 1394 trois navires génois partent d'Alexandrie pour le Ponant, deux en convoi peu avant le 3 avril et le troisième à la mi-avril, ce dernier avec escales prévues à Pise, Aigues-Mortes et Barcelone. Leur principale cargaison, une fois de plus, était faite de coton (1 500 cantars sur les deux premiers bateaux, soit plus de 700 tonnes et une quantité non précisée sur le troisième); mais il y avait encore à bord des trois naves 235 tonnes de poivre et 46 tonnes de gingembre. Les deux premières arrivèrent à Londres le 15 octobre et elles déchargèrent leurs épices à l'Écluse le 24 décembre. L'année suivante, deux carraques génoises, après avoir fait relâche à Southampton, vinrent décharger à l'Écluse 55 tonnes de poivre et 6 de gingembre. Mais c'est en 1400 que le trafic atteignit sa plus grande ampleur, puisqu'au lieu des 2 ou 3 naves génoises habituelles, ce furent 7 naves génoises qui vinrent d'Alexandrie, avec escales de chargement à Beyrouth, Famagouste et Chio (indication peut-être que le marché d'Alexandrie n'était pas suffisamment garni cette année-là?) : chargées d'épices diverses, elles étaient en Angleterre le 18 mai et en Flandre au début de juin; mais il y eut alors pléthore d'épices sur le marché de Bruges.

Nous sommes également mal informés en ce qui concerne les chargements des navires *catalans,* et les documents financiers des archives de la Couronne d'Aragon seraient sans doute susceptibles de nous fournir des informations précieuses. Il est cependant caractéristique que les relevés du fonds Datini ne concernent qu'une seule nave catalane chargée à Alexandrie, les autres fréquentant de préférence la Syrie; cette nave emportait d'Égypte, le 10 novembre 1388, 11,4 tonnes de poivre, 15 de gingembre, 3,5 de cannelle et 12,2 de laque.

Que conclure de tous ces chiffres?

Beyrouth et Alexandrie se partagent à la fin du XIVe siècle et au début du XVe l'embarquement des épices pour l'Occident. Sans que l'on puisse dire en aucune manière que Venise en ait le monopole, il faut bien constater qu'à lui seul ce commerce représente un élément important sinon essentiel de ses activités. Le poivre, d'autre part, domine très largement le marché des épices à Alexandrie, tandis que les trafics de Syrie sont plus diversifiés et aussi plus abondants, en dépit des désastres que Tamerlan a fait subir à Damas et à d'autres étapes du trafic des épices.

Si l'on considère le poivre seul, les Vénitiens en chargent sur les deux places environ 300 tonnes par an, l'ensemble des épices par eux transportées étant de l'ordre de 500 tonnes par an. Si l'on y ajoute ce qui est enlevé par les Génois — surtout à destination de la Flandre — et par les Catalans, cela peut représenter, en moyenne, par an, de 600 à 700 tonnes environ, qui sont chargées sur 8 à 10 galées, au maximum. Or il ne faut pas oublier que cette époque représente pour Venise, comme pour l'Égypte et la Syrie, une époque d'apogée. C'est le moment où le doge Mocenigo, au faîte de la puissance économique de la République, prononce ses célèbres harangues, bourrées de statistiques — Gino Luzzatto en a démontré la très grande vraisemblance — destinées à prouver la richesse sans précédent de sa ville [1]. Du côté de la Syrie, les papiers du vice-consul vénitien à Hama, Donà Soranzo, témoignent aussi de la prospérité du commerce des épices, du coton, de l'alun [2]. Quant à Alexandrie, elle a profité de l'élimination de Constantinople : c'est l'époque où l'on trouve en ville des consuls de Venise, de Gênes, d'Ancône, de Naples, de Florence et des Catalans; le roi de Chypre y fait négocier et Rhodes y a un fondouk [3]; bientôt Jacques Cœur, pour la première fois, y fera flotter le pavillon de France sur ses galées. La ville reçoit par Le Caire les épices déchargées à Tor dans la mer Rouge : une fiche du fonds Datini, non datée mais qui doit se rapporter à ces premières années du XVe siècle (avant 1410) [4], nous fait connaître la composition du grand convoi qui vient d'arriver à Alexandrie, ce qui nous

1. G. LUZZATO, *Studi di storia economica veneziana,* Padova, 1954, p. 271-284; réimpr. de « Sull'attendibilità di alcune statistiche economiche medievali », d'abord paru dans *Giornale degli economisti,* 1929.

2. Correspondance d'un intérêt considérable, comprenant 307 pièces adressées de 1402 à 1416 environ à Doná Soranzo, vice-consul résidant à Hama, et provenant d'Alep, Beyrouth, Damas, Lattaquié, Venise, etc. (Arch. d'État de Venise, Miscellanea di documenti non appertenenti a nessun archivio, busta 8); ce dossier, essentiel pour l'histoire du commerce du Levant à cette époque (coton surtout, épices, soie, change) mériterait une édition. Le chiffre d'affaires de la maison Soranzo du 21 octobre 1409 au 30 octobre 1412, d'après un relevé, aurait été de 249 000 ducats.

3. D'après un registre du notaire Nicola Turiano, qui instrumenta d'octobre 1426 à octobre 1428 à Alexandrie pour le consulat vénitien et, en fait, pour tous les marchands chrétiens, en résidence ou de passage en Égypte; ce registre serait à publier, de même que les deux autres registres de ce notaire (1434-1436 et 1454-1456), ces trois registres permettant de contrôler les variations du commerce chrétien à Alexandrie; des actes ont en outre été instrumentés à Beyrouth (novembre 1428), d'autres au Caire. Arch. d'État de Venise, Cancelleria inferiore, T 211 (Turiano).

4. Cf. HEERS, *art. cit.*, p. 176.

donne une idée de l'ordre de grandeur des épices offertes sur ce marché : 728 tonnes d'épices (8 000 *pondi*), comprenant 437 tonnes de poivre, 45 de gingembre, 27 d'indigo, 19 de cannelle et autant de laque, 17 d'encens, etc.; nous retrouvons là le déséquilibre entre le poivre et les autres épices qui sur ce même marché d'Alexandrie nous avait frappé à propos des achats des Vénitiens.

L'importance économique d'Alexandrie se maintiendra, semble-t-il, jusqu'au milieu du XVe siècle, mais les Turcs feront leurs efforts pour détrôner cette suprématie; on ne doute guère qu'ils n'y soient parvenus au moins dès 1470 : en 1503, en tout cas, Alexandrie n'exportera plus sur l'Occident qu'une centaine de tonnes d'épices, dont moins de la moitié en poivre [1].

Pour l'époque antérieure à la fin du XIVe siècle, nous n'avons aucune idée de ce que furent les exportations d'épices par les voies de la mer Noire et Constantinople, de l'Arménie et Chypre, de la Syrie et de l'Égypte. Il est cependant peu vraisemblable que le trafic ait été beaucoup plus considérable que celui de cet apogée du début du XVe siècle.

Même en admettant qu'il faille doubler ou même tripler — ce qui nous paraît fortement improbable [2] — les 600 ou 700 tonnes annuelles d'épices auxquelles nous avons évalué le trafic au début du XVe siècle, il faut bien reconnaître qu'il s'agit d'un mouvement d'importance relativement secondaire par rapport à l'ensemble des trafics méditerranéens. N'oublions pas que la seule exportation du blé et du sel du port médiocre qu'était Cagliari mettait en jeu chaque année plus de cinquante bâtiments lourds, naves et coques, au milieu du XIVe siècle [3], et qu'à Barcelone en 1440-1442 le mouvement du port était de 60 à 65 000 bottes par an, soit quelque chose de l'ordre de 25 000 tonnes, transportées par une soixantaine de bâtiments lourds et toute une flottille de navires moyens [4]. Quant à Venise même, selon le témoignage du doge Mocenigo, elle disposait à elle seule au début du XVe siècle d'une flotte de 45 galées, de 300 naves de plus de 120 tonnes et de 3 000 unités plus petites [5].

1. Pour la situation à Alexandrie au début du XVIe siècle et les chargements sur cette place et à Beyrouth à destination de Venise, voir dans ce même volume la communication du R.P. F. HOURS, « Le rôle de Beyrouth dans le commerce officiel de Venise durant les dernières années du régime mamlouk », 1510-1517.

2. En 1312, lorsque la mer Noire se trouve pour quelques années hors de portée des marchands latins et que Venise, engagée dans l'alliance avec Chales de Valois, ne peut commercer à Constantinople, tout l'effort se reporte sur Alexandrie. Or en cette année privilégiée, la *muda* vénitienne ne compte que 5 galées (Arch. d'État de Venise, Cancelleria inferiore, D 67, Not. Domenico, prete di S. Maurizio, reg. 1, 3 juin 1312).

3. Voir *supra*, p. 271 et 277, pour le blé; pour le sel, notre article sur « Le sel de Sardaigne et l'activité portuaire de Cagliari. Quelques données chiffrées, 1349-1413 », dans *Recherches sur le rôle du sel dans l'histoire* (Publ. de la Faculté des lettres de l'Université de Paris. Série « Recherches », t. 37), p. 203-225.

4. Cf. Cl. CARRÈRE, « Le droit d'ancrage et le mouvement du port de Barcelone au milieu du XVe siècle », dans *Estuaires de historia moderna*, t. III, 1953, p. 65-156 (d'après les registres d'ancrage du port de Barcelone de 1439 à 1447, aux Archives de la Couronne d'Aragon, que pour notre part nous avons également copiés ou analysés).

5. Sur ce célèbre discours du doge, voir G. LUZZATTO (*supra*, p. 298, n° 1).

Dira-t-on qu'il ne faut point considérer le nombre des navires mis en mouvement par le trafic des épices, mais le prix exceptionnel de la cargaison? Ceci est tout à fait exact. Il s'agit de marchandises précieuses et même exceptionnellement précieuses. Le prix du poivre à Alexandrie, dans les années considérées plus haut, a varié de 12 à 17 ducats les 100 livres; celui du gingembre de 20 à 26 [1], si bien que Jacques Heers, calculant avec soin la valeur de chaque type d'épices embarqué sur les trois *mude* vénitiennes de Romanie, de Syrie et d'Égypte, a pu évaluer la valeur de l'ensemble à 630 000 ducats en 1395, à 600 000 en 1404 [2]; si l'on excluait la soie et les soieries, provenant principalement de Romanie et non pas du trafic asiatique, la valeur tomberait à 425 000 et 325 000 ducats. La charge d'une galée pouvait monter à 60 000, 80 000 et même 100 000 ducats, et chacun sait qu'on a cité le cas de bâtiments chargés — selon leur estimation en Europe — de 200 000 ducats [3]; nous-même avons rencontré dans un compte du port d'Aigues-Mortes en 1358 une coque de Montpellier venant de Chypre, dont la cargaison était estimée *en France* à 185 000 florins — et encore, la fin du manifeste nous manque [4].

Ces chiffres paraissent donc de nature à renforcer l'opinion traditionnelle, puisque la valeur de cette coque de Montpellier que nous venons de citer représentait plusieurs fois le prix dont le pape, dix ans plus tôt, avait payé l'achat d'Avignon à la reine Jeanne (80 000 florins) et équivalait à celui dont Philippe VI paya le Dauphiné à Humbert II (100 000 florins, plus une rente annuelle de 10 000 livres, qui fut versée pendant une dizaine d'années).

Il n'y a cependant aucun doute possible : une balle de draperie de laine occidentale vaut plus cher qu'une balle de poivre et les *torselli* de draps voyagent par milliers à travers la Méditerranée. Reprenons les comptes de la douane d'Aigues-Mortes de 1358 : une balle de draps de Bruxelles y est estimée pour le paiement des droits à 400 ou 500 florins, tandis qu'une balle de soie ne l'est qu'à 300 ou 400 florins. Pour les draps de moins grand prix, nous trouvons les estimations suivantes : de 150 à 250 florins la balle de draps de Châlons ou de Louviers, de 110 à 160 celle de Beauvais, 90 celle de cadis de Perpignan, de 50 à 60 florins la balle de gros draps des villages de Languedoc; en contre-partie, le *pondo* ou balle de poivre de 91 kg environ vaut de 75 à 85 florins, celui de girofle est plus cher, à 170 florins, mais celui d'indigo est évalué 65 florins, de gingembre de 35 à 45, de cannelle à 40, et la caisse ou la balle de sucre à 30 florins, tandis que le safran, épice occidentale, vaut à l'exportation environ 370 florins la balle. Soulignons donc au passage qu'à poids comparable une balle de draps de Bruxelles équivaut au départ de France, au prix de 5 balles de poivre rendues en France. Si, d'autre part, nous consultons sur la place de Damas les cours des marchandises [5], nous constatons que le cantar de fer de Ligurie (47 kg) est vendu,

1. Heers, *op. cit.*, p. 185-186 et 206.
2. *Ibid.*, p. 185-192.
3. *Ibid.*, p. 187.
4. Coque de Pierre Rogier de Montpellier, venant de Chypre le 17 novembre 1358. Compte de la douane d'Aigues-Mortes (Arch. comm. CC 1).
5. Heers, *art. cit.*, p. 201 et 205; pour l'équivalence des mesures, p. 184.

en 1396, 1 300 dirhems, alors que le *pondo* de poivre (91 kg) se vendait au prix de 1 430 dirhems, le cantar d'étain valant de son côté 1 000 dirhems en 1396 et 1 250 en 1398. Or ces métaux, à la fin du XIVe siècle, étaient couramment apportés par les Occidentaux sur la place d'Alexandrie : on y voit les galées vénitiennes décharger en 1395 plus de 200 milliers de cuivre, équivalant en valeur à 50 tonnes de poivre [1].

La balance du commerce entre l'Occident et l'Orient et les phénomènes monétaires

Ces chiffres nous amènent à poser le problème crucial. Est-il possible d'estimer le sens de la balance commerciale entre l'Occident et les pays de la Méditerranée orientale dans la seconde partie du Moyen Âge? Il faudrait une fois de plus pouvoir distinguer selon les zones et selon les époques, et surtout disposer d'un plus grand nombre de travaux préparatoires.

Soulignons tout d'abord, cependant, que le commerce de l'Orient fut essentiellement passif, en ce sens que nul marchand oriental ne se rendait en Occident et que tout le trafic était entre les mains de marchands latins accrochés à toutes les marges des États d'Orient. *Grosso modo*, on peut affirmer que c'est entre le milieu du XIIe siècle et le milieu du XIIIe que la balance est devenue positive en faveur de l'Europe. Après plusieurs siècles, en effet, où l'Europe a déthésaurisé ses espèces métalliques au profit de l'Orient, recevant peu, certes, mais étant incapable de rien lui expédier, le développement de l'industrie franco-flamande a arrêté le mouvement de paupérisation et les échanges se sont intensifiés. Les profits des Occidentaux et spécialement des Italiens, réalisés en Orient en y trafiquant des produits de l'Occident et en Occident en y vendant ceux de l'Orient, le monopole du fret maritime acquis par les marins italiens dans le dernier tiers du XIIe siècle, le ravitaillement de Constantinople et les bénéfices des prêts faits aux empereurs, tout cela a contribué à enrichir de plus en plus les cités italiennes. L'essor des foires de Champagne, à partir de 1175 environ, a provoqué un tel développement de la draperie et de la toilerie de l'Europe du Nord-Ouest que tout le système économique s'est trouvé entraîné dans le mouvement. L'Orient fournissait les épices et le sucre, mais aussi nombre de matières premières, coton, lin, alun, laine; il recevait en échange des produits manufacturés à la fois coûteux et introduits en grandes quantités : coton filé et toiles, draps de laine, produits de l'industrie métallurgique. Plus que des soieries (damas et brocarts, mousselines et organdis, portant des noms de ville d'Orient), c'était la soie brute, généralement crue, qui venait de tout l'Orient (Syrie, Arménie, Anatolie, Constantinople,

1. *Ibid.*, p. 167. Il s'y ajoutait d'autres métaux ouvrés (11 milliers de fils, de feuilles et de tôles métalliques) et des produits de l'industrie occidentale (velours, objets de verre); en 1400 (*ibid.*), les Vénitiens apportent de même de l'étain (39 *colli*, soit environ 3 600 kg, qui en valeur équivalaient à environ 2 500 kg de poivre), du velours, du papier et même du fil de soie (10 *colli*). L'exportation en Orient de produits ouvrés et chers est caractéristique.

pays de la Caspienne, Égypte et au delà), mais elle était transformée à Lucques surtout — dont elle contribua à faire la richesse — ainsi qu'à Bologne et à Venise en velours et en coûteux brocarts tissés d'or, dont une partie était réintroduite à Constantinople et à Alexandrie. La verrerie vénitienne valait, et au delà, la porcelaine syrienne, et l'ivoire ne comptait guère devant les nombreuses caisses de corail importées de Marseille, de Barcelone et de Naples.

Ce n'est pas là simple impression, due au fait que nos sources sont essentiellement occidentales. Nous disposons en fait de multiples éléments chiffrés qui nous permettent d'être affirmatifs en ce qui concerne la balance générale du grand courant de relations économiques Est-Ouest [1].

Reprenons une nouvelle fois le compte de la douane d'Aigues-Mortes. Nous sommes en 1358, époque d'incontestable décadence de toute l'économie française : l'industrie flamande est ruinée, le pays a été frappé lourdement par la Grande Peste; au surplus, le royaume est atteint profondément par la défaite de Poitiers, les troubles sociaux, l'anarchie grandissante; les foires de Champagne ont disparu et une voie directe par mer a été ouverte entre la Flandre ou l'Angleterre et les pays méditerranéens. Pourtant, la galée de Filippo de Casavecchia arrive de Gênes le 5 mars, chargée de 405 balles d'épices et de marchandises orientales précieuses, d'une valeur de 18 760 florins; elle en repart le 8 mars, chargée de 419 balles de draps, d'une valeur de 43 232 florins. Celle d'Andreà della Sea arrive de Gênes le 18 avril, chargée de 380 balles de produits d'Orient valant 16 008 florins; elle en repart le 30 avec 344 balles de draperie valant 47 152 florins; elle en revient le 25 juin avec 490 balles de marchandises d'Orient pour 12 207 florins et en repart le 11 juillet avec un peu moins de 400 balles de laine surtout et de draps pour 16 811 florins. Trois galées arrivent les 8, 15 et 16 août respectivement de Marseille, Naples et Savone, la première pratiquement à vide, les deux autres avec des marchandises principalement italiennes, environ 300 balles valant un peu moins de 9 000 florins. Elles en repartent de conserve le 25 août pour Gênes, Naples et les foires de Salerne, chargées de 800 balles de draps d'une valeur de 48 338 florins. Et les exemples analogues pourraient se multiplier.

Il est peu douteux qu'à la fin du XIIIe siècle et au début du XIVe le phénomène était encore beaucoup plus accentué. L'Occident de l'Europe, au cours d'une expansion sans précédent de la production industrielle, s'est trouvé avoir une balance commerciale extrêmement favorable par rapport aux pays de la Méditerranée centrale et orientale. Il convient à cet égard d'insister, car cela n'est pas unanimement reconnu. Pour le seul royaume de France, en 1310, la taxe d'un denier par livre sur les opérations effectuées par les seuls Lombards aux foires de Champagne, à Nîmes et en Languedoc (sans Montpellier) rapportait 12 600 livres, ce qui suppose un chiffre d'affaires

1. Nous reprenons ici certains des chiffres et des conclusions dont nous avons fait état dans notre communication, demeurée inédite, au Congrès international des sciences historiques, tenu à Paris en 1950, sous le titre « Quelques données chiffrées du commerce international au Moyen Age ».

minimum (change compris) de plus de 3 000 000 de livres [1], et encore le roi a-t-il exempté de la taxe diverses compagnies et notamment celles qui avaient pris à ferme la traite des laines. De même, la taxe sur les ports et passages, affermée de 1322 à 1325, a rapporté en quatre ans 114 475 livres [2], ce qui, sur la base d'une imposition de quatre deniers par livre et compte tenu des salaires du personnel et des frais de recouvrement, représente une moyenne annuelle de passages en douane de l'ordre de 2 000 000 de livres ou de 3 000 000 de florins-or, la majeure partie du trafic passant par les mains des Italiens.

Il va de soi que ces chiffres ne représentent rien de plus qu'un ordre de grandeur, mais ils témoignent de l'importance du marché français [3] qui,

1. En septembre 1310, Philippe le Bel échange contre une rente fixe et héréditaire de 600 livres tournois sur le Trésor le 1/21e de la taxe d'un denier par livre que le « chevetaigne et l'université des compagnies de marcheans et des changeours d'Outremons hantans les foires de Champaigne, la cité de Nîmes et la province de Narbonne » lui avait accordée; le roi avait donné ce 1/21e à ses conseillers et financiers Mouche et Biche, et c'est leur frère et héritier Nicolas Guidi qui l'avait vendu à Enguerrand de Marigny : le roi le rachète à celui-ci. Arch. nat., JJ 45, n° 181, f° 111. Si le 1/21e de la taxe était jugée équivaloir à 600 l.t., la taxe elle-même était censée rapporter 12 600 l.t. par an; or cette taxe étant d'un denier par livre, soit 1/240, on peut supposer le chiffre d'affaires de 3 024 000 lt. pour les seules opérations de change et de commerce réalisées en foires de Champagne et à Nîmes par les compagnies italiennes.

2. Cf. R. Fawtier, *Comptes du Trésor,* «Recueil des historiens de France. Documents financiers». Introduction, p. xlv-lxxi : tableaux du compte du roi au Trésor. De 1226 à 1316, il n'y a pas de rubrique « ports et passages ». En revanche, on possède pour les quatre années 1322-1325 et pour les deux termes de la Saint-Jean et de Noël, le montant de ce chapitre. Il s'est monté en 1322 à 26 790 livres (sur 477 366 l. de recettes, soit 5,6 %), en 1323 à 28 026 l. (sur 598 052, soit 4,7 %), en 1324 à 22 743 l. (sur 538 382 l., soit 4,2 %), en 1325 à 36 916 l. (sur 610 437 l., soit 6 %). Pour ces quatre années, la moyenne annuelle du produit des « ports et passages » a donc été de 28 600 livres. Sur une base de 4 deniers par livre (taxe moyenne pesant sur les marchandises à l'entrée et à la sortie), on obtient une valeur d'imposition dépassant 1 700 000 l. (1 365 000 en 1324, minimum; 2 215 000 en 1325, maximum), représentant avec les frais de recouvrement, les salaires du personnel, les retards des comptables à s'acquitter, etc. une moyenne imposable supérieure à 2 millions de livres. En outre, des assignations devaient être faites directement sur la caisse de comptables locaux. Par la suite, ces assignations devinrent la règle et, depuis 1327, le chapitre des « ports et passages » ne représente plus que quelque 200 à 300 livres par an et il est impossible d'en tirer quelque enseignement que ce soit.

Exemple de ferme particulière : le 31 mai 1315, le roi affermait pour 8 400 livres, payables au trésorier de Beaucaire, la taxe de 6 deniers par livre sur les toiles sortant du royaume par Aigues-Mortes et les autres ports de la sénéchaussée de Beaucaire de la Saint-Jean 1314 à la Saint-Jean 1316. La taxe étant de 1/40e, la valeur des exportations de toile par mer (essentiellement sur l'Italie et l'Orient) était donc estimée à 336 000 l.t. pour deux ans ou 168 000 l.t. par an. Et il s'agissait d'une ferme...

3. Dans les papiers de Pierre de Chalon, archidiacre d'Autun, surintendant des ports et passages, puis commissaire sur le fait des ordonnances royales relatives à la draperie du Languedoc, se trouve un rapport capital de 1326, à l'appui de ses comptes (Arch. nat., J 388, n° 13). Le produit des levées faites en exécution des ordonnances dans la sénéchaussée de Carcassonne s'était élevé à 34 972 l. 17 s. 4 d.t. (dont 24 226 l. 8 s. 4 d.t. pour la taxe sur les draps, 5 380 l. 12 d.t. pour la taxe sur les bêtes à laine, le reste provenant de compositions, encours, sceaux, etc.), mais des empêchements avaient été faits par diverses villes, notamment par Béziers. Pierre de Chalon estimait à 55 000 l. le rapport de la taxe lorsque celle-ci serait levée dans les sénéchaussées de Toulouse et de Beaucaire et dans le comté de Foix. Il suggérait d'ailleurs son extension à l'ensemble du royaume, ce qui, aux dires des experts (*periti in arte*) devrait rapporter au roi 160 000 livres par an (*annis singulis*). Or la taxe sur les draps était de 12 d.t. par drap double, 6 d.t. par demi-blanquet, et 1 d. par canne du drap « de sorte » « à son premier tirage ».

nous l'avons déjà souligné, était particulièrement excédentaire par rapport à l'importation des produits orientaux, que celle-ci eût été directe ou qu'elle fût passée par l'intermédiaire des Italiens. Il est évident que le marché anglais se trouvait dans la même situation; plus tard, il en sera de même de l'Allemagne méridionale lorsque par le *Fondacho dei Tedeschi* elle fournira à Venise le cuivre, le fer, la toile et les draps qui furent au XVe siècle la base des importations vénitiennes en Orient. Si enfin on se place dans la perspective florentine, il n'y a point lieu de douter des chiffres que Villani nous donne en 1339 : 200 ateliers, faisant vivre 30 000 personnes, produisaient annuellement de 70 à 80 000 pièces de draps, d'une valeur de 1 200 000 florins or, tandis que 20 compagnies de l'Art de Calimala importaient chaque année 10 000 pièces d'outremont, d'une valeur de 360 000 florins; or la grande majorité de cette draperie était destinée à l'étranger [1].

De cet enrichissement de l'Occident aux dépens de l'Orient, commencé en Syrie, poursuivi à Constantinople et dans tous les comptoirs échelonnés sur les côtes de la mer Noire et de l'Asie Mineure, nous voyons matériellement les effets dans le domaine monétaire. Jusqu'au début du XIIIe siècle en effet, l'économie occidentale toute entière reposait sur la menue monnaie qui avait pour base le denier d'argent. Les besoins du commerce rendirent nécessaire

Si l'on accepte le chiffre avancé par le commissaire du roi, il faudrait admettre une production drapière de l'ordre de 3 millions de pièces de draps par an pour l'ensemble du royaume, et on nous rappelle utilement que dans la seule sénéchaussée de Carcassonne, il y avait alors 9 cités et 52 villes, bourgs et villages drapants; les 24 226 livres que rapporta effectivement en 1326 la taxe sur les draps correspondent à une production d'environ 500 000 « draps de Languedoc ».

Autre exemple, celui-ci portant sur une ville donnée, Troyes. Entre 1298 et 1301 (cf. notre article sur « Guillaume de Mussy », in *Bibliothèque de l'École des chartes*, t. CV, 1944, p. 17-18), les commissaires du roi substituèrent à divers revenus (fours, moulins, guet, etc.) une taxe ou « jurée » portant sur le chiffre d'affaires des différents métiers. On a conservé la minute de l'état de cette taxe, avec les corrections dues aux discussions avec les représentants de la ville (Arch. nat., J 1033, n° 19 *bis*). On en peut déduire que les toiliers de Troyes vendaient chaque année au moins 48 000 pièces de toile (200 livres de taxe à raison d'un denier par pièce entière); les tanneurs avaient un chiffre d'affaires proche de 20 000 livres par an; les pelletiers vendaient un ensemble de peaux qu'on peut estimer à 200 000 peaux de vair et d'écureuil et à 1 500 000 de menue pelleterie (agnines, lièvres, lapins, etc.); les marchands de cuir trafiquaient d'environ 15 000 peaux de bovins et plus de 100 000 basanes, etc. Là encore, une large partie de ces ventes venaient alimenter, par le biais des foires le commerce national d'exportation.

1. Cf. A. SAPORI, « L'attendibilità di alcune testimonianze cronistiche dell'economia medievale », dans son recueil *Studi di storia economica medievale*, 2e éd., Firenze, 1946, p. 127-135. Il est peu contestable qu'au temps de sa splendeur, à la génération précédente, l'Art de Calimala importait encore plus de draps d'Outremont. On a conservé en effet (Arch. d'État de Florence, Diplomatico, Arte de Mercanti, à la date) un état du chargement de deux galées nolisées à Aigues-Mortes par des compagnies florentines le 20 janvier 1298 (n. st.); cet état se compose de trois documents; un seul a été publié (avec des erreurs par BERTI, dans son article classique : « Documenti riguardanti il commercio dei Fiorentini in Francia nei secoli XIII-XIV », in *Giornale storico degli Archivi toscani*, I, 1857).

On y voit que les compagnies florentines avaient chargé 384 balles de draps contenant à raison de 10 ou 11 pièces par *torselli*, environ 4 200 pièces. Si même il n'y avait à chaque foire qu'un chargement maritime de cette importance, ce serait 25 000 pièces qui chaque année à la fin du XIIIe siècle gagnaient la côte toscane. Un chargement de 150 à 200 balles par galée était d'ailleurs normal (voir par exemple un *nolo* du 14 octobre 1296, Arch. d'État de Florence, Diplomatico, Arte de Mercanti, à la date; non connu par Berti, qui publie un autre *nolo* de la veille).

la frappe de « gros » d'argent, d'abord à Venise en 1202, puis en Toscane, à Gênes, ensuite dans la France de saint Louis. Un nouveau phénomène, d'une importance capitale, se produisit bientôt : brusquement les États chrétiens en viennent à frapper l'or, tandis que depuis un demi-millénaire, seules avaient cours dans le bassin méditerranéen les pièces d'or frappées par les Byzantins et par les Arabes ou par les principautés gravitant dans leur orbite politique ou économique. En 1252, simultanément à Florence et à Gênes [1], reprend la frappe de l'or, que, cas un peu à part, l'augustale d'or sicilien de Frédéric II avait inaugurée dès 1231 [2] au retour de sa grande expédition à Jérusalem.

Le florin d'or est aussitôt imité par saint Louis, l'économie française étant dominée par la banque toscane. Cette reprise marquait de façon éclatante la prospérité occidentale. Rapidement, l'Occident va drainer l'or accumulé depuis des siècles dans tout l'Orient.

Le mouvement est fort complexe, car il s'agit d'un arbitrage à l'échelle mondiale entre les métaux précieux dont les stocks étaient à cette époque fort limités [3]. Le monde oriental était en effet traditionnellement coupé en deux zones monétaires : Byzance et les Arabes voisins de la Méditerranée étaient placés sous le régime du monométallisme de l'or; l'Asie centrale — qui depuis la conquête mongole a démesurément étendu son emprise de la Pologne jusqu'au Pacifique — connaît le système du monométallisme de l'argent [4].

On constate quatre phénomènes concomitants :

1. L'Égypte, par son « besant sarrazinois » d'or, dominait les marchés de la soie et des épices orientales. Or la conquête mongole a pour effet de couper l'Égypte de certaines de ses sources d'approvisionnement en or : le Caucase et l'Arménie sont séparés d'elle et la route de l'Indus est interceptée; quant

1. Voir le remarquable mémoire de R. S. Lopez, « Settecento anni fa : il ritorno all'oro nell'Occidente duecentesco », Napoli, 1955, 91 p. (extr. de la *Rivista storica italiana*, LXV, 1 et 2); du même, « Back to gold, 1252 », in *Economic History Review*, IX, 2, p. 219-240.

2. Il importe ici d'insister sur un fait, à nos yeux important mais qui ne paraît guère avoir attiré l'attention des historiens. Pour négocier avec Constantinople et Alexandrie, où régnaient hyperpère et dinar d'or, les Latins du royaume de Jérusalem en vinrent très tôt à frapper l'or. Pour se procurer la matière, un arbitrage s'établit entre les territoires de la Syrie franque et ceux de la Syrie arabe. En effet, l'Occident dirigeait sur la Terre sainte des masses d'argent : produits de quêtes, revenus des biens des ordres militaires et hospitaliers, rançons de prisonniers, *noli* payés pour le transport des pèlerins et des secours en hommes et en vivres, envois de fonds pour achats d'épices, etc. La Syrie arabe les absorbait contre ses épices, ses brocarts et surtout son or, ce dernier à un cours sans doute assez avantageux pour qu'elle en vienne en quelques années à en être vidée. Ainsi donc la Syrie de Damas finit par ne plus frapper que des dirhems d'argent, et Bagdad même dut suivre cet exemple; en revanche Tyr, Antioche et Tripoli frappaient l'or indispensable à leurs relations avec l'Égypte.

3. Voir sur ces questions le résumé des conclusions auxquelles nous sommes parvenu, « L'or et l'argent en Occident de la fin du XIIIe siècle au début du XIVe », in *Académie des Inscriptions et Belles-Lettres. Comptes rendus des séances*, 1951, p. 169-174.

4. Sur le problème du mono-métallisme argent des pays d'Asie centrale, dès le haut Moyen Âge, voir Cl. Cahen, « Quelques problèmes concernant l'expansion économique musulmane au haut Moyen Âge », in *Settimane di studio del Centro italiano sull'alto medioevo*, XII. *L'Occidente e l'Islam nell'alto medioevo*, Spoleto, 1965, p. 391-432, et la discussion, p. 487-515. — Voir aussi R. P. Blake, « The circulation of silver in the Moslem East », in *Harvard Journal of Asiatic Studies*, II, 1937, p. 291-328.

au fabuleux Soudan, grand producteur, semble-t-il, de l'or médiéval, les remous provoqués par les rudes conquêtes du nouveau sultan du Mali, Soundiata, de 1230 à 1255, ses luttes contre les Mossi, la destruction totale de Ghana, l'antique capitale de l'or, en 1240, suffisent à expliquer le relâchement de ses relations traditionnelles avec l'Égypte. Or la balance commerciale déficitaire de l'Égypte avec l'Occident l'amène à déthésauriser son or, qui parvient en Europe par chaque bâtiment vénitien ou génois. Le « besant sarrazinois » sombre : on voit en 1302 un compte de la douane d'Alexandrie évaluer les dettes des Vénitiens en besants, mais le règlement est exigé en barres d'or et d'argent et en ducats de Venise. L'Égypte, développant son monnayage d'argent apparu vers 1230-1235, donne à celui-ci la primauté, en attirant l'argent sous-estimé en Occident [1].

2. En ce qui concerne Byzance, Bratianu [2] a montré que la crise a commencé sous Jean III Vatatzès de Nicée (1222-1254). A Constantinople même, de mauvaises monnaies, fortement alliées, sont frappées dès 1253 et 1255. Après la reprise de Constantinople par le Basileus, le titre de l'hyperpère est abaissé à 9 carats; en 1304, l'hyperpère blanchit encore, puisque son titre passe à 5 carats. A cette époque, on voit des paiements faits au poids et non pas en nombre. Constantinople imite le type du ducat, puis celui du florin.

3. Pour commercer dans les ports de la mer Noire comme dans l'Asie mongole, les Occidentaux doivent apporter avec eux de l'argent, car si leurs ventes sont si fortement excédentaires à Constantinople, elles sont nécessairement tout à fait insuffisantes dans les territoires de populations primitives, chez les Tartares et les nomades du Turkestan. D'où des ventes de marchandises à Constantinople contre de l'or monnayé et arbitrage à Péra contre de l'argent ayant cours dans la mer Noire. Le témoignage de Pegolotti est formel : les négociants doivent avoir de l'argent avec eux [3]; c'est l'aspre baricate (du khan Berké) ou solgate (de Solghat) ou celui de Tana ou même les petits lingots estampillés qu'on trouve cités si souvent dans les actes des notaires de Caffa. Marco Polo mentionne, de son côté, des régions où le rapport de l'or à l'argent était de un à six et même à cinq [4], alors que dans la France de saint Louis il était de un à douze.

4. La surestimation de l'argent en Orient par rapport à l'or et le besoin d'argent ressenti par les commerçants chrétiens de la mer Noire aussi bien

1. Nous sommes assez mal informés sur les réalités monétaires de l'Égypte médiévale; voir cependant M. de Bouard, « Sur l'évolution monétaire de l'Égypte médiévale », in *L'Égypte contemporaine*, t. XXX, 1939, p. 427, n° 59.

2. Cf. G. I. Bratianu, « L'hyperpère byzantin et la monnaie d'or des républiques italiennes au xiiie siècle », in *Mélanges Charles Diehl*, t. I, *Histoire*, Paris, 1930, p. 37-48, et *Études byzantines d'histoire économiqve et sociale*, Paris, 1938. Voir aussi D.A. Zakythinos, *Crise monétaire et crise économique à Byzance du XIIIe au XVe siècle*, Athènes, 1948.

3. Par exemple, c'est contre l'argent apporté par les marchands que les autorités du Cathay délivrent le papier monnaie qui a cours obligatoire en ce pays (Pegolotti, *op. cit.*, p. 23).

4. Dans le Yun-nan occidental (chap. ciii du texte italien : Caragia) et dans la province d'Ardanda (chap. civ), où Marco Polo précise : on donne une unité d'or pour 5 d'argent, parce qu'il n'y a pas de mines d'argent à moins de cinq mois de marche, et les marchands y trouvent grand gain quand ils s'y rendent.

que par les marchands égyptiens pour poursuivre leurs achats en Asie alors qu'ils ne disposaient pas de réserves d'argent suffisantes, provoquent un formidable courant d'argent de l'Europe occidentale vers l'Orient [1]. Une première crise éclate aussitôt après que Florence et Gênes ont repris la frappe de l'or, autour de 1254-1255 et accroît les difficultés nées de l'échec de la Croisade de saint Louis et du paiement de sa très lourde rançon. Une seconde sera beaucoup plus grave : elle se produit dès que Venise a frappé son ducat dès 1285, et secoue l'économie occidentale, atteinte de 1278 à 1282 par une sérieuse crise due, semble-t-il, à une surproduction textile ou tout au moins aggravée par elle. Cette crise monétaire va se prolonger et rebondir au point de devenir la dominante de la période qui s'étend de 1295 à 1338-1340, avec un palier de 1314 à 1318, lequel correspond à l'affaiblissement des positions génoises dans la mer Noire. Dans tous les pays occidentaux sans aucune exception, en France comme en Angleterre et en Castille, à Venise comme à Florence, l'argent fuit sans trêve; bonnes monnaies comme monnaies noires sont refondues clandestinement et les spéculateurs, par centaines de milliers de marcs, les acheminent sur Gênes, Montpellier ou Barcelone d'où l'argent gagne la « terre des Sarrazins », cependant que l'Occident s'emplit d'or. On dispose de nombreux mémoires, enquêtes et comptes qui nous le prouvent : on accuse alors la spéculation; on se déchaîne contre cet or dont la population ne sait que faire; les monnaies noires — faites d'un alliage de cuivre avec un peu d'argent — qui servent à l'usage quotidien de la population, disparaissent; les ateliers monétaires doivent plus d'une fois cesser de frapper. Le rapport de l'or à l'argent se tend toujours davantage : en France, de 1 à 12, il s'élève à 14 en 1295, 16 en 1306, 20 en 1314 et, après quelques fluctuations pendant les règnes suivants, atteindra jusqu'à 24 en 1330, ce qui semble peu croyable et, somme toute, difficile à expliquer dans le cadre des théories économiques actuelles : la baisse entraîne immédiatement la spéculation à la baisse, tandis que l'or, valeur refuge, se hausse toujours davantage et se thésaurise. D'où l'établissement d'un cycle contre lequel les autorités publiques ne peuvent rien : l'Orient se vide littéralement de son or à mesure que la valeur du métal s'élève en Occident, et concurremment l'Occident se vide de ses monnaies et de ses stocks d'argent. Inutile d'insister ici sur les conséquences de ce phénomène dans le domaine de l'économie occidentale : chacun les connaît.

Brusquement, peu avant 1340, on observe le déclenchement d'un phénomène inverse de celui que nous venons de signaler : le rapport or-argent

1. Voir notre article cité ci-dessus (p. 305, note 3). Nous résumons ici les conclusions tirées de recherches encore inédites. Voir aussi P. Guilhiermoz, « Avis sur la question monétaire au XIVe siècle », in *Revue numismatique*, 1925, p. 90 et suiv.; — R. Cessi, *Problemi monetari veneziani sino a tutto il sec. XIV*, Padova, 1937, CL-196 p. (R. Accademia dei Lincei; *Documenti finanziari veneziani* ed. dalla Commissione per gli atti delle assemblee costituzionali italiane, ser. IV, vol. I); G. Luzzatto, « L'oro e l'argento nella politica monetaria veneziana dei secc. XIII e XIV », in *Rivista storica italiana*, ser. V, t. LIV, 3, 1937, p. 17-29, et in *Studi di storia economica*, Padova, 1954, p. 259-270; cf. A. Grunzweig, « Les incidences internationales des mutations monétaires de Philippe le Bel », in *Le Moyen Âge*, 1953, p. 117-172. En revanche, on ne trouvera qu'une histoire événementielle de la monnaie française dans l'article récent de R. Cazelle.

retrouve brutalement son niveau d'équilibre antérieur à la crise, de 11 à 13; puis, le prix de l'argent s'élève, tandis que celui de l'or ne cesse de baisser. Les années 1347-1352 marquent le creux de cette nouvelle crise, spécialement 1351 et le début de 1352 où le rapport entre les métaux précieux s'abaisse de 1 à 5. Les lettres de rémission nous montrent que des exportations clandestines d'or ont lieu. Certes les besoins d'argent pour les opérations militaires ne sont pas étrangers à cette aggravation de la crise. Il est néanmoins très symptomatique que le retournement de la tendance se soit produit exactement au moment où l'Asie mongole se disloque et où ses routes se ferment, tandis que les Occidentaux retrouvent le chemin de l'Égypte et de la Syrie : il semble que le renouveau du commerce oriental ait provoqué un choc sur la circulation des métaux. Il faudrait être mieux informés sur les conditions des changes et des arbitrages en Orient, mener à cet égard les recherches qui s'imposent, savoir enfin pourquoi une spéculation à la hausse a succédé à une spéculation à la baisse quand les marchés d'Alexandrie, de Chypre et de Beyrouth ont succédé à ceux de Caffa et de Trébizonde.

Il y aura par la suite d'autres tensions comparables, qu'il faudrait étudier de ce point de vue, notamment à la fin du règne de Charles VI et au début du règne de Charles VII [1]. De semaine en semaine, de nouvelles frappes monétaires sont alors ordonnées dans les ateliers royaux et le titre des monnaies d'argent baisse à chaque émission. Les spéculateurs, au fur et à mesure, raflent ces monnaies pour les refondre aussitôt et revendre l'argent qu'elles contiennent sur les grands marchés internationaux du change et notamment aux foires de Genève : nous en avons montré récemment le mécanisme à la lumière d'une enquête menée à ce sujet par les officiers royaux [2]. Or on sait que, plus tard, on reprochera à Jacques Cœur d'avoir exporté clandestinement de l'argent des monnaies royales en trafiquant à cette époque avec l'Égypte.

Conclusion

Il y a donc entre ces mondes de l'Orient et de l'Occident, qui ne se côtoient que par leurs marges et se compénètrent si peu, des mécanismes de solidarité qu'il faudrait mieux étudier.

Certes les contacts avec l'Asie lointaine furent toujours excessivement limités. Certes le commerce des « épices » n'a pas eu l'importance économique directe qu'on lui a attribuée : il a surtout concerné Venise et, sur cette place, le petit groupe des plus gros capitalistes qui trouvaient dans ce trafic monopoliste de très gros profits. Par là, il présente un intérêt considérable du point de vue historique; car ce milieu est le maître de la République, il en dirige

1. Voir par exemple les travaux de M. Rey, « Étude d'histoire monétaire en France au début du xve siècle », in *Annales littéraires de l'Université de Besançon*, 2e série, *Histoire*, I, 2, 1954, p. 27-52.

2. Voir notre article « Marchands, voituriers et contrebandiers du Rouergue et de l'Auvergne. Trafics clandestins d'argent vers les foires de Genève (1424) », in *Bulletin philologique et historique*, 1963, p. 669-688.

la politique et influe sur la paix et la guerre, donc sur l'économie générale du monde méditerranéen. Si par le nombre des bâtiments engagés dans ce trafic comme par la valeur des marchandises transportées, par comparaison avec tous les autres trafics de la Méditerranée, on est forcé de le tenir pour non primordial, il constitue un phénomène politique essentiel, bien plus que proprement économique. Dans l'optique de l'histoire économique du monde médiéval, on pourrait presque parler d'un mythe des épices. Car ces épices, concentrées sur un très petit nombre de places, Venise, Gênes, Montpellier, Barcelone, finissent par s'éparpiller sur toutes les routes et tous les marchés de l'Occident, si bien qu'en définitive ce ne sont que quelques dizaines de kilos que nous voyons passer dans les postes de péages et aux portes des villes dont nous avons dépouillé les comptes, contre des centaines ou des milliers de balles de laine, de draps, de fer, de mercerie, etc. — sans parler du blé ou du sel. Mais ce qui fait l'importance extrême de ce commerce, c'est précisément sa concentration initiale entre les mains d'un petit nombre de grands marchands de deux ou trois États-villes. Comme ils disposent aussi d'une masse relativement importante de capitaux, possèdent une technique en avance sur les autres pays, ont à leur service les sources d'information les plus perfectionnées, et comme au mieux de leurs intérêts, ils pratiquent sans trêve spéculations sur les marchandises et arbitrages sur les métaux précieux, ils sont finalement le fléau de la balance de l'économie médiévale.

L'esprit d'entreprise de ces marchands a fait basculer au profit de l'Occident l'équilibre des échanges jusque-là à l'avantage du monde oriental. Partis des bases maritimes de la Terre sainte, profitant des faiblesses de Byzance, ils ont colonisé les restes du vieil Empire et spéculé sur les marchés byzantins et asiatiques avec les produits industriels de l'Europe d' « outre-monts », tout en spéculant sur les marchés européens avec les matières premières, les épices et l'or de l'outre-mer.

Les contacts entre les deux mondes, européen et oriental, n'ont été réalisés que sur les franges de l'Asie et par l'intermédiaire de marchands appartenant aux franges maritimes de l'Europe. Très peu d'entre eux ont pénétré dans les profondeurs de l'Asie — car la plupart de ceux qui s'y sont plongés sont des missionnaires, des mercenaires ou des aventuriers — et les véritables liaisons commerciales intercontinentales régulières ont été l'exception; encore se sont-elles limitées à une courte période.

Tout s'unissait d'ailleurs pour marquer les oppositions les plus irréductibles : la religion surtout, les traditions, les intérêts. Pourtant, grâce aux contacts marginaux dont nous avons souligné l'importance, une solidarité s'est établie entre l'Orient et l'Occident, et pas seulement la solidarité dans la mort, qu'a été le formidable fléau subi en commun, celui de la peste, qui en quelques années, après avoir progressé de la Chine à l'Égypte et du Turkestan à Caffa, a bondi jusqu'à Gênes et Marseille pour porter la catastrophe jusqu'aux extrémités du monde occidental. Il nous faut au contraire souligner cette autre solidarité qui, d'un bout à l'autre de la Méditerranée, a diffusé les mêmes techniques navales, les mêmes méthodes commerciales. Il nous faut enfin, en terminant, rappeler cette extraordinaire communauté économique, si difficile à expliquer, qui au long du Moyen Âge, provoquant une alternance des crises, un balancement des situations monétaires de l'Occident et de l'Orient, substitue tour à tour l'or à l'argent et l'argent à l'or dans une zone quand dans l'autre domine l'autre métal. Ainsi se trouve conditionné, dans une solidarité contradictoire, le rythme de l'économie du monde médiéval.

APPENDICES

I. UNE GÉOGRAPHIE DES COURANTS COMMERCIAUX ORIENT-OCCIDENT AU DÉBUT DU XIVe SIÈCLE (vers 1315 ?)

Parmi une quinzaine de manuels de marchands d'origine florentine, pisane, génoise, vénitienne et avignonnaise que nous avons retrouvés et dont nous avons préparé l'édition, il en est peu d'aussi intéressants que celui que conserve la Biblioteca Marucelliana de Florence sous la cote C 226. Il est malheureusement anonyme : trois lignes sur la couverture ont été grattées, auxquelles un possesseur de la fin du xve siècle a substitué son propre nom : « Questo libro è di Berto di Piero Berti, e chiamasi *Nottario di piu chose* ». Il porte en tête la date de sa transcription : 1438, et dans une première partie, commence par donner — selon le schéma classique des « pratiques de marchandises » — les équivalences de poids et de mesures d'une place à une autre : « pesi e misure d'alchuna terra... e chome tornano da una terra a un' altra », ainsi que la manière d'apprécier les épices, des tableaux des mesures de draps et de grains, des termes de paiement de lettres de change, etc., ainsi que (fol. 67 v°) un court *erratum* pour des erreurs constatées précédemment. A partir du fol. 70 et jusqu'à la fin (fol. 154) ont été transcrites les notes les plus diverses, empruntées à des lettres commerciales, des factures, des notes de frais, etc., dont beaucoup sont datées 1450-1452; elles paraissent avoir été écrites au cours de ces trois années au fur et à mesure qu'elles tombaient sous les yeux du compilateur[1].

La première partie est très étroitement apparentée au célèbre manuel de Pegolotti, sa *Prattica della mercatura,* et il semble bien que l'auteur de notre manuel ait utilisé le manuscrit même qui a servi de modèle au transcripteur de l'exemplaire unique de 1472 qui nous a conservé le texte de l'œuvre de Pegolotti. En bien des points, en effet, les deux manuels présentent les mêmes fautes de lecture, les mêmes bévues, les mêmes blancs correspondant à des mots que le copiste de l'archétype commun n'avait pu lire sur l'original.

Cependant ce manuscrit de la Marucelliana ne correspond pas exactement à celui de Pegolotti; l'ordre suivi pour les chapitres n'est pas le même, il y a de plus des chapitres supplémentaires et, sur bien des points des développements différents. Ce serait d'ailleurs une erreur de croire que la copie du manuel de Pegolotti qui

1. Une partie a été empruntée à une source du xve siècle, également mise à contribution dans le manuel bien connu dit « de Giovanni di Bernabo d'Antonio da Uzzano », lequel, d'après le colophon, acheva de le copier le 8 novembre 1440. Mais Uzzano n'en fut sans doute que le copiste, car un autre manuscrit (avec les mêmes bourdons et les mêmes bévues) se retrouve aujourd'hui à la Biblioteca Riccardiana de Florence sous la cote 1848 (ex Q.IV.8), avec l'explicit suivant : « Questo libro è di Jachopo di Giovanni di Matteo Villani, cittadino fiorentino et merchatante... »

Parmi ces pièces de la seconde partie du manuel de la Marucelliana, figure (fol. 107 v°-109) un petit précis de géographie commerciale du xve siècle, tout à fait différent de celui que nous imprimons ci-après et dont nous avons retrouvé deux autres états : Bibl. nat. de Florence, Ms. Palatin 601, fol. 74-75 (1442-1443), et Bibl. Vaticane, lat. 10682, fol. 12 et suiv. (1451).

nous est parvenue aurait reproduit purement et simplement le texte de son archétype. Tout marchand, lorsqu'il transcrivait un manuel antérieur, ne manquait pas de le « farcir » de notes empruntées à d'autres sources (autres manuels, listes de marchandises, tarifs de péages et de douanes) ainsi qu'à ses propres archives (informations de correspondants, factures, etc.). Pegolotti lui-même n'avait pas fait autrement et l'œuvre qu'on lui attribue un peu généreusement n'était elle-même qu'une réunion de textes antérieurs (dont nous avons d'ailleurs trouvé un témoin direct), auxquels il avait ajouté ses notes personnelles, riches de toute l'expérience qu'il avait acquise au service des Bardi.

Parmi les mémoires divers mis à contribution par le compilateur du manuel de la Marucelliana, se trouvait un état des marchandises qui s'exportaient et s'importaient (se « tirent » ou se « mettent ») de toutes les places fréquentées, peu ou prou, par les négociants italiens. L'auteur a commencé par dépecer cet état, en replaçant dans les différents chapitres consacrés à chacune des places pour nous en faire connaître les usages commerciaux, la liste des marchandises dont on trafiquait sur la place considérée. Puis, aux fol. 50-58, il s'est contenté de recopier le reste, en renvoyant parfois aux parties déjà insérées précédemment ou même (cas de Séville) en en reproduisant le texte. Il est donc visible que l'ensemble a bien été emprunté à un opuscule antérieur, qu'il nous a été facile de reconstituer, mais dont nous n'avons pas rencontré d'autres témoins directs, sauf (comme nous le verrons) le chapitre relatif à l'itinéraire du Cathay, dont s'inspira Pegolotti.

Il s'agit d'une véritable géographie des courants commerciaux, tels que les voyait un marchand italien, et même plus précisément florentin, placé au cœur des grands trafics du monde méditerranéen. La place faite aux échelles orientales est considérable et les informations qui les concernent n'ont bien souvent aucun équivalent dans aucune autre source. Nous l'estimons d'une importance capitale pour la connaissance du commerce entre l'Orient et l'Occident au Moyen Âge, et il nous permet de suivre, dans toute leur amplitude et dans toute leur complexité, l'ensemble des courants économiques centrés sur la Méditerranée et se ramifiant d'une extrémité à l'autre du monde fréquenté par les marins et les marchands italiens, de la Norvège et de l'Angleterre à la mer Noire et au Cathay.

On peut faire à ce texte une totale confiance. Les dépouillements que nous avons faits dans les Archives italiennes, françaises et espagnoles et au cours desquels nous avons recueilli des milliers de documents relatifs au commerce de la Méditerranée aux XIIIe et XIVe siècles, nous permettent d'affirmer que chaque fois que ces documents (comptes, tarifs, procédures, actes de *nolo* ou de *commenda*) autorisent un recoupement avec les renseignements fournis par cette Géographie, ceux-ci se sont avérés parfaitement exacts jusque dans les détails. Il n'y a donc pas lieu de douter qu'il en soit de même pour les autres, ceux qui concernent des places ou des trafics sur lesquels les sources conservées sont demeurées muettes.

Certes l'auteur donne rarement des chiffres précis sur les prix (voir pourtant le prix de l'huile à Montpellier) ou sur les quantités de marchandises importées ou exportées (à Rhodes, par exemple, il nous dit qu'on tire de l'île 100 cantars de sucre par an, soit environ 5 tonnes et demie), mais il a pris soin de nous indiquer, dans la plupart des cas, un ordre de grandeur du trafic en se servant des expressions : « alquanto », « ma pocho », « temperatamente », « assai », « in grande quantita », « in grandissima quantita ». De telles informations sont pour nous extrêmement précieuses.

Il est essentiel de dater cette géographie commerciale. La grande médiocrité de l'échelle d'Acre et au contraire le rôle essentiel joué par Famagouste et par Laias, l'importance de la place de Tabriz et l'allusion à Sultanieh, le rôle dominant joué par

Alexandrie dans le domaine des épices et en revanche l'absence de Caffa sur ce marché (comme sur celui des esclaves), le silence fait sur Soldaia alors qu'une série de places de la mer Noire ont droit à un paragraphe particulier, l'itinéraire vers le Cathay, la prédominance des draps de Flandre de diverses provenances et l'absence de ceux de Bruxelles et de Brabant (sauf sur le marché anglais), une multitude d'observations de cet ordre, sur lesquelles nous ne pouvons insister ici, tout cela concorde pour nous amener à placer la compilation de l'œuvre autour de 1315, avec une approximation maxima d'une dizaine d'années. A la différence d'autres œuvres, il ne semble pas que le copiste ait songé à mettre à jour le texte qu'il avait sous les yeux et qui, sous bien des aspects, ne répondait plus du tout au tableau du monde commercial qui était alors le sien. Il l'a recopié, sans toujours bien le comprendre, en déformant parfois les noms des places qui n'évoquaient pour lui aucun souvenir. Cela nous a valu en particulier le maintien du chapitre sur le voyage au Cathay, que Frescobaldi, en 1472, a également inséré dans sa transcription du manuel de Pegolotti; les textes livrés par ces deux sources sont en effet étroitement apparentés, même s'ils diffèrent en divers points, notre manuel nous ayant conservé le début de ce chapitre. Mais le Cathay était, au milieu du xve siècle, si loin des préoccupations des marchands italiens que notre copiste a cru bon de gloser le mot « Cattaio » en le disant stupidement « Chattaio d'Isciavonia », autrement dit en confondant la Chine avec Cattaro sur la côte dalmate.

Comme cette géographie dépasse les limites spaciales évoquées par notre rapport, nous en présentons seulement ici des extraits relatifs aux places de la mer Noire, de l'Asie Mineure et de l'Égypte.

[Fol. 5] *Portasi a vendere o a barattare delle parte di Ponente in Chostantinopoli o in Pera :* argento in vergha o in piastra, tele line per navichare nel Mare Maggiore, e chanavacci d'ongni ragone grossi e fini, grande quantita, e canbelotti e mezanelli di Cipri d'ongni ragone e grande quantita, e zaferano e grande quantita, e olio e grande quantita, e vin grecho di Napoli e vermigli de reame di Napoli e grande quantita, argento vivo, e vermiglone, pionbo, e choralli puliti, e nastri d'ongni ragone, formaggi di Pugle e di Cicilia, e sapone in pezo grande quantita.

[Fol. 5 v°] *Trasi di Chostantinopoli e di Pera per chondurre verso le parti di Ponente :* seta cruda d'ongni ragone, e drappi e velluti d'ongni ragone, e grande quantita; — salvo zucchero e zaferano — d'ongni altra spezieria in grande quantita, chuoia di bue o di chavallo in grande quantita, schienali salati in grande quantita.

[Fol. 5 v°] *Altoluogho di Turchia* [1], *si vende :*

Portasi a vendere di verso le parti di Ponente ad Altoluogho : sapone duro in pezzi di Vinega o d'Anchona o di Pugla, argento in vergha, e cambellotti e mezanine d'ongni cholore, e panni lani grossi d'ongni cholore e d'ongni ragone (e voglono essere ne troppo grossi ne tropo fini, e achonci a mezo pelo chella non v'è chi gli chonci), e alchuno panno fine (e voglono essere cimati una volta molto bene), e-rrame afinato in pani, e stangno in vergha.

Trasi d'Altoluogho : allume del chostaio, grosso e minuto mescholatamente, che-ssi chiama di qua allume minuto overo allume d'Altoluogho; e allume chisco, qui di qua si dice allume minuto, e grande quantita se ne trae; e cera, e riso, e ghallo, e tapeti pilosi, e bechine crude e insalate assai, e schiavi e schiave.

1. Theologos, c'est-à-dire Ephèse, aujourd'hui Selçuk (dans le golfe de Samos).

314

[Fol. 7 : *Achri di Soria...*] :

Portasi a vendere in Achri e intorno ad Acri, cioè per lo paese : rame in pani delle bolle di Venega, stangno in vergha, e nocelle di Napoli, e formaggio di Creti, e argento delle bolle di Veniegia, e grossi d'argento di Venegia.

Trasi d'Achri : alquante spezierie, ma poche; e chotone maputo buono, e chotone in grana a grande quantita.

[Fol. 10 : *Alessandria*] :

Portasi a vendere e a barattare di verso le parti di Ponente in Alessandria di tutte le parti, cioè : di tutte quelle chose chessi portano al Chairo in Banbillonia; e piu molto olio in botte di Pugla e di Ghaeta e della Marcha, e di Spangna e di Chatalogna in garre, e nocelle e mandorle e formaggo di Pugla e di Creti, e sapone duro in pezzo.

Trasi d'Alessandria : spezierie d'ongni ragone in grande quantita, e zuchero in pani e grande quantita, e chassia fistolo che nasce ne gardini d'Allessandria in grande quantita, e datteri allessandrini, e safflore assai, e zenzaverate d'India e bonissima, e chonfetti d'ongni ragone, e bordi d'ongni ragone, assai e buoni; e-llino assai, e perle d'Oriente, e rome d'ismeraldi, esmeraldi chonci, e rome di granati e granati chonci assai.

[Fol. 42 v° : *La Tana del Mare Maggore*] :

Portasi a vendere alla Tana di verso le parte di Ponente : tele line d'ongni ragone, e chanavacci d'ongni ragone, e canbellotti di Cipri d'ongni cholore, ma il forte smeraldini e turchini e galli e-ccilestri; e chotone di Soria d'ongni ragone, e chotone maputo e filato d'ongni ragone; e zaferano, e zuchero in pani, e panni lani grossi di Linghuadocho e di Turicci [1] e di Tolosa e Perpingnani, e panni di Celona [2] d'ongni cholore, e argento in vergha a-llegha veneziana, e rame in pani afinato, e stangno in vergha, e ferro d'ongni ragone, e choralli chonci e non chonci, e anbra chonca a modo di paternostri, e olio da mangare, e vino grecho di Napoli, e vino rosso di Napoli e de-rreame di Napoli, e nocelle, e noci, e mandorle, e chastangne, e argento vivo, e vermiglone, e altre chose chome pillicceria salvagge.

Trasi della Tana per portare verso Ponente, cioè di qua dal Mare Maggore : seta cruda d'ongni ragone, e drapi di seta e d'oro e d'ongni ragone; e spezierie d'ongni ragone, ma poche, salvo zuchero e zaferano. *E trasene* cere e schienali in grande quantita; chuoia di bue e di chavallo, crude e insalate, in grande quantita; e sevo in pani, e perle d'Oriente d'ongni ragone.

[Fol. 46 : *Ora diremo di Chaffe*] :

Portasi a vendere e a barattare di verso le parti di Ponente in Chafe : tele line d'ongni cholore, e chanavacci d'ongni ragone, e canbellotti di Cipri d'ongni cholore, ma il forte smeraldini e turchini e galli e cilestri, e chotone di Soria d'ongni ragone, e-cchotone maputo e filato d'ongni ragone; e zaferano e zucchero in pani, e panni lani grossi di Linghuedocho e di Turicci [3] e di Tolosa e Perpingnani, e panni di Celona d'ongni cholore, e argento in vergha e laccha [4] veniziana, e rame in pani afinato, e stangno in vergha, e ferro d'ongni ragone, e choralli chonci e non chonci, e anbra chonca a modo di paternostri, e olio da mangare, e vino grecho e rosso di Napoli

1. Corr. sans doute Vervicci (draps de Wervicq).
2. = Chalons.
3. Voir n. 1.
4. Corr., comme plus haut : a-llegha (à l'aloi de Venise).

o de reame, e nocelle e noci e mandorle e chastangne, e argento vivo, e vermiglone, e altre chose chome so pilliccerie salvagge d'ongni ragone.

Trasi di Chaffe per chondurre verso le parti di Ponente : vai d'ongni ragone, cera, chuoia di bue e di chavallo, crude e salate, in grande quantita, e biado assai d'ongni ragone.

[Fol. 46 v° : *Chattaio di Schiavonia* (sic)] [1] :

Ora diremo del Chattaio di Schiavonia, quello vi si porta di verso Ponente a vendere e a barattare chome apresso cio è, e alsi quello se ne trae.

Portasi al Ghattaio per vendere e barattare : tele line sottili d'ongni ragone, e canbellotti d'ongni ragone, e stangno in vergha, e choralli puliti e non puliti, e anbre chonce a modo di paternostri, e argento in vergha alla legha veniziana che-ttiene a unc. XI 1/3 per libra.

Trasi del Ghattaio per rechare nelle parti di verso Ponente : seta cruda che è chattaio, e gengovi, cannelle, ribarberi e fiore di channelle.

Chi volessi fare il viago del Ghattaio sopradetto e partirsi da Genova o da Vinega, e chonprassi tele line ove a lui paressi avere buono merchato, cioè tele fini e grosse, e quelle quantita che vuole, e vadane alla Tana che è il diritto chamino, e poi suie per terra chon detta merchatantia, e puoi metterla insu charri, e quali tirano o vuoi buoi, o vuoi chavalli o chamelli, chome a-tte pare sia meglo per te.

In primo dalla Tana in *Ghattarghati* [2], si a 25 gornate andando chon charro di buoi, e andando chon charro di chamello sono 12 gornate, e per detto chamino si truova Mocholi [3] asai, cioè huomini d'arme tarteri.

E d'Istarchati o d'Igtrachati in *Sara,* si a una gornata, e per detto chamino si truove Mocholi assai, la quale gornata si fa per una fiumana d'aqua.

E di Sarra in *Saracingho,* si a 8 gornate per una fiumana d'aqua, e puotesi andare per aqua e per terra, ma va-ssi per aqua per meno spesa della merchatantia.

E di Saracingho insino in *Orchanegi* [4], si a 20 gornate di charro di chamello, che sono chon charro di buoi 40. E chi va chon charro di merchatantia, chonviene che vada in Orchanigi, per che ell'è molto spaccativa terra di merchatantia, e puoi vendere le tele che ai in Orghanegi e chonprare sommi d'argento delle vendite delle dette tele; e volendo, te ne puoi serbare qualche balle delle piu fini e portarli techo, e poi passa avanti chon sommi dello argento che ai e chon quello che-tti resta.

E da Orghanigi in *Oltarre* [5], si è 35 in 40 gornate di chamelli chon charro, e che non ne avessi merchatantia, potrebe partire da Saracingho sanza porre a Orghanigi, e andare diritto an Oltarre che v'a 50 gornate, e sarebe miglore via non ne avendo merchatantia, cioè avendo pure sommi d'argento; ma è meglo andarvi chon tele ch'elle vendi in Orghanigi e fa-ssi bonissimo ghuadangno.

E d'Oltarre in *Armalicchio* [6], si a 45 gornate andando chon some d'asino, e ongni di truovi Moccholi assai, cioè gente d'arme.

E d'Armalecchio insino in *Chamesu,* si a 70 gornate andado chon some d'asino, e di Chamesu insino che vieni a una fiumana d'aqua chessi chiama [en blanc],

1. Erreur du copiste. Il s'agit du Cathay, c'est-à-dire de la Chine.
2. Ghattarghati (de même que ci-dessous Istarchati ou Igtrachati) : Astrakhan. Pour les étapes de la route, voir les identifications proposées par A. Evans dans son édition du manuel de Pegolotti, à l'index.
3. = mongol.
4. = Urgendj.
5. = Otrar.
6. = Almaligh.

si a 45 gornate di chavallo, e par la fiumana te ne puoi andare in Chamesia [1] e ivi vendervi i somi dell'argento che ai, inperoche ebbe spacciativa terra di merchatantia, e ai de detti somi moneta di charta galla della bolla del singnore, e vaglono ongni per I° sommo d'argento, e detta moneta s'apella balisci, e spendesi per le chontrade del Ghattaio.

E di Chamesia al *Chanbellochio* [2], che è la mastra terra del paese del Ghattaio, si a 30 gornate.

Si-cche detto chamino si è piu la che-lla Tana gornate 284 per terra e per aqua, chome veduto ai.

[*Suit un texte analogue à celui de Pegolotti (§ II et début du § III, p. 21-23 de l'éd. Evans), sous le titre : « Chose che bisongnano a merchatanti che voglono fare el sopradetto viago »*].

[Fol. 50] *Ora diremo d'Orghanigi* [3], *quello vi xi mette e trae, chome apresso, cioè :*

Portaxi a Orghanigi a vendere e barattare di verxo le parte di Ponente : tele line d'ongni ragone, e choiame d'ongni ragone, e canbellotti di Cipri, e zaferani, e stangno in vergha, e choralli, e anbre pulite e non pulite, e argento in vergha della legha di Vinega.

Traxi d'Orghanigi per portare diverso le parti di Ponente : seta cruda d'ongni ragone, e drapi d'ongni ragone, e spezierie d'ongni ragone (salvo zuchero e zaferano), e oro, e pietre preziose d'ongni ragone.

[Fol. 50 v°] *Ora diremo di Sarra* [4], *quello vi xi porta a vendere e quello se ne trae :*

Portaxi a vendere in Sarra di verso le parti di Ponente : tele line d'ongni ragone, chotone di Soria d'ongni ragone, e stamingne bianche e-ttinte d'ongni ragone, canbellotti d'ongni ragone, e zaferano, e stangno in vergha, e rame afinato in pani, e choralli puliti e non puliti, e anbre, e biaccha, e argento vivo, e vermiglone, e argento in vergha e lacchа [5] veniziana.

Traxi di Sarra per rechare verso le parti di Ponente : seta cruda d'ongni ragone, drapi di seta, drapi a oro d'ongni ragone, e vai crudi e schienali di storioni in grande quantita, e huova di pesce cioè buttaraghe, e chuoio di bue e di chavallo, crude e insalate, in grande quantita.

[Fol. 50 v°] *Ora diremo del Porto Pixano del Mare Magore, quello se ne trae e quello vi xi porta, chome apresso, cioè :*

Traxi di Porto Pisano e di Ghabarddi e di Brizanzi e di quelli porti del Mare Magore e dal Vospero e d'Ailifetti e dello Bazingho e dal Taro e dal Pesce e di tutti e luoghi del Mare Magore, che quele è insulla marina e quelle fra-tterre X in XII migla [6].

Se ne trae : biada assai per portare a navichare dove vuoi, sechondo la derrata ch'enn-ai.

1. Pegolotti donne ici Cassai. Les deux graphies correspondent à Quinsai, aujourd'hui Hang Chou.
2. = Khanbalik, aujourd'hui Pékin.
3. = Urgendj.
4. = Sarai.
5. Corr. a-legha.
6. Ces localités de la mer Noire (mare Maggiore) « sur la côte et jusqu'à 10 ou 12 milles à l'intérieur des terres », sont difficilement identifiables, sauf Vospero (= Kertch), Taro (= Tar), Ailifetti (pourrait se lire : « Ailisetti » et représenter Alusta, dépendance de Caffa sur les côtes de Crimée?).

E portaxi in tutti e detti luoghi : alchune chose chome alla Tana.

[Fol. 50 v°] *Ora diremo di Trebixonda del Mare Magore, quello vi xi porta e quello se ne trae...*
Portaxi a vendere in Trebixonda di tutte quelle chose che si portano al Turix [1] per che le navi e i navili fanno chapo a Trebixonda per ire poi per terra a-Turissi.
Traxi di Trebixonda di tutte quelle choxe que si traghono del Turissi, per che quelli di Turissi venghono cholla merchatantia a Trebixonda o all' Aiazo d'Erminia.

[Fol. 50 v°] *Ora diremo di Fogla di Romania* [2], *quello vi xi porta e quello se ne trae, chome apresso, cioè :*
Portaxi a vendere a Fogla de verso le parti di Ponente : sapone in peza di Veniga e d'Anchona e di Pugla e di Rodi e di Cipri, canbellotti e mezanelli di Cipri d'ongni cholore, e panni lani grossi d'ongni ragone, e rame in piastra afinato, e stangno in vergha, e chotone maputo, e alquanti bucherami, e d'ongni chosa vi si vuole portare achoncamente ma non tropo.
Trasi di Fogla : allume, e tapeti, e velluti di Romania e di Turchia.

[Fol. 51] *Ora diremo di Setalia di Turchia* [3], *quello vi xi porta e trae, chome apresso, cioè :*
Portaxi a vendere a Satalia di verso le parti di Ponente d'ongni chosa chessi porta in Altoluogho, o piu poche choxe.
Traxi di Setalia : allume chostaio, grosso e minuto mescholatamente insieme, e allume minuto d'amendue le ragoni assai, e grano, e orzo asai; becchine crude e salate assai, e cera, e rixo, e draghanti che-lla si chiamano chiterri, e tapeti, e velluti, e Turchi e schiavi e schiave asai, e ghalla di Turchia asai.

[Fol. 51] *Ora diremo di Chandelloro di Turchia* [4], *quello vi xi porta e quello se ne trae, chome apresso, cioè :*
Portaxi a vendere a Chandelloro di quelle choxe in Setalia, che dette abiamo di sopra, ma non vi xi vuole portare di niuna choxa somma inperoche è terra che vi xi spacca pocha merchatantia.
Traxi del Chandelloro : lengname in grande quantita e di la si porta innella terra d'Egitto, cioè in Damiata e in Alessandria; e becchine crude e salate asai.

[Fol. 51] *Ora diremo dello Aiazo d'Erminia* [5], *quello vi xi porta e trae, chome apresse, coè :*
Portaxi all'Aiazo d'Erminia per vendere o barattare, chonducendo delle parti di Ponente, portando nel paese d'Erminia : argento, tele line d'ongni ragone, chanavacci d'ongni ragone, panni lani temperatamente, e cambellotti di Cipri e mezanelli d'ongni ragone, panni laneti d'ongni cholore, zaferani d'ongni ragone, e rame afinato in pani e in tavole dolce e non agre; stangno in vergha, e ferro in vergha d'ongni ragone, e choralli puliti e non pulliti, e anbra chonca, grossa e minuta, e olio da mangare e non trope, e sapone duro in pezi di Vinega o d'Anchona o di Puglia.

1. = Tabriz.
2. = Phocée.
3. = Antalya.
4. = Alaya.
5. = Laias (port de Petite-Arménie).

Traxi dello Aiazo e del paese d'Erminia : spezierie d'ongni ragone che vi venghono di Torigi e di Baldaccha [1] (salvo zucchero e zaferano), seta cruda d'ongni ragone che vi viene da Torix, e seta del Gholfo chessi fa nel paese d'Erminia medesima ch'è molto finissima seta, quaxi della miglore che sia in ongni parte, e seta storta tinta in cholore; chermixi che vi viene dal Savastro di Turchia [2], e buccherami d'Arzinghe [3], che vi venghono d'Arzerone di Turchia [4], e chotone maputo che nasce nel paese d'Erminia in grande quantita, e chotone in grana chessi porta il seme in Cipri chello lo danno a mangare a buoi, e drapi d'ongni ragone che vi venghono dal Turix, e racino cioè a nostro modo, uve secche che naschono nel paese d'Erminia, e zendadi di seta in chermixi che vi venghono dal Savastro, e perle d'ongni ragone che vi venghono di verso Baldaccha e di verso Torigi, e pionbo chessi fa nel paese d'Erminia in grande quantita.

[Fol. 51 v°] *Porbonello del gholfo d'Erminia, in chosta della Montagna nera. Ora diremo di Porbonello, quello vi xi porta o trae, chome apresso cioè :*

Portaxi a Porbonello : argento e grossi veneziani d'argento, e cambellotti e mezanelli di Cipri e i piu voglono essere verdi smeraldini e bianchi e azurri e fistichini.

Traxi di Pornobello : chotoni assai, e del suo seme si porta in Cipri per dare mangiare a buoi.

[Fol. 51 v°] *Ora diremo della Lemma di Soria* [5]*, quello vi xi porta e trae chome apresso :*

Portaxi a vendere alla Lemma e in tutta Soria : argento della bolla di Venegia e grossi veniziani, e rame afinato in pani della bolla di Vinega, e stangno in vergha, e canbellotti e mezanine di Cipri, cioè verdi e biavi, e fistichini pochi; e zaferano, e chanavacci d'ongni ragone, e masticho.

Traxi della Lema di Soria : spezierie alquante, ma picchola choxa; e chotone maputo assai, che vi viene d'Amanno e da Altipa e di Xoria [6], che è molto finissimo chotone, e chotone che nasce intorno alla Lena ed è chattivo; e bombagini d'ongni ragone, cioè filati in grande quantita, e fustuchi in grande quantita.

[Fol. 51 v°] *Ora diremo di Tripoli de Soria, quello vi xi porta e trae, chome apresso, cioè :*

Portaxi a vendere di verxo il Ponente a Tripoli : argento in piastre della bolla di Viniga, e grossi d'argento di Viniga, e rame afinato in pani della bolla di Viniga, e stangno in vergha, e cambellotti e mezanelli di Cipri cioè verdi esmeraldini e biavi, e fistuchini; e zaferano, e tele line, e chanavacci d'ongni ragone, e masticho.

Traxi di Tripoli : spezierie poche e gengovo frescho e verde alquanto, ma pocho; e chotone maputo, assai e bonissimo, e chotone filato, asai e bonissimo; e sapone duro in peza, asai e buono; e polvere di zuchero assai e buono, e [...... [7]], assai.

[Fol. 51 v°] *Ora diremo di Domascho di Soria, quello vi xi porta e trae, chome apresso :*

Portaxi a vendere o a barattare in Domascho [8] *di verxo le parti di Ponente :*

1. = Tabriz et Bagdad.
2. = Siwas.
3. = Erzinghan.
4. = Erzeroum.
5. = Lattaquié.
6. = coton de Hama, d'Alep et de Syrie.
7. = Un mot oublié; supplée, vraisemblablement : sale.
8. = Damas.

argento della bolla di Viniga in piastre, e argento in piastre lavorato a Genova, e grossi d'argento di Viniga, e canbellotti e mezanelli di Cipri d'ongni cholore, in grande quantita; e tele line d'ongni ragone, e chanavacci, d'ongni ragone, e panni lani grossi e grande quantita; e tele e chanavacci e panni d'ongni cholore; e zaferani d'ongni ragone in grande quantita; e rame in tavola, e rame duro, e stangno in vergha, di tutte choxe in grande quantita; e choralli pulliti e non pulliti, e anbre chonce a modo di paternostri, grosse e minute; e schienali di storioni insalati, formago di Cicilia, e nocelle, e masticho, e ferro e accaio.

Traxi di Domascho per chondurre verso le parti di Ponente : spezierie d'ongni ragone e grande quantita (salvo zaferano) e-lle spezierie vi venghono di verxo Baldaccha e di verxo Soldania e di verxo Torix [1]; e seta cruda d'ongni ragone, che vi viene di verxo Torix e di verso Soldania; e drapi a oro e di seta d'ongni ragone che vi vengono di verxo Baldaccha e di verso Torix; e zucchero in pani che si fa propio in Domascho; e aqua rosa, grande quantita; e pome in grande quantita, che naschono ne'gardini di Domascho; e vaxella di porcellana, e vaxella di terra e invetriata e dipinta, e archi da tirare freccie, e zenzaverata, e altri chonfetti asai; e perle che vi venghono di Baldaccha e grande quantita. E tutte merchatantie e altre choxe que-ttu trai di Domascho, si conduchono da Domascho a Baruti per terra, che v'a 3 giornate di vetturali, e Baruti è insula marina.

[Fol. 52] *Ora diremo di Baruti di Soria [2], quello vi xi porta e trae, chome apresso, coè :*

Portaxi a vendere a Baruti di tutte quelle choxe chessi portano in Domascho, per che Baruti è il porto di Domascho.

Traxi di Baruti di tutte quelle choxe chesi traghono di Domascho, e piu si trae di Baruti vino biancho di Baruti in grande quantita, e sapone in peza chessi fa in Baruti, e olio da mangare, ma pocho.

[Fol. 52] *Ora diremo del Chairo di Banbillonia, quello vi xi porta e trae, chome apresso :*

Portaxi a vendere al Chairo di verxo le parti di Ponente : argento de la bolla di Viniga, e grossi veniziani, e argento in vergha della bolla di Genova; e scamiti di Sitvo [3] e di Negroponte e di Romania in cholori vermigli; e canbellotti e mezanelli di Cipri d'ongni cholore ma'l piu verdi esmeraldini e biavi e azurri e alquanti fistichini e alquanti galli; e tele line d'ongni cholore e ragone; e alquante scharlatti, ma molto fini; e oro filato di Vinega e di Provenza e di Luccha e di Cipri; e nocelle e noci e castangne di Napoli e della Marcha; e rame in pani della bolla di Vinega; e stangno in vergha, e pionbo, e ferro in vergha, e schiavi mocholi che sono huomini tarteri del Mare Magore; e zaferano in grande quantita; e masticho in grande quantita.

Traxi del Chairo : zuccheri in pani, in grande quantita e d'ongni ragone; ispezierie d'ongni ragone, in grande quantita, e balsimo, e zenzaverato, e rome d'ismeraldi e'smeraldi chonci, e perle d'Oriente d'ongni ragone, in grande quantita; e datteri, e chassiafistola, e fasflore.

[Fol. 52] *Ora diremo di Damiata [4] di terra d'Egitto, quello vi xi porta e trae, chome apresso, cioè :*

1. = Bagdad, Sultanieh et Tabriz.
2. = Beyrouth.
3. = Thèbes.
4. = Damiette.

Portaxi a vendere in Damiata di tutte quelle choxe chessi portano al Chairo, per che Damiata è il porto di mare del Chairo, e poi se ne va da Damiata al Chairo di Banbillonia.

Traxi di Damiata di tutte quelle choxe chessi traghono dal Cairo, e piu lino, fasflore in grande quantita, e chassia, e pome di paradixo in grande quantita.

II. ÉTATS DE CHARGEMENT DE GALÉES VÉNITIENNES EN ORIENT (1408 et 1414)

(Arch. di Stato di Venezia, Miscellanea di documenti non appertenenti ad alcun archivio, Busta 8 (Corrispondenza di Donà Soranzo).

1. *Cargo de 4 choche de Soria a la muda de marzo 1408.*

Malipiero :		*Salvadora :*	
Goton comolezo	Sa. 515	Goton comolezo	Sa. 536
Goton filado	Sa. 59	Goton filado	Sa. 79
Perlle	B. 1	Lume	Sa. 259
		Perlle	B. 1
Chieldera :		*Pesata :*	
Goton comolezo	Sa. 504	Goton comolezo	Sa. 254
Goton filado	Sa. 78	Goton filado	Sa. 47
Lume	Sa. [blanc]	Polvere di zucaro	Sa. 34
		Lume	Sa. 35
		Tara verde	Sa. 12
		Perlle	B. 1

2. *Chargo delle galee d'Alexandria de 1414.*

Piper	Pondo 835	Chubebe	C° 3
Zenzero de tute sorte	— 352	Garofalli e fusti	C° 55
Clanelle	Sa. 53	Noxe muscade	C° 4
Mazis	C° 11	Sandalli	C° 5
Verzi	Sa. 43	Mira	C° 3
Piper de	Pondo 3	Gallinga	C° 1
Inzenxi	C° 34	Alloe	C° 3
Denti d'avolio	C° 7	Lacha	C° X
Zedoaria	C° 36	Zenzero in bonodo	C° 8
Endego	C° 23	Goci (?)	Sa. 15
Spigo	C° 7		

III. ACTES NOTARIÉS PASSÉS EN ORIENT PAR DES MARCHANDS DE PLAISANCE (1294-1363)

Tous les actes analysés ci-après sont conservés dans le fonds des Hospices civils de Plaisance; ils proviennent des successions de marchands passées soit à l'hôpital, soit à la confrérie du Saint-Esprit. Le fonds des Hospices a été reclassé méthodiquement aux XVIIIe et XIXe siècles. Parmi les résidus divers du classement, V. Vitale avait retrouvé avant la seconde guerre mondiale de nombreux documents commerciaux dont il constitua des dossiers factices (Mercanti, Commercio, Crediti, etc.), que nous avons intégralement analysés. Depuis lors, l'ensemble des archives a été déposé dans les Archives d'État de Plaisance où il fera l'objet d'un reclassement général. Nous extrayons ici les actes notariés instrumentés en Orient.

I. *CAFFA*

1. 1348 (n. st.), 18-19 janvier. — Caffa, maison des héritiers de feu Oberto d'Alessandria qu'habite le testateur.

1er codicille au testament de Jacobino di Cuiarono, épicier, del fù Paolo di Cuiaro, de Plaisance.

S'il meurt à Caffa, il veut être enseveli à S. Domenico, les frais d'obsèques étant réglés par ses fidéicommis; il lègue pour des messes à ce couvent : 100 aspres; à S. Francisco de Caffa, 100 aspres; à l'hôpital de Caffa, 50 aspres; puis, pour dire des prières pour son âme, à Fr. Benedetto de Pupio, vicaire des Frères Prêcheurs de Caffa, 50 aspres, et à Fr. Giovanni de Varazze, convers des Prêcheurs, 25; aux pauvres du Christ à Caffa, 300 aspres. De plus, à Jacobino de Oliariis, de Plaisance, épicier, 4 *summi* d'argent en supplément du compte qu'il a avec lui, et à Giovanni de Meti de Plaisance, 200 aspres. Il désigne comme exécuteur : Me Jacobino de Montecanino, médecin, et Jacobo de Oliariis de Plaisance, épicier.

Témoins : Lafranco de Ozolla, Oberto de Furno, Janoto Guasco, tous de Plaisance; Paolino de Pozerio, de Pavie, et Percivale de Balestrino.

Notaire : Giovanni Terrono.

2e codicille du même.

Les 27 florins d'or que l'an passé il a envoyés à Plaisance appartiennent aux filles de feu Bertolino d'Aymo, épicier, jadis son beau-frère; si on ne les retrouve pas dans sa succession, on prendra sur celle-ci 27 autres florins.

Témoins : lesdits Lafranco, Janoto et Oberto; plus Janino de Meti et Gabriele Gazerono.

Même notaire.

(Dossier « Mercanti », n° 360 :
Expédition notariée, dressée à Plaisance, 13 août 1355.)

2. 1348 (n. st.), 19 février. — Caffa, boutique de Jacobino de Oliariis, de Plaisance.

Testament d'Oberto de Pasamorte, de Plaisance.

Il élit sépulture en l'église S. Francisco de Caffa, près de l'autel de sainte Marie qu'il a fait faire et affecte pour ses obsèques et sa sépulture 200 aspres de Caffa. Il lègue à cet autel, avec clause d'inaliénabilité : un parement de camucat vermeil, un calice d'argent à ses armes, un missel aussi à ses armes. Il lègue au couvent pour dire des messes 100 aspres, et, pour permettre leur réédification, les sommes suivantes aux églises de Santa Maria (2 *summi* d'argent), de S. Agnese (1 *summo*), S. Chiara (1/2 *summo*), de S. Domenico (1 *summo*), toutes églises de Caffa, et de même pour leur réédification à l'église de S. Jacobo de Solgat (1/2 *summo*) et à celle des Frères Mineurs de Soldaia (12 *saggi* d'argent). Il lègue en outre aux églises et couvents des Frères Mineurs à Kertch (« Carasu ») et à Balaclava (« Cimbolo »), à chacun

12 *saggi;* de même à l'église et au couvent de S. Domenico de Caffa, pour des messes, 25 aspres; à l'hôpital de Caffa 20 aspres et un lit (matelas, coutre, coussin et 2 draps); aux moniales de S. Francisco de Caffa, 50 aspres; à l'église S. Chiara de Caffa, 20 aspres; à la confrérie de S. Maria, une grosse livre de cire; aux pauvres du Christ à Caffa, 200 aspres (à distribuer par Jacobina del fù Pere Basset, catalan). Il lègue à divers particuliers les sommes suivantes : à Caterina d'Oberto Pitdexico, 1 *summo;* à Valenza, 40 aspres; à la veuve de Jacobo d'Albe, 40; à la veuve Alazafranco, 30; à la veuve Giovanni Garbagna, 50; à Alessio Armeno, 100; à la veuve Oberto Barbiere, 50; à Homonostia, 10; à sœur Erina, 20; au fils feu Cremis de Orto, 20; à la veuve Bolargo de Orto, 40.

Son neveu Janoto de Vicomarino choisira dans sa maison un armement : cuirasse avec 2 manches, 1 col, 1 barbute, 1 épée, 2 gants de fer, 1 écu, ainsi qu'un *subbum de aqua* et un lit (matelas, 1 coutre, 2 draps).

Jacomina, fille de feu P. Basset, catalan, reçoit une maison dans le *castro* de Caffa, sise sur le terrage des Frères Mineurs et contiguë par derrière avec la maison dudit testateur; dans celle-ci, elle choisira un lit (matelas, coutre de velours, coussin, paire de draps et un tapis à son choix), une conque de cuivre et de menus objets (tasse, 2 cuillers et 2 *schenottos* d'argent).

Il lègue à l'église de S. Pietro de Pontenuri [diocèse] de Plaisance, 2 florins or pour des messes et de même 1 florin au prêtre de S. Savino de Plaisance; à ses parents de Pontenuri, en ligne paternelle, 10 florins d'or, à distribuer par l'archiprêtre, et celui-ci (fils de Gabriele Zochulla, de Plaisance) recevra 1 florin. Sa nièce, fille de Caracassina, recevra sa créance de 12 florins sur Jacobo Zochulla. Il affecte enfin à ses créanciers, s'il en a, jusqu'à 100 aspres sur sa succession.

Il désigne enfin pour héritiers par moitié sa sœur Caracassina et Gabriele Zoculla, avec substitution éventuelle de leurs propres héritiers, et pour fidéicommis et exécuteurs : Egidio de' Campi et Lafranco de Ozolla, présents.

Témoins : Leonardo Zacono, Simone de Sorio, pelletier, Guglielmo di Nicola de Finale, Gabriele Gazarono, Janoto Guasco de Plaisance, tailleur, Jacobo Armeno, fèvre, Janoto de Roveschala de Plaisance, et Jacobino de' Oliariis, épicier.

(Dossier « Mercanti », nº 362.)

3. 1362, 30 août. — Caffa, maison du testateur.

Testament de Filippo Palela, del fù Arduino Palela, citoyen de Plaisance.

Il élit sépulture en l'église de S. Francesco de Caffa et affecte à ses obsèques 5 *summi* d'argent; il lègue à la confrérie de Plaisance pour son âme 30 *summi.*

Témoins : Jacobo de Teramo, Francesco de S. Donato, Giovanni Musciola, citoyen de Plaisance, Giordano di Fayssolo, arbalétrier, Rainaldo Durante, citoyen de Plaisance, Janino di Pellegrino, Leonardo Roveschalla.

Notaire : Orlandino de Francane (dressée sur instrument passé par Giovanni Terrono, en vertu de l'ordre du vicaire du consul de Caffa [procuration du 22 avril 1360]).

(Dossier « Mercanti », nº 108.)

4. 1363 (n. st.), 7 janvier. — Caffa, échoppe du notaire.

Testament de Giovanni Rondana, del fù Gherardo Rondana, citoyen de Plaisance, alors alité.

Il élit sépulture en l'église S. Domenico des Frères Prêcheurs de Caffa, laissant à ses fidéicommis le soin de prélever sur ses biens à Caffa le montant de ses obsèques.

Il désigne pour héritiers de tous ses biens à Caffa ses enfants Antonino et Franceschina nés *ex ejus legitima concubina,* et pour ses biens à Plaisance, pour moitié ses dits enfants et la confrérie du S. Spirito de Plaisance. Ses fidéicommis et exécuteurs seront : Me Giovanni de Groppalo, chirurgien, et Janino di Pellegrino, citoyen et marchand de Plaisance, qui seront les tuteurs de ses enfants, et à qui il demande de placer tous les revenus de son argent et de ses biens dans une boutique, pour les y faire fructifier au mieux des intérêts des mineurs.

Témoins : Paolo de Comago, fèvre, Benedetto de Pontremoli, Demetrio Pronast., Nicola di Antonio de Monelli, Antonio di Simone de Revello, et Constantin de Samsoun (« Symisso »).

Notaire : Giovanni Terrone et Orlandino de Francane, qui a grossoyé sur ordre du vicaire du podestat de Plaisance.

(Dossier « Mercanti », n° 110.)

5. 1363, 5 juillet. — Caffa, boutique du notaire.

Reçu donné par Giovanni Cerexia au nom du ministre et des confrères du S. Esprit de Plaisance (procuration du 6 février 1363 n. st.) à Michele de Olivis, épicier, fidéicommis de feu Filippo Palela de Plaisance, pour 27 *summi* d'argent au poids de Caffa, solde des 30 légués par le défunt.

Témoins : Arcangelo de Bagnasco, *magister scholarum in Caffa,* Bonifacio Dente, bourgeois, et Gabriele Cerexia, citoyen de Plaisance.

Notaire : Orlandino de Francane, sur instrument de Giovanni Terrono dressé sur l'ordre du vicaire du consul des Génois à Caffa et dans toute la Gazaria (procuration du 22 avril 1360).

(Dossier « Mercanti », n° 109.)

II. *CHYPRE*

6. 1294, 27 août. — Nicosie, maison de ser Giovanni Camerario, où habite le marié.

Contrat de mariage entre Giuseppe Quatrogi de Plaisance et dame Caterina del fù Ingua Bolle de Gênes.

L'épouse apporte en dot 800 besants sarrasinois d'or au poids du royaume de Jérusalem; le contrat étant établi sous le régime juridique des coutumes dudit royaume, l'époux lui constitue un douaire de la même somme sur ses biens présents et à venir, à Plaisance et ailleurs.

Témoins : Lafranco Bolle, Génois; Giunta del fù Bono Coltorto, Pisan; Guglielmo « Sugore » (Sueur?) et dames Heloïse et Marquise, femmes d'Acre.

Notaire public pontifical : Petrus Stornellus (« Estornel » ou « Letourneau »?) clerc d'Acre.

(Dossier « Mercanti », n° 23.)

7. 1362, 14 septembre. — Famagouste.

Reçu donné par Nicola de Casanova del fù Ugolino, comte de Lavagna, citoyen génois, comme procureur de Jacobo de Banco, citoyen génois (procuration du 1er septembre), à dame Dominica, veuve de Giovanni de Casanova, et à Oberto de Rama, habitants de Famagouste, comme fidéicommis et exécuteurs testamentaires dudit feu Giovanni de Casanova (testament du 10 juin) pour les 300 besants blancs de Chypre légués par le défunt à Jacobo de Banco et à Quirico son frère, citoyens génois (Corrado Pallavicino, de Gênes, étant fidéjusseur dudit paiement).

Témoins : Lucchino de Carignano, Simone Ramela de Binsano, Oberto Ansaldo d'Albenga.

Notaire : Sarado Musso, sur l'ordre de Guglielmo Erminio, podestat des Génois en Chypre, donné le 14 août 1363.

(Dossier « Mercanti », n° 13.)

8. 1362, 20 septembre. — Famagouste, *in ruga modii,* sous une des boutiques royales, où écrit le notaire.

Commenda donnée par Oberto de Tuna, habitant Famagouste, à Janoto de Nefino, del fù Simone, de Gênes, habitant Famagouste, de 500 besants blancs de Chypre, impliqués en un compte de 20 sacs de coton de Hama, chargés sur la coque de Francesco de Fazzolo d'Ancône, lesquels ont été remis aux mains de Todarino de Nefino, frère dudit Janoto, pour le voyage vers Ancône, la Marche et la Pouille, avec plein pouvoir de les négocier, au quart du profit pour ledit Janoto.

Témoins : ser Me Manfredo Gallo, de Messine, et Antonio de Ferrare.

Notaire : Sarado Musso.

(Dossier « Mercanti », n° 111.)

9. 1363, 19 septembre. — Famagouste.

Quilico di Gualterio et Oberto de Tuna, de Plaisance, fidéicommis et exécuteurs testamentaires respectivement de Lionello di Gualterio et d'Aimerico Trigui, se donnent mutuelle quittance pour les sommes et marchandises auxquelles les deux défunts pouvaient être tenus l'un envers l'autre ou qui pouvaient se trouver entre les mains de l'un et de l'autre au jour de leur décès.

Témoins : Leonardo de Montaldo, X (lacune) et Agostino de Montaldo.

Notaire : Melchiore de Pineto, del fù Nicola.

(Dossier « Mercanti », n° 27.)

III. *PÉRA*

10. 1331, 28 mai. — Péra, banc du notaire.

Reçu donné par Jacopino de' Favi, del fù Gherardo de' Favi, de Plaisance, frère utérin et héritier pour moitié *ab intestat* de feu Francesco Moraschi de Plaisance, pour la moitié de tous les biens du défunt tant à Trébizonde où il mourut qu'à Péra, tels qu'ils avaient été recueillis en qualité de fidéicommis par Giovanni Balbo de Plaisance. Celui-ci est représenté par le notaire, à qui Jacopino promet de répondre du présent reçu devant les juridictions de Messine, Pise, Gênes, Savone, Noli, Finale, Plaisance et Nîmes. Sont compris dans le compte les 18 hyperpères reçus de Pietro da Fiorenzuola sur les 100 qu'il devait à Giovanni par acte du 28 février 1327 n. st. (not. Lafranco Tartaro).

Témoins : Nicolino de Rivalta, Nicolino de Vigomarino et Paolo Bodeghino, tous de Plaisance.

Notaire : Gennaro de Monleone.

(Dossier « Mercanti », n° 26.)

11. 1334, 8 avril. — Péra, banc du notaire.

Procuration générale donnée pour dix ans par Guidetto Barbo (= Balbo), barbier, habitant Péra, à Giovanni Barbo, de Plaisance, absent.
Témoins : Nicola de Rivarola, Franceschino di S. Stefano, del fù Giorgio.
Notaire : Enrico Bennato.

(Dossier « Mercanti », n° 37.)

12. 1334, 5 octobre. — Péra, boutique des héritiers de feu Nicola de Mulacio, épicier.

Procuration générale pour deux ans donnée par Fedrico Camneo, de Plaisance, habitant Péra, à Giovanni Barbo, de Plaisance, del fù Petraccio Barbi, de Plaisance.
Témoins : Parese di ser Azzone de Plaisance, Matteo Mazzaporco, de Plaisance.
Notaire : Tomaso Rubaldi de Castellare.

(Dossier « Mercanti », n° 38.)

13. 1399, 28 mai. — Péra, banc du notaire.

Commenda donnée par Bonifacio de Mezano à Oberto de Videlli di Gregorio, de Plaisance, pour 200 hyperpères d'or à la marque de Péra (*ad signum Peyre*), impliqués dans leur compte commun et lui servant à naviguer, au quart profit pour ledit Oberto qui en répond devant les juridictions de Gênes, Plaisance et Péra.
Témoins : Raimondo Vaycalo, Jacobo Vaycalo son frère, Lodisio Vaycalo, leur neveu.
Notaire : Giovanni Bocchino.

(Dossier « Mercanti », n° 48.)

IV. *RHODES*

14. 1359 (n. st.), 31 janvier. — Rhodes.

Reddition de comptes de la tutelle des filles de feu Ansaldo de Regalo par-devant Fr. Astorg « de Penhaco », châtelain de Rhodes; le juge Me Barthélemi Villanut., notaire public, et Dominicus de Acar, interprète de la Cour.
Notaire : Nicolas Baudry de « Salceya », clerc de Lisieux.

(Dossier « Mercanti », n° 8.)

V. *TABRIZ*

15. 1311, 17 décembre. — Tabriz, *in fondaco qui nominatur Nantoxia.*

Change maritime de besants remis à Tabriz par Turchio Lercari, citoyen et marchand de Gênes, à Oberto del fù Jacobo, de Pontenuri, drapier, de Plaisance, qui paiera à trois mois à Gênes 197 l. 12 s. 6 d. génois, sur gage de 4 *pondi* de poivre à conduire de Tabriz à Gênes aux risques et périls dudit gage. Turchio déclare que, sur cette somme, 175 l. 10 s. appartiennent à Olivieri Lercari et 31 l. 17 s. 6 d. (*sic*) à Caterina femme d'Ydeto Lercari (Cancellé par incision après paiement).
Témoins : Meliano Cabella, Guglielmo de Copella de Monbarucio.
Notaire : Gioannino de Pratixoio de Reggio.

(Dossier « Mercanti », n° 12.)

16. 1328, 27 octobre. — Tabriz, *in via publica.*

Procuration donnée par Pietro Buccapiccina, drapier, habitant Tabriz, à Manuele Buccapiccina et Giovanni de Torsello, de Plaisance, absents, pour liquider la succession de son père.

Témoins : Manfredo Lomellini, citoyen génois, et Bartolomeo di Bonagrazia, pisan.

Notaire : Azzelino Romano, scribe pour les Génois à Tabriz.

(Dossier « Mercanti », n° 106; copie notariée dressée à Plaisance le 21 mai 1330, à la requête de la Confrérie du S. Spirito.)

17. 1332, 25 juillet. — Tabriz, maison occupée par Francesco de Gualterio.

En présence de R. P. Guillaume « de Sygiis », de l'ordre des Frères Prêcheurs, évêque de Tabriz, Pietro Buccapiccina de Plaisance, del fù Guglielmo Buccapiccina, donne procuration à Fr. Alberto, prêtre, ministre du S. Spirito de Plaisance, absent, et à tous autres frères de cette confrérie, pour liquider la succession de son feu père.

Témoins : Antonio di Bonifacio, del fù Oberto, Giovanni Cabrit, notaire, Lucchino Malviso et Gioannino di Ghisulfo Tomasi, tous de Plaisance.

Notaire : Azzelino Romano, scribe pour les Génois à Tabriz.

(Dossier « Mercanti », n° 107.)

VI. *TANA*

18. 1307, 14 octobre. — La Tana, maison du notaire.

Commenda donnée par Obertino de Pontenuri de Plaisance à Oberto de Pasamorte de Plaisance, pour 1 700 aspres de la Tana, impliquées dans leurs affaires communes pour les administrer, à mi-profit chacun, après qu'il aura quitté la Tana et aussi longtemps que Dieu le voudra, dans les mêmes conditions que leurs comptes précédents.

Témoins : Armanno Fabri et Giovanni di Bartolomeo de Chiavari.

Notaire : Francesco de Saliceto.

(Dossier « Mercanti », n° 25.)

VII. *TRÉBIZONDE*

19. 1332 (n. st.), 3 février. — Trébizonde, sous la loge des Génois.

Mutuelle quittance que se donnent pour toutes leurs affaires Giovanni Balbi de Plaisance et Francesco de Riva.

Témoins : Benedetto del fù Andreà Di Negro, et Bernabo di Gualaldo, citoyen de Gênes.

Notaire : Castagnolla de Predone.

(Dossier « Mercanti », n° 39.)

20. 1335, 2 mai. — Trébizonde, maison de Giovanni Balbi.

Cession faite par Rosso Balbo del fù Perracio Balbi et dame Giovanna sa mère, de Plaisance, à Giovanni Balbi, leur frère et fils, de tout ce qu'ils possédaient à Plaisance (argent, marchandises et autres biens).

Témoins : Nicolino de Vigomarino, Tomasino de Filagadi, Francesco Burgoion et Leonardo de Filagadi, tous de Plaisance.

Notaire : Benedetto Aicardi.

(Dossier « Mercanti », n° 40.)

21. 1338, 18 décembre. — Trébizonde, loge des Génois.

Commenda donnée par Bonifacio de Mezano à Dondaza Coppola di Manuele Coppola, de Plaisance, pour 212 besants et 4 aspres d'or de Tabriz (*ad aurum de Taurixio*), à porter avec les autres choses qu'il emporte, au tiers du profit pour ledit Dondaza, à charge de les administrer au mieux et avec licence « d'en envoyer une partie en avant mais jamais en arrière ».

Témoins : Lucchino Siaga et Antonio di Bonifacio.

Notaire : Jacobo Cappa.

(Dossier « Mercanti », n° 49.)

INDEX

Les numéros renvoient aux numéros des actes.

hab. = habitant; not. = notaire; tém. = témoin.

V

LA MARINE D'AMALFI DANS LE TRAFIC MÉDITERRANÉEN DU XIVe SIÈCLE

À PROPOS DU TRANSPORT DU SEL DE SARDAIGNE

Première cité italienne à s'adonner au grand commerce et à jeter un pont entre l'Occident et l'Orient byzantin et musulman, Amalfi, après avoir connu la gloire, semble disparaître brusquement de l'histoire de l'économie internationale. Vers 977, le voyageur arabe Abu-al-Qasim Muhammad-ibn-Hawqal, dans son « Livre des routes et des royaumes » [1], affirmait qu'elle était la ville la plus prospère des pays « lombards », la plus peuplée, la plus opulente; certes Naples était une belle ville, mais, selon ses dires, moins importante qu'Amalfi. Cette ville, que le moine Aimé du Mont-Cassin qualifie de « cité riche d'or et de draps » [2], avait la première établi des colonies dans les principales places du Levant et chacun sait que l'Hôpital de Saint-Jean de Jérusalem, sous sa forme primitive, a été fondé dans la seconde moitié du XIe siècle par un Amalfitain de Scala [3] — tout comme l'hôpital d'Antioche. Aujourd'hui encore les célèbres portes de bronze des églises d'Amalfi et d'Atrani, fondues

[1] Cf. M. G. de SLANE, *Ibn Haucal. Description de l'Afrique,* dans *Journal asiatique,* ser. 3, t. XII, 1842, p. 162-163 (trad. française); repris par Robert S. LOPEZ et Irving W. RAYMOND, *Medieval trade in the mediterranean world. Illustrated documents translated...* (London, 1855; n° LII of the *Records of civilization, sources and studies*), p. 52. Cf. traduction italienne dans M. AMARI, *Biblioteca arabo-sicula* (Torino-Roma, 1880), t. I, p. 25.

[2] DELARC, *Aimé, Istoire de li Normant* (Roma, 1892), t. II, p. 7.

[3] Adolf SCHAUBE, *Handelsgeschichte der romanischen Völker des Mittelmeergebiets bis zum Ende der Kreuzzüge* (München-Berlin, 1906), p. 30-43. Cf. Yves RENOUARD, *Les hommes d'affaires italiens du Moyen Age* (Paris, 1949), p. 19-22.

à Constantinople sur l'ordre de marchands amalfitains [1], attestent les anciens fastes urbains, de même que les « Tables amalfitaines » [2] témoignent de l'antique primauté d'Amalfi dans les choses de la mer.

Or il semblerait qu'après avoir ainsi brillé du IXe siècle à la fin du XIe, Amalfi disparaisse soudain de la scène au moment précis où la vie de relations va donner un rythme nouveau à l'Occident chrétien, où le commerce international va connaître une renaissance. La cause de cette chute a été identifiée par les historiens avec la fin de l'indépendance : le coup décisif, venant après les tentatives épuisantes des princes de Salerne, aurait été l'annexion au royaume normand. C'était notamment la conclusion que le professeur Ernesto Pontieri donnait à son brillant article sur *La crisi di Amalfi medioevale* [3] : selon lui la ville n'offrit aucune résistance à la « révolution du XIe siècle », que caractérise l'établissement de la monarchie en Italie méridionale; elle était inadaptée au monde nouveau et « trop stériles auraient les efforts pour l'arracher à une décadence irrémédiable » [4]. Opinion exprimée également, sous des formes plus ou moins nuancées, par la plupart des historiens de l'économie médiévale [5].

(1) Rappelons que les admirables portes de bronze de la cathédrale d'Amalfi furent données avant 1066 par Pantaleone fils de Mauro qui avait un établissement à Constantinople; selon une inscription sur un motif cruciforme aujourd'hui tombé, elles auraient été fondues par le Syrien Simon à Constantinople. Ayant admiré ces portes en venant acheter à Amalfi des étoffes de soie, l'abbé Didier du Mont-Cassin s'en fit offrir de semblables pour son illustre abbaye par Mauro fils de Pantaleone. Pantaleone le jeune, fils de Mauro, en offrit d'autres à la basilique de Saint-Paul-hors-les-murs de Rome en 1070 et à la grande église de pélerinage de Saint-Michel du Mont-Gargan à Monte-Sant'Angelo en 1076, ces dernières existant encore. Enfin, en 1087, nouvelle donation de portes de bronze byzantines, elles aussi conservées, à la cathédrale si modeste d'Atrani, tout proche d'Amalfi. Dès lors cesse l'importation de ce précieux matériel d'Orient; des ateliers locaux se forment. C'est un Amalfitain, Roger, qui signe les superbes portes de bronze damasquiné du mausolée de Bohémond (mort en 1111) à Canosa, et c'est au célèbre Barisanus de Trani que le patricien Sergio Muscetola commande en 1179 les merveilleuses portes de la cathédrale de Ravello.

(2) Cf. les *Atti delle manifestazioni culturali pro « Tabula d'Amalpha »*, 1934.

(3) Dans *Archivio storico per le provincie napoletane*, n. ser., t. XX, 1934, p. 5-38.

(4) *Ibid.*, p. 37.

(5) Citons à titre d'exemple : Renouard, *op. cit.*, p. 22 : « Le déclin rapide et bientôt brutal d'Amalfi... Amalfi, privée d'arrière-pays et trop proche de concurrents nombreux, dépérit complètement, n'étant plus soutenue par cette géniale lignée qui l'avait faite en quelque sorte trop grande pour elle. » Plus nuancée est l'opinion de G. Luzzatto, *Storia economica d'Italia*, t. I (Roma, 1949), p. 192, qui, cependant, comme le professeur Pontieri, voit la cause de l'irrémédiable déclin d'Amalfi dans « il vizio di origine di essere legata alla fortunata posizione politica del Ducato...; essa ebbe infine il colpo decisivo della conquista normanna ».

Pour d'autres historiens, c'est la prise d'Amalfi par les Pisans, quatre ans après la reddition de la ville aux Normands, qui en provoqua la ruine. C'est l'opinion

Il nous semble au contraire qu'Amalfi pose aux historiens un problème passionnant de survie, ou plutôt de *reconversion*. Car si à l'époque de l'indépendance la ville est tout entière projetée vers la mer à la fois par la barrière montagneuse à laquelle elle est adossée et par l'hostilité constante de ses voisins, son intégration au royaume normand lui donna d'un coup l'hinterland qui lui manquait : ses patriciens, rompus aux pratiques du commerce lointain, se lancèrent sur le nouveau royaume pour l'exploiter. C'est seulement ainsi que se peut expliquer l'expansion des colonies amalfitaines qui, à partir du XIIe siècle, s'installent pour deux siècles environ dans toutes les villes qui comptent dans l'économie de la Monarchie normande. Nous n'en reprendrons pas la liste ici : les éléments en ont été réunis, d'une manière vraiment impressionnante, par A. Schaube (1) et surtout par G. Yver (2), qui pourtant n'en ont pas tiré les conclu-

exprimée par Michelangelo SCHIPA, *Il Mezzogiorno dell'Italia anteriormente alla Monarchia* (Bari, 1923). Cependant il faut bien reconnaître que, si le sac de 1145 fut particulièrement sévère, les agresseurs furent taillés en pièces le troisième jour par le roi Roger accouru d'Aversa et qu'ils auraient laissé entre ses mains, outre quatre consuls tués, deux consuls et quinze cents hommes prisonniers (*ibid.*, p. 208-209). Quant à la flotte amalfitaine, elle n'en fut guère atteinte, car elle bloquait alors Naples assiégée et soixante navires poursuivirent les restes des Pisans. Quant à la seconde prise d'Amalfi par les Pisans, elle se solda par une simple rançon et l'éphémère reconnaissance de l'autorité impériale en 1147 (*ibid.*, p. 212). Cela n'empêche pourtant pas le comm. Marc'Antonio BRAGADIN, *Histoire des républiques maritimes italiennes* (trad. française, Paris, 1955), dans un chapitre consacré à la naissance et à la mort d'Amalfi (p. 18-28), d'affirmer : « Désormais Amalfi ne joua plus aucun rôle politique ni maritime »; après une légère reprise sous Manfred, dès l'avènement des Angevins, « tout commerce avec l'étranger fut interdit aux Amalfitains... La ville s'achemina vers son déclin définitif. Presque tous ses habitants se virent dans l'obligation d'émigrer : la ville elle-même, de grande et opulente métropole qu'elle avait été, tomba vite au rang d'un pauvre bourg empli de ruines » (p. 27).

Un seul historien a bien vu qu'Amalfi survécut à l'indépendance politique de la cité, Giuseppe CONIGLIO, *Amalfi e il commercio amalfitano nel Medioevo* dans *Nuova rivista storica,* t. XXVIII-XXIX, 1944-1945, p. 100-114, mais son étude est fondée sur des documents déjà publiés et il n'a guère prolongé son enquête au-delà du milieu du XIVe siècle, partant de cette hypothèse que le raz-de-marée du 24 novembre 1343 (Cf. G. YVER, *Le commerce et les marchands dans l'Italie méridionale aux* XIIIe *et* XIVe *siècles*, Paris, 1902, p. 169-170) aurait causé à la ville et à son port des dégâts tels que son commerce ne s'en serait pas relevé. Nous verrons dans les pages qui suivent qu'il n'en fût pas ainsi.

(1) SCHAUBE, *op. cit.*, p. 474-476; en dehors de la vieille cité marchande et maritime de Bari où les Amalfitains sont connus dès 1099 au moins, nous les trouvons à Bénévent depuis 1120, à San Germano en 1140, à Giovinazzo en 1184, à Terlizzi en 1185, à Bitonto en 1189, à Naples en 1190, à Brindisi en 1199.

(2) G. YVER, *op. cit.*, p. 183-188 et *passim*. Outre les localités déjà mentionnées par Schaube, on peut encore citer : Palerme, Messine, Cosenza, Capoue, Reggio, Barletta, Trani, Molfetta, Monopoli, Conversano, Bitetto. Sur l'expansion amalfitaine, l'ouvrage classique est celui de Matteo CAMERA, *Memorie storico-diplomatiche dell'antica città e ducato di Amalfi* (Salerne, 2 vol., 1876-1881).

sions qui s'imposaient. On a cru en effet qu'il s'agissait de survivances, alors qu'à nos yeux, le plus souvent, ce sont effectivement des faits nouveaux, que souligne notamment le grand privilège que leur délivre en 1190 pour Naples, si longtemps réfractaire, le roi Tancrède [1]. Sans doute les gens d'Amalfi ne comptent-ils plus guère en Orient — encore conserveront-ils, au moins jusqu'au milieu du XIIIe siècle, leur établissement de Constantinople et, après avoir obtenu, au moment de la première Croisade, quelques fondouks à Laodicée, Acre et Tripoli, se font-ils concéder en 1190 par le roi Guy des privilèges à Acre [2] — mais pendant les XIIe et XIIIe siècles, ce sont eux qui dominent nettement le commerce intérieur de toute l'Italie méridionale, à Bénévent, Bari, Barletta, Trani, etc., et enfin à Naples. C'est seulement plus tard, aux temps de la dynastie angevine, qu'on pourra raisonnablement avancer le mot de survivance.

La marine amalfitaine a survécu à la fin de l'indépendance; sans doute fut-elle très durement éprouvée lors des luttes avec Pise vers 1135 : on a parlé pour cette époque aussi de catastrophe définitive. Mais elle ne tarda pas à se reconstituer. Il faut reconnaître qu'elle apparaît très rarement dans le grand commerce international. Mais avec Gaëte, dont le sort est un peu analogue, elle assure les liaisons maritimes intérieures du royaume de Naples. Après les Vêpres siciliennes, nous assistons à un nouveau développement de cette marine, car les navires de Messine, de Palerme, de Trapani ne sont plus à la disposition des Angevins.

De nouveau la flotte d'Amalfi reprend la haute mer. En 1302 la ville signe un traité avec Gênes [3]. Puis on retrouve ses navires sur les routes de l'Orient : au temps du roi Robert, Yver nous les signale à Constantinople, à Chypre, en Afrique du Nord. Les Vénitiens en pillent dans les eaux grecques en 1321 et 1332, d'autres sont attaqués par des corsaires catalans près de Rhodes, d'autres encore sont capturés dans le port même de Tunis et près de Pantellaria en 1333 [4].

Le raz de marée de 1343, qu'on nous présente une nouvelle fois (après la fin de l'indépendance et après la victoire pisane) comme une catastrophe dont la ville ne se serait pas relevée [5], causa sans doute à Amalfi des dégâts considérables. Mais quelle que soit l'étendue des destructions, il faut croire qu'une nouvelle fois la ville

(1) Yver, *op. cit.*, p. 186.
(2) Heyd, *Histoire du commerce du Levant*, t. I, p. 148.
(3) G. Grasso, dans *Giornale ligustico di archeologia, storia e lettere*, t. III, 1876, p. 163 et suiv.
(4) Yver, *op. cit.*, p. 186.
(5) *Ibid.*, p. 169-170.

ressuscita. Car le hasard nous a livré des documents qui établissent que, quelques années après l'accident, la marine marchande d'Amalfi pouvait de nouveau compter parmi les flottes notables du bassin méditerranéen. Ce sont ces documents que nous nous proposons spécialement d'examiner ici.

*
* *

Nous avons en effet retrouvé aux Archives de la Couronne d'Aragon à Barcelone un très important ensemble de registres de comptes des douanes de Sardaigne au XIVe siècle et au début du XVe : douanes générales, traite du blé [1], traite du sel [2]. Ces registres constituent une source très appréciable pour l'étude de l'économie méditerranéenne de l'époque et nous comptons ultérieurement les utiliser dans ce dessein.

Les registres de la traite du sel [3], dont 26 volumes nous sont

(1) Nous ne parlerons pas autrement ici de la traite du blé de Sardaigne. Elle était en effet très strictement organisée par les Catalans, car le blé sarde était absolument vital pour Barcelone et pour d'autres villes catalanes et majorquines. Aussi le trafic était-il tout entier entre les mains des Catalans qui y envoyaient chaque année une véritable « flotte du blé » dont nous nous proposons d'étudier prochainement l'organisation. Les étrangers n'y avaient généralement aucune part, sauf à titre exceptionnel, au milieu du XIVe siècle. Nous notons ainsi se rendant à Naples, Gaëte et Amalfi deux navires de blé en 1348 et en 1349, un en 1350 et trois en 1351.

(2) Le travail de G. DE FRANCESCO, *Le saline di Cagliari* (Cagliari, 1899, 101 p.), n'a d'intérêt que polémique et seulement pour l'époque moderne.

(3) Les registres de la traite du sel sont conservés aux Archives de la Couronne d'Aragon, Real Patrimonio, Inv. 48 (Gabella de la sal). Nous les utiliserons prochainement pour un travail d'ensemble sur les traites du blé et du sel de Sardaigne.

Un tableau de nos sources nous dispensera de citer ultérieurement notre référence pour chaque élément de notre argumentation : la date étant donnée, il suffit de se reporter à la cote du registre de l'année :

2188. « Premier libre comun de la sal », vendu par Francesch de Bas « regens les salines de Castell de Caller... a diverses persones qui la naveguen per mar ab navili gros. »

Puis, registres annuels, du 1er mai au 30 avril suivant :

2163, 1359-1360.
2164. 1. 1361-1362.
2164, 2. 1362-1363.
2165. 1363-1364.
2166. 1364-1365.
2167. 1368-1369.
2168. 1369-1370.
2169. 1370-1371 (2170 : autre exemplaire).
2171. 1372-1373.
2172. 1375-1376.
2173. 1376-1377.

conservés pour les années 1349-1413 (avec des lacunes), nous ont réservé une forte surprise. En 1359-1360 en effet, la première place dans l'enlèvement du sel est tenue par la flotte du royaume de Naples, et plus spécialement par les navires d'Amalfi. Cette année-là ils ne transportèrent pas moins de 25.674 quartini de sel, soit, à raison de 130 kilogrammes environ le quartino (1), 3.340 tonnes repré-

2175, 1. 1377-1378 (2175, 2 : autre exemplaire).
2175, 3. 1378-1379.
2176, 1. 1380-1381 (2176, 2 : autre exemplaire).
2176, 3. 1381-1382 (partiellement effacé; incomplet : manque août et octobre).
2177. 1383-1384.
2178. 1385-1386.
2179. 1386-1387 (2180 : autre exemplaire).
2181. 1391-1392.

Puis, registres annuels, du 1er juillet au 30 juin :

2182. 1392-1393.
2183. 1393-1394 (2184, 1 : autre exemplaire).
2184, 2, 1395-1396.
2185, 1. 1401, 1er août - 1402, 28 février.
2185, 2. 1404-1406.
2186. 1411-1413.

(1) Comme pour toutes les mesures médiévales, il est malaisé d'établir une équivalence exacte entre le quartino de sel de Cagliari et notre système métrique. Il semble bien qu'il ait existé deux quartini différents (chacun d'eux ayant pu représenter initialement le quart d'une mesure donnée), alignés l'un sur le système pisan, l'autre sur le système catalan.

1. Le quartino doit avoir un volume de peu supérieur à 9 litres. Selon Pegolotti (éd. Evans, p. 213), 100 quartini valent en effet 62 quarre ou un staio grosso de Pise ou 15 ½ staia picciole. Le staio grosso de Pise valant environ 900 litres et le staio piccolo 62 litres, nous obtenons pour le quartino une capacité respectivement de 9 litres et de 9,61 litres. En calculant avec l'équivalence d'un staio grosso de Pise pour 33 staia 1/3 de Florence à 27 litres (Pegolotti, p. 197), nous obtenons 9,04 litres au quartino. Avec l'équivalence 8 olle de sel d'Hyères pour un staio grosso de Pise (Pegolotti, *op. cit.*, p. 154), l'olla d'Hyères est un huitième de quartino de Sardaigne; en conséquence selon l'estimation de l'olla d'Hyères (Ed. Baratier, *Histoire du commerce de Marseille,* t. II, p. 905, note 3 : une olle équivaut à trois émines de Marseille à 38,5 litres, soit 115,5 litres — ou Schaube, *op. cit.*, p. 815 : une olle contenant 112,5 litres), le quartino vaudrait de 9,04 litres à 9,22 litres.

2. Un second quartino lourd est ainsi défini par un manuel de marchands vénitien du milieu du XIIIe siècle que nous allons très prochainement éditer : « Quartino I° de salle de Sardegna pessa lib. CCLXX a lo pesso de Venesia a grosso », ce qui donne au quartino (à 480 grammes la livre vénitienne) un poids de 130 kilogrammes environ. Ce quartino doit être mis en relation avec celui de Tortose en Catalogne : Uzzano affirme en effet (*La prattica della mercatura,* dans G. F. Pagnini, *Della decima,* t. IV, p. 182), qu'à Tortose le sel se vendait à quartieri qui font à Florence 360 livres, ce qui donne à ce quartiere 125 kilogrammes environ

Pegolotti (*op. cit.*, p. 153) nous donne l'équivalence en capacité de ce quartino lourd, dont 100 feraient à Venise treize muids, ce qui, à 1.000 litres environ au muids donnerait au quartino une capacité d'environ 130 litres. Cette équivalence 125-130 kilogrammes et 130 litres peut à première vue étonner; mais, expériences faites par

sentant, sur une traite totale d'un peu plus de 35.000 quartini (4.560 tonnes) de sel, une part de près de 75 %.

Les années suivantes, les chiffres tombent, très rapidement : 9.363 quartini en 1361-1362 (on n'a pas de chiffres pour 1360-1361), 4.320 en 1362-1363, pour se stabiliser à un chiffre moyen de l'ordre de 2.500 quartini (325 tonnes) jusqu'en 1381, devenir négligeable (500 quartini) ensuite jusqu'en 1387 et disparaître définitivement des registres de cette date à 1413, année où se termine la série des registres conservés.

Le pourcentage dans l'exploitation des salines tombe évidemment de même, mais un peu moins que ce que l'on pourrait penser à première vue : la part des Napolitains passe de 73 % en 1359-1360, à 30 % en 1361-1362, à un pourcentage variable selon les années entre 8 et 18 % entre 1363 et 1381 (rien de 1375 à 1377), de 2 à 4,5 % de 1381 à 1387. Car le trafic du sel de Cagliari subit lui-même une déchéance constante, passant de 35.000 quartini en 1359-1360 à moins de 10.000 après 1400 (soit de plus de 4.500 tonnes à moins de 1.300).

Si l'on examine de près ces chiffres, on est amené à penser que le trafic amalfitain ou napolitain, tout à fait anormal au début de la période, est dû à deux facteurs indépendants, d'abord le fait que le fermier des salines de Cagliari est alors un Amalfitain, Roberto Escatola, puis surtout que Gênes est à ce moment absente du marché. Les salines de Cagliari présentaient en effet pour Gênes — comme jadis pour Pise, désormais expulsée de la Sardaigne [1] — beaucoup

nous-mêmes, le sel méditerranéen à très gros cristaux a effectivement une densité qui se rapproche de l'unité, étant à peine plus lourd que l'eau .

Nous avons enfin une confirmation du poids du quartino dans une équivalence donnée encore par Pegolotti (*op. cit.*, p. 213) pour le calcul de la porté des navires : « posonsi i detti quartini a portata di nave salme 75 di grano ». La salme générale de Sicile pouvant être estimée à 263 litres environ, 75 salmes équivalent à 19.700 litres. Si l'on estime à 65-70 kilogrammes l'hectolitre de blé sicilien au Moyen Âge (beaucoup plus léger que l'hectolitre actuel en raison des procédés archaïques de battage sur l'aire), on obtient pour le quartino un poids de l'ordre de 128 à 138 kilogrammes, hypothétique évidemment mais qui confirme notre évaluation.

En résumé, nous adoptons pour tous les calculs qui vont suivre le poids de 130 kilogrammes pour le quartino; étant bien entendu que ce chiffre rond ne peut être qu'approximatif.

(1) Pise en 1288, lors d'une paix avec Gênes, avait exigé pour elle le droit d'exporter annuellement de Cagliari 30.000 mines de sel. En 1324, faisant la paix avec le nouveau conquérant de la Sardaigne, Alphonse IV, elle avait renoncé à toutes ses prétentions sur la Sardaigne, mais en se réservant en fief Cagliari et ses salines, vitales pour elle. Elle perdit définitivement la partie en 1326 et les Catalans firent en sorte que leur ancienne adversaire ne pût jamais entretenir aucun commerce important avec l'île.

Le chiffre des exportations réservées pour Pise en 1288 (30.000 mines, équi-

d'intérêt. Après leur absence totale de 1359-1360, due évidemment à des raisons politiques, les Génois réapparaissent brusquement en 1361 et, en chacune des quatre années 1361 à 1365, ils vont exporter sur leurs propres navires de 17.000 à 20.000 quartini de sel (de 2.100 à 2.600 tonnes). Les Amalfitains, qui ont tenu leur place en leur absence (l'addition des exportations génoises et napolitaines de 1361 à 1365 correspond au chiffre des seules exportations napolitaines de 1359-1360), seront d'ailleurs fort souvent les propriétaires du sel chargé sur les bâtiments génois. On ne possède malheureusement pas de chiffres pour les années 1365-1368. Après 1368, le système sera entièrement désorganisé : les relations entre Gênes et l'Aragon seront généralement tendues en raison de l'appui prêté par les Génois aux Doria et aux juges d'Arborée : Gênes est absente de Cagliari; mais les conditions angevines ne seront pas beaucoup meilleures et, de 1373 à 1377, les Napolitains seront également absents de l'île.

Ce qui est de loin le plus intéressant, c'est qu'en 1359-1360, et même ultérieurement jusqu'en 1365, Naples et Amalfi sont capables d'envoyer une véritable flotte en Sardaigne pour enlever le sel disponible. Ainsi on compte en 1359-1360 47 entrées de navires « napolitains » (nous reviendrons plus loin sur ce terme) venus charger du sel à Cagliari, dont 32 provenant assurément d'Amalfi et de ses annexes Maiori et Positano, les autres venant principalement de Gaëte.

Ces 32 entrées amalfitaines correspondent à 15 navires différents : 10 coques (dont 3 de gros tonnage, parfois qualifiées « naves »), 4 linhs (ou lenys) et 1 panfile. Si l'on tient compte des entrées des années 1359-1365 (32 en 1359-1360, 9 en 1361-1362, 6 en 1362-1363, 6 en 1363-1364, 9 en 1364-1365), nous connaissons 24 navires différents venus de façon certaine d'Amalfi aux salines : 15 coques (dont 3 parfois qualifiées naves et 2 éventuellement appelées linhs), 3 panfiles, 1 galiotte et 6 linhs.

Certains bâtiments font une véritable navette entre les salines et la côte napolitaine : la coque de Nato Sorantino fait six voyages entre juin 1359 et juillet 1360 (1); d'autres aussi, durant la période considérée, iront aux salines de quatre à six fois : les bâtiments de

valant à 3 225 m^3 ou à environ 3 500 tonnes) doit être évidemment mis en relation avec celui du total de la traite de 1359-1360 (35 000 quartini ou 4 560 tonnes) et surtout avec celui des exportations napolitaines et génoises conjuguées (22 à 26 000 quartini, soit de 2 800 à 3 400 tonnes par an, de 1361 à 1365).

(1) Ce bâtiment est chargé de sel au port de Cagliari du 13 au 19 juin, du 11 au 16 août 1359, du 10 au 17 mars, du 13 au 16 avril, du 4 au 10 mai et du 29 au 31 juillet 1360.

Cresco Martello [1], Masieto da Massa [2], Collo Bucella [3], Abbatino Parlata [4], Sergio Parlata [5], Stefano Solentano [6].

Presque tous ces navires sont des bâtiments de charge, spécialisés dans les transports lourds, et cela est caractéristique de la flotte amalfitaine du XIVe siècle : nous devons en effet noter l'absence de toute galée, navire à rames surtout utilisé pour les transports de luxe, les liaisons rapides et la guerre. Cela nous explique aussi que, malgré l'existence de cette flotte lourde d'Amalfi, les Angevins firent surtout appel pour leurs opérations navales aux galées marseillaises ou aux « saettes » rapides, armées pour la course à Ischia, Capri ou Gaëte.

Des 15 coques amalfitaines de 1359-1365, 11 au moins ont une portée minima supérieure à 600 quartini de sel, soit plus de 80 tonnes métriques, correspondant dans le cas présent à 80 tonneaux d'affrètement. Il s'agit bien ici, pour chaque bâtiment, d'un chiffre *minimum*; car nous avons bien le poids du sel transporté, mais non celui des autres éléments de la cargaison; or le sel constituait très rarement, semble-t-il, l'unique fret. On constate en effet des différences considérables de chargement de sel sur un même bateau à chaque voyage. Ainsi la coque de Coluccio Lanar porte, en mai 1359, 735 quartini et, en novembre suivant, 275 seulement; le linh de Masiello da Massa porte, selon les voyages, 23, 140, 150, 335 et 350 quartini de sel. En aucun cas on ne peut donc être sûr d'avoir le poids de la totalité de la cargaison et les chiffres que nous indiquerons ici ne peuvent constituer qu'une portée *minima*.

La flotte catalane occupée au transport du sel de 1359 à 1413 est représentée (pour les vingt-quatre années conservées dans les comptes) par 80 entrées de coques ou naves; or de celles-ci, 24 seulement ont à bord plus de 600 quartini. Par contre Amalfi de 1359 à 1365 (en cinq années conservées) nous montre sur 34 entrées de coques ou naves, 17 navires portant plus de 600 quartini.

Dans la même période (1359-1365), une seule nave barcelonaise emporte de Cagliari un chargement dépassant 600 quartini; il s'agit d'ailleurs d'une nave d'une portée un peu exceptionnelle, car elle atteint 1.800 quartini (235 tonnes) [7]; or, dans le même laps de temps, 6 bâtiments amalfitains sortent de Cagliari avec plus de 1.000 quar-

(1) Quatre chargements : 6-12 juin, 15-17 juillet, 2-12 août, 18-19 décembre 1359.
(2) Cinq chargements de novembre 1364 à août 1368.
(3) Six chargements de décembre 1359 à février 1365.
(4) Cinq chargements de mai 1359 à juillet 1363.
(5) Cinq chargements de mai 1361 à avril 1369.
(6) Cinq chargements de juillet 1359 à mars 1365.
(7) Nave de Johan Grillo, chargée du 22 au 30 avril 1360 pour Majorque.

tini à bord (130 tonnes), dont un même [1] est de 1.745 (227 tonnes), très proche par conséquent de la portée du plus gros transporteur barcelonais. Ainsi au milieu du XIVe siècle, non seulement Amalfi possède une marine marchande relativement importante, mais on peut affirmer qu'il s'agit d'une flotte de gros porteurs pour l'époque [2]

Les navires que nous considérons comme amalfitains peuvent être originaires d'Amalfi même, mais aussi des ports annexes de sa côte, Maiori et Positano notamment, sans qu'il soit très aisé de les distinguer. Le scribe qui a tenu les comptes a en effet toujours indiqué l'origine du navire, mais il arrive que le lieu inscrit ne soit pas toujours le même à chaque voyage. Sans doute a-t-il parfois pris en considération la citoyenneté du patron, d'autres fois le port d'attache du bâtiment, d'autres fois le port dont il provenait à son dernier voyage. Pour presque tous les navires dont les comptes nous révèlent plusieurs voyages, nous constatons des variations dans l'origine. Ainsi les deux linhs d'Abbatino Parleta et de Sergio Parleta sont indiqués, tous deux, quatre fois comme étant d'Amalfi et une fois de Positano; il en est de même des coques de Crisco Martello et d'Angelo Barcaro et du linh de Stefano Solentano. La coque de Coluccio Lanar est indiquée deux fois originaire de Maiori et une fois d'Amalfi. Cinq fois inscrit comme amalfitain, le bâtiment de Collo Buxella (connu lui-même comme citoyen d'Amalfi), l'est une fois comme napolitain. Quant à celui de Cicco de Massa, il apparaît trois fois avec une origine différente : Amalfi, Naples

(1) Nave de Pietro del Giudice, chargée du 26 mars au 2 avril 1360 avec 1745 quartini.

(2) Sur les tonnages des bâtiments contemporains ou un peu postérieurs, cf Ed. BARATIER et F. REYNAUD, *Histoire du commerce de Marseille*, t. II, 1291-1480 : *Les navires*, p. 742-752; J. HEERS, *Il commercio nel Mediterraneo alla fine del sec. XIV e nei primi anni del XV*, dans *Archivio storico italiano*, t. CXIII, 2, 1955, p. 157-209; Cl. CARRÈRE, *Le droit d'ancrage et le mouvement du port de Barcelone au milieu du XVe siècle*, dan *Estudio de historia moderna*, t. III, 1953, p. 67-156 : les bâtiments, p. 90-96. Pour une époque et une région différente, on a avantage à consulter sur les problèmes posés par les anciens tonnages de navires : H. et P. CHAUNU, *Séville et l'Atlantique, 1504-1650* (Paris, 1955), et d'une façon générale aux communications insérées dans *Le navire et l'économie maritime du XVe au XVIIIe siècles. Travaux du colloque d'histoire maritime... 1956, présentés par* M. MOLLAT..., spécialement celle de P. GILLE, *Jauge et tonnage des navires* (p. 85-102).

Il est toujours très difficile, sinon impossible, de traduire en tonneaux modernes d'affrètement ou de déplacement les chiffres obtenus pour les navires médiévaux. Dans le cas présent, nous donnerons le poids de fret des navires en tonnes métriques; mais il ne saurait y avoir très grande différence avec les tonneaux d'affrètement dans l'hypothèse où nous sommes d'une densité du sel transporté voisine de 1 (cf. *supra*, p. 187, note), tout au plus serait-elle de l'ordre du dixième. Nous tenons à exprimer nos remerciements à notre ami P. CHAUNU qui nous a si aimablement aidé à comprendre certains éléments chiffrés.

et Gaëte. Ce dernier cas est pourtant exceptionnel, car toujours les navires de Gaëte sont bien individualisés, ce qui est normal vu l'éloignement de ce port, tandis que la côte amalfitaine forme véritablement un bloc.

Si la situation est relativement claire quand un navire nous est connu par plusieurs voyages, il n'en est pas de même pour ceux qui ne se présentent qu'une seule fois au port et qui sont alors inscrits sous une origine autre que celle d'Amalfi : c'est le cas de *tous* les bâtiments inscrits comme « napolitains » et aussi de divers autres de Sorrente, Castellamare et Vico. Nous n'avons donc pu en tenir compte dans les chiffres que nous donnions plus haut. Et pourtant les noms de leurs patrons ont une consonnance amalfitaine : ce sont ceux-là même que nous rencontrons le plus souvent dans le *Codice diplomatico amalfitano* publié par le comte Filangieri. Citons parmi ces « Napolitains » : Arnaldo Salla, Masallo Curiale, Giovanni Pappa et surtout Anello Carriata qui en 1378 — à une époque où il n'est plus de navire inscrit comme amalfitain à Cagliari — conduit le navire du plus fort tonnage rencontré dans les documents de ces douanes de Sardaigne, avec 2.400 quartini de sel à bord, soit 312 tonnes. Il en est de même de Marino et Bertillo Orefice et de Riccardo Spina, dont les navires, apparaissant occasionnellement, sont dits de Sorrente; sans doute aussi, de la famille Gatolla, de Vico.

Si l'on adopte cette manière de voir — et ces noms sont, répétons-le, ceux des patriciens d'Amalfi, au même titre que ceux des patrons que le scribe inscrit comme amalfitains : Bucella, Martello, Sorrentino, del Giudice, Quatrario, Cappasanta, Rizzolo, Ferrario — on devrait grossir encore les effectifs de la flotte marchande d'Amalfi que nous avons donnés : pour la période 1359-1365, ceux-ci pourraient en réalité avoir été en tout au nombre d'une quarantaine de navires lourds, dont 25 coques. En ce cas la confusion serait révélatrice d'un autre fait : si des Amalfitains sont indiqués comme venant de Naples, c'est que Naples est en fait leur port d'attache, et ceci ne peut nous surprendre.

*
* *

Ainsi des documents barcelonais nous ont conservé, absolument par hasard, trace de cette flotte marchande d'Amalfi qui, par ailleurs, apparaît rarement dans les textes jusqu'ici utilisés. Mais ces navires ne sont pas sortis du néant pour y retomber aussitôt après. Puisque, apparemment, le transport du sel a été pour eux quelque peu occasionnel, quelle était donc leur fonction économique normale, avant et après cet événement?

Notre conclusion sera nette : il s'agit des navires qui, en temps normal, assurent le transport des marchandises pondéreuses à l'intérieur du royaume de Naples. Gênes et Venise venaient surtout dans le royaume pour y chercher pour elles-mêmes les denrées nécessaires à leur propre ravitaillement; Marseille aussi, mais, depuis 1340 au moins, son aire commerciale s'est considérablement resserrée et sa marine tend à se spécialiser dans la course et la guerre sur mer [1]. Dans ces conditions, les transports intérieurs (Siciliens et Catalans étant exclus en raison de la situation politique) ne pouvaient être assurés que par la marine proprement napolitaine, c'est-à-dire essentiellement par les navires d'Amalfi et de Gaëte.

Ici encore la preuve nous en sera donnée par des comptes de douanes de Cagliari, les douanes générales. Malheureusement les registres en sont extrêmement confus, ayant adopté la forme du journal des sommes encaissées, sans distinction entre les importations et les exportations, entre les marchandises entrées par voie de terre (et venant par conséquent d'autres régions de Sardaigne) et par voie de mer. Leur interprétation est d'autre part difficile, car, dans la majorité des cas, les Catalans étaient exempts de taxes et on ne peut se rendre un compte exact du pourcentage relatif des diverses marines dans le commerce extérieur de la Sardaigne. Enfin nos dépouillements de ces registres [2] ne sont pas actuellement assez poussés pour établir des conclusions définitives.

Néanmoins on se rend parfaitement compte que les relations entre Cagliari et la région napolitaine étaient extrêmement actives au milieu du XIVe siècle : vin, huile, lin et draps de lin, fruits — mais le vin surtout, grec ou latin, vermeil le plus souvent, dit de Tropea ou de Calabre — étaient importés en quantités considérables, tandis qu'étaient exportés vers Naples des masses énormes de fromage sarde, parfois aussi du plomb, des peaux, de la cire, du cuir (sans oublier la fûtaille vide en retour). Ce trafic, presque journalier, à destination ou en provenance de Naples et de Gaëte, était assuré par les navires d'Amalfi, de Gaëte et de Naples.

A titre d'exemple, on peut signaler que dans les trois premières semaines d'avril 1352, il arrive à Cagliari, venant de Naples, 6 bâtiments et de Gaëte 2, et qu'il en part 3 vers Naples et 3 vers Gaëte. Parmi les patrons nous retrouvons des Amalfitains : Puccio, Pizzio,

(1) Sur le rôle de Marseille à cette époque, cf. Ed. BARATIER, *op. cit.*, t. II, 1ᵉ 1291-1423, p. 40-44 et *passim*.

(2) Archives de la Couronne d'Aragon, Real Patrimonio, Inv. 48 (Aduanas sardas) nº 2127 (1ᵉʳ avril-26 octobre 1351), 2128 (1ᵉʳ avril-30 septembre 1352) et registres suivants, jusqu'à 2144.

Nicollo Bucella. Amalfi n'est par contre jamais mentionnée comme provenance ou comme destination : c'est que véritablement, comme nous le disions plus haut, Amalfi à cette époque a cessé d'être un grand marché : la base du commerce pour les Amalfitains est Naples.

A Cagliari même les Amalfitains ne viennent pas seulement avec leurs navires : plusieurs sont installés à demeure. Outre le fermier des salines, Roberto Escatola, le plus actif est sans doute Nicollo Bucella, propriétaire de navires, importateur de vin, exportateur de fromages, et qui, pour en revenir au sel, fait des expéditions de cette denrée, chargeant par exemple en 1362-1363 sur sept coques différentes — trois barcelonaises, une marjorquine, une sarde, une génoise et une amalfitaine — une quantité de 3.310 quartini de sel (soit 430 tonnes environ). Un autre actif commerçant, Collo Rizzolo, se livre exactement au même trafic : vin, fromages, sel.

Au terme de cette étude, nous croyons pouvoir conclure avec assurance qu'Amalfi au milieu du XIVe siècle, par ses marchands et sa marine (à défaut de son marché lui-même), tient une place des plus notables dans l'économie méditerranéenne. C'est donc à tort que les historiens de l'économie médiévale ont renoncé à en suivre les destinées après le début du XIIe siècle.

*
* *

Cette conclusion pourrait s'appliquer à d'autres villes de l'Italie méridionale et surtout à la cité de Gaëte. Bien plus encore qu'Amalfi, elle joua un rôle brillant du XIIIe au XVe siècle, à une époque où les historiens économiques la passent sous silence et où elle est censée avoir à peu près cessé de compter dans l'économie internationale. Sans doute son port avait-il perdu — moins qu'Amalfi cependant — beaucoup de son importance passée; elle ne demeurait plus une place de commerce fréquentée que pour le marché de l'huile, qu'elle distribuait d'ailleurs largement dans tout le bassin méditerranéen. Mais la flotte commerciale de Gaëte demeurait une des premières de la Méditerranée, assurant notamment les relations entre l'Italie centrale et méridionale, la Sicile, la Sardaigne et l'Afrique du Nord.

C'est que les travaux d'histoire économique médiévale ont dans l'ensemble fait à l'Italie méridionale une place bien trop insuffisante. Il semblerait que pour beaucoup d'historiens l'histoire économique italienne se soit limitée à Gênes, Pise et Venise, Milan, Sienne et Florence. Pour eux la Sicile présente surtout l'intérêt d'un champ clos pour les rivalités entre marchands génois et pisans, florentins, voire catalans. Le royaume de Naples ne les intéresse guère que par ses traites du blé destiné à Gênes, Venise ou Florence et par l'aide prêtée à Charles d'Anjou par les banquiers de Toscane. On a trop souvent tendance à oublier que l'Italie méridionale était l'un des pays les plus riches et des mieux organisés de toute la Chrétienté : la quasi-totalité du blé et de l'orge, une large partie de l'huile, du vin, du sel, des « légumes », des fruits secs, voire du sucre, sans lesquels n'aurait pu subsister le reste du bassin méditerranéen, provenaient de cette région. Ses navires de fort tonnage, en paix comme en guerre, assuraient le ramassage de ces denrées, le cabotage, et les liaisons quotidiennes avec l'Afrique du Nord. Devenues étrangères sans doute au trafic de luxe avec le Levant comme avec les pays du Ponent, les marines d'Amalfi et de Gaëte — comme celles des petits ports d'Ischia, de Capri, de Sorrente ou de Castellamare ou comme surtout celles de Trapani et de Palerme — assuraient effectivement les transports des denrées de base auxquelles l'historien ne s'intéresse guère, mais qui constituent pour les hommes une réalité quotidienne.

VI

LE SEL DE SARDAIGNE

ET L'ACTIVITE PORTUAIRE DE CAGLIARI

Quelques données chiffrées (1349-1413)

Monde archaïque tout à fait à part au cœur de la Méditerranée, la Sardaigne, par sa situation stratégique, comme par ses productions, s'est constamment trouvée l'enjeu des puissances maritimes qui aspirèrent, au cours du Moyen Age, à la maîtrise politique et économique de la mer. Terre « coloniale » caractéristique, elle a été soumise à une exploitation systématique par les impérialismes concurrents des Génois, des Pisans et des Aragonais, sans que sa population, aux mœurs primitives, y ait pris part : à la fin du XIIe siècle, *sardo, sarda,* n'étaient-ils pas devenus à Gênes synonyme de domestique et de servante, sinon d'esclave ?

La possession de l'île était conçue comme une des conditions de la domination de la Méditerranée. C'est ce que le pape Clément V disait à l'ambassadeur aragonais à Avignon : « Avec la Sardaigne et la Corse, le roi sera le plus puissant souverain, plus grand même que le roi de France, et Gênes sera forcée de devenir son vassal »[1]. Déjà Frédéric II avait jeté son dévolu sur elle et les Angevins la convoitaient. Quand à la fin du XIIIe siècle, Gênes avait tenté de l'arracher à Pise, les envoyés de cette République la qualifiaient de « caput et sustentatio Pisae » et définissaient sa possession comme indispensable à la survie de la commune (« alias ipsi non potuissent se defendere et tueri..., non remansissent in mundo »[2]) : ce n'était pas seulement en raison de sa position stratégique, mais parce que, dans l'économie pisane, elle représentait un élément capital. C'est bien à juste titre que les ambassadeurs de Lucques

1. Cf. Salavert y Roca (V.), *La isla de Cerdana y la politica internacional de Jaime II de Aragon,* dans *Hispania,* t. 39 (pp. 211-265), p. 224, n. 23.
2. *Ibid.,* p. 216.

auprès de Jacques II, en 1308, lui exposaient les « immenses revenus et profits » que les Pisans en tiraient [3].

Le blé de Sardaigne était, en effet, au XIIIe siècle, vital pour Pise, que les circonstances politiques privaient des ressources de la Maremme d'obédience pontificale, aussi vital qu'il devait l'être au XIVe siècle pour Barcelone et pour Majorque ; il n'est donc pas impossible que dans le rêve de la conquête catalane le besoin du blé sarde ait joué son rôle. Les mines de plomb et d'argent, exploitées dès l'Antiquité, le corail, produit de luxe pour les échanges avec l'Orient, les viandes salées, les cuirs et peaux, les fromages qui furent jusqu'à la fin de l'Ancien Régime l'une des productions de masse de l'île, tout cela attirait les convoitises. Mais pour Pise — et pour Gênes aussi — privée par les vicissitudes politiques de sources d'approvisionnement plus proches, les salins de Cagliari présentaient un intérêt particulier.

C'est ainsi qu'en 1288 Pise, contrainte par traité de céder à Gênes, outre une large portion de l'île, Cagliari et ses salins, se fit reconnaître expressément le droit d'extraire chaque année de ceux-ci 30.000 mines de sel [4]. Plus tard, quand les Aragonais se furent à leur tour emparés de Cagliari en 1324, Pise put obtenir de garder les salins et se fit garantir la liberté de son commerce. Pas pour longtemps, car une prise d'armes malheureuse, deux ans plus tard, eut pour effet de mettre définitivement les Pisans hors du marché sarde [5].

Les Catalans traitèrent Cagliari comme une véritable base militaire et commerciale : le « Castro » fut habité par les seuls Aragonais ; Sardes et Pisans se virent interdire d'y résider et les Pisans furent même expulsés peu après de Stampace, faubourg de Cagliari et port indigène [6].

---

3. Cf. FINKE (H.), *Acta Aragonensia..., 1291-1327* (Berlin-Leipzig, 1908, in-8°, CLXXXX, 975 p.), pp. 517-519. - SOLMI (A.), *Nuovi documenti per la storia della conquista aragonese,* dans *Archivio storico sardo,* 1909, p. 152, app. 2.

4. Cf. LODDO-CANEPA (Fr.), *La Sardegna attraverso i secoli* [Torino, (1950), in-4°, 135 p.], pp. 53-58, n. 1.

5. *Ibid.,* pp. 60-61.

6. Il y aurait eu en 1314, d'après un rapport aragonais, deux mille feux dans le « castro » et près de deux mille dans les faubourgs et en habitat dispersé à moins d'un mille de la cité, ce qui apparaît certainement exagéré (cf. FINKE (H.), *op. cit.,* pp. 572-574, et SOLMI (A.), *op. cit.,* pp. 152-153, app. 3). En 1328, cette importante population — ou ce qui en restait après les hostilités — fut autorisée à demeurer sur place, et Alfonse II invitait même les étrangers à venir s'établir en ville ; mais cette mesure fut rapportée en 1334 et, finalement, les maisons des Pisans à Stampace furent expropriées et attribuées à des Catalans (cf. DI TUCCI (R.), *La condizione dei mercanti stranieri in Sardegna durante la dominazione aragonese,* dans *Archivio storico sardo,* VII, 1911,

Une situation analogue s'instaura à Alghero, où un dialecte catalan s'est maintenu jusqu'à nos jours.

Sous le régime aragonais, l'économie de la Sardaigne fut loin de prospérer, car les occupants, barricadés dans leurs places fortes, eurent à faire face presque constamment aux intrigues rivales des Génois et à l'insurrection quasi-permanente d'une grande partie de la population.

Nous avons conservé de cette époque un très bel ensemble de documents comptables : comptes de douanes générales, comptes de la traite du blé [7] et comptes de la traite du sel. C'est à celle-ci que, dans le cadre du colloque, je consacrerai ma communication, réservant pour un mémoire ultérieur les autres domaines. Les registres de la traite du sel, tenus avec grand soin par les gabeliers de Cagliari, nous ont en effet été conservés aux archives de la Couronne d'Aragon pour vingt-six années : un registre isolé pour 1349-1350 [8], les autres étant compris entre 1359 et 1413 [9]. Les lacunes sont heureusement assez bien disposées tout au long de ce demi-siècle pour ne pas empêcher des conclusions sur le trafic maritime assis sur les salins. Les données chiffrées qu'on en peut tirer sont même assez précises pour donner un aperçu sur certaines

---

pp. 6-7). Voir aussi SOLMI (A.), *Le costituzioni del primo Parlamento sardo del 1355*, dans *Archivio storico sardo*, VI, 1910, pp. 193-272. Encore le 14 septembre 1359, on confirmait l'interdiction faite à tout étranger de fixer son domicile ou même de coucher dans le « castell de Caller », sous peine d'être précipité du sommet de la plus haute tour [cf. PINNA, *Indice dei documenti cagliaritani del R. Archivio di Stato, dal 1323 al 1720*, (Cagliari, 1903, in-8°), n° 170].

7. Sur la base de ces registres, nous avons préparé un article symétrique de celui-ci, au sujet de la traite du blé.

8. Archivio de la Corona de Aragon, R. Patrimonio, n° 2.188 : « Premier libre cumun de la sal », vendu par le « regens les salines de Castell de Caller... a diverses persones qui la naveguen per mar ab navili gros », 16 octobre 1349 - 11 avril 1350.

9. *Ibid.*

N° 2.163,	1er mai	1359 -	30 avril	1360	N° 2.176[1-2],	1er mai	1380 -	30 avril	1381
2.164[1],	—	1361	—	1362	2.176[3],	—	1381	—	1382
2.164[2],	—	1362	—	1363	2.177,	—	1383	—	1384
2.165,	—	1363	—	1364	2.178,	—	1385	—	1386
2.166,	—	1364	—	1365	2.179-2.180	—	1386	—	1387
2.167,	—	1368	—	1369	2.181,	1er juillet	1391 -	30 juin	1392
2.168,	—	1369	—	1370	2.182,	—	1392	—	1393
2.169,	—	1370	—	1371	2.183-2.184[1],	—	1393	—	1394
2.171,	—	1372	—	1373	2.184[2],	—	1395	—	1396
2.172,	—	1375	—	1376	2.185[1],	—	1401 -	28 fév.	1402
2.173,	—	1376	—	1377	2.185[2a],	—	1404 -	30 juin	1405
2.175[1],	—	1377	—	1378	2.185[2b],	—	1405	—	1406
2.175[2],	—	1378	—	1379	2.186,	—	1411	—	1413

Le reg. 2.170 (1371-1372 ?) étant égaré ou déplacé lors de notre séjour à Barcelone, il nous a malheureusement été impossible de le consulter. Plusieurs registres sont conservés en double exemplaire.

des structures du commerce maritime de l'époque. Les comparaisons avec ce que par ailleurs nous savons d'autres places et d'autres trafics seraient aisées, mais volontairement nous nous retrancherons ici derrière la rigueur des chiffres, en dépit de la rude sécheresse que présente une communication de ce caractère.

I — LE MOUVEMENT GENERAL DU TRAFIC

1. *Quantités de sel exporté.*

Antérieurement à l'occupation aragonaise, nous ne possédons aucun chiffre précis sur les tonnages de sel extrait des salins de Cagliari ou expédié par ce port. Le seul indice — déjà signalé ci-dessus — est qu'en 1288 les Pisans furent autorisés à exporter chaque année 30.000 mines de sel[10]. Si nous suivons les estimations de Schaube qui évaluait la mine génoise à 105 litres environ, nous obtenons pour cette date une exportation pisane dépassant 30.000 hl., c'est-à-dire, très grossièrement, 3.000 tonnes. Mais il y faut ajouter en tout état de cause une exportation génoise dont nous ignorons complètement l'importance, mais qui était certainement loin d'être négligeable.

Les données chiffrées ne commencent donc qu'en 1349, avec le premier compte conservé du gabelier aragonais. Malheureusement, l'exercice s'étend seulement sur six mois, du 16 octobre 1349 au 11 avril 1350. Pendant ces six mois, on a compté à l'exportation 16.072 quartini de sel. Dans un article précédent, nous avons établi qu'il fallait estimer le quartino de sel de Cagliari grosso modo à 130 kg environ[11]. Cette exportation d'un semestre est donc un peu supérieure à 2.000 tonnes. Mais il s'agit ici des mois d'hiver, à l'activité ralentie. La part de la période comprise entre le 16 octobre et le 11 avril rapportée à l'année entière a représenté 30 % en 1359-1360, 38 % en 1361-1362, 44 % en 1362-1363, 48 % en 1363-1364, 32 % en 1364-1365, 34 % en 1372-1373, etc. En tablant sur un pourcentage d'environ 40 % de l'année, le tonnage annuel de 1349-1350 aurait été de l'ordre de 5.000 tonnes. Il s'agit des lendemains immédiats de la Grande Peste : l'activité des salins, du port et de la marine. n'a dû reprendre que progressivement et l'automne 1349 aura connu un mouvement maritime limité. C'est, en tout cas, une

10. Cf. *supra*, p. 204 et n. 4.

11. Cf. BAUTIER (R.H.), *La marine d'Amalfi dans le trafic méditerranéen du XIVe siècle. A propos du transport du sel de Sardaigne*, dans *Bulletin philologique et historique...*, 1958 [1959], (pp. 181-194), p. 186 et notes.

indication qu'avant l'épidémie et avant la guerre catalano-génoise de 1347-1349, marquée notamment par le siège de Cagliari et une défaite aragonaise, le tonnage extrait devait dépasser très largement les 5.000 tonnes annuelles. Jamais par la suite, de tels chiffres ne seront atteints. On va, au contraire, assister, durant toute la seconde moitié du XIVe siècle et le début du XVe, à une chute constante des chiffres de production, à peine relevés de loin en loin par une éphémère et timide remontée.

A partir de 1359-1360, nous disposons de chiffres pour l'année entière et il n'est plus question dès lors d'hypothèses, mais de données assises sur des registres tenus avec grand soin. Ces registres indiquent le type de chaque bateau, le nom de son patron et son origine, les quantités de sel chargé et les dates de chargement, le nom de la personne pour le compte de qui l'opération est faite, la valeur de la marchandise et la date de paiement de la taxe. Le sel est totalisé d'abord par bateau, puis par mois et par an. Du contexte il ressort que tout sel exporté « per mar ab navili gros », était soumis à la taxe, quelle que soit l'origine du marchand, et enregistré. Le sel destiné à certains châteaux royaux était exempt de la taxe, mais il n'en était pas moins enregistré ; il s'agit, d'ailleurs, de petites quantités et, comme elles n'intéressent pas le commerce, nous ne les avons pas retenues, d'autant plus que nous ne savons pas si tout le sel destiné à l'armée royale a ainsi été enregistré. Echappent enfin au contrôle : le sel destiné à la consommation locale, le sel exporté par voie de terre (ce qui, vu les circonstances politiques et militaires, devait être singulièrement limité), et le sel chargé par les petites embarcations portant moins de 10 quartini (soit moins de 1.300 kg). Sans nous dissimuler qu'une certaine quantité de sel manque ainsi à nos statistiques, il convient de ne pas s'exagérer l'importance de cette lacune de notre information, car, comme nous le verrons, une seule coque de portée moyenne correspondrait à plus de cinquante de ces barques miniatures qui, à vraî dire, n'alimentaient nullement le grand commerce.

En 1359-1360, nous trouvons une exportation de 35.074 quartini (env. 4.500 tonnes) ; les années suivantes, le chiffre se maintient vers 31.000-32.000 quartini. Dès 1363-1364, nous glissons à 28.733, en 1364-1365 à 24.860, en 1368-1369 à 16.732, soit moins de 2.200 tonnes. En dix ans, de 1359 à 1369, les exportations ont donc largement baissé de moitié et l'année 1369-1370 va marquer le creux de cette première courbe, avec 13.837 quartini seulement, soit environ 1.800 tonnes. De cette chute, nous voyons la cause dans la situation troublée de l'île, dans la politique catalane systématiquement opposée à la population indigène qui, de toute évidence, devait fournir la main-d'œuvre des salins, enfin (et peut-être surtout) dans l'abandon du marché par les Génois contraints, sous la pression des événements militaires (Cagliari a été assiégé par eux en 1367 et Iglesias occupé), à renoncer à s'approvisionner, directement ou indirectement, en Sardaigne.

A partir de 1370, se marque un relèvement (18.328 quartini), qui culmine en 1372-1373 à 25.591 quartini (3.300 tonnes env.), chiffre qui ne fut plus jamais atteint par la suite.

De 1375 à 1386, les exportations de sel oscillent entre 11.700 et 17.000 quartini, soit une moyenne d'environ 13.500 quartini, ce qui donne une oscillation de 1.400 à 2.200 tonnes et une moyenne annuelle de l'ordre de 1.750 tonnes, y compris le creux brutal de l'année 1378-1379 : 6.665 quartini (850 tonnes), conséquence, sans doute, des opérations militaires des années précédentes et surtout de la redoutable épidémie de peste qui frappe alors, pour la deuxième fois et gravement, le bassin méditerranéen.

Les succès militaires aragonais de 1386, la pacification de 1388, l'échec de l'offensive des Sardes d'Arborée contre Cagliari et les places aragonaises redonnent un coup de fouet à l'exploitation des salins de 1386 à 1393, et les chiffres d'exportation remontent jusqu'à 18.000 et même 20.790 quartini, soit une moyenne de 2.500 tonnes, qu'on n'avait pas vue depuis dix ans.

Mais c'est aussitôt après, en même temps que le grignotage des possessions aragonaises, l'effondrement des salins : 12.127 quartini en 1393-1394, 10.607 en 1395-1396, et par la suite, jusqu'en 1413, dernière année pour laquelle nous disposions des registres, toujours en dessous de 10.000 quartini. Nous constatons même un creux de 4.566 quartini en 1404-1405, après la nouvelle épidémie de peste. Même la victoire de l'infant Martin le jeune, à Sanluri, en 1407, et le succès temporaire des Aragonais ne se marquent pas, cette fois, par un rendement accru des salins.

Ainsi au début du XVe siècle, on n'exportait plus des salins de Cagliari que moins du quart du sel qui en était expédié un demi-siècle auparavant, un cinquième de ce qui y était produit au lendemain de la Grande Peste, donc pourcentage certainement plus modeste encore des exportations antérieures à ce fléau.

Voir graphique.

2. *La part respective des diverses marines dans le transport du sel et leur évolution.*

Le compte de 1349-1350 ne permet pas de conclusions précises sur le port d'attache des navires de transport, et encore moins sur

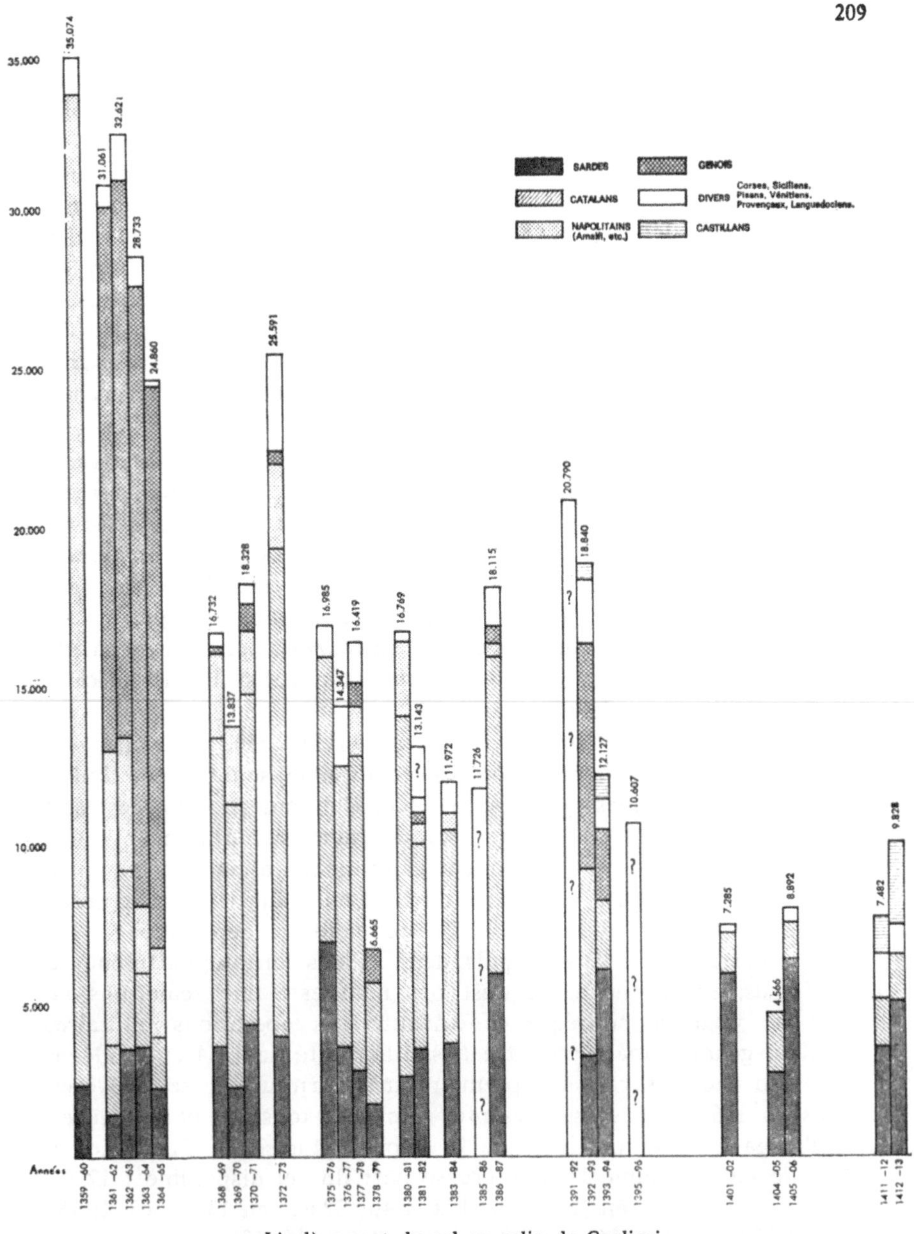

L'enlèvement du sel au salin de Cagliari
par les bâtiments de diverses marines (1359-1413).
(*en quartini*).

leur destination, car le comptable a souvent négligé d'indiquer l'origine des patrons ou de leur bâtiment. Nous savons seulement que les Aragonais étaient représentés au moins par trois coques de Majorque, deux de Barcelone et une de Valence ainsi que par une barque de Collioure ; les Napolitains l'étaient par deux coques de Gaëte et de Naples, les Génois par un pamphile ; la proportion des gens de Cagliari semble élevée, avec trois coques et un linh de Cagliari, deux coques et trois barques de Stampace (faubourg de Cagliari) et une barque de Pula (petit port situé sur le golfe de Cagliari, de l'autre côté des salins). Le nombre des bateaux d'origine indéterminée est cependant tel que toute conclusion serait hasardée.

Il n'en est heureusement plus de même par la suite. Les transporteurs peuvent se répartir en quatre groupes : Aragonais, Napolitains, Génois et habitants de la Sardaigne (Sardes ou plus généralement Catalans), auxquels ne s'ajoutent que très peu de transporteurs d'autres origines (exceptionnellement des Vénitiens, des Pisans, des Provençaux et des Languedociens), sinon un petit nombre de Siciliens, venus de Trapani ou de Mazzara, plus rarement de Messine ou de Licata. Nous relèverons aussi plus loin quelques naves castillanes ou biscaïennes.

Quand s'ouvre la série de registres en 1359-1360, une véritable flotte du sel napolitaine a transporté en une seule année 25.674 quartini (3.300 tonnes) sur les 35.074 (4.500 tonnes) exportées, soit les 5/7. La plupart des navires sont d'origine amalfitaine et nous avons déjà dit ailleurs [12] l'étonnement que nous a causé cette apparition en masse d'une véritable flotte d'Amalfi sur le marché sarde à une époque où la marine de cette vieille « république de la mer » passait pour être, depuis deux siècles, anéantie. L'étendard de Gênes, en revanche, ne s'est pas manifesté une seule fois au port de Cagliari, conséquence évidente des opérations militaires catalano-génoise, mais peut-être aussi du traité de 1354 entre Gênes et la Provence assurant à la première une fourniture en sel d'Hyères. Mais en 1361, Gênes est présente, ainsi que tous les ports ligures, d'Albenga à Levanto, ainsi que la colonie génoise de Bonifacio, et ils enlèvent ensemble la plus grosse part du sel disponible : 17.310 quartini sur 31.061 en 1361-1362, 17.674 sur 32.621 en 1362-1363, 19.785 sur 28.733 en 1363-1364, 17.982 sur 24.860 en 1364-1365, soit un chargement à peu près stable de 2.250 à 2.500 tonnes par an. Cette part génoise est donc considérable ; elle s'accroît même proportionnellement au total des exportations en baisse : 55,8 % en 1361-1362,

(12) Article cité p. 206, n. 11.

54 % en 1362-1363, 68,6 % en 1363-1364, 72,3 % en 1364-1365. C'est dire que si l'exportation globale de sel tombe à cette époque de 35.000 à 25.000 quartini, la cause, cette fois, n'en doit point être être attribuée au fait des Génois.

Il est donc légitime de penser que, si la marine napolitaine a été si exceptionnellement active en 1359-1360, alors que Gênes était absente du marché, c'est qu'en réalité elle travaillait, dans une très large mesure, pour le compte des Génois alors alliés de la reine Jeanne : dès la réapparition du pavillon génois, la part des Napolitains tombe d'une année à l'autre de plus de 25.000 quartini à 9.363, avant de se stabiliser à un peu plus de 2.000. Or, si l'on additionne le fret des Napolitains avec celui des Génois en 1361-1362, on obtient 26.673 quartini, chiffre tout à fait comparable aux 25.674 quartini transportés en 1359-1360 sur les seuls navires napolitains.

Mais bientôt Gênes va de nouveau, et brusquement, disparaître, du port de Cagliari et il n'y aura pas cette fois de substitut napolitain ou autre.

Il ne s'agit pas, à vrai dire, de la disparition totale que la poursuite de la guerre, terrestre ou navale, entre les deux puissances aurait pu impliquer. Quelques bateaux génois continuèrent épisodiquement, sans doute à la faveur d'une trêve ou grâce à une licence, de fréquenter Cagliari, mais le tonnage enlevé par eux sera toujours mince.

Gênes ne fera sa rentrée sur le marché du sel — et pour quelques années seulement — qu'après la paix de 1388 : nous voyons, en effet, les navires génois charger en 1392-1393 8.167 quartini sur les 18.840 exportés, soit 43 % du total, comme dans les bonnes années d'autrefois, mais le total du sel exporté n'est plus que la moitié de celui de jadis, conséquence de la diminution démographique et des moindres besoins de la consommation. Le retour de Gênes ne devait pas durer : après décembre 1393, l'étendard de saint Georges disparaît définitivement de Cagliari pour les années suivantes, exception faite de deux bâtiments qui vinrent charger un peu de sel en juillet 1405.

Les *Napolitains*, surtout gens d'Amalfi et de Gaëte ou encore des petits ports de la côte, Sorrente, Positano, Castellamare, Maiori, Vico, n'exerceront plus qu'une activité réduite aux salins de Cagliari, après les gros transferts réalisés pour compte génois en 1359-1360 : de 25.674 quartini, leur fret en sel tombe à 9.353 en 1361-1362, à 4.320 en 1362-1363, et se stabilise à une moyenne de 2.500 quartini, 300 tonnes environ, pendant les dix ans qui suivent. Ils disparaissent ensuite complètement pendant quelques années, font leur rentrée en 1377 avec des chiffres comparables à ceux des années antérieures, mais qui tombent dès 1381 à 500 quartini. La marine napolitaine abandonne ensuite définitivement, vers 1390, les eaux de Sardaigne, conséquence de la situation chaotique que connaît alors l'Italie méridionale et qui influe sur ses relations avec toutes les régions de la Méditerranée occidentale.

Les *Aragonais* de Barcelone ou de Majorque, à la différence des Pisans, des Génois ou des Napolitains, ne semblent pas avoir jamais considéré les salins de Sardaigne comme nécessaires à leur propre ravitaillement. N'avaient-ils pas à leur disposition les ressources beaucoup plus proches de l'île d'Ibiza, l'un des plus grands centres saliniers du bassin méditerranéen ? Et les salins de la région valencienne et du Castillonès, notamment ceux de Burriana, s'offraient également à alimenter Valence et Barcelone. C'est pourquoi les Aragonais n'attachèrent au sel de Sardaigne — au contraire du blé — qu'une attention très modérée et ils paraissent agir dans bien des cas pour le compte de marchands étrangers. En tous cas, Barcelone ne prit pas exactement la relève des Génois et des Napolitains : certes, quand les Génois, entre 1365 et 1368, quittent le marché sarde, nous constatons que les Catalans enlèvent une partie du tonnage précédemment chargé par les Génois. Mais une partie seulement, puisque le sel exporté par les Aragonais passe alors, d'une moyenne annuelle de 3.000 quartini (400 tonnes, moyenne calculée sur les quatre années précédentes, 1361-1365), à 9.970 dans les années suivantes (1368-1381). Leur part a donc triplé, mais cette augmentation ne répond qu'au tiers du tonnage précédemment enlevé par les Génois. Puisque les Catalans ne pouvaient absorber le surplus, la décadence des salins de Cagliari après 1366 doit donc être attribuée, en large partie, au départ des Génois, conséquence de la situation politique.

Autour de 1392, nous notons une nette diminution du contingent catalan, qui, de 10.000 quartini en 1387, passe en 1392-1393 à moins de 6.000 et l'année suivante à 2.180, pour atteindre, dans la première décennies du XVe siècle, une moyenne annuelle de 1.500 quartini seulement, soit la quantité très faible de 200 tonnes. Sur ce chiffre, la part transportée par les Barcelonais est minime. Le fait doit être mis en relation avec la crise de l'économie interne de Barcelone, sur laquelle le regretté Vicens Vivès avait très justement attiré l'attention.

Phénomène concomitant, nous assistons à l'apparition des *naves castillanes ou biscaïennes* sur le marché du sel, d'abord timidement en 1382, puis, après une éclipse de dix ans, les naves basques enlèvent 500 quartini de sel en 1392-1393, 745 en 1393-1394,

1.100 en 1411-1412 et 2.534 en 1412-1413, soit en cette dernière année près du double de ce qu'ont transporté les navires aragonais.

La *flotte sarde*, de son côté, en fait aux mains des Aragonais de Cagliari, joue un rôle croissant dans l'enlèvement du sel local. De 2.000 quartini environ par an dans les années 1359-1362, le tonnage transporté par la marine de Cagliari, Stampace et Pula, dépasse 3.500 de 1362 à 1369 ; le chiffre de 4.000 est égalé ou dépassé en 1370-1371 et 1372-1373 ; une pointe est même poussée en 1375-1376 jusqu'à 6.893. S'il y a par la suite une nette diminution d'activité, les 6.000 quartini sont de nouveau frôlés ou dépassés à partir de 1386 et au début du XVe siècle, si bien qu'avec le déclin de la production salinière, une proportion sans cesse croissante de celle-ci est transportée par les navires basés en Sardaigne même. Le pourcentage chargé sur navires sardes passe en effet de 4,7 % dans les années 1359-1362, à 10,8 % en 1372-1373, à 30 % en 1383-1384, à 50 % en 1393-1394 et de 50 à 70 % dans les années 1401-1413, avec même une pointe à 80 % en 1401-1402. Et cela se marque aussi dans le destin des hommes. Car des patrons de navires, précédemment indiqués jusqu'en 1381 ou 1382 comme originaires de Majorque ou de Minorque (par exemple Francesch Gibert ou Pere Desmas), sont ensuite signalés comme installés en Sardaigne même. C'est, en effet, l'époque où les Catalans contribuent fortement au peuplement de leurs colonies de Sardaigne, où certaines régions ont gardé jusqu'à nos jours le souvenir de cette emprise ethnique et linguistique.

Production relativement volumineuse et d'importance internationale, transportée au XIVe siècle par les grandes flottes méditerranéennes (pisane, génoise, amalfitaine, aragonaise), le sel de Sardaigne est devenu, dès la fin du siècle, une denrée d'intérêt régional, qui ne constitue plus un fret appréciable que pour la seule marine de Cagliari.

II. — LA STRUCTURE DU TRAFIC

1. *Types de navires et indications sur leur tonnage.*

Après cette analyse sommaire du mouvement général du trafic, il convient d'examiner les types de navires employés, leur tonnage et leur port d'origine.

A la lecture des registres de comptes, on est d'abord frappé de l'absence à peu près complète des galées. Sur plus d'un millier de bâtiments venus charger du sel à Cagliari, nous n'avons à relever que quelques *galées*, toutes génoises, et aucune après 1364. Ce sont : une galée de Gênes, chargée de 80 tonnes de sel en 1362, une autre de Recco qui fit deux voyages en 1363 et une de Porto Venere en 1362, ces deux dernières portant 60 tonnes. Nous pouvons y joindre deux *galiottes* : une de Gênes encore en 1364 et une autre d'Amalfi en 1362. Ceci est d'ailleurs normal, car, le sel étant une marchandise pondéreuse et relativement très bon marché, son transport ne nécessitait nullement l'emploi de bâtiments spécialement rapides, pourvus d'un équipage nombreux et donc d'un prix de revient élevé.

Pour la même raison, les *tarides*, d'une portée beaucoup plus importante cependant, ne devaient trouver qu'une utilisation exceptionnelle dans le transport du sel. Nous n'en avons trouvé que très peu d'exemples, sept en tout : deux de Gênes en 1361 et 1364, chargées toutes deux d'environ 200 tonnes de sel, ce qui les classe parmi les navires les plus lourds de cette époque ; une de Gaëte, avec 90 tonnes de sel à bord en 1363 ; une de Messine en 1386 avec 65 tonnes de sel, et les trois dernières de Venise (soit trois des quatre navires vénitiens ayant pris terre à Cagliari dans cette longue période), chargées respectivement de 85, 100 et 180 tonnes. Signalons aussi, en passant, l'emploi, non moins exceptionnel, de *sagettes*, dont nous relevons deux exemples : l'une de Cagliari en 1404, l'autre de Sitges en Catalogne en 1412. Ces bâtiments légers, rapides et de faible charge, ne pouvaient être affectés que fort occasionnellement à des transports de sel ; de fait, ils n'ont reçu que quelques tonnes de sel à titre de complément de chargement.

Nous laisserons enfin de côté : les *barques*, d'un tonnage très variable, qui va de quelques tonnes à une vingtaine de tonneaux et quelquefois davantage ; — les « *lahuts* », qui sont les plus petites des barques et qui, chargées d'une ou deux tonnes de sel, quittent Cagliari ou ses ports annexes de Stampace et Pula pour une destination sans doute assez proche ; — et aussi l'unique *taffurea* rencontrée à Cagliari en 1381.

Les navires marchands normalement affectés aux transports de sel — mais il n'y a en fait aucun navire, quel qu'il soit, spécialisé dans un tel transport — sont de quatre types : les naves, les coques, les pamphiles et les linhs (ou lenys).

Les naves. — Les naves sont les navires les plus lourds, et peu nombreux sont les ports capables d'armer des cargos aussi considérables. C'est donc par excellence le type de navire en usage dans les très grandes flottes marchandes. Celles que nous voyons dans nos comptes viennent surtout de Barcelone et de Gênes, secondairement de Naples ou d'Amalfi, et de Majorque ; à la fin de la période que nous étudions, Valence et Cagliari auront également leurs naves. Ajoutons-y encore Messine, dont deux naves (l'une chargée de 195 tonnes de sel) sont signalées en 1372, et Licata, le grand « caricatore » des grains de Sicile. Le nom de « nave » est également donné aux grandes barges castillanes. Mais aucun port de Ligurie, pas même Savone, non plus qu'aucun port secondaire du littoral catalan ou valencien, n'est représenté par une nave, aux salins de Cagliari.

De la cinquantaine de navires de toute importance utilisés par les *Génois* pour leurs soixante-dix-neuf voyages aux salins de Cagliari au cours de la période (non compris ceux des marins des autres ports de la côte ligure et de Bonifacio), neuf étaient des naves qui ont effectué quinze voyages, ce qui est une proportion importante. Mais on doit noter qu'ils n'ont été employés que dans les seules années où des quantités importantes de sel étaient à enlever: de 1363 à 1365 et de 1392 à 1394. Nous y voyons charger des quantités massives, presque toujours plus de cent tonnes. Dans quatre cas, nous voyons même à bord des cargaisons de 225 tonnes, de 310 tonnes, de 400 tonnes et même de 520 tonnes de sel. Exception faite d'une nave de Barcelone venue charger à Cagliari en 1362 800 tonnes de grain [13], il s'agit du plus gros cargo que nous ayons rencontré dans les comptes de cette époque. Nous voyons là, une fois de plus, une confirmation de la thèse soutenue naguère à l'un de nos colloques par notre ami Jacques Heers : la flotte marchande génoise est, essentiellement et très tôt, une flotte de gros porteurs, spécialisés dans les transports de marchandises très pondéreuses ; le monopole génois du commerce de l'alun et la nécessité d'approvisionner la ville en grains par mer n'auront certainement pas été étrangers à cette caractéristique de la flotte de Gênes [14].

La proportion des naves utilisées par *Barcelone* pour le transport du sel est identique à celle que nous avons notée à Gênes : quinze voyages sur soixante-dix-neuf effectués par des naves à Gênes, vingt-quatre sur cent-vingt-deux à Barcelone, et ces vingt-quatre voyages l'ont été par vingt patrons différents. Ceci nous montre toute l'importance de la flotte marchande de Barcelone. Les naves n'ont été utilisées ici aussi que dans les seules années

13. Il s'agit de la « nau cochebeth » de Jacme Oliver, de Barcelone (Archivo de la Corona de Aragon, R. Patrimonio, n° 2.147, janvier 1362).

14. HEERS (J.), *Types de navires et spécialisation des trafics en Méditerranée à la fin du Moyen Age*, dans *Le Navire et l'économie maritime du Moyen Age au XVIIIe siècle...* Travaux du 2e colloque international d'histoire maritime, 1957 (Bibliothèque générale de l'Ecole pratique des Hautes Etudes, VIe section, 1958), pp. 107-117.

où les quantités de sel enlevées justifiaient l'emploi de navires de type lourd, entre 1377 et 1394 ; après cette date, ou bien les naves ne viennent plus aux salins, ou bien elles n'y prennent plus qu'un complément de cargaison. D'ailleurs, à la différence des naves génoises, il est douteux que celles de Barcelone aient jamais fait spécialement le voyage pour le sel seul, ce qui explique que pour nombre d'entre elles le tonnage de sel que nous voyons chargé à bord ne représente qu'une fraction de leur capacité totale : les comptes de la traite du blé nous donneraient une tout autre idée de la nave barcelonaise, dont la portée ne semble nullement inférieure à celle de Gênes ; c'est même l'une d'elles, avons-nous déjà dit, qui nous offre le plus gros tonnage que nous ayons rencontré à l'époque, 800 tonnes. Tout ce que nous pouvons dire ici est que sur neuf de ces naves on a chargé plus de mille quartini de sel, soit plus de 130 tonnes, et sur deux d'entre elles même 180 et 230 tonnes.

Les *Napolitains*, ou plutôt les Amalfitains fixés à Naples, ont également utilisé des naves pendant les quelques années où ils se sont intéressés à l'exportation du sel sarde. Trois d'entre elles apparaissent en 1360 et 1381 chargées respectivement de 220, 225 et 310 tonnes de sel. Cette flotte, sur laquelle les sources sont demeurées fort dicrètes, était donc constituée, elle aussi, de gros porteurs, dont certaines unités étaient comparables aux grands bâtiments de Gênes et de Barcelone.

Majorque aussi, pendant la décennie 1359-1369, a envoyé aux salins de Sardaigne quatre naves, qui y ont fait le quart des opérations de chargement de sel effectuées sur navires majorquins. Par la suite, nous ne retrouverons plus qu'en 1412 une nave majorquine à Cagliari. Ceci illustre la nette décadence de la marine majorquine de cette seconde moitié du XIVe siècle. Trois des naves du milieu du siècle ont été chargées respectivement de 165, 190 et 235 tonnes de sel, ce qui en fait des cargos analogues à ceux de Barcelone.

A *Valence*, c'est au contraire une nave qui est le dernier navire envoyé par des armateurs de cette ville aux salins sardes, et ceci illustre la montée de la flotte valencienne ; cette nave enlève 165 tonnes de sel.

L'apparition de naves sardes doit être également notée comme révélatrice de l'ascension de la marine de Sardaigne. A la flotille de barques d'un faible tonnage du milieu du XIVe siècle, s'opposent les naves des dernières années du siècle ou des premières du XVe, les seules d'ailleurs qui, à cette époque de décadence des salins, viennent encore y faire des chargements. Nous relevons alors cinq naves à Cagliari, une dans son faubourg de Stampace et deux à Alghero ; mais elles nous semblent de portée inférieure à celle des autres places, à moins que les quantités de sel chargé ne soient en dessous de la capacité du navire ; si toutes chargent, en effet, plus de 90 tonnes de sel, il n'y en a qu'une qui enlève 140 tonnes et deux autres 160 tonnes.

De cette époque, qui voit l'éclipse des grandes marines traditionnelles, date l'apparition aux salines des grandes barges ou « naus » de *Biscaye*. La première vient en 1383 charger 130 tonnes de sel, trois autres s'y rendent de nouveau en 1393-1394, enfin les deux derniers comptes conservés montrent encore trois chargements accomplis par deux patrons biscaïens qui enlèvent l'un 140 tonnes de sel, l'autre deux fois 165 tonnes, ce qui doit indiquer à peu près le tonnage du navire.

Les coques. — Si la nave constitue le type de navire de pleine charge des marines les plus importantes, la coque représente le type le plus courant du bâtiment de transport. D'autre part, si toute localité située au bord de la mer peut posséder des barques, voire un ou plusieurs « linhs », l'attache d'une coque à un port donné est l'indice le plus évident d'une certaine activité maritime et commerciale. Il n'est donc pas inutile de dresser le tableau, par origine, ces coques que nous voyons aux salins de Cagliari et le nombre de voyages qu'elles y ont faits.

Ces localités sont : pour l'Aragon, Denia (2 coques), Valence (20), Tortose (24), Tarragone (3), Barcelone (58), Blanes (4), Tossa (1), San Feliu (10), Palamos (1), Rosas (1), Llansa (1), Collioure (1), Majorque (62) et Minorque (2) ; — sur le littoral languedocien, si faiblement représenté, Narbonne (1) et Sérignan (1) ; — sur la côte ligure, Finale (2), Savone (17), Gênes (29), Recco (1), Chiavari (4), Levanto (7) ; - en Corse et en Sardaigne, Bonifacio, (5), Alghero (5), Cagliari (44), Stampace (4) et Pula (11) ; — de Pise (1 coque) ; — de la côte napolitaine 60 voyages de coques montées par 37 patrons différents, originaires de Gaëte d'une part, et de l'autre de Naples, Vico, Sorrente, Positano et surtout Amalfi, ainsi que de Capri (1) ; enfin en Sicile, Trapani (7) et Mazzara (1). Soit en tout 391 (y compris une localité que nous n'avons pu identifier : « Sentanoxet » (2)).

Chaque fois que l'occasion de recoupements se présente, nous constatons que les coques sont normalement chargées d'au moins une quarantaine de tonnes de sel et même bien souvent d'une cinquantaine de tonnes ; mais elles portent couramment jusqu'à 600 quartini, soit environ 85 tonnes. C'est le cas de toutes les coques de Tortose, de Valence et des autres ports du littoral aragonais, comme aussi celles des côtes ligures ou celles de Sardaigne. A Majorque, il semble que la portée des coques ait été en diminuant, la plus grosse (115 tonnes) étant relevée en 1349-1350. Il en était de même à Valence, où en 1349 on trouvait une coque de 100 tonnes.

La portée des coques semble avoir été un peu supérieure à Gênes et à Barcelone ; à Gênes en effet, où huit des coques ont transporté 65 tonnes de sel, une a été chargée de 90 tonnes, une de 100 et une autre encore de 115 tonnes. A Barcelone, onze coques (quatorze voyages) portèrent plus de 80 tonnes, dont une 105, une 115 et même une 160 tonnes.

Mais c'est le groupe napolétano-amalfitain qui présente les coques ayant les portées les plus considérables durant les années 1359-1361, avec six coques portant de 80 à 110 tonnes et six autres d'un chargement dépassant 130 tonnes, respectivement 130, 152, 156, 165, 175 et 190 tonnes. De tels navires, au moins doubles de la plupart des autres coques en service dans les autres régions, devaient avoir une apparence voisine de celles des naves. De fait, il est arrivé au gabelier de Cagliari de substituer par erreur le libellé de nave à celui de coque pour telle d'entre elles. De pareilles coques devaient être le plus souvent affectées aux lourds trafics internes du royaume de Naples : blé de Pouille, vin de Calabre, huile de Gaëte, etc.

Les pamphiles. — L'époque sur laquelle les registres de douane de Cagliari permettent de jeter quelque lumière est celle qui a vu l'essor de l'emploi des pamphiles, suivi de leur brusque décadence. Le fait peut être mesuré ici avec quelque précision.

Le pamphile est, comme on sait, un navire de charge pourvu en principe d'une voilure et d'une chiourme d'appoint, et des textes, à vrai dire assez rares, le signalent dès le XIIIe siècle. Les comptes de Cagliari montrent de lui une curieuse répartition dans l'espace et dans le temps, très différente de celle des coques. Sur la côte aragonaise, Valence n'en a envoyé aucun, mais nous en trouvons à Barcelone même, un à Collioure (1376) et un à Villanueva au sud de Barcelone (1378) ; sur la côte ligure, le pamphile concurrence les coques à Savone, se rencontre à Gênes et en 1365 à Levanto. Relativement rare en Sardaigne même, on le trouve à Cagliari (six voyages par pamphile sur 178 voyages relevés), à Pula (six voyages en 1383-1384) et à Alghero (1381-1382) ; il en vient de la côte napolitaine, de Gaëte, Naples et Amalfi (sept entre 1359 et 1370), de Majorque aussi. Mais surtout il constitue l'élément caractéristique de la flotte minorquine : si de tous les autres ports réunis nous avons noté 74 chargements accomplis sur pamphiles, Minorque est représentée aux salins de Cagliari, sur 111 chargements, 85 fois par ses pamphiles.

Le plus étrange est que ces pamphiles sont apparus brusquement à Minorque en 1372 ; deux de leurs patrons cependant, étaient connus depuis quelques années à Majorque comme patrons de pamphiles avant de se transporter à Minorque. De plus, avant 1372, Minorque n'avait jamais été représentée sur le marché de Cagliari : est-ce une apparition brutale ou bien assumaient-ils antérieurement une autre fonction économique ? Pendant une quinzaine d'années, ces navires vont transporter, en moyenne, chaque année 4.000 quartini de sel. Puis, concurrencés dès 1380 par des bâtiments d'un autre type, les « linhs », ils disparurent aussi brusquement qu'ils étaint apparus, en 1387, après quinze ans de carrière.

Barcelone révèle, toutes proportions gardées, un cycle comparable. Nous constatons en effet dans la seconde moitié du XIVe siècle trois périodes nettement caractérisées, chacune d'environ dix ans : c'est d'abord de 1362 à 1373 l'époque des coques qui exécutent 40 des 58 voyages de coques connus entre 1359 et 1413 ; puis les pamphiles leur succèdent, qui de 1373 à 1382 font 21 des 24 voyages de pamphiles relevés tout au long de nos comptes ; enfin, les naves l'emportent, qui, de 1378 à 1394, se rendent 16 fois aux salins sur les 24 chargements de naves à nous connus. Quant aux pamphiles, ils ont complètement disparu, les derniers d'entre eux ayant chargé en 1382.

A Gênes aussi, on pourrait faire une observation analogue : les voyages des pamphiles sont groupés dans les années 1361-1363 (5 voyages), de même qu'à Savone où nous relevons 12 des 13 voyages de pamphiles entre 1361 et 1364. Aucun pamphile génois ou savonais ne sera plus signalé à Cagliari après 1372 : ils n'auront donc aucune part à la deuxième apparition en force de la flotte génoise sur le marché de Cagliari dans les années 1392-1394, où nous trouverons seulement des naves et des « linhs ».

Ainsi, l'histoire du pamphile à cette époque peut se résumer ainsi : il connaît le succès en un certain nombre de places, mais il disparaît en quelques années, après 1365 sur la côte ligure et définitivement en 1372 à Gênes, après 1370 sur la côte napolitaine, après 1382 à Barcelone. Il est au contraire apparu tardivement en Sardaigne, où presque tous les pamphiles sont relevés entre 1380 et 1384, mais aucun par la suite. Enfin, ce type a rencontré, pour des raisons inexplicables, un succès incomparable à Minorque entre 1372 et 1387. Après cette dernière date, nous n'en avons plus relevé un seul, qu'il soit originaire de Minorque ou d'ailleurs, dans les comptes de Cagliari.

Le tonnage du pamphile était comparable à celui de la coque. Ainsi tous ceux de Minorque portent de 40 à 70 tonnes de sel. Mais, de même que pour les coques, les marines les plus importantes en possèdent d'un tonnage un peu supérieur à celui des autres places. Ainsi, trois des sept pamphiles napolétano-amalfitains portent respectivement 65, 80 et 108 tonnes de sel. Des 24 voyages de pamphiles barcelonais, dix ont ramené plus de 65 tonnes, dont trois 80 tonnes et un 90. A Savone, trois des pamphiles portaient de 78 à 90 tonnes, à Levanto, un pamphile a ramené en 1365 110 tonnes de sel. C'est la flotte génoise qui nous a d'ailleurs présenté les pamphiles les plus lourds, puisque sur les dix qui ont entrepris le voyage, six ont rapporté plus de 70 tonnes de sel, trois portant 120 tonnes et un même 140 tonnes, ce dernier étant le plus gros pamphile dont nous ayons eu connaissance à cette époque.

Les « linhs ». — Sur le dernier type de bâtiments venus aux salins de Cagliari, les « linhs » (ou « lenys »), nous serons beaucoup plus brefs puisqu'il a été communément répandu tout au long du Moyen Age dans tous les ports de la Méditerranée. En l'espèce, il ne s'agit d'ailleurs pas d'un type unique de navire, mais de plusieurs, car des documents notariés ou comptables autres que ceux de Cagliari — ceux de Majorque notamment et de Marseille [15] — distinguent des « ligna de bandis » et des « ligna de orlis ». Il ne semble pas que les douaniers de Cagliari aient été, pour leur part, très stricts sur la définition du « leny », car il leur est arrivé de désigner occasionnellement de ce terme de petites coques ou de petits pamphiles, notamment ceux de l'Italie méridionale, et en d'autres cas il y a confusion avc certaines grosses barques. Néanmoins, cela demeure exceptionnel et on peut généralement suivre d'un compte à l'autre les passages des patrons de « linhs ».

A Valence et sur la côte aragonaise, moins de « linhs » que de coques se sont rendus aux salins sardes. Ils nous apparaissent relativement rares et de date tardive ; la plupart (c'est le cas des cinq « linhs » de San Feliu et de ceux de Peñiscola, de Blañes, de Tortose, comme aussi de six des douze linhs de Barcelone) se rapportent à des opérations des années 1401-1406 et leur chargement de sel ne dépasse qu'exceptionnellement une quarantaine de tonnes. A Gênes aussi, où onze « linhs » portent de 20 à 50 tonnes de sel,

15. Voir par exemple Baratier (Ed.), et Reynaud (F.), *Histoire du commerce de Marseille*, t. II, *De 1291 à 1480* [Paris, (1951)], p. 751.

ce sont en somme de grosses barques et il doit en avoir été de même de ceux de Chiavari, d'Albenga et de Noli. A Levanto cependant, un « linh » emporte par deux fois la quantité importante de 80 tonnes de sel.

Les « linhs » sont plus nombreux dans les îles. A Bonifacio, quatre font sept voyages aux salins et l'un d'eux ne porte pas moins de 100 tonnes de sel ; c'est le plus gros que nous ayons rencontré dans ces comptes. A Cagliari, ils se montrent surtout aux époques où les coques ont subi une éclipse, entre 1359 et 1365, et, à la fin, entre 1386 et 1406. Ils tiennent dans l'économie une place importante, puisque nous les voyons accomplir 51 chargements, contre 44 effectués par des coques, sans compter les treize « linhs » de Pula. A Stampace, ils ont pris après 1393 la place des barques, développement normal de ce petit port en expansion. A Minorque au contraire, ils viennent se substituer aux pamphiles des années précédentes, de 1381 à 1387 et leur tonnage est relativement plus élevé que ceux d'autres régions, atteignant dans trois cas une portée de 65 tonnes et dans deux cas de 80 tonnes. Enfin, la côte de Gaëte, Naples, Sorrente et Amalfi avait déjà vu, aux environs des années 1360, une diffusion toute particulière de ce type de bâtiments, puisqu'en quelques années près de 50 voyages avec bâtiments de ce type sont signalés par les comptes des salins ; certains, nous l'avons déjà dit, se distinguent, d'ailleurs, mal des coques avec lesquelles parfois le douanier les confond, car leurs dimensions sont importantes et il leur arrive d'être chargés de 70, 75, 85 et même 95 tonnes de sel.

En somme, on peut dire que le « linh » est normalement un bâtiment de transport relativement léger, portant une quarantaine de tonnes, susceptible donc d'être confondu avec les plus grosses barques ; cependant, en certains cas, son tonnage peut s'accroître jusqu'à frôler la centaine de tonnes et donner au navire l'apparence d'une coque. C'était le résultat de la confusion trop fréquente de la terminologie médiévale, et, peut-être aussi, de l'insuffisante précision des caractéristiques techniques de la construction navale de cette époque.

2. *Mécanisme commercial et portuaire.*

L'exploitation des salins de Cagliari se trouve liée, comme partout, aux facteurs atmosphériques qui, d'une part, conditionnent la production du sel et, de l'autre, la navigation. En même temps, elle subit directement le contre-coup des vicissitudes politiques et militaires, l'intérieur du pays étant voué à l'anarchie quasi-continuelle et aux luttes entre Génois, Sardes et Catalans ; Cagliari même

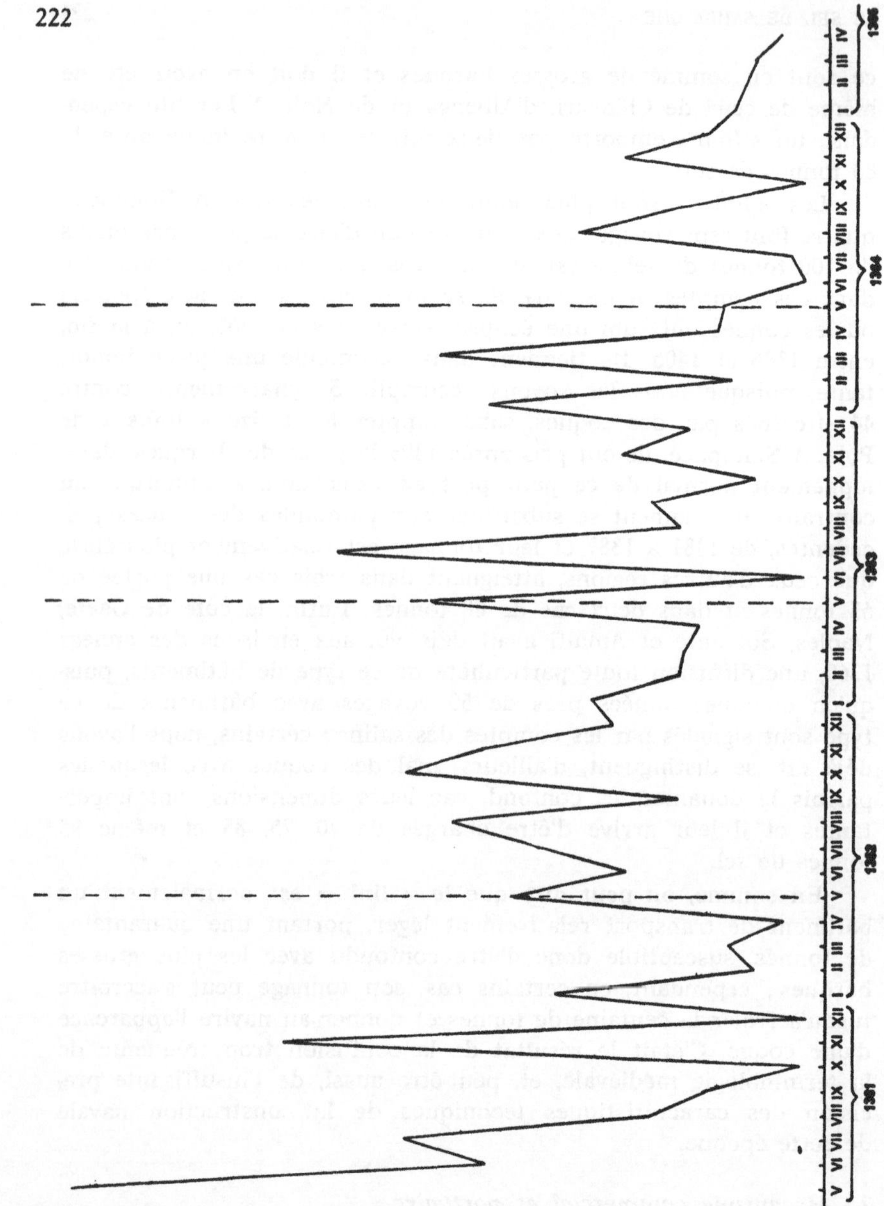

Les chargements de sel au salin de Cagliari, par mois (de 1361 à 1365).
(*en quartini*).

fut plusieurs fois bloqué ou assiégé par l'ennemi, tandis que sur mer régnait la guerre de course des diverses puissances maritimes qui s'en disputaient la maîtrise. Enfin, comme nous l'avons déjà noté, les très graves épidémies qui sévirent si cruellement au cours de cette seconde moitié du XIVe siècle se traduisirent, inévitablement, par des baisses brutales de la production.

Tout cela explique l'irrégularité extrême des livraisons de sel. Pour s'en tenir aux seules années dont les comptes ont été conservés, nous constatons qu'aucune fourniture de sel n'a été prise en charge par des navires de quelque origine que ce soit pendant un ou plusieurs mois, ainsi en juin 1377, en juin et juillet 1378, en mars et avril 1379, de mai à juillet 1380, en mai et juin 1382, en juillet 1393, en octobre 1401, en juillet 1404, en juillet 1411, de mars à juillet 1412, en février et mars 1413. Or il s'agit, dans presque tous les cas, de la meilleure saison de l'année. Donc, si les salins chôment souvent en ces mois de mai à juillet, c'est que seules les circonstances militaires peuvent en fournir l'explication.

Si l'on cherche, cependant, à déterminer le rythme saisonnier des ventes de sel, on constate qu'en règle générale, le marché se réveille en mars, parfois très vivement, se calme en avril, atteint sa plus grande activité au mois de mai, subit ensuite une baisse plus ou moins sensible, s'affaisse complètement aux mois de septembre et d'octobre pour reprendre une nouvelle période d'activité en novembre ; celle-ci se continue souvent, en se développant parfois jusqu'en janvier. Enfin, février marque généralement l'époque la plus creuse de l'année.

Il ne peut s'agir que d'un schéma général, les pointes de mai-août et de novembre-janvier, de même que les creux de septembre-octobre et de février et avril étant susceptibles, selon les années, de bien des atténuations ou d'un déplacement de quelques semaines avant ou après ces dates.

Le fait important semble être que chargement et navigation sont infiniment moins rythmés qu'au XIIIe siècle ou au début du XIVe par les changements de saison ; les mois de décembre et, surtout, de janvier sont même d'excellentes époques pour les transports. Tous les témoignages concordent pour attester que la pratique de l'hivernage prit fin dès le milieu du XIVe siècle. L'étude que nous avons faite des registres de la traite du froment nous permet de l'affirmer, car les derniers exemples d'hivernage à citer sont ceux de l'hiver 1348-1349, celui qui a suivi la Grande Peste, et l'on peut se demander s'il s'agit bien d'un véritable hivernage ou de l'immobilisation des bâtiments, faute d'équipage ou de patron. Un cas comme celui de la coque de Januccio Coposanta d'Amalfi, qui resta au port pour charger du 27 janvier au 16 mars 1363, est exceptionnel.

Dans l'ensemble, les chargements s'opèrent avec rapidité, ce qui peut avoir été facilité par le fait que les transactions sur le sel sont concentrées en un très petit nombre de mains, sans doute celles des quelques personnes directement intéressées à la ferme des salines. Il est rare qu'une coque reste plus d'une semaine au port pour charger. Les registres de la traite du froment en apportent une parfaite confirmation. L'hiver, cependant, il peut arriver que les opérations s'étalent, sans doute pour des raisons atmosphériques, sur dix ou quinze jours et, de façon tout à fait exceptionnelle, sur trois semaines.

En comparant les registres comptables du sel avec ceux du froment et ceux des douanes générales, on peut se convaincre qu'aux époques de plus grande activité, c'est-à-dire au milieu du XIVe siècle, le mouvement portuaire de Cagliari était, tout le long de l'année, de l'ordre de dix à quinze bâtiments par mois, bâtiments de tonnage moyen ou lourd (naves, coques, pamphiles ou « linhs »), à l'exclusion des barques. Avec les délais normaux de chargement, il n'était donc pas rare que cinq ou sept navires, quelquefois davantage, fussent au mouillage en même temps dans le port.

Ceci montre l'importance d'un port comme celui de Cagliari, auquel les histoires générales n'attachent aucun intérêt particulier. Sans doute, en valeur, cette activité portuaire était-elle très loin d'égaler les sommes immenses qui s'investissaient dans les trois ou quatre galées vénitiennes ou génoises spécialisées dans les trafics de luxe avec les ports de l'Orient. Mais en fait, c'est l'activité de ports comme celui-ci — ou comme Gaëte, Barletta, Manfredonia, Messine ou Palma de Majorque, etc. — qui reflète la véritable vie économique de la Méditerranée médiévale. De plus en plus, il faut se convaincre que l'essentiel des trafics méditerranéens était fait du sel, du blé, du vin, de l'huile, sans parler des cuirs, du bois, du fer, de l'alun, nécessaires à la vie de tous les jours, et que c'est sur ces produits pondéreux, sur celui des grains en particulier, que l'attention doit se porter, bien plus encore que sur les épices ou les soieries. C'est également l'étude des marines considérées comme secondaires qui s'impose aujourd'hui : celles de Valence, de Majorque ou de Minorque, de Trapani, de Savone, de Gaëte et d'Amalfi, d'Ancône et de Raguse ; l'étude aussi du rôle des Castillans et des Biscaïens dans la Méditerranée des XIVe et XVe siècles.

Et c'est le mérite de colloques comme celui-ci de concentrer sur ces questions l'attention des spécialistes. Il est à souhaiter qu'un prochain colloque, après le problème du sel, mette à l'ordre du jour un problème, par définition, vital, celui des grains, ces grains qui ont tant contribué à l'activité économique des pays de la Méditerranée comme de ceux de la Baltique, et à l'essor de leur marine.

VII

MARCHANDS SIENNOIS ET « DRAPS D'OUTREMONTS »

AUX FOIRES DE CHAMPAGNE

(1294)

Sienne, dès le début du XIIIe siècle, était entrée en relation avec les foires de Champagne : ses marchands s'y rendaient régulièrement pour y acheter les produits de la draperie flamande et française, qu'ils réexportaient vers les autres villes italiennes, Rome en particulier, tandis que ses changeurs et ses banquiers, avant l'arrivée des Florentins, y exerçaient le commerce de l'argent avec une habileté reconnue des contemporains aussi bien que des historiens modernes[1].

Par une chance très rare, plusieurs correspondances de marchands siennois fréquentant les foires de Champagne nous ont été conservées ; elles ont été publiées depuis longtemps[2] et appartiennent aux classiques de l'histoire du

1. Voir, à la fin de l'article, la *Note bibliographique*.

2. C. Paoli et E. Piccolomini, *Lettere volgari del s. XIII, scritte da Senesi*. Bologne, 1871, in-16, XXIV-177 p. (*Scelta di curiosità letterarie inedite...*, dispensa CXVI). Les lettres privées commerciales publiées dans ce recueil sont au nombre de six pour le XIIIe siècle (dont une connue seulement par un court extrait) et de quatre pour le début du

commerce international du Moyen Age, bien qu'on n'en ait probablement pas tiré tout le parti possible[1].

Nous avons récemment eu l'occasion de trouver à la Bibliothèque nationale centrale de Florence une nouvelle lettre originale écrite de France par un marchand siennois. Cette lettre fait partie d'un recueil très curieux de lettres, pour la plupart commerciales, réunies par l'érudit Carlo Strozzi ; il est passé, avec la majeure partie des manuscrits Strozzi, dans la collection Magliabecchana à la Bibliothèque nationale, où il porte la cote : « Classe VIII, nº 1392. » Tandis que d'autres lettres de ce recueil ont été éditées[2], celle-ci paraît inédite[3].

XIVe siècle, soit trois expédiées de Sienne vers la France et six de France vers Sienne.

Parmi elles, deux dossiers : l'un, de cinq lettres, à partir de 1296, est extrait des archives privées de la famille Pucci-Sansedoni, de Sienne, et intéresse l'activité de la Société Sansedoni à Paris et aux foires de Champagne. L'autre dossier, de trois lettres, conservé aux Archives d'État de Sienne, provient des archives de la célèbre firme des Tolomei entre 1262 et 1269. Il y faut ajouter deux lettres isolées : l'une, adressée de Sienne à un Cacciaconti en France, a été rééditée récemment par A. Sapori, *La cultura del mercante medievale*, réimpr. dans *Studi di storia economica del medio evo*. Florence, 1940, p. 320-325, et nous en avons vu l'original au château de M. Bianchi-Bandinelli, près de Sienne ; l'autre, de 1283, est aux Archives d'État et vient des Squarcialupi.

Le recueil signale, en outre, une lettre très mutilée, et encore inédite, de 1298, des archives Pucci-Sansedoni (p. XXIII).

L'original de la lettre des Tolomei, de 1269, dont Paoli et Piccolomini n'avaient connu qu'un bref extrait, a été retrouvé aux archives Vaticanes par M. Chiaudano, qui l'a édité dans l'art. cité, *Contratti di cambio*...

1. Voir, cependant, ce qu'en a tiré A. Schaube, *Ein Kursbericht von den Champagnermessen* (*Zeitschrift für Social-und-Wirtschaftsgeschichte*, t. I, 1897) et *Der Kurdienst zwischen Italien und den Messen der Champagne* (*Archiv für Post und Telegraphie*, t. XIV, 1896).

2. Trois lettres, à notre connaissance, ont été éditées : deux, fort importantes, de 1290 et 1291, provenant des archives des Cerchi de Florence, ont été publiées par Giudici en appendice à sa *Storia dei municipi italiani ;* la troisième, de 1314, publiée par Dazzi (fort mal) dans une brochure : *Sette lettere inedite del secolo XIV*. Florence, 1867, in-16, l'a été de nouveau par M. Grunzweig, à la suite du travail posthume de Bigwood, *La politique de la laine en France sous les règnes de Philippe le Bel et de ses fils* (*Revue belge de philologie et d'histoire*, t. XV et XVI, 1936 et 1937).

Ch.-V. Langlois a eu ce recueil entre les mains (cf. ses *Notices et documents relatifs à l'histoire de France au temps de Philippe le Bel*, *Revue historique*, t. LX, 1896, p. 307-328).

3. La plus grande partie de ce recueil mériterait une édition. On y

Elle se présente sous la forme d'une feuille de papier très épaisse, non filigranée et de très grandes dimensions (580 × 343 mm.), pliée par le milieu dans le sens de la longueur, exactement comme dans le cas d'une lettre actuelle. Elle est fortement abîmée à la pliure et aux angles par la dent des rongeurs, ce qui en rend la lecture parfois difficile. A la quatrième page figure l'adresse : « Pachino Ranieri e Cione Bartalomei e compagni a Siena. » Au-dessous est la marque : un écu à une fasce, surmonté d'une croix. Nos recherches ne nous ont pas permis d'identifier cette Société[1].

Par cette lettre, un agent de la Société, Pierr. Dietaiuve, mande à ses patrons à Sienne le détail des achats de draperie faits pour leur compte à la foire de mai de Provins en 1294 par le truchement de la Société de Simonetto di Fidanza et compagnie, de Spolète.

Un document de ce genre, nous permettant de connaître dans le détail la composition d'une commande commerciale complète faite aux foires de Champagne par des commerçants italiens, est, croyons-nous, sinon unique, au moins extrêmement rare pour le XIIIe siècle. D'autres documents, tels que des actes de nolis ou des lettres de voiture, nous

trouve plusieurs collections de lettres de la fin du XIVe et du début du XVe siècle, dont nous croyons utile de donner une brève nomenclature : ff. 21-23, Lotto Gherardino di Niccolò Gherardini de Florence à Tommasso di Piero di messer Ridolfo de' Bardi à Bruges, 29 novembre 1375 ; ff. 46-63, quinze lettres de la compagnie des Alberti (1387-1399) ; sept en provenance de Bruges, cinq de Londres, une de Pise et une de Rome ff. 66-88, treize lettres en plusieurs séries, en provenance ou à destination de Londres, Bruges, Paris, Avignon, Florence (1413-1436).

1. Cione Bartalomei paraît deux fois pour des sommes minimes dans la comptabilité de la Société siennoise, publiée par Astuti, *Il Libro...* en avril et en novembre 1278 (p. 19 et 68). Il semble bien que ce Bartalomei n'appartenait pas à la grande famille des Tolomei : nous ne l'avons pas vu figurer sur les listes et généalogies aujourd'hui dressées de cette famille. C'est à cette dernière firme et non pas à notre Cione Bartalomei qu'il faut vraisemblablement rapporter les mentions de « Berthelemi de Siene et ses compaignons » qui figurent dans les livres de la taille de Paris en 1296 à la porte Baudoyer en la paroisse Saint-Gervais (Piton, *Les Lombards en France et à Paris*, t. I, 1892, p. 126), en 1299 et en 1300 en la rue des Arsis en la paroisse Saint-Merri, à côté du célèbre Gandouphle d'Arcelles (*Ibid.*, p. 142 et 148), avec une taille respectivement de 58 sous, 21 livres et 21 livres.

donnent un inventaire très sommaire des ballots (torselli)[1] ; par celui-ci, nous connaissons non seulement le montant global des achats, d'ailleurs assez élevé (1,684 livres tournois), mais aussi le nombre de pièces de draps de chaque origine, leur prix d'achat (donc leur qualité), le nom des vendeurs, etc.

A défaut de conclusions trop précises, qu'il serait vain de tirer d'un seul document, une étude attentive doit nous permettre de dégager certaines indications d'ordre général : la commande portant sur 219 pièces de drap et mentionnant des produits de quatorze origines et de quarante et une qualités, nous avons une sorte d'échantillonnage général, d'où l'on peut inférer presque à coup sûr un tableau du marché siennois de la draperie d'outre-monts et peut-être plus généralement des besoins de la clientèle « lombarde » à la fin du XIIIe siècle.

Cette année 1294 est, par ailleurs, favorable à un sondage de cette nature. Les « Lombards » ont bien été inquiétés en 1290-1291, mais, dès 1292, ils sont réinstallés dans le royaume. La monnaie est stable : c'est encore celle que saint Louis avait établie et ce n'est que l'année suivante, 1295, que le roi l'affaiblira. Les relations avec les villes de Flandre, non encore vraiment troublées, se poursuivent normalement : les hostilités ne s'ouvriront qu'en 1297. Sienne est alors à l'apogée de sa prospérité économique ; l'effondrement de sa grande banque Buonsignori se produira au cours des années qui viennent, mais son marché financier est encore sain. Un nuage cependant : l'Angleterre est virtuellement en guerre avec la France, et son roi, au moment même où se termine la foire de mai de Provins, a bloqué l'exportation des laines, risquant ainsi de paralyser l'industrie drapière de la Flandre[2]. Telle est la conjoncture éco-

1. Exemples de nolis dans P. Berti, *Documenti riguardanti il commercio dei Fiorentini in Francia...*, in *Giornale storico degli archivi toscani*, t. I, 1857 ; pour les lettres de voiture, cf. notre article sur les *Registres des foires de Champagne...* (*Bull. philologique et historique*, 1942-1943), p. 15 et suiv.

2. G. Bigwood, *Un marché de matières premières : laines d'Angleterre et marchands italiens vers la fin du XIIIe siècle* (*Annales d'histoire écono-

nomique en ce mois de mai 1294 ; elle nous apparaît dans l'ensemble satisfaisante. Quant aux foires de Champagne, elles sont encore dans tout leur éclat ; c'est, en effet, en 1296 que leur produit sera le plus élevé[1].

Dans ces conditions, nous nous croyons autorisé à donner du montant de la commande de draperie de la maison Ranieri, Bartalomei et Cie, de Sienne, un tableau nous faisant connaître le pourcentage des produits de diverses origines entrant dans sa composition : a) le pourcentage en quantité, b) le pourcentage en valeur ; l'un et l'autre étant calculés : a) sur le montant global de la commande : tissus au sens large, y compris, avec les draps, les serges et les étamines, b) sur le montant des draps seuls.

Nombre de pièces	Origine	Pourcentage global	En quantité draps	Pourcentage global	En valeur draps
	1) Flandre flamingante.				
2	GAND	0,9 %	1,1 %	1,4 %	1,4 %
3	POPERINGHE	1,4 %	1,7 %	1,8 %	1,9 %
23	YPRES	10,5 %	12,7 %	16,9 %	17,2 %
28		12,8 %	15,5 %	20,1 %	20,5 %
	2) Flandre française et Artois.				
10	ARRAS	4,6 %	5,5 %	3,9 %	4 %
8	DOUAI	3,6 %	4,4 %	6,9 %	7 %
13	LILLE	5,9 %	7,2 %	8,8 %	9 %
10	ORCHIES	4,6 %	5,5 %	4,5 %	4,6 %
41		18,7 %	22,6 %	24,1 %	24,6 %
	3) Domaine royal.				
10	BEAUVAIS	4,6 %	5,5 %	3,4 %	3,5 %
19	MONTREUIL	8,7 %	10,4 %	5,1 %	5,2 %
4	PARIS	1,8 %	2,2 %	2 %	2 %
33		15,1 %	18,1 %	10,5 %	10,7 %

mique et sociale, t. II, 1930, p. 193-211) ; cf. J. de Sturler, *Les relations politiques et les échanges commerciaux entre le duché de Brabant et l'Angleterre au Moyen Age...* Paris, 1936, p. 168 et p. 181 et suiv.

1. F. Bourquelot, *Études sur les foires de Champagne...* Paris, 1865, p. 199 ; la foire chaude de Troyes rapportait, vers 1275, 1,300 livres ; en 1287, 800 livres ; en 1288, 790 livres ; en 1296, 1,375 livres (soit, en réalité, 1,100 livres d'avant la dévaluation) ; en 1299, 760 livres (soit 620 livres

	4) Champagne et Brie.				
49	Chalons	22,3 %	27,2 %	32,2 %	32,7 %
10	Lagny	4,6 %	5,5 %	3,6 %	3,7 %
20	Provins	9,1 %	11 %	7,4 %	7,5 %
38	Reims	17,3 %	......	1,7 %	......
79 ou 117		53,3 %	43,7 %	44,9 %	43,9 %

En bref :

69	Flandre et Artois	31,5 %	38,1 %	44,2 %	45,1 %
112 ou 150	France et Champagne	68,4 %	61,8 %	55,5 %	54,6 %
181 ou 219		99,9 %	99,9 %	99,7 %	99,7 %

Ce tableau nous conduit tout d'abord à constater la part très importante tenue par la draperie proprement champenoise : la moitié environ du montant de la commande a cette origine. La Flandre, au contraire, même en y comprenant l'Artois, n'en fournit que le tiers. Mais aussitôt une conclusion s'impose : si la draperie flamande est inférieure en quantité, sa qualité est certainement de beaucoup supérieure, puisque sa valeur représente 45 % de la facture[1]. La comparaison entre les chiffres relatifs à la Flandre flamingante et au domaine royal est particulièrement révélatrice à cet égard : pour un nombre de draps inférieur (28 contre 33), la première a une valeur exactement double de la seconde (20,5 contre 10,7).

Reprenons maintenant en détail les éléments du tableau précédent.

d'avant la dévaluation) ; vers 1310, 300 livres (245 livres d'avant la dévaluation) ; en 1320, 250 livres (soit 140 livres de saint Louis).

1. On pourrait, il est vrai, objecter que les prix de la draperie flamande sont grevés de frais de transport supérieurs à ceux des autres régions. En réalité, on sait, après les recherches de M. Sapori, *Una compagnia di Calimala...*, et de M. C. Cipolla, *In tema di trasporti medievali*. Pavie, 1944 (extr. *Bollettino storico pavese*, t. V), que le prix initial d'un drap acheté à Paris n'était grevé que de 16 % environ après son transport à Florence. Par conséquent, la différence entre les prix de transport des draps d'Ypres et de Montreuil, par exemple, ou de Châlons, ne saurait expliquer la différence de leur prix d'achat à Provins : la supériorité de la draperie flamande est certaine.

Pour la Flandre flamingante, *Ypres* se taille naturellement la part du lion avec les 6/7e de l'ensemble. *Gand* est représenté par une quantité qui paraît minime, mais nous avons bien l'impression que la draperie gantoise n'a jamais joui à Sienne de la faveur qu'elle connut en d'autres villes italiennes : nous n'en avons jamais rencontré de mention dans les autres documents. Une abstention est notable parmi les grands centres flamands, celle de Bruges ; mais ceci rejoint la conclusion de H. Laurent à propos du « dit du Landit » : « Bruges n'a jamais joué un rôle de premier plan dans l'expansion par terre[1]. »

En Flandre française et Artois, la draperie de *Douai* est certainement la meilleure, mais non la plus abondante : nous voyons une preuve de sa qualité dans le fait que, par sa quantité, elle représente seulement 3,6 % du montant global de la commande, tandis que, par sa valeur, elle en représente 7 %[2]. Nous rejoignons ici les conclusions de M. Espinas. Et, de même à propos d'*Orchies* : « petit centre » de production, cette ville est un « grand centre d'exportation », de très bonne heure affilié à la Hanse des XVII villes et à la Hanse de Londres[3]. Lille aussi fut un grand centre, mais les sources ne nous apprennent guère sur son activité. A la liste des étoffes dressée par M. Espinas, notre texte permet d'ajouter pour Lille des draps bleu clair et des draps bleu azuré, pour Orchies des draps bleu et des draps mêlés[4]. Saint-Omer ne figure pas sur notre liste, et de nou-

1. H. Laurent, *La draperie des Pays-Bas en France et dans les pays méditerranéens...* Paris, 1935, p. 132.

2. Il est à signaler tout particulièrement que les draps de Douai n'ont pas été achetés à la foire de Provins à des drapiers douaisiens, mais à des marchands d'Ypres, Michel Aiguille et Henri « lo Mai » ; la famille Aiguille apparaît dans divers documents d'Ypres, notamment dans les *Comptes de la ville d'Ypres*, publiés par Des Marez.

3. G. Espinas, *La draperie dans la Flandre française au Moyen Age*, t. II, 1923, p. 837-838.

4. *Ibid., in fine*, tableau II, « liste des étoffes ». Pour Orchies, M. Espinas ne paraît pas avoir connu de texte mentionnant les sortes d'étoffes tissées à Orchies ; pour Lille, il cite seulement des draps teints et des draps non teints, ce qui ne donne guère de précision, et, d'autre part, des draps moir pers.

veau nous retrouvons les conclusions de M. Espinas[1] : Saint-Omer, centre très important au XIIIe siècle, est entré en décadence au XIVe et sa production alimente essentiellement le marché local et subsidiairement les pays de la Hanse.

Dans le domaine royal, *Montreuil* a une industrie abondante, mais de qualité inférieure (10,4 % en quantité, 5,1 % en valeur). La production de *Beauvais* est peut-être moins abondante, mais non de meilleure qualité.

Ce tableau nous réserve, enfin, une surprise : le développement de la draperie champenoise, et spécialement de celle de Châlons. En effet, la Champagne seule a fourni en quantité et en valeur près de la moitié de la commande. *Châlons* possède alors une draperie de tout premier ordre : des commandes ont été passées à onze maisons de commerce différentes[2] pour des draps de onze sortes ou prix différents : trois draps vert-encre, trois vert-émeraude, deux pers-encre, deux azurés et une futaine. L'ensemble paraît être de la meilleure qualité : comme dans le cas de Douai et d'Ypres, les meilleurs centres des Flandres, le pourcentage en valeur est fortement supérieur au pourcentage en qualité (22,3 % contre 32,2 %). La draperie de Châlons a fourni à elle seule le tiers du montant global de la facture. Ce n'est pas un cas fortuit : nous avons la preuve que cette ville a été vers l'Italie l'un des plus importants centres d'exportation de draps ; il n'est pas de régions ou de villes italiennes où nous n'en ayons relevé la trace.

L'explication en est aisée. L'industrie champenoise s'est éveillée au contact des foires commerciales ; elle a profité d'une matière première abondante sur le marché local : la laine des troupeaux de moutons établis sur les plateaux de la Champagne méridionale et en Champagne pouilleuse[3].

1. Espinas, *op. cit.*, t. II, p. 875-879.

2. Une seule de ces maisons nous est connue ; un achat est fait, en effet, à Janson Petit Noisette de Châlons : ne serait-ce pas la firme des Noisette de Châlons qui, en 1318, fit faillite. Cf. G. Robert, *Une faillite aux foires de Champagne en 1318* (*Nouvelle Revue de Champagne et de Brie*, t. II, 1924, p. 82-89).

3. G. Massa, *La vie rurale en Champagne méridionale...*, dans *Positions des thèses... École des chartes*, 1944, p. 89 et 90.

Elle a pu rivaliser avec l'industrie flamande. Quand celle-ci, par suite (entre autres causes) de crises politiques, a déserté les foires de Champagne, ces foires purent se maintenir quelque temps, grâce à l'industrie locale, en assumant un rôle de marché régional, jusqu'au jour où la capitale du royaume, trop proche et trop attirante, aura définitivement drainé vers elle les courants commerciaux. Ici, à la fin du XIIIe siècle, nous nous trouvons à un moment capital dans l'évolution du commerce international, et notre document nous le montre de façon éclatante : les foires de Champagne sont en train de perdre leur rôle de marché international ; leur mission était de mettre en rapport industrie flamande et débouchés italiens. En 1294, les produits flamands s'y rendent encore, mais ils ne représentent plus que le tiers du montant des commandes d'une grande firme italienne : les foires se régionalisent et cette même société italienne consacre plus de la moitié de ses achats à des produits locaux. Elle achète plus de draps de Châlons, par exemple, que de draps de Gand, d'Ypres, d'Arras et de Douai réunis.

Ceci nous apparaît plus clairement encore quand on compare ce document de 1294 avec les données que l'on peut tirer d'un registre de notaire siennois antérieur de soixante-dix ans[1]. Il ne s'agit plus cette fois d'achat en foires de Champagne, mais de revente en demi-gros de draps d'Outre-monts achetés en foire et revendus à Sienne même à la clientèle italienne. Entre le 9 août 1221 et le 10 mai 1223, nous disposons de trente-deux contrats portant sur un total de près de 350 pièces, représentant une valeur globale de plus de 5,500 livres. Le matériel documentaire est donc suffisamment abondant pour servir de base à notre comparaison. Or, à cette date de 1221-1223, nous obtenons les pourcentages suivants, selon les origines des draps :

1) Flandre flamingante . . . . 12 %
    Ypres (seul), 12 %
2) Flandre française, Artois et Picardie . . . . 64,2 %
    Abbeville, 0,2 %

1. A. Lisini, *Indice*... (cité *infra*. Note bibliographique, § 1 c).

Amiens, 6 %
Arras, 1,6 %
Hesdin et Montreuil (souvent unis), 51 %
Saint-Omer, 5,4 %

3) Champagne et Brie. . . . . 1,7 %
Châlons, 1,2 %
Provins, 0,5 %

4) Autres régions (Ouest) . . . . 22,1 %
Chartres, 0,9 %
Rouen et Louviers (parfois unis), 17 %
Saintes, 4,2 %

Un fait saute aux yeux : Flandre et Artois (en y joignant Montreuil, presque toujours mentionné avec Hesdin) ont fourni plus des trois quarts des draps d'Outre-monts vendus à Sienne (76,2 %), tandis que la Champagne ne représente que 1,7 % du total. Au début du XIIIe siècle, l'industrie champenoise vient à peine de naître et les foires de Champagne sont vraiment alors un marché international. A la fin du siècle, la draperie flamande est en recul, la draperie champenoise en plein essor et les foires tendent à se transformer en un marché de débouchés pour une industrie régionale.

Une abstention doit encore être notée : celle de tout produit originaire du Brabant. A cette époque pourtant, l'industrie brabançonne est née et elle ne va pas tarder à supplanter l'industrie flamande[1]. Mais le développement de cette draperie ne s'opère plus par les voies traditionnelles du commerce : ce n'est plus aux foires de Champagne, mais à Paris, que se concluent les transactions, à Paris où s'installent à résidence fixe des agences de sociétés italiennes et spécialement florentines, ou bien encore sur place dans des ports comme Bruges ou Anvers, où également s'établissent des succursales de maisons italiennes. Il y a là une révolution économique de première importance. Mais Sienne ne paraît pas l'avoir compris. Elle est demeurée fidèle et aux

1. H. Laurent, *op. cit.*, p. 128 et suiv.

foires de Champagne et à la draperie flamande. Ces trois éléments du marché, qui se sont trouvés liés, appartenaient déjà au passé : Sienne périclite et perd sa prééminence économique après la faillite de la « Gran Tavola » des Buonsignori ; la prospérité économique de la Flandre est compromise par les restrictions apportées à la libre circulation des matières premières et des produits fabriqués ; les foires, enfin, ne cessent de décliner. Le XIVe siècle verra le triomphe du commerce florentin, de l'industrie brabançonne et du marché parisien.

Édition du texte

La lettre a été fortement abîmée à la pliure et aux bords par les dents des rongeurs. Les lacunes ainsi créées sont parfois graves, car elles portent tantôt sur le nombre des pièces d'étoffe, tantôt sur leur prix d'achat. Dans tous les cas, à la suite de calculs longs et compliqués, il nous a été possible de restituer avec une certitude quasi absolue les chiffres rongés ; c'était le seul moyen de rendre le document utilisable.

Chaque article est précédé en début de ligne du mot « ancho », qui correspond à notre « item ». Partout où l'achat a été stipulé en monnaie parisis, l'équivalence, introduite par le mot « vagliono » (valent), est donnée en monnaie tournois, et les comptes sont faits également en tournois. A la suite de groupes d'articles est au milieu de la ligne une mention dont nous n'avons pu déterminer le sens ; précédée des lettres « Cor » surmontées d'un tilde, elle nous donne cinq fois une somme en « quar. » (*sic*), sous et deniers parisis, et deux fois en « quar. », sous et deniers tournois. S'agit-il d'une taxe, d'un droit de courtage, de frais s'ajoutant au premier coût?

Nous avons cru utile de joindre au texte italien une traduction française pour en faciliter la compréhension. Pour certains termes, nous n'avons pu établir la correspondance : ainsi des estanforts d'Arras « verdoli a vermeglio », ou des draps de Montreuil « passanti ». Pour les autres termes techniques, on devra se reporter essentiellement aux travaux suivants : G. Espinas, *Essai sur la technique de l'industrie textile à Douai aux XIIIe et XIVe siècles (1229-1405)*, et *La draperie dans la Flandre française*, citée *supra.* — K. Zangger, *Contribution à la terminologie des tissus en ancien français attestée dans des textes français, provençaux, italiens, espagnols, allemands et latins.* Zurich, impression photomécanique, 1943. — H. Laurent, *La draperie* (citée *supra*), p. 209 et suiv.

Sur le « primo costo » et le « taccamento », se reporter à A. Sapori, *Il taccamento dei panni franceschi*..., et *Una compagnia di Calimala ai primi del Trecento.* Florence, 1932, et secondairement à Florence Edler, *Glossary of medieval terms of business. Italian series, 1200-1600.* Cambridge, U. S.-A., 1934.

1294, foire de mai de Provins.

Lettre missive adressée par Pierr. Dietaiuve à Pachino Ranieri, Cione Bartalomei et Cie de Sienne, leur faisant connaître les achats de draps d'Outremonts faits pour leur compte à la foire de Provins.

Original : Bibl. nat. centrale de Florence, coll. Magliabecchana, classe VIII, ms. 1392, pièce 3.

P(achino Ranieri) e compagni, Pier. Dietaiuve salute. Per questa lettera intedarete la vestita che avemmo fatta di questa fiera (di Pro)vino di magio anno novanta e quatro per Simonetto di Fidanza e per li compagni di Spuleto, laquale ivestita e quante ne sono fatte e se ne saranno per innanzi per loro e per noi preghiamo lo Nostro Signore Geso Cristo e la Sua benedetta Madre, madonna santa Maria, chen'ne le conducha tutte a salvamento e die te ne guadagno que sia buono per l'anima e per lo corpo. Amen.

1 Imprima i dio x stanforti d'Arazo, che ne sono li cinque chappa di cielo, li tre verdoli a vermeglio, l'un morro a dili verde, l'un porpore a vermiglio, costano di primo costo cinquanta due li. e diciotto s. par., e ciaschuno puliziato e tachato del suo costo a Par., vagliono . . . . lxvi li. xxx d. tor.

Cor. . . . . iii quar. xviii d. par.

2 Ancho iii panni tinti a color di Doagio, da Miciele Aguilla d'Ipro, costano di primo costo vinti mar. tre fer. uno lotto, e ciachuno puliziato del suo costo vagliono, per trente nove s. e due d. tor. lo marco . . . . xl li. xv s. iiii d. tor.

3 Ancho iii panni tinti a color di Doagio, d'Arrigho lo Mai d'Ipro, costano di primo costo vinti mar. uno fer. tre lotti, e ciachuno puliziato del suo costo vagliono per trente nove s. due d. tor. lo mar. . . . . xl li. vii d. tor.

4 An(cho xi)ii panni marchàti d'Ipro, li due persi e li otto azurini e celestrini e li tre sbiadati, costano di primo costo (lx mar.) due fer. uno lotto, ciaschuno puliziato e tachato del suo costo vagliono. . . . . cxviii li. xii s. ii d. tor.

5 (Ancho x ver)ghati d'Ipro, costano di primo costo cent(o t)ranta due li. e undici s. (otto d. par., ciaschuno) puliziato (e tachato del suo costo a) Par., vagliono.... (clxv li. xiv s.) iiii d. tor.

Cor. . . . . vi quar. iiii s. ii d. par.

6 An(cho iii) verghati di Poporingha, costano di primo costo vinte quatro li. e diece s. par., e ciaschuno puliziato e ta(chato del s)uo costo, vagliono. . . . . . xxx li. xii s. vi d. tor.

7 Ancho ii verghati di Guanto, costano di primo costo dice nove li. e diece s. par., vagliono. . xxiiii li. vii s. vi d. tor.

8 Ancho xiii panni bioi di Lilla, li quatro chiari e li nove azurini e celestrini, costano di primo costo settanta e cinque mar. e tre fer. e due lotti, e ciaschuno puliziato e tachato del suo costo, vagliono, per trente nove s. e due d. to. lo mar. cxlviii li. xii s. tor.

Cor. . . . . iii quar. iii s. x d. par.

9 Ancho x panni d'Orcis, li cinque bioi e li cinque meslati, costano di primo costo sesanta li. e dice nove s. par. e ciaschuno puliziato et achato del suo costo, vagliono.... lxxvi li. iii s. viiii d. tor.

Cor. . . . . xiii s. vi d. par.

10 Ancho ii verdi encri di Doagio, costano di primo costo vintoto li. e quatordici (s.) par., vagliono.... xxxv li. xvii s. vi d. tor.

11 Ancho xviiii panni di Mosteruolo, li sette passanti e li dodici al bioio, costano di primo costo sesanta e nove li. e sei s. par., ciaschuno poliziato del suo costo, vagliono.... lxxxvi li. xii s. vi d. tor.

Cor. . . . . iiii quar. xxx d. par.

12 Anch(o) iiii meslati di Parigi fuor loghi cento sette alle e due quar., costano di primo costo vinte sei li. e dicesette s. (e cinque d. par.), cinque s. par. alla, e ciaschuno puliziato, vagliono. . . . . xxxiii li. xi s. x d. tor.

13 Ancho x verghati di Lagni fuor loghi dugento sesanta e nove alle, costano di (primo costo quar)anta nove li. e due s. par. ciaschuno puliziato dell'alle e del suo costo a Parigi, vagliono.... lxi (li. vii s. vi) d. tor.

14 Ancho x panni di Belvagio, li due persi e li due azurini e li sei meslati, costano di primo costo quaranta e sei li. e sei s. par., e ciaschuno puliziato e tachato del suo costo, vagliono.... LVII li. XVII s. VI d. tor.

15 Ancho IIII verdi encri, da Perisone di Churi di Cialo, costano di primo costo per quindici li. e dodici s. to. pezzo. LXII li. VIII s. to.

16 Ancho IIII verdi encri, da Raullo di Granvilla di Cialo, costano di primo costo per quindici li. e due s. to. pezzo. LX li. VIII s. tor.

17 Ancho III verdi smiraldini, da Rausino di Ciabarlando di Cialo, costano di primo costo, per tredici li. e dodici s. tor. pezzo. XL li. XVI s. to.

18 Ancho IIII verdi smiraldini, da Perisone del Tempio di Cialo, costano di primo costo, per undici li. tor. pezzo. XLIIII li. tor.

19 Ancho IIII verdi smiraldini, da Odinotto di Marzone di Cialo, costano di primo costo per nove li. e otto s. to. pezzo. XXXVII (li. XII s. tor.).

20 Ancho II fistachini, da Giasone Piti Nogetta di Cialo, costano di primo costo, per tre (li. e do)dici s. to. pezzo. (VII li. IIII s. tor.).

Cor. . . . . III quar. VI s. VIIII d. tor.

21 Ancho (XII persi) encri, da Robino di Mil(.....) di Cialo, costano di primo costo, per undici li. e diece s. to. pezzo. (CXXXVII li. to.).

22 Ancho III persi encri, da Giani lo Richiuditore di Cialo, costano di primo costo, per diece li. tor. pezzo. . . XXX (li. to.).

23 Ancho VI azurini, da Ruberto di Suppa di Cialo, costano di primo costo, per nove li. e quindici s. tor. pezzo. LVIII li. X s. tor.

Cor. . . . . . I quar. 19 d. tor.

24 Ancho VI azurini, da Tieri di Villanuova di Cialo, costano di primo costo, per otto li. e diece s. to. pezzo. . . . . LI li. to.

25 Ancho IIII biffe verghate azurine, da Gualtieri lo Beghe di Provino, costano, per nove li. e cinque s. tor. pezzo, e son puliziati. XXIV li. tor.

26 Ancho III biffe verghate celestrine, da Ghuglielmi di Salizio di Provino, costano, per otto li. tor. pezzo, e son puliziati. XXXVII li. tor.

27 Ancho III biffe verghate perse, da Perrino lo Normando di Provino, costano per sette li. e quindici s. tor. pezzo, e son puliziati. . . . . XXIII l(i. V s. to.).

28 Ancho III verghati bioi, da Estiene Ghoterano di Provino, costano, per quatro li. e otto s. tor. pezzo, e son puliziati. (XIII li. IIII s. to.).

29 An(cho III) verghati bioi, da Lisa la Dritta di Provino, costa nodi primo costo, per q(uat)ro li. tor. pezzo. XII li. tor.

30 Ancho IIII verghati bioi da Lorenzo di Misabuona di Provino, costano, per tre li. e diciotto s. tor. pezzo. XV li. XII s. tor.

31 Ancho XVII alle e mezo di verde smiraldino da Giachessone Grosso Zano di Cialo, costano. . . . XIII li. III s. tor.

Somma per tutto che costa la vestita de'panni di questa fiera, fatta per Simonnetto e per li compangni. M VI^c LIII li. VIIII s. VI d. tor.

32 Ancho XXX peze di stamegna di Rensa, costano diciotto li. e diece s. par., vagliono e ciaschuna si è puliziata del suo costo a Parigi. . . . . XXIII li. II s. VI d. tor.

33 Ancho IIII sargie verghate di Rensa, de la meza forgia, costano. . . . . IIII li. X s. tor.

34 (Anc)h(o) IIII sargie verghate di Rensa, de la minore forgia, costano. . . . . III li. V s. to.

(So)mma che costano l'etamengne e le sargie. XXX li. XVII s. VI d. tor.

(Somma per tutto che co)sta la vestita di questa fiera di Pro(vino di mag)io anno nov(ant)a quat(ro fatta per Simon)etto e per li (compangni di Spuleto), côntiato stamegne e sargie, e rabbattuto (....)teza. . . . . . . M VI^c L(XXXIIII li. VII) s. to.

(*Au dos* : Pachino Ranieri e Cione Bartalomei e compagni, a Siena.)

TRADUCTION

A Pachino Ranieri et Cie, Pierr. Dietaiuve salut. Par cette lettre je vous ferai assavoir les achats que nous avons faits à cette foire de mai de Provins, année 94, par Simonetto de Fidanza et Cie, de Spolète, pour lesquels achats présentement faits et ceux qui en seront faits à l'avenir pour eux et pour nous, nous prions Notre-Seigneur Jésus-Christ et sa benoite Mère, madame sainte Marie, qu'ils nous les conduisent tous à bon port et qu'ils t'en donnent gain qui soit bon pour l'âme et pour le corps. Amen.

1) Et premièrement je dis 10 estanforts d'Arras, dont 5 bleu ciel, 3 « verboli » et vermeil, 1 maur à lés (?) verts, 1 pourpre et vermeil, coûtant de premier coût 52 l. 18 s. par., chacun facturé et étiqueté de son prix à Paris, valant. . . . . 66 l. 30 d. tor.

Cor. . . . . 3 quar. 18 d. par.

2) Item 3 draps teints de Douai, de Michel Aiguille d'Ypres, coûtant de premier coût 20 marcs, 3 fiertons et 1 lot, chacun facturé de son prix, valant, à 39 s. 2 d. t. le marc. 40 l. 15 s. 4 d. t.

3) Item 3 draps teints de Douai, d'Henri « lo Mai » d'Ypres, coûtant de premier coût 20 marcs, 1 fierton et 3 lots, chacun facturé de son coût, valant, à 39 s. 2 d. t. le marc. . 40 l. 7 d. t.

4) Item 13 draps marqués d'Ypres, 2 pers, 8 azurés et célestes, 3 pâles, coûtant de premier coût 60 marcs, 2 fiertons, 1 lot, chacun facturé et étiqueté de son prix, valant. . 118 l. 12 s. 2 d. t.

5) Item 10 vergés d'Ypres, coûtant de premier coût 132 l. 11 s. 8 d. t., chacun facturé et étiqueté de son prix à Paris, valant. . . . . 165 l. 14 s. 4 d. t.

Cor. . . . . . 6 quar. 4 s. 2 d. par.

6) Item 3 vergés de Poperinghe, coûtant de premier coût 24 l. 10 s. par., chacun facturé et étiqueté de son prix, valant. 30 l. 12 s. 6 d. t.

7) Item 2 vergés de Gand, coûtant de premier coût 19 l. 10 s. par., valant. . . . . 24 l. 7 s. 6 d. t.

8) Item 13 draps bleus de Lille, dont 4 clairs et 9 azurés et célestes, coûtant de premier coût 75 marcs 3 fiertons 2 lots, chacun facturé et étiqueté de son prix, valant, à 39 s. et 2 d. le marc, 148 l. 12 s. t.

Cor. . . . . . 3 quar. 3 s. 10 d. par

9) Item 10 draps d'Orchies, 5 bleus et 5 mêlés, coûtant de premier coût 60 l. 19 s. par., chacun facturé et étiqueté de son prix, valant. . . . . 76 l. 3 s. 9 d. t.

Cor. . . . . 13 s. 6 d. par.

10) Item 2 verts encre de Douai, coûtant de premier coût 28 l. 14 s. par., valant. . . . . 35 l. 17 s. 6 d. t.

11) Item 19 draps de Montreuil, 7 « passanti » et 12 au bleu, coûtant de premier coût 69 l. 6 s. par., chacun facturé de son prix, valant. . . . . 86 l. 12 s. 6 d. t.

Cor. . . . . 4 quar. 30 d. par.

12) Item 4 mêlés de Paris « fuorloghi », longs de 107 aunes et 2 /4, coûtant de premier coût 26 l. 17 s. 5 d. par., à 5 s. par. l'aune, chacun facturé, valant. . . . . . 33 l. 11 s. 10 d. t.

13) Item 10 vergés de Lagny « fuorloghi », longs de 269 aunes, coûtant de premier coût 49 l. 2 s. par., chacun facturé de son aunage et de son prix à Paris, valant. . . . 61 l. 7 s. 6 d. t.

14) Item 10 draps de Beauvais, 2 pers, 2 azurés et 6 mêlés, coûtant de premier coût 46 l. 6 s. par., chacun facturé et étiqueté de son prix, valant . . . . 57 l. 17 s. 6 d. t.

15) Item 4 verts encre, de « Perisone de Churi » (Pellisson de Corroy, Marne, arr. Epernay, cant. Fère-Champenoise?), de Châlons, coûtant de premier coût, à 15 l. 12 s. t. pièce. 62 l. 8 s. t.

16) Item 4 verts encre, de Raoul de Grandville (Aube, arr. Arcis-sur-Aube, cant. Ramerupt?), de Châlons, coûtant de premier coût, à 15 l. 2 s. t. pièce. . . . . 60 l. 8 s. t.

17) Item 3 verts émeraude, de « Rausino di Ciabarlando » (Rosin ou Robin de Chamblin, Aube, arr. Troyes, cant. et comm. Ervy?), de Châlons, coûtant de premier coût, à 13 l. 12 s. t. pièce. 40 l. 16 s. t.

18) Item 4 verts émeraude de « Perisone » (Pellisson?) du Temple, de Châlons, coûtant de premier coût, à 11 l. t. pièce. 44 l. t.

19) Item 4 verts émeraude, d'Oudinot de Marson (Marne, arr. Châlons, ch.-l. cant.), de Châlons, coûtant de premier coût, à 9 l. 8 s. t. pièce. . . . . 37 l. 12 s. t.

20) Item 2 futaines, de Janson Petit Noisette, de Châlons, coûtant de premier coût, à 3 l. 12 s. t. pièce. . . . . 7 l. 4 s. t.
Cor. . . . . 3 quar. 6 s. 9 d. t.

21) Item 12 pers encre, de Robin de Mil..., de Châlons, coûtant de premier coût, à 11 l. 10 s. pièce. . . . . . . 137 l. t.

22) Item 3 pers encre, de Jean « lo Richiuditore », de Châlons, coûtant de premier coût, à 10 l. t. pièce. . . . . 30 l. t.

23) Item 6 azurés, de Robert de Suippes (Marne, arr. Châlons, ch.-l. cant.), de Châlons, coûtant de premier coût, à 9 l. 15 s. t. pièce. . . . . 58 l. 10 s. t.

24) Item 6 azurés de Thierri de Villeneuve, de Châlons, coûtant de premier coût, à 8 l. 10 s. t. pièce. . . . . 51 l. t.

25) Item 4 biffes vergées azurées, de Gautier le Bègue, de Provins, coûtant, à 9 l. 5 s. t. pièce, et sont facturées. . . 37 l. t.

26) Item 3 biffes vergées célestes, de Guillaume de « Salizio », de Provins, coûtant, à 8 l. t. pièce, et sont facturées . . 24 l. t.

27) Item 3 biffes vergées perses, de Perrin le Normand, de Provins, coûtant, à 7 l. 15 s. t. pièce, et sont facturées. 23 l. 5 s. t.

28) Item 3 vergés bleus, d'Étienne « Ghoterano » (Gontrand?), de Provins, coûtant, à 4 l. 8. s. t. pièce, et sont facturés. 13 l. 4 s. t.

29) Item 3 vergés bleus, de Lise « la Dritta », de Provins, coûtant de premier coût, à 4 l. t. pièce. . . . . 12 l. t.

30) Item 4 vergés bleus, de Laurent de « Misabuona », de Provins, coûtant, à 3 l. 18 s. t. pièce. . . . . 15 l. 12 s. t.

31) Item 17 aunes 1 /2 de vert émeraude de Jaquesson Gros-Jean de Châlons, coûtant. . . . . 13 l. 3 s. t.

Somme totale des achats de draps de cette foire, faits par Simonetto et Cie. . . . . 1,653 l. 9 s. 6 d. t.

32) Item 30 pièces d'étamine de Reims, coûtant 18 l. 10 s. par., chacune a été facturée de son coût à Paris, valant. 23 l. 2 s. 6 d. t.

33) Item 4 serges vergées de Reims, de force moyenne, coûtant. . . . . 4 l. 10 s. t.

34) Item 4 serges vergées de Reims, de la moindre force, coûtant. . . . . 3 l. 5 s. t.

Somme des étamines et des serges. . . . 30 l. 17 s. 6 d. t.

Somme totale des achats de cette foire de mai 94 de Provins, faits par Simonetto et Cie, de Spolète, y compris les étamines et les serges, et rabattu. . . . . 1,684 l. 7 s. t.

Note bibliographique

Étant donnée la dispersion des sources, souvent peu connues des historiens français, aussi bien que l'importance du sujet pour l'histoire économique française, nous ne croyons pas inutile de donner ci-dessous une bibliographie très détaillée de l'activité commerciale et financière des Siennois en France, et plus généralement hors de l'Italie, aux XIIIe et XIVe siècles.

a) Études générales.

A. Arcangeli, *Gli istituti del diritto commerciale nel costituto senese del 1310.* Milan, 1906, 58 p. (extr. *Rivista di diritto commer-*

ciale, t. IV, 1906). [Étude surtout juridique, mise au point d'après les travaux cités plus bas de Schulte et Zdekauer.] — M. Chiaudano, *Note sul contratto di cambio in Siena nella prima metà del sec. XIII* (*Studi in memoria di Aldo Albertoni*, vol. III. Padoue, 1938). — C. Mazzi, *Mercanti senesi nei sec. XIII e XIV* (*Bullettino senese*, t. XXX, 1923, p. 217-230). [Médiocre paraphrase des *Lettere volgari* citées *supra*, page 87, note 2.] — N. Mengozzi *Il Monte dei Paschi di Siena e le aziende in esso riunite*. Sienne, 1891-1925 (dans la 1re partie, généralités sur le rôle de Sienne avant la fondation du Monte). — C. Paoli, *Siena alle fiere di Sciampagna*. Sienne, 1898, in-16, 41 p. (*Conferenze tenute nella R. Accademia dei Rozzi*). [Très superficiel.] — F. Patetta, *Caorsini senesi in Inghilterra nel sec. XIII coi documenti inediti* (*Bullettino senese*, t. IV, 1897, p. 311-344). [Estimé.] — G. Pignotti, *I precedenti storici del Monte dei Paschi nell'esercizio del credito in Siena dal sec. XIII al XVII*, dans *Per il terzo centenario del Monte dei Paschi di Siena*. Sienne, 1925, p. 107-115. [Superficiel.] — E. von Roon-Bassermann, *Sienische Handelsgesellsschaften des XIII Jhts.* Mannheim, 1912. [Utile pour la généalogie des grandes familles, Bonsignori, Tolomei...] A compléter par *Die Champagnermessen... Inaugural-Dissertation der rechts-und-staatswissenschaftlichen Facultät zu Strassburg*. Leipzig, 1911, in-8°, 92 p. [Médiocre.] — A.-E. Sayous, *Dans l'Italie à l'intérieur des terres, Sienne de 1221 à 1229* (*Annales d'histoire économique et sociale*, t. III, 1931, p. 186-206), et *Les opérations des banquiers italiens en Italie et aux foires de Champagne pendant le XIIIe siècle*. Paris, 1932, 31 p. (extr. *Revue historique*, t. CLXXX, 1932). [Essentiel, mais reposant sur un groupe de textes déjà connus.] — Schaube, *Handelsgeschichte der romanischen Völker des Mittelmeergebietes bis zur Ende der Kreuzzüger*. Münich, 1908, p. 352-359. — A. Schulte, *Geschichte des mittelalterlichen Handels und Verkehrs zwischen Westdeutschland und Italien...* Leipzig, 1900, t. I, p. 235-252. [Très important.] — Q. Sinigaglia, *Le compagnie bancarie senesi nei sec. XIII e XIV*. Turin, 1908 (extr. *Studi senesi*, t. XXIX). — L. Zdekauer, *Il mercante senese nel duegento* (*Bullettino senese*, t. XXXI, 1924, p. 3-53). [Réimpression d'une conférence faite en 1899 à la Chambre de commerce de Sienne; important par les pièces publiées en appendice, p. 36-53.]

b) Études particulières sur des compagnies.

G. Arias, *La compagnia bancaria dei Bonsignori* (*Studi e docu-*

menti di storia del diritto, 1902, p. 1-77). — G. Bigwood, *Les Tolomei en France au XIV*e *siècle* (*Revue belge de philologie et d'histoire*, t. VIII, 1929, p. 1109-1130). — G. Bigwood, *Documents relatifs à une association de marchands italiens aux XIII*e *et XIV*e *siècles* (*Bulletins de la Commission royale d'histoire*, t. LXXVIII, 1909, p. 205-244). [Compagnie des Gallerand?] — Cf., du même auteur, *Le régime juridique et économique du commerce de l'argent dans la Belgique du Moyen Age*. Bruxelles, 1921, 2 vol. in-8o (*Académie royale de Belgique, classe des lettres, Mémoires*, in-8o, 2e s., t. XIV, *passim*). — M. Chiaudano, *I Rotschild del Duecento, la « Gran Tavola » di Orlando Bonsignori* (*Bullettino senese*, n. s., t. VI, 1935, p. 103-143). [Excellent.] — A. Gottlob, *Zur Gesellschaft der Buonsignori von Siena* (*Historisches Jahrbuch*, t. XXII, 1901, p. 259 et suiv., p. 700). — E. Jordan, *La faillite des Buonsignori*. Paris, 1902, 15 p. (extr. *Mélanges Paul Fabre*). — F. Piccolomini-Bandini, *Carte mercantili Piccolomini del sec. XIII*, dans *Miscellanea storica senesi*, t. V, 1898, p. 65-77. [Intéressant, mais rendu presque inutilisable par les fautes de lecture et les erreurs d'analyses des actes.] — Voir aussi Y. Renouard, *Les relations des papes d'Avignon et des compagnies commerciales et bancaires...* Paris, 1941, *passim* (*Bibl. des Éc. fr. d'Athènes et de Rome*, fasc. 151).

c) Textes.

Aux lettres citées *supra*, page 87, note 2, source essentielle, ajouter : E. Astuti, *Il libro dell'entrata e dell'uscita di una compagnia mercantile senese del sec. XIII, 1277-1282*. Turin, 1934, XXIV-565 p. (*Documenti e studi per la storia del commercio...*, dir. F. Patetta e M. Chiaudano, vol. V). — D. Bizzari, *Liber imbreviaturarum Appuliensis, notarii communis Senarum, 1221 1223*. Turin, 1934 (*Documenti e studi par la storia del commercio...*, vol. IX), — E. Casanova, *Conteggio del sec. XIII in volgare francese* (*Bullettino senese*, t. IX, 1902, p. 106-112). [Relevé des deniers dus par le sire de Vergy à des Siennois, 1278.] — M. Chiaudano, *Il libro delle fiere di Champagne della compagnia degli Ugolini (1255 1262)* (*Studi e documenti per la storia del diritto commerciale italiano nel sec. XIII*, 1930, p. 164 et suiv.). — M. Chiaudano, *Contratti di cambio in una lettera mercantile senese inedita del 1269*, dans *Atti della R. Acc. delle scienze di Torino, cl. Scienze morali*, t. XVI, 1930-1931, p. 627-650. [Important.] — A. Lisini, *Indice di due libri di imbreviature notarili*. Sienne, 1912, XVIII-147 p. (inséré avec pagination spéciale dans le *Bullettino senese*,

t. XVIII-XIX, 1911-1912). [Contrats notariés de 1221-1223 et 1228-1229.] — A. Lisini, [Note de son introduction à l'éd. des] *Lettere volgari del sec. XIII a Geri e a Guccio Montanini*. Sienne, 1889, in-16 (*Nozze Angiolina Pezzuoli-Decio Curzi*). [Mentionne le compte d'un voyage en France d'un marchand siennois, vers 1293, et en donne quelques extraits.] — L.-A. Milani, *Sei tavolette cerate scoperte... in Firenze* (*Studi superiori in Firenze, Filosofia e filologia*, t. II, p. 161-168). [Comptabilité sur tablettes de cire d'un marchand siennois ou florentin en relation avec Provins, Montreuil, Arras, Toulouse...] — Q. Sanesi, *Il testamento di un prestatore senese nella Champagne*, 1238 (*Bullettino senese*, t. IV, 1897, p. 115-118). [Intéressant.] — L. Zdekauer, *Documenti senesi riguardanti le fiere di Sciampagna*, 1294. Sienne, 1896 (*Nozze Sanesi-Crocini*, 9 février 1896). [Lettre des gardes des foires de Champagne à la commune de Sienne dans un différend entre sociétés siennoise et pistoienne.]

ADDENDA

p.105, ligne 5: M. Chiaudano, *Le compagnie bancarie senesi nel Duecento*, p.1–51, Torino, 1930 (*Studi e documenti per la storia del diritto commerciale italiano nel sec. XIII: Univ. di Torino, Mem. dell'Istituto gioridico, ser. II, mem VIII*) – *Mercanti e banchieri senesi nel sec. XIII*. Sienne, 1932, 7 p. in-fol. (Extr. *La Diana*, t.VII, fasc IV, 1932) – Conférence pour étrangers de l'Institut interuniversitaire italien, Sienne, juillet 1932: causes du développement économique de Sienne, exposé de synthèse.

p.105, ligne 36: et à part, publ. par la *Camera di commercio i industria di Siena*, 1925, 53p., 2pl.

p.106, 1.10: *Note e documenti sulla compagnia dei Bonsignori. I soci, la famiglia* (*Studi e documenti per la storia del diritto commerciale italiano, op. cit.*, p.114–142).

Complément au précédent: *Notizie sulla sede di Genova della Gran Tavola di Orlando Bonsignore, 1251–1262*. Sienne, 1933, 8 p. in-fol. (Extr. de *La Diana*, t.VIII, fasc.II, 1933) (d'après des recherches dans les protocoles notariés génois).

p.106, ligne 33: M. Chiaudano, *La divisione della Compania di Bernardino Ugolini a Siena nel 1281. Studi e documenti, op cit.*, p.95–113 (étude p.80–94).

p.106, 9 lignes avant la fin: corriger M. Chiaudano, *Il libro delle fiere di Champagne della compagnia degli Ugolini, mercanti senesi nella seconda metà del sec. XIII (1255–1262), Studi e documenti per la storia del diritto commerciale italiano nel sec. XIII*. 1930, p.164–208; étude, p.143–163.

VIII

LES TOLOMEI DE SIENNE AUX FOIRES DE CHAMPAGNE

D'APRÈS UN COMPTE-RENDU DE LEURS OPÉRATIONS A LA FOIRE DE MAI DE PROVINS EN 1279

La société des Tolomei de Sienne doit une large renommée parmi les historiens de l'économie médiévale au hasard qui nous a conservé trois des lettres adressées par ses agents en foires de Champagne à la direction à Sienne. Ces lettres constituent, en effet, une source irremplaçable pour l'étude du fonctionnement des sociétés commerciales italiennes au XIIIe siècle, comme pour la connaissance des foires elles-mêmes. Deux d'entre elles, datées de 1262 et 1265, ont été publiées dès 1871 par Paoli et Piccolomini[1]; la troisième, de 1269, connue seulement par ceux-ci sous la forme d'un court extrait, a été éditée par M. Chiaudano en 1931[2]. Toutes trois proviennent du fonds du couvent de San Francesco de Sienne, dont les éléments sont aujourd'hui dispersés : les deux premières font partie des parchemins du Diplomatico aux Archives d'État[3]; la troisième appartient à un fragment du fonds transféré aux Archives Vaticanes[4]. Au cours de dépouillements systématiques aux Archives d'État de Sienne, nous avons pu retrouver une quatrième lettre de cette compagnie, demeurée dans le fonds propre de San Francesco dans des mélanges de pièces diverses placées à la suite du fonds.

Cette nouvelle lettre n'a sans doute pas la richesse des précédentes dont le texte particulièrement circonstancié a fait la joie des histo-

1. C. Paoli et E. Piccolomini, *Lettere volgari del sec. XIII scritte da Senesi* (Bologna, 1871, in-16, *Sceltà di curiosità letterarie inedite o rare...*), n° VI (p. 25-48), n° VII (p. 49-58).

2. M. Chiaudano, *Contratti di cambio in una lettera mercantile senese inedita del 1269*, in *Atti della R. Accademia delle Scienze di Torino*, vol. LXVI, 1931, p. 627-650. Édition, p. 644-650.

3. Sur le *fondo di San Francesco*, cf. [G. Cecchini], *Archivio di Stato di Siena. Guida-inventario...*, I (Roma, 1951, in-8°, Ministero dell'Interno, *Pubbl. degli Archivi di Stato*, V), p. 28-29.

4. Archivio segreto Vaticano, Fondo della Nunziatura veneta. On ignore comment ce fragment du fonds de S. Francesco est venu se fondre dans le fonds vénitien.

riens, le sort ayant voulu qu'elles se placent dans un cas au moment de l'excommunication de Sienne et de l'expulsion des Siennois des grands marchés internationaux, dans un autre cas à la veille de la fameuse campagne de Charles d'Anjou, qui allait aboutir à la bataille de Bénévent. Mais son intérêt n'est pas moindre pour les historiens de l'économie, car il s'agit du rapport détaillé adressé au chef de la compagnie à Sienne par son représentant aux foires de Champagne, sur l'ensemble des opérations faites dans le cadre de la foire de mai de Provins en 1279 et sur la situation financière de la société.

La société des Tolomei passe pour avoir été, après la « Grant table » des Bonsignori, la plus importante compagnie siennoise du milieu du XIIIe siècle. En fait, elle doit s'être placée assez loin derrière les Bonsignori et sans doute son activité n'était-elle pas fort supérieure à celle des quatre ou cinq sociétés qui donnaient à Sienne un rang très honorable sur le marché international, les Salimbeni, les Piccolomini, les Gallerani, les Malavolti, les Squarcialupi... Elle nous offre cependant le cas très rare d'une société ayant réussi à subsister, avec des hauts et des bas, durant près de trois quarts de siècle, à une époque où les risques du crédit, les oscillations économiques et les luttes politiques ne rendaient pas facile la vie des compagnies commerciales.

Mme von Roon-Bassermann, dans ses recherches sur les sociétés siennoises[1], a donné des indications utiles sur les Tolomei et spécialement sur la composition de la compagnie au temps de son plus grand développement ; il y aurait, certes, beaucoup à ajouter et à critiquer, si la place ne nous était si mesurée, à ce qu'elle nous en dit et spécialement à sa reconstruction de l'arbre généalogique de la famille. Issue d'un certain Tolomeo Tolomei, connu en 1178 pour avoir participé à une ambassade auprès du pape Alexandre III (lui-même d'origine siennoise), et dont les trois fils, Tolomeo, Jacobo della Piazza et Lotterengo, commencèrent à s'enrichir dans le commerce, la famille Tolomei s'engage peu avant le milieu du XIIIe siècle dans le grand commerce international et fréquente les foires de Champagne. Peut-être sa fortune est-elle due d'abord aux intérêts qu'elle prend dès 1225-1226 dans les mines d'argent de Montieri, grâce à des prêts à la commune de Massa. Aussitôt après le milieu du siècle, les fils de Jacobo et leurs enfants réussissent deux affaires qui donnent à leur société un relief exceptionnel : avec les Bonsignori, ils obtiennent en 1252 et 1254, par des prêts à l'évêque de Volterra, le contrôle des

1. E. von Roon-Bassermann, *Sienesische Handelsgesellschaften des XIII. Jahrhunderts...* (Mannheim-Leipzig, 1912, in-8°) : histoire de la Société Tolomei, p. 92-97, 102-105 ; tableau généalogique et notice sur les membres de la famille, p. 106-117.

mines d'argent de Montieri[1]. En même temps, aux côtés aussi des Bonsignori, ils sont choisis par le pape Alexandre IV comme banquiers du Saint-Siège[2]. Leur faveur ne durera guère d'ailleurs, puisqu'il semble bien que, dès le pontificat d'Urbain IV, les Bonsignori aient réussi à les éliminer de la cour pontificale. L'attitude de Sienne contribua sans doute à leur disgrâce : il y aurait lieu, ici comme dans le cas de la plupart des sociétés commerciales de cette époque, d'examiner de près la politique suivie par chacun des membres, ses variations et les réactions sur l'activité commerciale et financière de la société elle-même. Sienne, en tout cas, est excommuniée par Urbain IV en 1260 et elle le demeurera jusqu'en 1273 en raison de son attitude gibeline[3]. La lettre de l'associé des Tolomei aux foires de Champagne en septembre 1262 nous montre ses craintes de se voir atteint par d'éventuelles mesures d'arrestation et de confiscation des marchandises à l'instigation du pape ; il a dû recourir à l'entremise de Parmesans pour couvrir ses activités, tandis que les chanoines de Saint-Jacques de Provins ferment les yeux sur les dépôts qui leur sont faits. Mais, dès janvier suivant, Urbain IV exclut nominativement les associés Tolomei de l'excommunication encourue par les Siennois[4]. Sans quitter, semble-t-il, la cité adversaire des Guelfes, ils s'intéressent à l'aventure sicilienne de Charles d'Anjou. En 1269, en tout cas, ils ont rejoint les Guelfes bannis et à la tête de ceux-ci se trouve précisément au Citta della Pieve Pietro de' Tolomei ; une lettre de 1269 leur est adressée en cette localité par le facteur en foires de Champagne. A cette même date, Charles d'Anjou les prend nominativement sous sa protection et les recommande à ses amis de Sicile, de France et de Rome[5]. En juin

1. Sur les mines de Montieri, cf. A. Lisini, *Notizie delle miniere della Maremma toscana...*, in *Bullettino senese di storia patria*, nouv. sér., t. VI, 3, 1935, p. 185-256. Les contrats de 1252 et 1254 ont été publiés par G. Senegaglia, *Le compagnie bancarie senesi nei sec. XIII e XIV* (Torino, 1908, in-8°), p. 122-127.

2. Sur les Tolomei banquiers du Saint Siège, outre E. von Roon, *op. cit.* (*passim*), voir les travaux classiques d'Arias, de Jordan et de G. Schneider. Plusieurs bulles d'Alexandre IV, relatives au recouvrement de sommes dues à ses *cambiatores et familares* Tolomei, dès la première année de son pontificat (9 mai, 8 et 21 juillet 1254), se trouvent dans la partie non encore classée du fonds de la famille Tolomei, déposé aux Archives d'État de Sienne ; leurs analyses nous ont été aimablement communiquées par le directeur, prof. G. Cecchini. D'autres bulles figurent dans E. Berger, *Reg. Innocentii IV*.

3. Sur ces faits bien connus, outre E. von Roon, *op. cit.*, voir F. Patetta, *Caorsini senesi in Inghilterra nel sec. XIII*, in *Bullettino senese*, nouv. sér., t. IV, 1897-1898, p. 340 et suiv. ; A. Schulte, *Geschichte des mittelalterlichen Handels und Verkehrs zwischen Westdeutschland und Italien*, t. I (Leipzig, 1900, in-4°), p. 254-255.

4. Dorez et Guiraud, *Reg. Alexandri IV*, p. 69-71 (5 janvier 1263).

5. Terlizzi, *Documenti delle relazioni di Carlo I con la Toscana*, n° 132 (Naples, 12 novembre 1269).

1270, un change sur les foires est encore contracté par eux à Citta della Pieve[1]; on sait que c'est en août 1270 seulement que les Guelfes, après la victoire de Charles d'Anjou, purent rentrer à Sienne.

Or, si l'on en croit Mme von Roon-Bassermann, « après 1270 les informations sur la société Tolomei disparaissent. Ils ont dû, comme les Scotti, être chassés du commerce international par les Bonsignori et les Florentins, puisque ni les sources anglaises, françaises et flamandes, ni les bulles pontificales ne nous en parlent plus[2] ». Elle croyait même trouver une justification de cette hypothèse dans le fait que « plusieurs membres de la société, et justement ceux qui jouaient le plus grand rôle dans le commerce international, étaient passés aux Bonsignori ». En fait, à toutes les époques, les documents relatifs à la compagnie Tolomei sont rares et, comme l'a remarqué M. Chiaudano[3], les lettres qu'elle a laissées sont à peu près la seule source sur son activité. Fondée sur le silence des sources, l'opinion de Mme von Roon a été suivie par G. Bigwood, qui a pourtant connu des documents des années 1306-1308, mais qui croyait comme elle que la société « dispersée peu après 1270 » a dû attendre la faillite des Bonsignori pour se reconstituer en 1309[4].

Il est, certes, toujours délicat d'identifier avec certitude la compagnie à laquelle appartenaient les si nombreux marchands qui apparaissent dans les documents sans dire le nom de leur compagnie; le défaut d'identification certaine rend d'ailleurs à peu près inutilisable le travail de Mme von Roon. Nous constatons précisément que la société Tolomei n'était pas désignée couramment à Sienne du nom sous lequel nous la connaissons aujourd'hui, mais de celui de « fils de ser Jacomo », qui demeurera la raison sociale du milieu du XIIIe siècle à la faillite de 1311. Ainsi, quand, en attendant l'achèvement du Palais communal qui fait aujourd'hui encore la gloire de Sienne, le Grand Conseil se réunissait dans le sévère palais des Tolomei, qui, lui aussi, subsiste de nos jours, les délibérations sont datées *in palatio filiorum Jacobi de Platea* ou *in palatio filiorum Talomeorum de Platea*[5]. Postérieurement à la prétendue dissolution de la société en 1270, nous ren-

1. Archivio di Stato di Firenze, Diplomatico, Acquisto Ricci, 30 juin 1270 : change par les Piccolomini aux Tolomei, représentés par Alessio di ser Rinaldo, de 300 livres provinois forts sur la foire Saint-Jean de Troyes en paiement de 812 lb. 10 s. pisans reçus comptant en gros florins d'argent.

2. *Op. cit.*, p. 102.

3. Chiaudano, *op. cit.*, p. 629 (« scarze notizie »). Cf., du même, *I Rotschild del Duecento, la Gran tavola di Orlando Bonsignori*, in *Bullettino senese*, nouv. sér., t. XIII, 2, 1935, p. 2 : « Per i mercanti senesi... il materiale archivistico è scarso, sperduto in una infinità d'archivi. »

4. G. Bigwood, *Les Tolomei en France au XIVe siècle* (in *Revue belge de philologie et d'histoire*, t. VIII, 1929, p. 1109-1130), p. 1109.

5. *Chartularium studii Senensis*, *a cura di* G. Cecchini e G. Prunai, I (Siena,

controns donc les documents suivants qui prouvent à l'évidence sa continuité :

— de multiples mentions entre 1277 et 1282 dans le registre de comptes d'une société siennoise non identifiée, qui a été publié par Astuti : les Tolomei avec qui cette société est en relations d'affaires fréquentes sont désignés sous les noms les plus variables, qui ont d'ailleurs dérouté l'éditeur : *la chopagnia de li figliuoli sere Jachomi*, *li figliuoli sere Jachomi*, *i sere Jachomi*, voire *li Jachomi*[1] ;

— le compte rendu de la foire de mai de Provins, 1279, édité ci-après ;

— un change de 3,000 gros tournois d'argent fait à Marseille le 23 novembre 1300 à Bindo d'Ildobrandino, de la société Tolomei, par le changeur marseillais Raymond de Montseran, et remboursable à Montpellier[2] ;

— l'achat par Pietro di Donato pour la société Tolomei des revenus de la seigneurie d'*Ancelleto* pour treize ans à un mineur Guillemet de Laudun pour 7,000 livres tournois de faible monnaie (soit 2,333 lb. 6 s. 8 d. forte monnaie), contrat qui fut ensuite attaqué et qui donna lieu à la procédure judiciaire exposée par G. Bigwood[3] ;

— une quittance donnée à Pérouse, le 12 juillet 1306, d'un change reçu de la société Gallerani de Sienne à la foire de Lagny par Pietro di Saladino de la société Tolomei[4] ;

— une procuration donnée à Sienne, le 30 décembre 1306, par la « société des fils de Jacomo Tolomei », à l'un des associés, Bindo di Bindo d'Ildebrandino pour ses opérations en France[5] ;

1942, in-4°), p. 16 (18-20 juillet 1275) et 22 (2 septembre 1278) ; dès 1284, le Grand Conseil se réunit dans le Palais de la commune.

1. G. Astuti, *Il libro dell'entrata et dell'uscita di una compagnia mercantile senese del sec. XIII* (Torino, 1934, in-8°, *Documenti e studi per la storia del Commercio...*, dir. F. Patetta e M. Chiaudano, V), voir *index*, sub v° *Jacomi* (compagnia degli, o compagnia dei figliuoli di sere Jacomo Uberti) ; cette dernière identification est inexacte.

2. Cité par E. Baratier, *Histoire du commerce de Marseille*, t. II (Paris, 1951, in-8°), p. 168, note 3, d'après les Archives départementales des Bouches-du-Rhône, fonds Malauzat, 4, fol. 37.

3. G. Bigwood, *op. cit.*, p. 1112-1114, d'après Beugnot, *Olim*, t. III, p. 1210 (Archives nationales, X[1a] 4, fol. 350 v° ; Boutaric, n° 5214).

4. Cité par Bigwood, *op. cit.*, p. 1111, note 1, d'après Gaillard, *Inventaire des anciennes chartes des comtes de Flandre* (aux Archives de l'État à Gand), n° 642.

5. Archivio di Stato di Siena, Deposito Tolomei, n° 61 (66), cité dans un acte du 7 novembre 1307 à Nîmes. La procuration est émanée d'Andreà del fù Cristofano, Mino del fù Simone, ser Federigo del fù Rinaldo, ser Nigio d'Ildebrandino, Gioioso di Stricca, Nello del fù Mino, Mino del fù Stricca, Orlando di Baldistricca, tous de la famille Tolomei, et, en outre, de Pietro di Saladino et Francesco di Jacopo, constituant la société « des fils de Jacomo Tolomei ».

— un change fait à Bordeaux, le 26 janvier 1307, par la même société à un autre associé des Tolomei, Vanni di Guido, de 1,000 florins d'or à payer à la foire de Lagny en 2,125 livres de petits tournois à 40 deniers le gros tournois vieux[1];

— un change fait à Nîmes, le 7 novembre 1307, par une compagnie lucquoise à Bindo di Bindo d'Aldobrandino et ses associés de la « société dite des fils de Jacomo Tolomei » de gros tournois en 966 lb. 13 s. 4 d. tournois, aloi de saint Louis, payables à la foire de Troyes[2];

— un reçu donné à la foire de Provins, 1308, par Pietro di Saladino et Francesco di Jacomo aux Gallerani pour 12 livres de bons petits tournois en paiement de 24 lb. 15 s. en florins reçus à Sienne[3];

— une procuration, le 15 février 1310, du Marseillais Charles Atous à un drapier de Marseille pour recevoir des associés des Tolomei, Vanni di Bindo et Meo Tinocci, les 317 lb. 7 s. 6. d. de bons tournois que la société lui a promis payer à la foire de Lagny[4].

Ces divers documents nous prouvent donc que la constitution de société du 21 mars 1310 (nouv. st.), bien connue parce que l'acte en a été publié par Senigaglia (sous la date de 1309)[5] et utilisé par Mme von Roon, n'est qu'une des transformations de société que connaissent bien tous ceux qui ont travaillé sur les compagnies commerciales du Moyen Age : les documents que nous venons de citer montrent que la société disposait déjà auparavant de sommes importantes aux foires de Champagne et qu'elle était, en outre, représentée au moins sur les places de Nîmes, Marseille et Bordeaux ; dans cette dernière ville, elle jouissait même d'un comptoir permanent qui laisse présumer des relations avec l'Angleterre, car l'acte de 1307 est passé dans la maison d'habitation du facteur de la compagnie. Le contrat de 1310 que nous ont conservé les archives de la famille[6] est donc le dernier maillon d'une longue série de contrats qui durent se succéder depuis 1250 au moins entre les fils et descendants de Jacomo della Piazza ; il n'était lui-même stipulé que pour trois ans. Avant même son expiration, la société était en faillite.

1. G. Bigwood, *Le commerce de l'argent en Belgique au Moyen Age*, in *Académie royale de Belgique, classe des lettres et des sciences morales et politiques, Mémoires*, t. XIV, 2, 1922, p. 319-320, d'après Gaillard, *op. cit.*, n° 666. Les éléments chronologiques concordent pour dater la pièce de 1307 et non de 1308.

2. Cf. *supra*, p. 110, note 5.

3. Archives de l'État à Gand, Inventaire Saint-Genois, n° 1184 (lettre du 15 mars 1308), cité par Bigwood, *op. cit.*, p. 1111-1112.

4. Baratier, *op. cit.*, p. 168, note 2, d'après les Archives départementales des Bouches-du-Rhône, fonds Malauzat, 25, fol. 31.

5. Senigaglia, *op. cit.*

6. Archivio di Stato di Siena, Deposito Tolomei, n° 64 (71). Copie faite après la faillite, le 20 décembre 1313, sur l'ordre du juge collatéral du podestat.

Ses dernières opérations eurent lieu à Troyes à la foire Saint-Jean 1311, où elle conclut des contrats pour des sommes fort élevées avec plusieurs des plus importantes compagnies florentines, les Bardi pour 5,300 livres de tournois petits, les Peruzzi pour 3,500 lb., les Macci pour 1,243 lb. 15 s., Jacopo di Nicoló et Nicoló son frère pour 600 lb., et avec Chiarotto Baldini et Balduccio di Bonconte pour des sommes inconnues. La société fut dès lors absente des foires et la procédure de mise en faillite commença à la requête des créanciers. Le passif dépassait, semble-t-il, 11,000 livres, alors que le capital social (certainement inférieur, il est vrai, à l'actif réel), prévu par le contrat de 1310, n'atteignait pas 10,000 livres. G. Bigwood a retracé, grâce aux registres du Parlement de Paris, les étapes de la procédure[1] : la défense des foires lancée contre les Siennois pour la foire Saint-Remi de Troyes 1315, le délai octroyé par le roi, la correspondance entre les gardes des foires et les autorités judiciaires siennoises, les procédures dilatoires, l'acquisition des droits des créanciers par le roi, les divers arrêts de 1318 à 1327.

Il semble bien que rien ne put être recouvré sur les débiteurs ; il en coûta seulement aux créanciers des frais considérables de procédure, puisqu'on relève, dans le *Libro dell'asse* des Peruzzi, publié par M. A. Sapori, que, de 1325 à 1335, cette compagnie paya 466 lb. 10 s. 6 d. en florins pour les deux cinquièmes des frais, le reste étant payé par les Bardi. Le total monta donc en ces années à 1,166 livres en florins, soit 775 florins or, près de 10 % de la créance[2].

La lettre de 1279 est adressée au directeur de la compagnie à Sienne, ser Talomeo di Rinaldo di ser Jacomo della Piazza, fils, par conséquent, de Rinaldo, le banquier d'Alexandre IV, et neveu de Talomeo di Jacomo, qui dirigeait la société à l'époque des lettres de 1262-1269. Aucun autre texte ne le mentionne cependant et il ne figure même pas au tableau généalogique de la famille dressé par Mme von Roon.

L'expéditeur en est Lucà di Bonsignore, que M. M. Chiaudano a cru pouvoir rattacher à la famille des Bonsignori[3]. Il devait fréquenter les foires depuis une décennie au moins, puisqu'en avril 1270 ses deux

1. G. Bigwood, *op. cit.*, p. 1115-1130, qui a pris précisément pour objet de son article l'exposé des procédures de cette faillite.

2. A. Sapori, *I libri di commercio dei Peruzzi* (Milano, 1934, in-fol., *Pubblicazioni della Direzione degli* « Studi medievali », I), p. 109-110 et 158.

3. M. Chiaudano, *I Rotschild...*, *op. cit.*, tableau : Lucà est indiqué, avec les dates... 1257-1270, comme fils de Bonsignore et frère d'Orlando, chef de la puissante société qui tira de lui sa raison sociale. Nous ne connaissons pas de texte justifiant cette identification. Au contraire, le document cité ci-après lui donne pour frère un certain Meo, inconnu parmi les frères d'Orlando ; de plus, seul Meo et lui se partagent l'héritage paternel, ce qui serait inconcevable dans l'hypothèse du tableau généalogique de M. Chiaudano.

associés d'alors, Ranieri di Palmiero et Ugolino di Nicolò, cèdent à la commune de Sienne une créance de 800 livres tournois sur l'abbaye de Saint-Florent de Saumur ; ce prêt était déjà échu, et il est vraisemblable que les créanciers l'avaient fait racheter par la cité en raison des négociations en cours avec Charles d'Anjou dans les domaines de qui l'abbaye se trouvait[1]. Lucà était encore aux foires de Champagne en 1280, car, le 22 avril de cette année, à la foire de Bar-sur-Aube, il donnait procuration à Mino, dit Sazzo, del fù Pietro di Bienna, pour faire le partage des biens qu'il avait indivis avec son frère Meo, comme provenant de la succession de leur père : trois maisons à Sienne et un « podere » à Arbiola[2].

Les Tolomei ont alors aux foires deux autres facteurs, Cino di Pietro, qui semble diriger l'établissement et qui transmet au comptable chacun des éléments à porter aux écritures, et Tofano (hypocoristique de Cristofano) Bonsignore, qui se rend aux lieux de production en Flandre pour les achats de draperie. De ce dernier nous ne savons rien ; peut-être était-il parent du comptable Lucà Bonsignore. Cino, au contraire, figurait sur la sûreté délivrée par Charles d'Anjou en 1269 aux marchands du Parti guelfe à côté de plusieurs associés Tolomei ; il devait être à cette époque en Italie, sans doute à Florence, car, dans la lettre de 1269, Andreà annonce à ses associés qu'il a écrit à Cino au sujet d'un change de 266 livres de pisans, payable à Florence à la mi-juin. En 1280, il sera, à la foire de Bar-sur-Aube, témoin de Lucà et nous le retrouvons dans le contrat de 1310 parmi les cinq dirigeants de la dernière société Tolomei, à qui est reconnu le droit d'autoriser l'entrée de nouveaux membres dans la compagnie.

Quant à Andreà di Cristofano qui, d'après notre lettre de 1279, précéda Cino di Pietro comme facteur de la société en France, c'est celui-là même qui expédia des foires les fameuses lettres de 1262, 1265 et 1269 ; son départ des foires doit être récent, car le compte contient de nombreuses mentions relatives au recouvrement de sommes de son exercice. Lui-même était petit-fils de Jacomo della Piazza, fondateur de la compagnie et, par suite, le neveu de Talomeo, le directeur de 1262-1269, et le cousin germain de Talomeo di Rinaldo, à qui est adressée la lettre de 1279. Il ne peut être confondu, croyons-nous, avec son cousin et homonyme, qui fut, dans la seconde moitié du XIIIe siècle, l'un des plus actifs associés des Bonsignori ; contrairement aux affirmations de Mme von Roon et en dépit des conséquences qu'elle en a tirées sur la fusion des deux compagnies, notre Andreà n'appartint jamais à cette dernière, mais continua de faire partie de

1. Archivio di Stato di Siena, Diplomatico, Archivio generale del comune, apr. 1270.
2. *Ibid.*, 22 apr. 1280.

celle des Tolomei, qu'il dirigea de 1306 au moins jusqu'à la faillite de 1311.

Le compte rendu adressé par Lucà Bonsignore à Sienne sur ses opérations de la foire de mai de Provins en 1279 comporte six parties :

1. Comptes débités pendant la foire (*die dare*) ;

2. Comptes crédités (*die avere*), suivis d'une balance faisant apparaître un excédent d'encaissement (*guadagno*) ;

3. Créances à recouvrer (*d. a ricogliare ; die dare*) ;

4, 5. Créances passées au compte des profits et pertes, sur gens faillis au cours des années antérieures sous l'exercice des deux comptables précédents ;

6. État des marchandises en magasins à Provins, Troyes et Lagny, avec indication des quantités et des prix.

Un tel état de situation, dont, à notre connaissance, aucun autre exemple pour cette époque ne nous est parvenu, est particulièrement précieux, car il nous livre certains aperçus nouveaux sur la manière dont elles pouvaient suivre l'évolution de leur liquidité. On a, en effet, beaucoup insisté depuis quelques années, et le professeur A. Sapori tout particulièrement[1], sur l'incapacité des sociétés médiévales de connaître leur situation autrement qu'avec une très grande imprécision. La notion moderne d'exercice leur aurait été totalement inconnue ; en l'absence de tout bilan, elles auraient été dans l'incertitude de la marche de leurs affaires durant tout le cours de leur activité, jusqu'à ce qu'au moment même de leur dissolution il soit dressé un état général et définitif, permettant seul un partage des bénéfices entre les associés. Situation d'autant plus grave que, dans le cas des sociétés importantes, on concluait des pactes d'association à long terme.

Nous avons toujours pensé que les marchands du Moyen Age étaient beaucoup mieux informés qu'on ne le croit généralement de l'état de leurs affaires. Les quelques épaves qui subsistent de leur correspondance et de leur comptabilité nous en sont un sûr indice. La plus ancienne lettre commerciale connue, celle de 1260, ne donne-t-elle pas pour instruction au facteur en France d'une société siennoise de faire parvenir pour chaque foire de Champagne un état unique des deniers reçus et encaissés et des créances[2]. Le compte rendu que nous

1. Voir, notamment, W. Sombart, *Il capitalismo moderno*, p. 103-106 ; A. Sapori, *Storia interna della compagnia Peruzzi*, in *Studi di storia economica medievale*, 2ª ed. (Firenze, 1946, in-8°), p. 253-254, 273-276. Sur les méthodes comptables du Moyen Age, voir les excellents travaux de M. R. de Roover ; voir, en outre, la bibliographie dans G. Luzzatto, *Storia economica d'Italia*, I (Roma, 1949, in-8°, *Biblioteca storica*, XX), p. 345.

2. Trois fois publiée entre 1867 et 1871, elle l'a été de nouveau par A. Sapori, en appendice à son article *La cultura del mercante medievale italiano* (*Rivista*

éditons illustre parfaitement l'instruction de 1260. Se succédant tous les deux mois et tronçonnant ainsi l'activité des marchands, les foires de Champagne facilitaient l'établissement d'états de situations périodiques qui, s'ils ne peuvent certainement pas être qualifiés de « bilans » au sens technique et moderne du terme, étaient néanmoins pour les sociétés un instrument de contrôle essentiel pour la marche de leurs affaires. Ils servaient au siège (la lettre de 1260 le dit clairement) à établir les comptes de l'agence, le *libro de la ragione di Francia* auquel renvoient plusieurs des registres de comptes conservés de sociétés ayant eu affaire en France. C'est sur la foi de ces comptes et des autres informations transmises par les agents (abondance relative et cours des monnaies, des espèces et des diverses marchandises, situation politique et opportunités locales), comme aussi au vu des récapitulés d'achat adressés de même à l'issue des foires et dont nous avons publié un exemple de 1294 [1], que le siège procédait aux achats de marchandises ou aux opérations de change ou de prêt sur les foires suivantes.

On voit par là qu'un compte-rendu comme celui-ci donne l'occasion rare d'une coupe à travers le mouvement d'affaires d'une importante société italienne aux foires de Champagne. L'interprétation en est cependant rendue difficile à l'historien actuel par les méthodes comptables du Moyen Age, assez différentes des nôtres.

Les deux premières parties (*die dare* et *die avere*) font connaître toutes les opérations réalisées en créditant et en débitant des comptes pendant la foire ; ces comptes sont tantôt ceux de personnes, tantôt ceux des marchandises et du matériel. C'est ainsi que le *dare* contient, d'une part, les deniers payés par les changeurs à qui remise de numéraire avait été faite à la foire précédente, les sommes versées par des clients pour des marchandises vendues à crédit, la part du produit de la vente faite par d'autres compagnies pour des marchandises communes entre elles, enfin des deniers provenant de ventes au comptant, tout cela correspondant à des « encaissements », mais, d'autre part, des achats de marchandises et de matériel donnant lieu à l'ouverture

di storia economica, II, 2, 1937), et *op. cit.*, p. 320-325. M. le comte prof. Bianchi Bandinelli a eu la très grande amabilité de m'en communiquer l'original conservé dans les archives de sa famille près de Sienne :

« Sappi, Jacomo, che noi iscraveremo bene cio che noi avaremo a scrivare, e spicialemente chello tu ne mandarai dicendo per tua lettara sichome de tuoi auti e de tuoi renduti e le prestanze le quali tu farai ; sichome tu nel mandarai dicendo per tua lettara per ciascuna fiera, chosi per ciascuna fiera li scrivaremo e metaremo nel nostro libro ; li auti poremo a tuoi auti, e renduti poremo a tuoi renduti, e le prestanze iscrivaremo a le prestanze, sichome avemo chostumato di fare da chi indietro... »

1. R.-H. Bautier, *Marchands siennois et draps d'outre-monts aux foires de Champagne, 1294*, in *Annuaire-Bulletin de la Société de l'Histoire de France*, 1945, p. 87-107, et à part (Paris, 1947, in-8°).

de comptes au nom de ces marchandises et de ce matériel, ainsi que des pertes sur ces marchandises (*avarie*) se traduisant par un débit du compte ouvert à leur nom et aussi le versement de la part afférente à d'autres compagnies pour des marchandises vendues par les Tolomei, toutes opérations correspondant à des « décaissements ». L'*avere* contient de même le remboursement aux changeurs pour les prêts faits à la foire précédente, avec les intérêts en découlant, ainsi que le paiement de sommes diverses à des hôtes, voituriers, employés et autres personnes, mais aussi une vente de marchandises ayant donné lieu à l'inscription de la somme au crédit de cette marchandise. La balance entre le *dare* et l'*avere* (art. 55), qui laisse apparaître un « gain » de 157 lb. 10 s., ne représente donc pas un excédent des recettes sur les dépenses, mais la différence entre le montant des comptes débités et celui des comptes crédités, ce « gain » étant lui-même porté au crédit du compte de la société.

Autre fait caractéristique : seules les opérations réalisées au cours de la foire sont portées au compte-rendu ; c'est incidemment à l'occasion de la description des stocks (art. 100) qu'on apprend que des marchandises ont été vendues à crédit durant la foire pour une somme de 142 livres. En le signalant, le comptable prend soin de dire qu'il les portera aux écritures seulement quand il en aura reçu paiement, ce qui semble sage en raison du nombre fort élevé alors des défauts de paiement. C'est de même l'inscription du manque à gagner sur les intérêts d'une somme de 800 livres (art. 37) qui nous révèle qu'avant l'ouverture de la foire l'un des facteurs s'est rendu en Flandre avec cette somme pour acheter des draps. Il est donc juste de dire que le compte-rendu, ne faisant pas état de tous les éléments de l'actif et du passif, mais des seules opérations comptables, n'est pas un bilan au sens moderne.

L'activité de la société est double : elle achète aux foires et en Flandre des draps et des toiles qu'elle expédie en Italie ; elle vend aux foires des marchandises importées d'Italie[1]. Le premier aspect est cependant le seul permanent ; il est la raison d'être de la société. La vente des marchandises d'importation a surtout l'intérêt d'éviter des

1. Si l'on compare les premières lettres connues de la société à celle que nous publions, on ne peut que constater un changement très net d'orientation. En 1262 et 1265, elle nous apparaissait beaucoup plus comme une compagnie financière que comme une société commerciale ; le facteur se préoccupe essentiellement du recouvrement de créances sur des établissements ecclésiastiques, et cela peut être considéré comme la liquidation des fonctions exercées de 1254 à 1261 à la cour pontificale, quand leur situation bien assise à Rome faisait des Tolomei les prêteurs attitrés des églises.

En 1262, parmi les débiteurs se trouvaient l'évêque de Thérouanne, l'église de Coventry, le chapitre de Langres, Saint-Andrew d'Écosse, les abbayes de

transports d'espèces depuis l'Italie où les draps sont vendus jusqu'aux foires. Aussi les marchandises vendues sont-elles fort diverses : au temps de notre compte, il s'agit de cordouan pisan, siennois et sarde dont il y a bon nombre de balles en magasin (art. 92-98). Précédemment, le trafic a porté sur la soie (dont il reste une balle en stock, art. 99), sur la cire (dont les associés ont vendu à crédit pour plus de 105 livres à la foire précédente, art. 18-21), sur la laine (art. 56-68, 73, 81, 82, 87, 89), la futaine (art. 86), l'alun (art. 76) et le poivre (art. 69-72, 88), comme nous l'apprend la liste des créances en retard. Il s'ensuit que la société n'a pas de clientèle fixe ; elle vendra, selon les années, sa cire à des merciers ou des épiciers de Paris ou de Troyes, sa laine à des drapiers de Provins, son poivre à des Allemands de Cologne, etc. Clientèle de foire qui varie au gré des circonstances et qui empêche la société, comme bien d'autres compagnies de Sienne, à avoir en un point donné, Paris ou la Flandre, un établissement fixe.

Il est très intéressant de relever que les produits de la draperie ne sont pas achetés aux foires mêmes de Champagne, mais aux lieux de production par le facteur Tofano Bonsignori qui se rend en Flandre. D'ailleurs, des crédits sont portés aux comptes d'hôtes de la société à Ypres (Jacques de Dixmude, art. 44) et à Châlons (art. 51). Cela est en accord avec les indications de la lettre de 1262, qui nous apprenait que l'acheteur de la compagnie se trouvait en Flandre, qu'il avait acquis des draps à Arras et qu'il n'avait pu aller immédiatement à Montreuil et à Ypres. Cela confirme donc ce que nous avons écrit sur la décadence commerciale des foires de Champagne, qui débuterait dès le milieu du XIIIe siècle, les foires maintenant et même développant, par contre, leur rôle de place de paiement et de marché financier[1].

Tofano a reçu 800 livres avant le début de la foire et 424 livres après leur ouverture, soit 1,224 livres, correspondant approximativement à

Corbigny, de Pontigny, de Fontainejan, de Quincy, de Flavigny, de Saint-Bénigne de Dijon, de Saint-Médard de Soissons, de Saint-Martin de Troyes, de Montier-en-Der, du Mont-Notre-Dame de Provins, du « Jardin Notre-Dame » et de Murbach d'Alsace.

En 1265, nous retrouvons parmi les débiteurs l'église de Coventry et les abbayes de Pontigny et de Saint-Martin de Troyes, auxquelles on doit ajouter Saint-Pierre de Gand, Saint-Antoine, « Gianvale » et « Bellebranche ».

En 1269, seul un recouvrement sur Saint-Bénigne de Dijon est encore signalé.

En 1279, toutes ces créances anciennes sont liquidées ; quand le facteur dresse la liste des « dete vechie », aucune d'entre elles n'est de provenance ecclésiastique ; toutes sont d'origine commerciale. Une seule allusion cependant est faite à des bœufs de l'abbaye de Molesme, qui n'ont pas été payés aux Tolomei par l'acheteur ; peut-être l'abbaye s'était-elle libérée en nature.

1. R.-H. Bautier, *Les foires de Champagne*, in *Recueils de la Société Jean Bodin*. T. V : *La foire*, et à part (Bruxelles, 1953, in-8°, 51 p.).

un achat de cent pièces de drap ou à neuf « torselli » de onze pièces. Ce chiffre est assez vraisemblable, car les Tolomei ont acheté neuf feutres (art. 34) qui normalement doivent servir à l'emballage. On sait qu'à la foire de Saint-Ayoul 1262, ils avaient acheté dix « torselli » pour 1,372 livres[1].

L'achat de draps a été complété sur place par quelques pièces : deux biffes vergées (art. 28) et une broie (art. 36) de Provins, deux coupons de drap de Douai et d'Arras (art. 32) et surtout par un lot important de toile, acquis en commun avec Ristoro Giunta[2]. Draps et toiles seront acheminés par voie de terre à Marseille, puisqu'une somme est payée à un voiturier de cette ville (art. 52-53), et de là sans doute par mer à Pise, avec qui nos marchands siennois sont particulièrement liés.

Ce rôle d'acheteur des produits textiles du Nord destinés à la vente dans le bassin méditerranéen explique un déséquilibre certain dans l'activité de la société, qui autrement serait des plus inquiétants :

1. Faiblesse des ventes par rapport aux achats : en face des 1,224 livres de draps et des 107 livres de toiles, on ne peut guère compter que 137 livres de ventes au comptant (art. 38) et 142 livres de vente à crédit de cordouan (art. 100), dont la moitié appartient à une autre compagnie, soit en tout un peu plus de 208 livres,

2. Faiblesse également des encaissements par rapport aux décaissements. Les premiers comprennent 90 livres de créances recouvrées de l'exercice d'Andreá Cristofani, un solde de 73 livres dû à la foire précédente, 105 livres de vente de cire à cette même foire, 133 livres de vente de cordouan, 103 livres de rentrées diverses et 137 livres au comptant, soit au total 642 livres. Aux décaissements figure, par contre, au seul titre du change un excédent de 850 livres sur les rentrées.

3. Proportion très importante des achats payée au moyen de « crédits bancaires », puisque aux 1,357 livres d'achat de draps et de toiles répond une avance de 850 livres faite par les changeurs.

4. Chiffre très élevé du stock par rapport aux ventes de ces mêmes marchandises en magasin : 208 livres de vente de cordouan (cf. cidessus, 1) pour un stock dont les éléments connus atteignent environ

1. Leurs associés de Parme ont acheté quinze torselli, dont les deux tiers appartiennent aux Tolomei, à qui ils servent de prête-noms en raison des circonstances.

2. Ristoro di Giunta, Siennois, fut d'abord associé des Bonsignori. Il s'en sépara pour des raisons, semble-t-il, politiques. Après avoir exercé quelque temps son activité en Champagne, il établit à Cambrai une importante table de prêt où il pratiqua l'usure sur une vaste échelle ; nous avons réuni un important dossier sur cet individu.

1,080 livres et avec la soie 1,200 livres, et qui, avec le magasin de Troyes dont l'inventaire n'est pas connu, dépassait certainement 1,500 livres.

Il est surtout un élément sur lequel on ne saurait trop attirer l'attention, car il est révélateur de l'économie interne des sociétés commerciales du Moyen Age : c'est la proportion écrasante des créances en retard et des créances irrecouvrables. Près de 260 livres de *dete vechie* du temps d'Andreá Cristofani, 360 livres pour les *danari vechi de le gienti falite* du temps de Tofano, 107 livres de créances non encore recouvrées, soit plus de 727 livres d'actif passé au compte des profits et pertes, pour 27 livres seulement de gages (art. 60, 68) sur lesquels la société va se payer. Si l'on veut obtenir le total des dettes actives de la société, il faudrait encore y ajouter le solde des créances payées à cette foire pour la cire vendue à la foire de Lagny (105 livres), le solde des créances dues à la foire de Bar (76 livres), les recouvrements des créances des exercices antérieurs, passé au compte de l'ancien facteur Andreà (90 livres). Avec ces 271 livres supplémentaires recouvrées, on obtient pour les dettes actives à l'entrée de la foire une somme qui atteint presque 1,000 livres. Rapprochons même seulement des encaissements faits à la foire et des achats de marchandises lès 700 livres non recouvrables, cela représente plus que les premiers et plus de la moitié des seconds, c'est-à-dire une charge véritablement énorme.

Les débiteurs faillis sont de toutes les régions et de tous les métiers : changeur de Troyes (90 livres), quatre épiciers de Cologne (122 livres) et un de Troyes, mercier de Paris, cordière et teinturier de Provins, drapiers de Gand, de Cambrai et de Provins, gens d'Ypres (210 livres), de Liège, de Huy, de Reims et de Châlons. On ne peut trop insister sur le nombre et l'importance de ces faillites : elles dénotent une crise vaste et profonde dans les quelques années qui précèdent 1279. C'est précisément de ce moment que datent à Florence les premières grandes faillites dont nous avons retrouvé trace. Plus que tout, le fait que treize firmes de Provins sont placées parmi les débiteurs en retard non encore considérés comme insolvables (art. 56-68) est particulièrement symptomatique : leurs dettes, qui vont de 18 sous à 48 livres, avec une moyenne de 17 livres, remontent vraisemblablement au début du printemps de cette même année 1279 ; car l'un des débiteurs a engagé aux Tolomei sa maison et il nous est rapporté (art. 60) que, s'il ne paie pas avant le premier dimanche de Carême, cette maison sera acquise aux créanciers, « selon l'usage du pays », c'est-à-dire après an et jour. Il s'agit dans tous les cas d'achat de laine, et cela doit être rapproché incontestablement du soulèvement qui va ébranler Provins dix-huit mois plus tard et dont, le 30 janvier 1281, sera victime le maire Guillaume Pentecôte : on sait que le mouvement partit des maîtres et compagnons des métiers de la laine et du drap et fut motivé par une prolongation des heures de travail[1]. Quelques mois plus tôt, un mouvement analogue avait agité d'autres villes drapantes, Douai, Ypres et Bruges.

A une époque où le crédit jouait un si grand rôle alors que les bases financières des sociétés étaient mal assises, le partage des risques semble de règle ; les Tolomei y recourent dans tous les cas. Non seulement ils prêtent ou empruntent à des sociétés diverses, siennoises, florentines, placentines ; mieux encore sur toutes les marchandises qu'elle vend, elle a des intérêts communs avec d'autres sociétés : son cordouan appartient pour partie au Pisan Bartolomeo Rosso et pour partie au Florentin Donato Peruzzi, sa laine aux Bonsignori de Sienne, son poivre à ces derniers aussi et aux Scotti de Plaisance ; la toile est achetée en commun avec le Siennois Ristoro di Giunta.

On remarque que cette solidarité unit des compagnies originaires de cités d'appartenance politique différente, Sienne, Florence, Pise et Plaisance, ce qui ne peut surprendre que ceux qui ne voient pas sous l'agitation politique superficielle la profonde communauté d'intérêts et de sentiments entre ceux qui, pour la première fois depuis le début du Moyen Age, se regroupent à l'extérieur sous la désignation de l'Italie retrouvée[2]. En cas de mévente d'un produit, de perte, de vol, surtout en cas de retard ou de défaut de paiement, le partage des risques entre compagnies d'une même ville et plus encore de villes différentes constituait la meilleure des assurances : chaque balle, chaque pièce à l'intérieur des balles étaient indivis entre deux ou trois sociétés qui procédaient chacune de leur côté à la vente de la marchandise et qui ensuite répartissaient aux autres la part qui leur devait revenir. Il en était de même très souvent pour les prêts. Cela nous explique comment les affaires des sociétés étaient imbriquées sans cesse les unes dans les autres. Mme von Roon-Bassermann a qualifié de « consortium », à la

1. Sur le meurtre de Guillaume Pentecôte, cf. F. Bourquelot, *Histoire de Provins*, t. I (Paris, 1839, in-8°), p. 236-23 , qui explique ce soulèvement social, non par des causes économiques, mais par une prétendue exaspération du sentiment national des Champenois en présence de l'annexion virtuelle de leur pays par le roi de France. E. Chapin, *Les villes de foires de Champagne* (Paris, 1937, in-8°, *Bibliothèque de l'École des hautes études*, Sciences historiques et philologiques, 268e fasc.), raconte brièvement l'événement et corrige la date donnée par Bourquelot, p. 216-217 et note 206.

2. La désignation d'un capitaine unique ayant autorité et juridiction sur les marchands de toutes les villes d'Italie est un fait particulièrement important, sur lequel les historiens italiens n'ont pas insisté suffisamment. De même l'institution à Paris pour des raisons fiscales de la « boete aux Ytaliens ». Aux querelles intestines de la péninsule semble s'opposer à l'extérieur une véritable entente des marchands venus des diverses villes, conscients de la solidarité de leurs intérêts.

fin du XIIIe siècle, la firme Bonsignori, car elle croyait retrouver en son sein des membres des sociétés Scotti et Tolomei. Mais c'est un fait tout à fait général que les compagnies, surtout à Sienne, à Pistoie et à Plaisance, s'associaient pour telle affaire particulière. Leurs membres sont donc qualifiés occasionnellement « *socii* » dans l'acte de vente ou dans la procédure pour le recouvrement, sans qu'ils aient pour cela appartenu à une société unique. Pour un groupe de sociétés pistoiennes vendant des draps en Lombardie au milieu du XIIIe siècle, malgré le très grand nombre de documents que nous avons trouvés, il nous a été impossible de dresser une liste certaine des membres de chacune d'elles ; car les combinaisons d'intérêts changent avec chacune des affaires réalisées. Cela nous amène à exprimer les réserves les plus sérieuses sur la plupart des listes d'associés qui ont été établies pour cette époque.

Si ces méthodes commerciales de division des risques permettaient aux sociétés de mieux affronter des difficultés passagères, elles ne manquaient pas de provoquer en cas de crise grave des réactions en chaîne, des faillites amenant irrémédiablement des séries d'autres faillites. C'est ainsi que le grand commerce de cités comme Sienne, Plaisance ou Pistoie a été d'un coup ébranlé et frappé à mort dans les dernières années du XIIIe siècle et les premières du XIVe, tandis qu'à Lucques et à Florence disparaissaient les compagnies qui avaient fait la première fortune de ces villes. Au XIVe siècle, les sociétés ne connaîtront pas — ou tout au moins ne connaîtront plus au même point — ces formes mouvantes de l'association occasionnelle et l'imbroglio d'intérêts qui en résultaient au siècle précédent.

Bien d'autres remarques pourraient être faites à l'occasion de ce compte-rendu des Tolomei. Disons seulement, avant d'en faire connaître le texte, que son intérêt philologique est également notable, puisque son auteur l'écrivit en toscan lorsque Dante était encore dans l'enfance.

Compte-rendu adressé à la compagnie siennoise de ser Tolomeo di Renaldo di Jacomo della Piazza et Cie par son comptable en France, Lucá Buonsignore, des opérations des facteurs et associés Cino di Pieri et Tofano di Buonsignore, à la foire de mai de Provins en 1279[1].

SIENA, Arch. di Stato, Diplomatico, Pergamene del convento di S. Francisco, Scarti diversi, 1279 [Mélanges à la suite du fonds].

(Ancienne cote : n° 475, sec. XV, n° 2. Coté dans le fonds conventuel sous le n° 67, puis 742.)

1. La numérotation des articles est destinée à faciliter l'utilisation du texte.

122

Parchemin, 4 pages, 38 × 32 cm., écrit d'une écriture très fine et très serrée sur deux colonnes, margées à la mine de plomb.

Jadis pliée en forme de lettre close, la p. 4 étant demeurée blanche :

Au recto : *Domno Telomeo Renaldi et compangni.* Marque commerciale : écu coupé portant trois croissants posés deux et un.

Au verso : *Pos...le tempo di Provino di mago LXXVIIII qui dae la ragone que Lucha ha ricievuta da Cino Pieri.* Traces de cachet.

[P. 1, col. 1]

In nomine Domini, amen. Cho bene e con guadagno che Dio ne dia. Amen.

Questa si è la ragione che io Luca Buonsignore abo ricievuta ne reame di Francia per la compangnia di domno Talomeo Renaldi Jacho. da la Piaza e per gli atri compangni, da Cino Pieri e da Tofano Buosignori, loro compangni fatori, e la deta ragione mi rasegnoro i deti e io Luca la ricieveti ne la fiera di maggio ano setanta e nove, in d. contanti e in d. a richoglare e in dete vechie e nove e in merchancie e in devito, si come divisara per questa charta iscrita di sotto e inazi di mia mano e sugielata del mio sugiello.

[I] § (1) In prima Filippo Bertoldi di Siena die dare..... CL lb. tor., ne la fiera di Provino di magio ano setanta e nove, i quali i prestamo ne la fiera di Bari dinazi, per altretanti ch'elli ne die prestare ne la deta fiera di Provino i fino a la Sa Giovani a preso per ischabio dei deti d.; avene karta per mano ser Orlando notaio.

§ (2) Bernardo Landa di Piagenza, chalbiatore di fiera, die dare..... CCC lb. tor., ne la deta fiera di Provino, i quali prestamo ne la fiera di Bari dinazi per altretanti ch'elli ne die prestare ne la deta fiera di Provino i fino a la Sa Giovani per ischabio dei deti d.; avene karta per mano di ser Ghino, notaio di Siena.

§ (3) Piero Ciaci di Piagienza die dare..... CC lb. tor., ne la deta fiera di Provino, i quali i prestamo ne la fiera di Bari dinazi per altretanti ch'elli ne die prestare ne la deta fiera di Provino i fino a la Sa Giovani per ischabio dei deti d.; avene karta di ser Ghino, notaio di Siena.

§ (4) Rufino Sechamelica di Piagienza die dare..... CC lb. tor., ne la deta fiera di Provino, i quali i prestamo ne la fiera di Bari dinazi per altretanti ch'elli ne die prestare ne la deta fiera di Provino i fino a la Sa Giovani per ischabio dei deti d.; avene karta per mano di ser Orlando notaio.

§ (5) Ser Barsalomeo Rosso di Pissa die dare..... LXXXV lb. VIII s. tor., ne la deta fiera di magio, i quali doveva dare a Cino Pieri, si chome el deto Cino mi rasegno.

§ (6) Chaparone, nostro oste di Provino, die dare..... XXX s. tor., ne la deta fiera di magio, i quali doveva dare a Cino Pieri si chom'elli mi rassegno per questo conto.

§ (7) Micielli di Mudimiera, chordovaniere..... V lb. tor., ne la deta fiera, si chome Cino mi rasegno.

§ (8) La vestita dei pani di Provino di magio deto die dare..... ccccxxiiii lb. tor., i quali porto Tofano Buosignore i Fiadola i d. contanti per la vestita dei pani d'esa fiera.

§ (9) Gusto e Padolfino Ranieri, spezialli di Tresi, dieno dare..... xl s. tor., ne la deta fiera, si chome Cino mi rasegno.

§ (10) Domno Meo Tavena e i compangni dieno dare..... lx lb. xiiii s. vi d. tor., ne la deta fiera, si chome Cino mi rasegno.

§ (11) Meo d'Incotrati die dare..... vi lb. x s. tor., in esa fiera, si chome Cino mi rasegno.

§ (12) La ragione del chordovano ch'avemo i Provino cho ser Bartalomeo Rosso e cho Donato Peruzi, die dare..... xxviiii lb. xvii s. vi d. tor., ne la deta fiera, si chome mi rasegno Cino, i quali sono per avarie fatto in eso chordovano.

§ (13) La ragione del nostro chordovano propio die dare..... x lb. tor., ne la deta fiera per avarie fatte in esso chordovano, si chome Cino mi rasegno.

§ (14) Alberto, chordovaniere di Mudimora, die dare..... xvii lb. xvi s. vi d., ne la deta fiera, si chome Cino mi rasegno.

§ (15) La nostra parte de la telle ch'avemo chon compangni di Ristoro Gionte, die dare..... cii lb. minus iiii d. tor., si chome Cino mi rasegno.

§ (16) Uno livro e uno paio di tavole da scrivare per Luca, dieno dare..... xii s. (tor.).

§ (17) La ragione ch'avemo cho ser Bartalomeo Rosso di Pissa del chordovano (die) dare..... vi lb. x s. tor.

§ (18) Piero Meiardi, ispeziere di Tresi, die dare..... li lb. xv s. iii d. (ne la) deta fiera di magio, i quali sono rimanete de la ciera che i fue venduta ne la fiera di Lagnino, di quella di Palmiero, si chome Cino mi rasegno.

§ (19) Arioto di Giani Bretiere di Tresi, ispeziere, die dare..... iiii lb. xiii s. tor., in essa fiera, i quali sono rimanete de la ciera che i fue venduta i Lagnino, di quella di Palmiero, si chome Cino mi rasegno.

§ (20) Piero, merciere di Parigi, die dare..... xliii lb. ii s. tor. ne la deta fiera, i quali sono rimanete de la ciera che i fue venduta i Lagnino, si chome Cino mi rasegno.

§ (21) Domagino, ispeziere di Tresi, die dare..... v lb. xii s. vi d. tor., ne la deta fiera, i quali sono rimanete de la ciera che i fue venduta i Lagnino, si chome Cino mi rasegno.

§ (22) Gualteroto Chonte di Siena die dare..... viii s. tor., per lo portagio d'una meza di pano i Toschana, si chome Cino mi rasegno.

§ (23) Donato Peruzi di Fioreza die dare..... lxxii lb. xviiii s. iii d. tor., n'esa fiera, i quelli rimasero a dare di Bari, si chome Cino mi rasegno.

Soma questa cholona : xvii^c^lxxx lb. iiii s. viii d. tor.

[Col. 2]

§ (24) Guliano Ranieri di Siena die dare..... iiii lb. iiii s. tor., ne la fiera di Provino di magio ano setanta e nove, i quali rimasero a dare de la fiera di Bari, si chome Cino mi rasengno.

124

§ (25) Palmiero Froderighi di Siena die dare..... xxiii lb. xiii s. tor., ne la deta fiera, si chome mi rasegno Cino.

§ (26) La ragione del chordovano di ser Bartalomeo Rosso e di Tofano die dare..... xlviii s. tor., ne la deta fiera, i quali mi rasegno Cino.

§ (27) Mino Buonsignori die dare..... xxx s. tor., ne la deta fiera, i quali mi rasegno Cino.

§ (28) Due biffe di Provino verghate dieno dare..... xxi lb. x s. tor., ne la deta fiera, si chome mi rasegno Cino.

§ (29) La meita di due torselli di chordovano dieno dare..... xxxvi lb. iiii s. tor., ne la deta fiera, il quale era de la ragione di Cino, si chome egli mi rasegno, e l'altra meita è di ser Bartalomeo Rosso.

§ (30) Quatro napi d'argiento e quatro choslieri e una choregia d'argiento dieno dare..... xxii lb. v s. tor.

§ (31) Due leta cho quatro paia di lezolo e una sargia e pano lino ch'è i Tressi dieno dare..... vi lb. tor., si chome Cino mi rasegno.

§ (32) Due morsselli di pano, l'uno chamelino di Douagio e l'atro d'Arazo, dieno dare..... v lb. x s. tor., si chome Cino mi rasegno.

§ (33) Tofano Buosignore die dare..... xl s. tor., ne la deta fiera, si chome Cino mi rasegno.

§ (34) viiii feltri, sei biachi e tre persi, die dare..... v lb. v s. tor., si chome Cino mi rasegno.

§ (35) iiii fodera d'agnello die dare..... xlvii s. tor., si chome Cino mi rasegno.

§ (36) Uno broio di Provino die dare..... xiii lb. tor., si chome Cino mi rasegno.

§ (37) Ancho mi chotio di chosto..... xiiii lb. tor., per lo posto che debo ricievare i questa fiera di Provino di viii^c lb. e di iiii^c xxiiii lb. tor. che porto Tofano i Fiadola per la vestita di questa fiera, si chome apare per questa ragione, iscrito per che i pagho ne la deta fiera di Bari, una fiera inazi.

§ (38) Ancho..... cxxxvii lb. v s. tor., ne la deta fiera, i quali mi rasegno Cino i d. contanti.

§ (39) Luigi, legatore di torselli, die dare..... xx s. tor., ne la deta fiera, si chome Cino mi rasegno.

Somma da qui su : cclxxxviiii lb. vi s. tor.

Summa per tuto chello chi mi rasegno el deto Cino che doveva richogliare ne la fiera di Provino di magio ano setanta e nove : mm lxviiii lb. x s. viii d. tor.

[II] *Questo si è el devito ch'el deto Cino rasegno a me Luca nel sua ragione e ne la deta fiera di Provino di magio.*

§ (40) Chiaro Sagina e Lapo Giovani di Fioreza deono avere..... viii^c viiii lb. tor., ne la fiera di Provino di magio ano setanta e nove, per otto cinto lb. che n'è prestato ne la fiera di Bari dinazi ; ane charta per mano ser Lizio, notaio di Fioreza.

§ (41) Mino Magisquoli di Siena die avere..... vi^c vii lb. tor., ne la deta fiera di Provino per seciento lb. che ne presto ne la fiera di Bari dinazi ; ane karta per mano di ser Ghino notaio.

§ (42) Jachomino Biecivene Baroci di Siena die avere..... CCCIII lb tor., ne la deta fiera di Provino, per III^c lb. che ne presto ne la fiera di Bari dinazi; ane karta per mano di ser Ghino notario.

§ (43) Domno Atolino Bugnoli di Parma die avere..... XXIIII lb. XVI s. tor., ne la deta fiera, si chome Cino mi rasegno per questa ragione.

§ (44) Giache di Chamu, nostro oste d'Ipro, die avere..... XX lb. XI s. VIII d., ne la deta fiera, si chome Cino mi rasegno per questa ragione.

§ (45) Bruno, nostro fante, die avere..... IIII lb. XIII s. tor., ne la deta fiera, si chome Cino mi rasegno.

§ (46) La ragione del chordovano ch'avemò cho danaro Peruzi di Fioreza, die avere..... XV lb. V s. tor., ne la deta fiera, si chome Cino mi rasegno.

§ (47) Arione, messo de la merchacia di Siena, die avere..... XXI lb tor., ne la deta fiera; son d. achomadati, si chome Cino rasegno.

§ (48) La ragione dei paghatori di Provino ch'avemo chon Andrea Cristofani, diebono avere..... XLVIIII s. tor., ne la deta fiera.

§ (49) Andrea Cristofani die avere..... LXXXX lb. XII s. tor., in esa fiera, i quali sono istati richolti per lo tempo pasato de la sua parte de le dete comune, si chome Cino mi rasegno.

§ (50) Guioto, nostro fante, die avere..... XL s. tor., in esa fiera per suo feo del tempo pasato.

§ (51) ...., nostro oste di Cielono, die avere..... VIIII s. tor., in essa fiera.

§ (52) Piero ...., veturale, die avere..... III lb. tor., ne la deta fiera.

§ (53) L'erede d'Ugo del Fangho di Marsiglia, vetturale, die avere..... III lb. V s. tor., in esa fiera.

§ (54) Cino Pieri die avere..... VI lb. tor., in esa fiera, i quali dise el deto Cino che sono d. che si voghono dare per Ddio.

§ (55) I nostri compangni di Siena debono avere..... CLVII lb. X s. tor., ne la deta fiera, i quali mi rasegno Cino, che credo che si trovo di guadagno per lo tempo che tene la sua ragione, e io Luca gl'abo iscriti ai mei avuti per la deta fiera per gli sopradeti compangni.

Suma per tuto el devito che Cino mi rasegno per questa sua ragione: MM LXVIIII lb. X s. VIII d. tor.

Di tuta questa ragione mi pare a me Luca che voi non abiate a fare piue iscrita che de le cinto cinquanta e sete lb. diecie s. tor., che i dovete iscrivare ai mei avuti per questa fiera di Provino; e dio gli abo iscriti che io gl' abea avuti da Cino per voi; se altro vi n'è, pare divisaretemilo, e io el faro volotieri.

[P. 2, col. 1]

[III] ***Questi sono queglino che debono dare a la compangnia, si chome di soto divisara, i quali sono de la ragione di Tofano Buonsignore.***

§ (56) Tomasso di Falzole di Provino die dare...... V lb. tor., per meita di diecie lb. tor. che dare die a noi e ai compangni dei figluoli

Buosignore per lana agnelina che i vedero; avene letara nel sugiello dei mastri de le fiere.

§ (57) La femena che fu Udoieri di Provino die dare..... v lb. x s. tor., per meita d'undici lb. che die dare a noie ai sopradeti per lana agnelina che li vedero.

§ (58) Bertoldo di Durtania di Provino die dare..... xl s. tor., per meita di quatro lb. che dare die a noi e ai sopradeti per lana che i vedero.

§ (59) Arnaldo di Fologni e Giacche di Chorcaone di Provino die dare..... viiii s. tor., per meita di dicioto s. che dare debono a noi e ai sopradeti per lana agnelina che lo vedero.

§ (60) Rubino di Bui di Provino die dare..... xviii lb. xii s. tor., per meita di tresenta e sete lb. e quatro s. che dare die a noi e ai sopradeti per lana che vedero, e per d. contanti che i d. avro; dei quali d. avemo noi e i consorti una sua chasa i vedita e da la moglie, cho queste chovenezie ch'el deto non a pigliati i deti d. a la prima domenica di Quaresima, la chasa è nostra; e avene le casa e ragione tanta chome si convene per l'uso del paiesse.

§ (61) Giache del Forno di Provino die dare..... v lb. vi d. tor., per meita d'undici lb. e tre s. che dare ne die a noi e ai sopradeti per lana agnelina che vedero.

§ (62) Choleto de Fecielle di Provino die dare..... viii lb. ii s. vi d. tor., per meita di sedici lb. e cinque s. che dare ne die a noi e ai sopradeti per lana che i vedero.

§ (63) Girado di Fotana Riante di Provino die dare..... x lb. tor., per meita di vinti lb. tor. che dare ne die a noi e ai sopradeti per lana che i vedero.

§ (64) Alberto Larzeliere di Provino die dare..... iiii lb. x s. tor., per meita di nove lb. che dare ne die a noi e ai sopradeti per lana che i vedero.

§ (65) Gilio di Mograto di Provino die dare..... viii lb. xvi s. tor., per meita di diciesete lb. e dodici s. che ne die dare a noi e ai sopradeti per lana che i vedero.

§ (66) Tebaldo di Bano di Provino die dare..... vi lb. xvi s. viii d. tor., per meita di tredici lb. e tredici s. e quatro d. che dare ne die a noi e ai sopradeti per lana che i vedero.

§ (67) Renaldo Andanza di Provino die dare..... xxiiii lb. ii s. tor., per meita di quaranta e otto lb. e quatro s. che dare ne die a noi e ai sopradeti per lana che i vedero.

§ (68) Peroto de la Veglia di Provino die dare..... viii lb. v s. tor., per meita di sedici lb. e diecie s. che dare ne die a noi e ai sopradeti per lana che i vedero. Di questi d. avemo v dozine e ii quarte d triaglia di Chatalogna e per tanto die esare quito de la nostra parte, e altretanto n'ano avuti i consorti; quando la deta triaglia sara veduta, si metaremo a nostr' avuti per la ragione di Tofano.

Soma che montano tute cheste dete: cvii lb. xiiii s. viii d. tor., i quali io Luca non abo ricievuti ne contiati a mia ragione nente; quado ne si ricoglesse alquno, s'il debo metare a mei avuti.

[Col. 2]

[IIII] *Questi sono i d. vechi de le gienti falite, de la ragione di Tofano Buosignore.*

§ (69) Alberto de Lippes, alamano di Chologna, die dare..... XXXVIII lb. XII s. tor., i quali sono rimanete di piue d. che dare ne debbe a noi e ai compangni degli Schoti di Piagienza e dei compangni dei figliuoli di Buosignore, per pepe che i vedero, e questi sono la nostra parte.

§ (70) Arigho de Diramodo, alamano di Chologna, die dare..... XXVIIII lb. VIIII s. tor., per nostra parte d'ottante e otto lb. e sete s. che dare debbe a noi e ai sopradeti consorti, pro pepe che i vedero.

§ (71) Churado Ghuzimano, alamano di Chologna, die dare..... XXVIIII lb. IIII d. tor., per nostra parte e fuoro rimanete di piue d. che dare debbe a noi e ai sopradeti nostri consorti, per pepe che i vedero.

§ (72) Ermano di Ressa, alamano di Chologna, die dare..... XXV lb. VIIII s. VIII d. tor., per nostra parte di d. che debbe a noi e ai sopradeti consorti per pepe che i vedero.

§ (73) Gilio Mortiere di Guanto die dare..... III lb. V s. tor., per meita di sei e dieci s. per che dare die a noi e a ser Bartalomeo Rosso di Pisa per angieline che i vedemo.

§ (74) Piero di Monpesliere de Guanto die dare..... XIIII lb. tor., per meita di vinti e otto lb. che dare die a noi e agli Schoti di Piagienza.

§ (75) Giani di Nangi di Provino, chordovaniere, die dare..... XLVII s. VI d. tor., per meita di quatro lb. quindici s. che dare die a noi e ai compangni di Ristoro Vitalli.

§ (76) Cholardo de Samaione di Chalbragio die dare..... VIII lb. XIIII s. tor., per una balla d'alume che chopro da Tofano.

Soma da qui sue : CL lb. XVII s. VI d. tor.

§ (77) Gianoto e Cristiano e Cirini d'Ipro die dare..... CCVIIII lb. XV s. minus II d. tor., i quali sono rimanete di piue d. che dare debero, si chome apare iscrito per lo livro di Tofano e per lo mio.

Soma per tuto questo lato : CCCLX lb. XII s. IIII d. tor.

[P. 3, col. 1]

[V] *Queste sono le dete vechie che fuero de la ragione d'Adrea Cristofani.*

§ (78) Piero lo Pieghatore di Celono die dare..... XLVII lb. XV s. tor., i quali sono rimanete di piue d. che dare debe, si chome apare per lo libro di Tofano e di Cino.

§ (79) Gullieme Nero, merciere di Parigi, die dare..... XXXVIII s. tor., i quali sono rimanete di piue d. che dare ne debbe, si chome apare per livro di Tofano e d'Adrea.

§ (80) Baldovino lo Fiamegho di Cielona die dare..... XXX lb. tor., i quali sono rimanete di piue d. che dare debbe per chastrati che ricievete dal abate di Muleme.

§ (81) Giache Chorbaldi, Tomao l'Ighilesse di Provino dieno dare.... VII lb. XI s. VI d. tor., per chopimento di piue d. che dare ne debe per lana agnelina ch'Adrea i vede.

§ (82) Marone la chordiera di Provino die dare..... III lb. V s. tor., per lana di rifuso ch'Adrea i vede.

§ (83) Gianoto lo Moino di Cielona die dare..... XXI lb. tor., i quali rimasero a dare ad Area (*sic* pour ad Adrea) ne la fiera di Bari sesenta e nove quando el deto Giani fali.

§ (84) Piero di Bar lo duca, chiabatore di Tressi, die dare..... LXXXX lb. tor., i quali sono remanete di piue d. che dare debe ad Adrea quando Piero falli.

§ (85) Giani di Ciermaia, tentoriere di Provino, die dare..... V lb. V s. tor., per rimanete di piue d. che dare debe ad Adrea quando el deto Piero falli.

§ (86) Morigi di Morfuse di Ressa die dare..... III lb. tor., per rimanete di piue d. che dare ne debe per frustani che Adrea li vede.

§ (87) La moglie di Giache la Varata di Provino die dare..... III lb. tor., per rimanete di piue d. che dare ne debe per lana che Adrea li vede.

§ (88) Parigioto, pevariere di Tressi, die dare..... VII lb. tor., per compimento di piue d. che dare ne debe per pepe che Adrea i vede ; avene letara nel sugiello de le guardie de le fiere.

§ (89) Gufredi lo Squderiere di Provino die dare..... XI lb. XII s. tor., per rimanete di piue d. che dare ne debe per lana agnelina che Adrea i vede.

§ (90) Piero e Nucieri e Adinoto, fratelli, du Legi, dieno dare..... VIIII lb. XVII s. IIII d. tor., per rimanete di piue d. che dare ne debe, si chome apare per lo livro di Tofano.

§ (91) Giani Chordarello d'Ui die dare....... XIIII lb. X s. tor., per rimanete di piue d. che dare ne debe, si chome apare per lo libro di Tofano.

Soma questo lato : CCLVIIII lb. XII s. VIII d. tor.

Soma per tuto che dovemo avere i questo (lato de la ragio)ne d'Adarea Cristofani e di Toffano Buosignore, si chome (.....) da qui in dietro : (.....).

[Col. 2]

[**VI**] ***Questo si è el chordovano e altra merchacia che m'a rasenato Cino deto Tofano*** (sic) ***si chome di soto divisara iscrito da mia mano.***

§ (92) In prima .I. torsello di chordovano nostrato, di chosto di L s. duzina, il quale si è de la ragione di Tofano per mezo cho ser Bartalomeo Rosso di Pisa, nel quale torsello si a XII dozine e due quartieri di chordovano e II dozine di bazane pisanesche, I quartiere di straci e II quartie di chordovano sardescho di quaranta s. dozina.

§ (93) Ancho V torselli di chordovano merchatille chomunalle cho ser Bartalomeo e Tofano per mezo, di chosto di tre lb. e cinque s. tor. la dozina e a i chacauno torssello undici dozine di chordovano e tre dozine di bazane e le bazane sono di chosto di sedici s. dozina.

§ (94) Ancho xiiii torselli di chordovano che a i chacuno torsello xi dozine di chordovano merchatille e xi quartiere de bazane e viene chostato la dozina de chordovano tre lb. dozina, e quatordici s. le bazane.

Ancho si a nei deti torsselli viii dozine di chapre per tuti, e due dozine e uno quartiere di triagla.

El deto chordovano si è per mezo di ser Bartalomeo Rosso e di Palmiero Chaponero.

§ (95) Ancho xii torselli di chordovano e la quale si è de la ragione propria di Palmiero. Di chesto no vo diviso el chosto ne le dozine del deto chordovano, che Tofano ne'l sa. Quando Cino sara tornato, si'l sapro da lui.

§ (96) Ancho iii torselli di chordovano dei quali n'è la meita di Donato Peruzi e'l quarto di ser Bartalomeo Rosso e l'altro quarto de la ragione di Palmiero. La soma del chordovano, quante duzine sono, no so.

Questo chordovano tuto si è i Provino ne la chasa del Chonte di Sant Aiuollo ed è per tuto trenta e cinque torselli.

§ (97) Ancho si n'a a Tresi no so quanti torselli, i quali sono nel Tepio di Tresi, e nei deti torsselli si a parte Donato Peruzi e ser Bartalomeo e Palmiero.

§ (98) Ancho si a nel Tepio di Lagnino, si chom io credo, sedici torselli di chordovano che sono di ser Bartalomeo Rosso.

§ (99) Ancho si m'ane rasegnato una balla di seta che credo che pesi da cl lb. e possi avere de la livra sedici s. tor., la deta seta si è de la ragione di Palmiero di Nimissio.

§ (100) Ancho si dovemmo avere di chordovano venduto i questa fiera a credeza cxlii lb. tor., i quali sono de la ragione del chordovano di Tofano e di ser Bartalomeo e di Cino, cioe di quelo che'l deto Cino m'a asegnato a mia ragione che'l chostio trenta sei lb. e quatro s. Quando saremo paghati, avaret chacu sua parte chome dovera.

Del chordovano ch'è i Tresi, no faite forza per che io no vo'l diviso chosi chiaramente chome quello di Provino, che, se Dio piacie, noi e lui daremo ora a la fiera di Tresi, si vi madaro iscriti i d. e nel chordovano.

IX

Un usurier siennois à Auxerre au début du XIVe siècle

Indépendamment des grandes compagnies italiennes dont le réseau d'activité s'étendait sur de vastes secteurs de l'économie internationale, les XIIIe et XIVe s. virent l'éclosion d'une multitude de petits comptoirs dans les villes et les bourgs de notre pays. Leur existence est aujourd'hui connue en Flandre, Brabant, Hainaut, Artois, Ile-de-France, Lorraine, Champagne, Bourgogne, Franche-Comté, Savoie, Dauphiné et jusque sur les côtes de Provence ; elle n'est cependant pas générale comme on le dit abusivement. Des études classiques, comme celle de Bigwood sur le commerce de l'argent en Belgique ou celle de J. Gautier sur les Lombards dans les Deux Bourgognes, ont mis en lumière la nature de leurs transactions. Le travail récent de M. De Roover sur la Bruges médiévale [1] a contribué plus encore à préciser le rôle de ces gens que les contemporains désignaient souvent, de même que les grands marchands, du nom de *lombards* [2] ou de *cahorsins* et que nous devons appeler plus simplement des usuriers. Ce sont eux surtout qui, à l'époque comme aujourd'hui encore aux yeux des historiens, ont déconsidéré le nom de *lombards* et qui ont attiré périodiquement sur tous leurs compatriotes les foudres du roi ou des princes et l'exécration du peuple. Leur capital est souvent modeste [3], nous pensons le montrer prochainement par la publication d'une enquête royale sur la fortune des Lombards en France ; mais tous les moyens leur sont bons pour le faire fructifier : prêts sur gages à un taux d'intérêts dont l'énormité a fait hésiter l'historien, ventes fictives, montant du prêt effectif souvent dissimulé par des chiffres fantaisistes dans les actes des notaires, fausses lettres de foires, etc. Tout

---

1. Raymond DE ROOVER, *Money, banking and credit in mediaeval Bruges. Italian merchant-bankers, Lombards and money-changers...*, Cambridge, Mass., 1948 (*The Mediaeval Academy of America, publ.* n° 51).

2. M. De Roover a prétendu réserver le nom de *lombards* aux seuls prêteurs (*pawnbrokers*). Mais si la distinction entre marchands et prêteurs s'impose, si même nous devons la considérer comme essentielle (bien que beaucoup d'historiens n'aient pas cru devoir la faire), il est incontestable que la désignation médiévale de *lombards* s'appliquait aux uns comme aux autres.

3. Souvent quelques centaines de livres et parfois moins encore.

cela nous apparaît avec une précision qui fait horreur dans tel carnet personnel de comptes ou dans telle série heureusement conservée de contrats d'usuriers qui par miracle nous sont parvenus et sur lesquels nous pensons revenir ultérieurement [1]. De tels documents nous font comprendre les scrupules et les remords d'un certain nombre de ces gens qui, retournés enrichis chez eux, promettent devant un prêtre, à la veille de mourir, de faire réparer leurs *usuras et male ablata* ; de telles promesses nous sont parvenues par centaines dans les protocoles des notaires italiens. On comprend aussi la lutte engagée par l'Église, non pas tant contre les grands marchands des compagnies bancaires ou commerciales, avec qui elle est en relation étroite et dans l'ensemble sympathique, mais contre les usuriers ; dans des villes comme Pistoie ou Plaisance [2], cette lutte est admirablement racontée par les documents.

Nous voudrions simplement attirer ici l'attention sur le registre d'un notaire siennois qui apporte un enseignement utile pour l'histoire économique et qui est loin d'être sans intérêt pour l'histoire bourguignonne. Il s'agit du protocole d'un notaire impérial et royal pour ses actes instrumentés dans le royaume de France en 1351 [3]. C'est le seul registre de ce type que nous ayons rencontré au cours de l'exploration minutieuse des dépôts d'archives italiens ; nous avons trouvé des cahiers d'actes passés en Orient, mais aucun autre en France. Sa date le rend particulièrement précieux, puisque, après le fragment de registre notarié sur parchemin tenu aux foires de Champagne en 1296 par le notaire Gerardo da Roncarolo que nous avons précédemment

1. Carnet de comptes personnels d'un usurier de Pistoie (d'ailleurs ecclésiastique) aux Archives d'État de cette ville ; près de 200 actes relatifs à des restitutions d'usures faites après le décès d'un usurier placentin établi à Nice et contrats de prêt d'un autre usurier de même origine aussi fixé dans la même ville, aux Archives hospitalières de Plaisance, les uns et les autres du début du XIVe s.

2. Pour Pistoie, cf. A. Sapori, *L'usura nel Dugento a Pistoia*, réimpr. dans ses *Studi di storia economica medievale*, 2e éd., Florence, 1946, p. 117-125. — Pour Plaisance, voir notamment, à l'Archivio notarile de cette ville, les protocoles de Gabriele de Mussi (surtout la cartella 3, reg. I, 1326-1329).

3. Sienne, Archivio di Stato, arch. not., cartella 9, not. 21 (anc. 18), Castellano di ser Mino Deodati : « Liber sive quaternus imbreviaturarum, memoriarum seu protochollorum Chastellani olim filii ser Mini Dieladie de Sena veteri, sacra imperiali ac illustris et serenissimi principis domni Johannis, Dei gracia Francorum regis, auctoritate notarii, factus et compositus in regno Francie, in civitate Authisiodori et in terris, villis, castris et burgis circumstantibus dicte civitati... » (registre sur papier de 75 fol. ; les fol. 47-75 sont demeurés blancs). — Signalons à cette occasion que le dépouillement des actes des notaires de Sienne a été pour nous une déception : les célèbres protocoles de 1221-1223 et 1227-1229, publiés par Dina Bizzari, Turin, (1934-1938, 2 vol.), dans la coll. des *Documenti e studi per la storia del commercio...* (t. IV et IX), sont entrés aux Archives par voie extraordinaire en 1908. La série normale des protocole commence en 1251 ; elle comprend un très petit nombre de registres antérieurs au milieu du XIVe s., dont aucun ne présente l'intérêt des deux protocoles publiés ; beaucoup ont d'ailleurs été tenus dans diverses localités du *contado*.

publié [1], il s'agit de l'un des plus anciens protocoles instrumentés dans la France du nord. Commencé le 26 juillet 1351 et clos le 24 octobre suivant, il est exclusivement consacré à la restitution des usures illégalement exigées par un ancien prêteur siennois d'Auxerre, Cino di Ugone, ou par ses facteurs [2].

Avant de mourir, cet usurier avait prescrit de rendre à ses victimes ou à leurs héritiers les biens mal acquis. De ses quatre fils, l'un était recteur de l'hôpital de Santa Maria *ante gradus* de Sienne et il se préoccupa de faire assurer le salut de l'âme de son père. Il envoya en France l'un des frères de l'hôpital, Pietro del fù Ranieri, avec les vieux livres de comptes du défunt. Le frère fut chargé de retrouver les ayants-droit, dispersés à Auxerre et dans la campagne. De plus, comme les opérations remontaient à une époque déjà lointaine, la plupart des intéressés étaient morts et il fallait traiter avec leurs héritiers ou même avec les héritiers de ceux-ci. Cette circonstance fait que les 69 actes du registre, et notamment les 24 actes passés à Auxerre même, présentent pour l'histoire des familles de l'Auxerrois durant toute la première moitié du XIVe s. un intérêt suffisant pour provoquer une étude de la part d'un érudit bourguignon.

Quant à nous, nous retiendrons surtout le fait que ce registre nous permet de donner une réponse à l'une des principales questions que pose l'existence des innombrables tables de prêt de nos régions : quelle était la sphère d'activité réelle de ces tables ? Nous noterons ici, en effet, que le tiers des actes seulement est relatif à des prêts aux habitants de la cité. Le reste est disséminé dans 35 localités, comprenant notamment les actuels chef-lieux de canton de Coulanges-la-Vineuse et de Vermenton. Nous les citerons dans l'ordre même où le notaire et son compagnon effectuèrent leur tournée, car cet ordre peut révéler dans certains cas à des connaisseurs de l'histoire locale l'existence de certaines routes pour relier une localité à une autre :

Appoigny (*Ampugni*), c^{on} Auxerre : *2 actes*.
Bassou (*Bassolt*), c^{on} Joigny : *2*.
Poilly-sur-Tholon (*Pouilly*), c^{on} Aillant : *1*.
Saint-Maurice, *ibid.* : *1*.
Fleury (*Flori*), *ibid.* : *1*.
Villiers-Saint-Benoît, *ibid.* : *1*.
Egleny (*Aguigny*), c^{on} Toucy : *2*.

1. *Les registres des foires de Champagne, à propos d'un feuillet récemment découvert*, dans *Bull. philol. et hist.* du Comité des trav. hist., 1942-1943. Nous n'avions pu alors identifier le notaire : nos recherches ultérieures nous permettent maintenant de reconnaître en lui le placentin Gerardo da Roncarolo, que de nombreux documents nous montrent avoir été le notaire habituel des marchands de Plaisance aux foires de Champagne, à la fin du XIIIe s. et au début du XIVe. Gerardo da Roncarolo le jeune lui succéda dans ses fonctions.

2. Nous ne connaissons pas d'autre document qui mentionne au XIVe s. des Lombards à Auxerre. Cependant l'abbé LEBEUF, dans ses *Mémoires concernant l'hist. civile et ecclés. d'Auxerre* (éd. Challe et Quantin, t. III, 1855, p. 229), cite incidemment un « hôtel des Lombards » au milieu du XIVe s. : sans doute s'agit-il de l'établissement de prêt géré par les successeurs de Cino.

Ponceau (*Poncials*), c^ne^ Charbuy, c^on^ Auxerre : *1*.
Auxerre : *24*.
Diges (*Digie*), c^on^ Toucy : *1*.
Escamps (*Echans*), c^on^ Coulanges-la-Vin. : *1*.
Orgy (*Orgi*). c^ne^ Chevannes, c^on^ Auxerre : *1*.
Vaux (*Vals*), c^on^ Auxerre : *2*.
Vincelles, c^on^ Coulanges-la-Vineuse : *1*.
Bazarnes (*Basorna*), c^on^ Vermenton : *1*.
Mailly-la-Ville, *ibid.* : *2*.
Mailly-le-Château, c^on^ Coulanges-s.-Y. : *1*.
Val-de-Mercy, *ibid.* : *1*.
Coulanges-la-Vineuse, ch.-l. de c^on^ : *3*.
Migé (*Migia*), c^on^ Coulanges-la-V. : *1*.
Vignol (?) : *1*.
Gy-l'Évêque (*Gey*), c^on^ Coulanges-la-V. : *1*.
Champs-sur-Yonne, c^on^ Auxerre : *1*.
Saint-Bris, *ibid.* : *1* (seigneur de Mello).
Irancy (*Yranzi*), c^on^ Coulanges-la-V. : *1*.
Vermenton, ch.-l. c^on^ : *3*.
Quenne (*Chiem*), c^on^ Auxerre : *1*.
Sacy (*Sassi*) c^on^ Vermenton : *1*.
Cravant, *ibid.* : *1*.
Saint-Cyr, c^on^ Chablis : *1*.
Préhy (*Plaïs*), *ibid.* : *1*.
Beine (*Bene*), *ibid.* : *1*.
Looze (*Losa*), c^on^ Joigny : *1*.
Villeneuve-le-Roi, ch.-l. de c^on^ : *1*.
Péage, près de Joigny : *1*.
Beaumont, c^on^ Seignelay : *1*[1].

Toutes ces localités — sauf une, Villeneuve-le-Roi, représentée par un seul acte — se trouvent situées à l'intérieur d'un cercle de 25 km. de rayon autour d'Auxerre ; les quatre cinquièmes d'entre elles sont même comprises dans un cercle de 15 km. de rayon autour de la cité. Ainsi se traduit sur la carte l'attraction de la table de notre prêteur et vraisemblablement aussi le rayonnement économique direct de la ville et de son marché. Au delà de ce cercle, on se heurte en effet vers le nord et l'est à la sphère d'activité des tables que nous savons avoir existé à Joigny, à Saint-Florentin et à Tonnerre, vers le sud à celle des tables qui devaient normalement exister à Avallon et à Clamecy. C'est en effet que les tables de prêt s'adressaient pour la majeure partie de leurs opérations à la clientèle rurale ; cette clientèle est celle qui habituellement se rend à la ville pour ses affaires ; la distance de la ville aux localités desservies par elle doit pouvoir permettre à un paysan de venir au marché urbain ou à la foire et d'en revenir dans la journée. Nos recherches sur l'activité des Lombards en d'autres régions nous permettent en effet de généraliser les conclusions qu'autorise cet exemple auxerrois : partout, en Provence comme dans le Hainaut ou en Franche-Comté, la table de prêt est liée à un marché et partout son rayon d'action est comparable.

Le prêteur lombard répond, aux XIIIe et XIVe s., à un besoin économique. C'est pourquoi nos régions sont couvertes d'un réseau aussi serré de tables de prêt. Souhaitons que la carte en soit quelque jour dressée, car leur relevé systématique nous révélerait incontestablement le réseau économique primaire de la France médiévale.

---

1. La tournée s'achève à Paris même, où le notaire retrouve une famille sans doute récemment émigrée de l'Auxerrois.

IX

285b

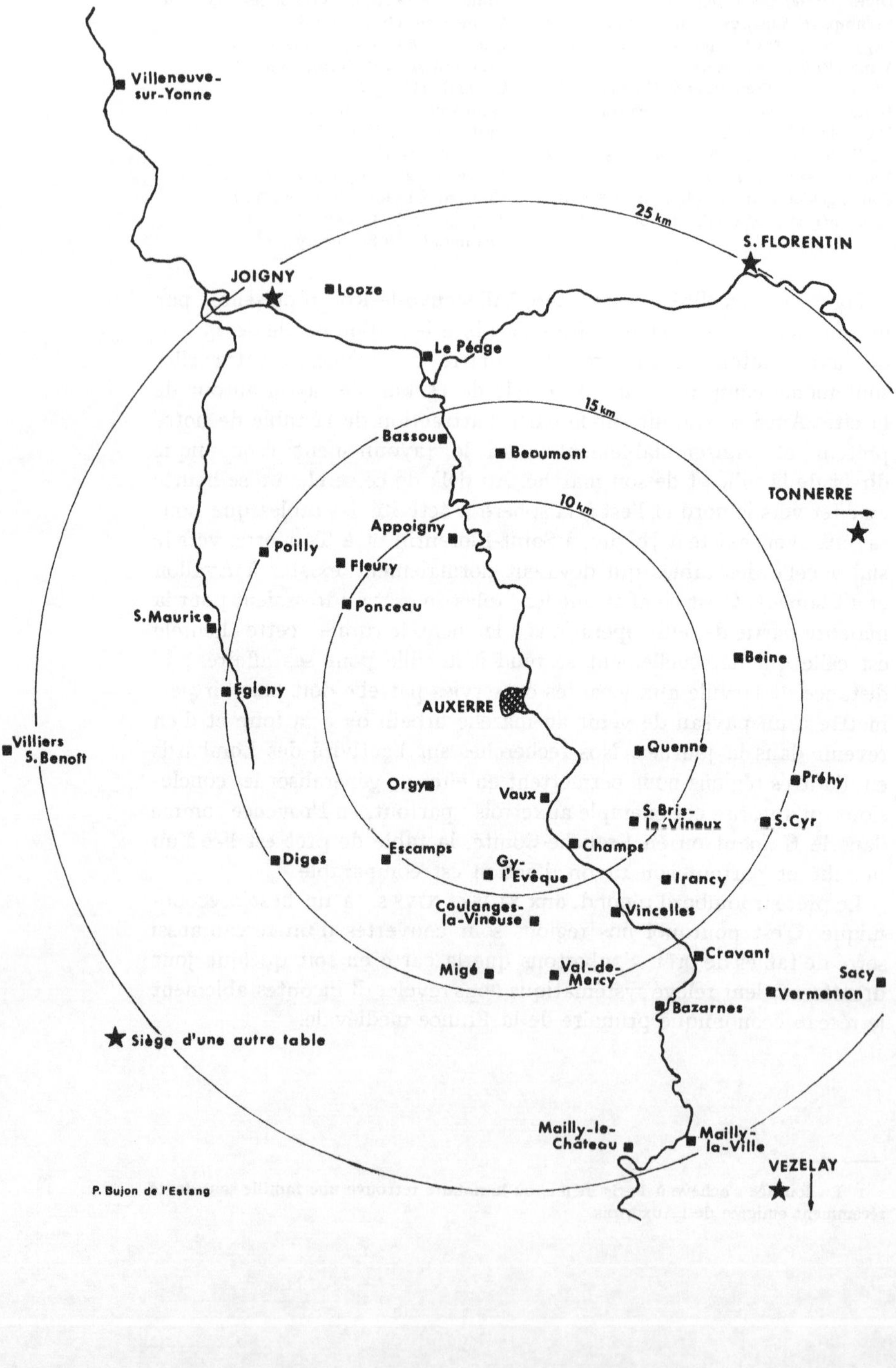

Villeneuve-sur-Yonne
25 km
S. FLORENTIN
JOIGNY
Looze
Le Péage
15 km
Bassou
Beaumont
TONNERRE
10 km
Appoigny
Poilly
Fleury
Ponceau
S. Maurice
Beine
Egleny
AUXERRE
Villiers S. Benoît
Quenne
Préhy
Orgy
Vaux
S. Bris-le-Vineux
S. Cyr
Champs
Diges
Escamps
Gy-l'Evêque
Irancy
Coulanges-la-Vineuse
Vincelles
Cravant
Migé
Val-de-Mercy
Sacy
Vermenton
Bazarnes
Siège d'une autre table
Mailly-le-Château
Mailly-la-Ville
VEZELAY
P. Bujon de l'Estang

X

LES LOMBARDS ET LES PROBLÈMES DU CRÉDIT EN FRANCE AUX XIIIe ET AU XIVe SIÈCLES

Il y a un peu plus d'un demi-siècle, l'Académie royale de Belgique publiait un volumineux mémoire, immédiatement devenu classique, de Georges Bigwood sur *Le commerce de l'argent dans la Belgique du Moyen Age* (1). Formidable collection de fiches et de notes où chacun, depuis lors, a puisé à pleines mains, mais qui a découragé les historiens d'approfondir le phénomène du crédit dans nos régions.

Déjà en 1892, en France, Camille Piton avait publié un volume sur *Les Lombards* (2), que l'on continue à citer, bien qu'il ait été rédigé sans le moindre esprit critique et en exploitant comme authentiques les fameuses chartes de croisades qui, prétendues obligations souscrites par des croisés à des prêteurs génois, siennois ou florentins, n'étaient qu'une monstrueuse forgerie réalisée en 1840 pour des préoccupations nobiliaires (3). Plus sérieux, mais d'une portée beaucoup plus limitée, était le travail de Léon Gauthier, le laborieux archiviste de Besançon, sur *Les Lombards dans les deux Bourgognes*, riche documentation qui demeure aujourd'hui encore un des classiques de l'histoire économique médiévale (4).

En fait, si en France de nombreux documents ont été publiés ici et là, si des monographies ont vu le jour (5), si des mentions de « Lombards » se rencontrent dans bien des ouvrages qui se rapportent aux villes médiévales, il semble que la curiosité se soit émoussée, un peu comme si on pensait que tout a été dit sur ces personnages que l'on trouve cependant à chaque dépouillement que l'on fait dans les fonds d'archives du XIIIe ou du XIVe siècle (6). Seul Raymond de Roover, le regretté historien du change, a eu le courage de reprendre la question dans son magnifique volume *Money, banking and credit in mediaeval Bruges* (7), mais en faisant principalement porter son effort sur ce qui était son incontestable spécialité, le mécanisme du marché monétaire, et en ne se préoccupant guère des « Lombards » eux-mêmes: n'a-t-il pas fait, par exemple, du célèbre Denis Rogier, le grand usurier d'Albe, un marchand d'Arles!

Il en est un peu des Lombards comme des Templiers, dont les opérations financières n'ont pas été réétudiées depuis le mémoire fameux publié en 1889 par Léopold Delisle. Tout le monde en parle, mais on doit bien constater que nos connaissances à leur égard n'ont pas fait de grands progrès: peut-être est-ce le sort des bons ouvrages que tarir la recherche historique au lieu de l'exciter? Et c'est aussi ce qui est arrivé aux foires de Champagne après le mémoire de Bourquelot en 1865. Ainsi est encore vraie l'observation jadis faite par le prof. M. Postan, en tête de son article classique *Credit in medieval Trade*: « The extent to which medieval trade was based on credit does not figure among the favourite problems of economic history » (8).

A mes yeux, le développement du crédit est cependant l'un des problèmes essentiels de l'histoire de l'économie médiévale. Il est la conséquence normale de l'apparition du phénomène monétaire dans la société et il se trouve à la base d'une large partie des faits économiques qui ont bouleversé la civilisation occidentale, mais il n'est guère facile d'en préciser les étapes.

Loin de moi l'idée que la monnaie ou les métaux précieux n'ont pas joué en Europe occidentale, à toutes les époques et même au Haut Moyen Age, un certain rôle: les marchés, à l'époque carolingienne, exigeaient la présence d'un atelier monétaire et toutes les transactions n'étaient pas seulement faites de troc. Il serait aisé de relever les mentions de *negociatores*, voire de *trapezitae*, aux hautes époques, sans parler des monétaires de l'époque mérovingienne. Mais il est évident que les espèces ne jouaient alors qu'un rôle modéré: longtemps encore la terre constituait la vraie richesse et ceux qui la possédaient étaient les vrais riches. Si on laisse de côté les cités marchandes de l'Europe méridionale, excitées par le commerce méditerranéen, l'ensemble de l'Occident donne jusqu'à l'aube du XIIIe siècle une impression de très médiocre circulation monétaire. Qui avait un subit besoin d'argent — un départ à la Croisade ou en pèlerinage, par exemple — pouvait engager sa terre ou la vendre, principalement aux établissements ecclésiastiques: les monastères, thésauriseurs et affamés de biens réels, furent longtemps la providence de ceux que la nécessité poussait à se défaire, provisoirement ou définitivement, de tout ou partie de leurs droits ou de leurs possessions. Les campagnes étaient, en large partie, hors de tout circuit monétaire d'importance, services personnels et prestations en nature constituant le principal des obligations des dépendants de toute catégorie, serfs, libres et vassaux, et les seigneurs vivaient pour l'essentiel des recettes ordinaires de leur domaine. Il n'y avait d'ailleurs comme pièces de monnaie en circulation que des deniers de faible poids (de 1 gr. à 1,5 gr.), preuve de la médiocrité des circuits monétaires et du caractère exceptionnel des gros paiements, car il aurait fallu en ce cas manier malaisément un nombre considérable de pièces d'un transport difficile. Le seul indice de besoins en accroissement est l'affaiblissement constant de l'aloi.

Aux environs de 1200, la situation change assez brusquement. Dans les cartulaires, la proportion des ventes s'élève par rapport aux donations; des redevances s'abonnent en nombre croissant et se paient en numéraire. Dans certaines régions, on observe que les transactions contre espèces se substituent aux rémunérations sous forme de troc en nature. Simultanément les documents signalent en plus grand nombre des prêts faits par des établissements ecclésiastiques, par des bourgeois de certaines villes, par des Juifs aussi. Vers 1225 le phénomène prend de l'ampleur. Dès lors on peut vraiment parler de finances royales, seigneuriales, urbaines, et ces diverses autorités éprouvent ce qu'on peut appeler des difficultés financières. Dans l'armée royale des chevaliers sont soldés. Dans les villes, des bourgeois commencent à vivre, non seulement du commerce, mais de leurs investissements. Bref le capital mobilier a fait son apparition et avec lui une véritable classe qui va vivre de la fructification de ce capital en s'efforçant de l'accroître par tous les moyens. Des gens du Quercy, originaires principalement de Cahors et de Figeac, donnent leur nom aux premiers grands préteurs, les « Cahorcins » (9); au Nord, à Arras par exemple, il en est de même des marchands que le commerce international des draps a enrichis; d'autres, comme les changeurs de Vézelay, ont prospéré à l'ombre des pèlerinages. Mais Juifs, Cahorcins, « banquiers d'Arras », vont être laissés loin en arrière par les Italiens qui, instruits par la pratique séculaire des changes maritimes, riches de l'expérience acquise aux foires de Champagne, habiles au maniement et au transfert des finances pontificales, pourvus d'importantes disponibilités, s'imposent en une génération comme les spécialistes des prêts, ou mieux de l'« usure ».

Un texte permet de dater avec quelque précision cette irruption des Italiens dans le commerce de l'argent, le *Chronicon Astense* d'Ogerio Alfieri, lequel écrivait dans le dernier tiers du XIIIe siècle et était lui-même fils d'un riche marchand d'Asti: « L'an du Seigneur 1226, dit-il, les citoyens d'Asti commencèrent à prêter et à faire usure en France et dans les parties d'Outremont, où ils gagnèrent beaucoup d'argent. Toutefois ils y souffrirent beaucoup dans leurs personnes et dans leurs biens » (10). Cette note est à mes yeux d'un intérêt capital. Confrontons la à une note annalistique d'un autre lombard, Galvano Fiamma: « En 1172, les premiers marchands allèrent Outremont pour acheter des draps d'Outremont et pour acheter de la laine fine » (11). Ce rapprochement permet de faire la distinction entre le commerce de l'argent et celui des marchandises qui, pour avoir été exercés parfois simultanément par les mêmes personnes, n'en obéissaient pas moins à des critères différents: un demi-siècle, soit deux générations, a séparé les débuts de l'un et de l'autre en France.

Cette date de 1226 est à retenir, car c'est de 1225 que nous est parvenu le plus ancien acte intitulé au nom des gardes des foires de Champagne (12) et vers la même date les premiers empreunts que nous connaissions sont contractes aux foires.

Les usuriers astesans avaient été précédés de quelques années par leurs compatriotes siennois. Des 1221, ceux-ci avaient prêté de grosses sommes à la comtesse Jeanne de Flandre pour le paiement de la rançon de son mari (13); l'exemple est suivi vers 1230 par le comte de Namur (14).

Jusque dans les années qui précédèrent le milieu du siècle, les opérations de prêt des Italiens s'exercèrent presque exclusivement dans le cadre des foires de Champagne et ces activités étaient somme toute secondaires par rapport aux opérations proprement commerciales. Mais vers 1240 les Lombards commencent à se fixer à Paris (15) et à Dijon (16). Sans doute aussi à Londres, puisque, selon Mathieu Paris, le roi interdit cette année là son royaume aux « Cahorsins » et spécialement aux Siennois (17); puis, sous l'année 1251, le chroniqueur note: « En ce temps là, les usuriers transalpins que nous appelons les Caorsins, se multiplièrent et s'enrichirent au point qu' achetant à Londres les plus beaux palais ils s'y etablirent de façon stable comme les citoyens du pays », et les prélats « n'osaient s'en plaindre, attendu qu'ils se disaient marchands du pape » (18). Il s'agissait évidemment des Toscans, Siennois et Lucquois, auxquels le pape Grégoire IX avait concédé ce titre en raison des services qu'ils rendaient aux finances pontificales (19).

En 1244, le sire de Bourbon avait autorisé trois marchands d'Asti à tenir une table de prêt à Montluçon (20). La même année, la comtesse de Flandre, Jeanne de Constantinople, empruntait 500 livres tournois, à parts égales, aux Lombards d'Audenarde, de Bruges, de Courtrai, de Furnes et de Poperinghe (21), ce qui marque le début de la grande diffusion des tables de prêt lombardes dans le Nord. En 1247, apparait la première table à Douai (22); en 1249, il est question des Lombards de Warneton (23); d'autres suivent à Rouen en 1258 (24), à Tournai en 1260 (25), et nous en connaissons à Seurre sur la Saône en 1265 (26), à Besançon en 1268 (27), à Lyon en 1272. En 1275, le duc Robert II les introduisait dans le duché de Bourgogne (28).

Cette génération a vu une véritable explosion du phénomène monétaire. Avec le développement de la production industrielle et notamment du textile, avec l'excédent de la balance économique de l'Occident avec les pays d'Orient, avec l'essor urbain et les constructions qui en résultaient et qui nécessitaient de lourds investissements financiers, avec la prospérité croissante, la transformation rapide de l'ancienne société féodale, l'armée soldée, les fiefs-rentes et la constitution des rentes foncières, les mutations immobilières portant sur la petite parcelle rurale comme sur des seigneuries entières, on assiste au passage d'une société agricole immobile à una autre où les besoins d'argent deviennent considérables. La circulation monétaire s'accroît très vite; c'est l'époque où d'Orient saint Louis fait les premiers mandats sur son Trésor et confie le maniement de celuici aux Templiers. A travers l'Europe, les virements et transferts de fonds se multiplient. En France, la monnaie royale s'impose en de larges zones; des pièces plus lourdes sont frappées. L'or à son tour fait sa réapparition dans l'économie occidentale, d'abord en Italie, puis en France. Le développement de cette richesse mobilière provoque la paupérisation et la ruine de nombreux seigneurs locaux d'ancienne origine et une grande mobilité sociale, l'ascension de nouveaux riches d'origine bourgeoise ou issus des cadres de l'administration royale, l'appauvrissement aussi des établissements religieux traditionnels. Le phénomène capital est sans doute qu'on a alors découvert la nécessité du recours au crédit. Nul, dans toute la société laïque et ecclesiastique des plus grands seigneurs et des évêques, jusqu'aux paysans, n'hésite à emprunter, à acheter à découvert, à vivre au-dessus de ses moyens.

En conséquence, les tables de prêt se décentralisent et on assiste dans le dernier tiers du XIIIe siècle, surtout après 1280, à l'ouverture systématique d'officines de vendeurs de crédit. Certes, les changeurs des foires de Champagne restent très nombreux et continuent à se livrer aux opérations les plus importantes et ils ont dans leur clientèle les princes et tous les seigneurs de haut vol; les foires deviennent même, et de plus en plus, un marché financier, tandis que leur rôle commercial tend à s'estomper par suite de la déconcentration du commerce (29). En étroites relations avec les compagnies fréquentant les foires (dont ils constituent dans bien des cas comme le prolongement ou l'établissement fixe), les « Lombards » s'établissent en grand nombre à Paris. En province, le mouvement fait tache d'huile et les « tables » s'instaurent dans tous les centres vitaux de la vie économique. La carte de leur implantation ne va tarder à refléter, au moins en certaines régions, le réseau économique primaire, car chaque « table » ou « casane » draine la clientèle qui fréquente le marché ou la foire des bourgs.

Toutefois une réaction violente ne tarde pas à se produire et l'on constate que les premières tables dont l'existence nous est connue n'eurent pas longue vie. Les autorités religieuses et civiles supportaient mal ces étrangers qui prétendaient s'enrichir, contrairement à la morale de l'époque, avec les intérêts de leurs capitaux. Dès 1251, ai-je déjà rappelé d'après Mathieu Paris, le roi d'Angleterre entrait dans la série des mesures restrictives à leur endroit et leur interdisait d'exercer leur activité dans son royaume (30). Grégoire IX et Innocent IV — à la suite de leurs prédécesseurs — condamnaient fortement la pratique illégitime de l'usure (31). Saint Louis, ayant constaté que les Lombards et Cahorcins se livraient à des prêts usuraires dans des maisons spécialement établies à cette fin et que cette activité provoquait l'appauvrissement de ses sujets, ordonna leur expulsion du royaume par ordonnance de janvier 1269, n'autorisant la venue et le séjour que de ceux qui exerçaient des opérations et commerces légitimes (32). Cette ordonnance est à mettre en relation avec celle du 31 mars par laquelle le roi s'accordait avec le comte de Champagne pour interdire aux Juifs de demeurer dans cette région, et cela montre bien que c'est l'usure seule que le roi entendait proscrire et non pas la présence du commerce italien, et plus précisément du grand commerce international, aux mains de quelques puissantes compagnies. Alors que depuis Louis VII toutes les mesures contre l'usure visaient directement les Juifs, voici que désormais la royauté française va périodiquement tenter de réfréner les activités des usuriers lombards et toscans, par des mesures collectives, des expulsions, des arrestations, des condamnations à de fortes compositions, ou encore par de lourdes taxations (33).

Cette politique se marque par l'ordonnance de Philippe le Hardi de 1274 (34), reprenant textuellement celle de son père, et par les mesures prises par Philippe le Bel en 1289-1291, puis en 1303-1305 (35) et de façon presque permanente par lui-même et ses fils en 1309-1311 (36), 1315-1316 (37), 1320 (38), enfin par Philippe VI de 1329 à 1334 (39) et en 1347 (40). Les historiens — et surtout nos collégues italiens — n'ont bien souvent voulu voir dans les Lombards que les honnêtes représentants de la classe marchande, lesquels dans leur propre pays exerçaient les plus hautes fonctions politiques et menaient une sainte vie — ce qui est d'ailleurs parfaitement vrai — et en conséquence ils ont généralement affirmé que les royautés française et anglaise n'avaient agi ainsi que pour obéir à la passion xénophobe de leurs populations et surtout pour renflouer leurs finances obérées, en procédant à des spoliations légales mais immorales. Ceci est loin d'être exact: Charles IV, par exemple, établit parmi les Italiens trois catégories de personnes: 1) les compagnies qui doivent avoir leur siège aux foires de Campagne ou à Nîmes, mais dont les facteurs peuvent librement se livrer partout au grand commerce; 2) les épiciers, merciers, aubergistes etc., qui ont généralement épousé des filles de France et peuvent demeurer dans les bourgs, à condition de ne pas se livrer à l'usure; 3) les prêteurs ou « casaniers » dont on a tenté à plusieurs reprises de limiter les intérêts qu'ils exigeaient, et qui devront quitter le royaume dans les trois mois (41). Je reviendrai tout à l'heure sur la réalité des méthodes proprement usuraires des Lombards tenanciers de tables ou de casanes. Pour l'instant, disons seulement que les premières mesures de saint Louis et de Philippe le Hardi en 1269 et 1274 semblent bien avoir eu pour principal résultat d'amener les prêteurs Lombards à se fixer en nombre croissant à l'extérieur du domaine royal. Cependant des mesures comparables étaient également prises par certains princes territoriaux: par testament, en 1261, le duc de Brabant Henri III avait déjà ordonné l'expulsion des usuriers, juifs ou « cauwersins » (42); en 1289, par une ordonnance datée d'Angers, Charles II d'Anjou faisait de même à l'égard des Lombards, Cahorcins et autres prétant à usure, et il serait aisé de cataloguer des mesures analogues adoptées par des seigneurs de toute importance, laïcs ou ecclésiastiques, généralement avec des succès fort mitigés (43).

Toutefois, on constate que jusqu'aux dernières années du XIIIe siècle, les tables se multiplient, le mouvement ayant dû atteindre en France son maximum d'ampleur vers le moment où Philippe le Bel vers 1305 doit adopter des mesures beaucoup plus radicales pour les refréner. Nous savons, par les livres de la taille de Paris, qu'en 1296, il y avait dans la capitale 107 cotes de Lombards imposés à la taille (44). Parmi eux, évidemment des gens d'importance fort diverse, depuis les représentants des grandes compagnies marchandes d'implantation internationale, jusqu'à des taverniers ou des épiciers bien fixés dans la ville. Il n'en reste pas moins qu'une très forte proportion d'entre eux pratiquait, principalement ou accessoirement, une activité de préteur.

Par la suite se produit une contraction du nombre des officines dans le domaine royal, et des localités où il existait antérieurement des Lombards en sont par la suite dépourvues. La politique systématiquement restrictive et répressive de la royauté a eu visiblement des conséquences directes sur l'implantation des tables. Nous connaissons assez bien celle-ci par des enquêtes auxquelles procéda le pouvoir royal à diverses époques et nous disposons pour le règne de Charles IV des Journaux du Trésor (45). Ils nous font connaître les Lombards qui ont été taxés à des titres divers: don de joyeux avènement en 1322, don de 1323, prêt pour la guerre de Gascogne de 1324, « finance » sur les usuriers en 1325, proportionnelle au chiffre d'affaire. Officiellement, il n'y avait plus alors que 68 Lombards, individuels ou en société, taxés dans le domaine royal, plus 42 considérés comme fréquentant les foires de Champagne, 11 à Provins et 39 établis à Paris. Soit au total, 160 tables officiellement reconnues pour exercer le métier, dont 2 seulement en Languedoc (une à Nimes et une à Béziers). Par rapport à la génération précédente, c'était là un changement considérable.

Il suffit de citer à cet égard un curieux document, qui nous donne un aperçu sur le nombre des lombards exerçant aux foires (46): en 1305, le commissaire du roi « sur la besoigne des lombars caselours » (c'est-à-dire tenant « casane » ou officine de prêt), lui-même un Placentin, provoque le scandale en voulant procéder à l'arrestation d'un riche lombard, originaire d'Albe, Jean Rogier, en l'arrachant d'une maison de Troyes qui appartenait au Temple et qui était donc considérée comme se trouvant en franchise. Les Templiers requièrent le garde du scel et le tabellion de dresser constat de cette infraction à leur franchise, en notant les noms de tous ceux qui assistaient à l'opération. Au milieu de 98 témoins, on relève les noms de 11 autres marchands de la ville d'Albe, de 18 de Plaisance et de 4 d'Asti, que pour la plupart nous connaissons par ailleurs pour avoir également exercé la profession prohibée. Cela faisait, rien que pour ces trois villes, 34 ressortissants présents à Troyes. Vingt ans plus tard, leur nombre avait certainement décru des deux tiers.

En 1330 les expulsions furent souvent définitives; et elles euront lieu même en dehors du demaine royal puisque nous avons un document qui nous montre les gens du roi procédant à la fermeture de la casane de Montbrison dans le domaine du comte de Forez (47). Aussi quand en 1347 la royauté fit saisir toutes les créances des Lombards pour vérification et éventuellement pour recouvrement par les soins de ses propres agents, c'est sur 50 lombards usuriees seulement qu'eut à se porter l'attention du commissaire dont nous avons conservé les comptes (48).

Le phénomène de cette progressive et rapide disparition des lombards se relie — cause ou conséquence — à d'autres faits qui dominent l'histoire de l'économie de la France à cette époque: la pénurie des espèces (49), la fin du rôle des foires de Champagne comme centre financier international, la faillite de la plupart des compagnies toscanes qui avaient centré leurs activités sur leurs relations avec le royaume. Cela ne veut pas dire que l'usure ait été complètement jugulée, ni qu'il n'y eut plus d'Italien se livrant, en complément d'autres activités, à des prêts à intérêt: il suffit de penser au rôle des Lucquois dans la seconde moitié du XIVe siècle (50). Mais on peut dire que, dans l'ensemble, par ses mesures dures et répétées, la royauté française avait réussi à liquider en une génération le problème de l'usure italienne, comme elle avait mis fin à l'usure juive.

En revanche, la situation était toute autre dans les terres limitrophes du royaume et dans celles de princes qui, comme le duc de Bourgogne ou le comte de Flandre, jouissaient d'une indépendance suffisante pour ne point appliquer aveuglément les décisions du roi. On constate, en effet, que les lombards se sont rendus indispensables à ces princes toujours à court d'argent et qu'ils obtiennent d'eux, en compensation des services rendus, le privilège d'exercer leur profession dans un nombre sans cesse croissant de localités.

Dès 1274, le comte de Bourgogne Othon IV se laisse prendre dans l'engrenage des dépenses excessives, des lourds emprunts aux lombards et des engagements progressifs de ses revenus, au point de devenir une proie aux mains de ses créanciers (51), et ce n'est pas sans raison que le chroniqueur d'Arbois affirme: « Foeneratores destruxerunt comitem Ottonem » (52). En 1296, quand on établit le tableau de la Comté lors de sa cession à Philippe le Bel, on y dénombra 13 « censes » de lombards dans les domaines comtaux (53), et il y en avait également dans les terres extérieures à ces domaines, à Besançon, Seurre, Luxeuil, Gy, Faverney, Vercel etc. (54).

Exactement dans le même temps, en 1275-1276, les lombards s'installaient dans la duché de Bourgogne (55) et en 1277, le duc prit les lombards sous sa sauvegarde (56). Les « censes » là aussi proliférèrent, au point que Robert II dans son testament de 1298 pria ses exécuteurs testamentaires d'amender les torts qu'il a eus envers ses sujets en maintenant sur sa terre Juifs et Lombards (57).

En 1280 et 1281, c'est le tour du comte de Flandre Gui de Dampierre de prendre sous sa protection spéciale les lombards qui s'établissent a Hulst, à Gand et à Furnes (58); bientôt, là aussi les installations prolifèrent.

En 1292, c'est le duc de Brabant qui les prend sous sa « warand » spéciale (59).

Au début du siècle, le dauphin, à son tour, se laisse rongér par les lombards au point de leur engager peu à peu la mejeure partie des revenus de ses gabelles, de ses péages, de ses châtellenies, tandis que les tables s'établissent dans tout le Dauphiné (60). Avant même la fin du XIIIe s. les « casanes » de Lombards réçoivent du comte de Savoie licence de se fixer dans de nombreux bourgs de ses États (61).

Dans toutes ces régions, les mesures répressives prises dans ses domaines propres par la royauté française semblent donc avoir eu pour effet de renforcer l'implantation des établissements des lombards: à mesure que la situation devient pour eux plus difficile en France, de nouvelles maisons s'ouvrent dans les territoires limitrophes et le mouvement se poursuit au moins jusque vers 1350-1360, si bien que vers le milieu du siècle toute ville, tout bourg de quelque importance, tout marché dispose de sa propre table de prêt.

Sans doute est-ce la constatation que nous venons de faire qui permet d'expliquer l'étrange répartition des établissements de prêt dans l'Europe de l'Ouest. Si on laisse de côté l'Italie où la prolifération des « banchi di pegno » pour le prêt sur gage fut un phénomène permanent jusqu'à la création des « Monts de piété » et où, de plus, marchands, changeurs et courtiers, ne refusaient point les occasions de placement avantageux ou de spéculation sur les récoltes à venir, si donc on laisse de côté l'Italie, c'est la région comprise entre les Alpes, le Jura, le Rhin d'une part, et de l'autre le Rhône, la Saône, la Loire et la Seine, qui présente la densité la plus remarquable des usuriers lombards. Dans ce périmètre, ceux-ci surabondent, ayant tendance, comme je l'ai dit, à sàdapter au cadre économique primaire des régions : Dauphiné, Comtat Venaissin, Savoie, val d'Aoste et Genevois, comté et duché de Bourgogne, Champagne (où les privilèges attachés aux contrats conclus sur les foires favorisent les opérations), Ile-de-France et confins de la Normandie, Picardie, Artois, Flandre, Hainaut, Brabant et tous les Pays Bas jusqu'à Cologne, au Barrois et à la Lorraine. Il y a aussi des établissements analogues, — en moindre nombre — depuis Nice jusqu'aux Pyrénées: à Nimes surtout, — la ville des « conventions royaux » —, à Montpellier et dans la zone des villes drapantes de Béziers, Montolieu, Narbonne, Carcassonne (62). Ailleurs, il ne s'agit que de points isolés: villes spécialement importantes comme Bordeaux, Poitiers, Bourges, Tours, Caen, ou villes de passage sur la voie Nord-Sud comme Clermont, Riom, Gannat, Aigueperse, ou encore Montluçon et Montbrison.

Dans l'état présent de la recherche, il est impossible — en dehors des considérations générales de la politique dont j'ai parlé plus haut — de rendre compte de cette distribution des tables. Dans le vide que marque sur la carte la grande majorité des places de l'ouest, du centre et du midi du royaume, doit-on voir un effet des activités de bourgeoisies puissantes des villes, disposant de capitaux importants et capables de dissuader les lombards de s'y installer et de pénétrer le pays? Le fait est d'autant plus vraisemblable que les Quercynois de Cahors et de Figeac se sont reconvertis et qu'ils semblent notamment avoir oeuvré au financement extrêmement lourd de la construction des bastides du Sud-Ouest. Peut-être aussi l'existence de préteurs juifs dans cette région, à l'époque où les lombards opéraient leur percée dans le royaume a-t-elle constitué un autre facteur de dissuasion, tandis que dans le Nord ils avaient déjà été éliminés par la volonté royale ou au moins fortement concurrencés par les préteurs chretiens dès les règnes de Philippe Auguste et de saint Louis.

Pour apprécier le nombre et le système d'implantation des établissements des Lombards dans les premières années du XIVe siècle, on dispose d'un document inestimable que M. Vercauteren a eu le mérite de redécouvrir et de publier (63), l'état des convocations adressées au nom de l'empereur Henri VII aux lombards des Pays Bas pour les inviter à comparaître devant lui à Cologne à Noël 1309, peut-être pour les contraindre à lui faire un prêt (comme l'a pensé M. Vercauteren) ou plutôt pour renouveler, contre paiement, les lettres les autorisant à tenir table. Il s'agit de 87 convocations, correspondant à 78 localités, sans qu'on puisse savoir si la liste comprend effectivement toutes les tables alors existantes ce qui semble d'ailleurs douteux, Mons par exemple n'y figurant pas. On y relève: 42 localités du Brabant, 19 du Hainaut et du Cambrésis, 2 du Namurois, 7 de la Flandre impériale, 8 du comté de Looz. De ces 78 localités, 40 sont aujourd'hui chefs-lieux de province, d'arrondissement ou de canton (et il convient d'y ajouter Bruxelles puisque l'itinéraire suivi par le porteur exige que le nom de cette ville soit restitué sous le n⁰ 3 qui est mutilé); cela marque bien que les tables sont établies dans les centres du pays. A Cambrai, il y a 5 tables; à Binche, à Maubeuge et à Namur, 3; à Valenciennes et à Henripont, 2. En revanche, le document signale expressément qu'il n'y a pas de lombard à Dinant.

Un tel document suppose que le pouvoir connaissait avec quelque précision l'implantation des tables de l'ensemble de l'Empire, d'autant plus que nous savons que pour le même jour étaient convoqués à Cologne les lombards de Lorraine. Les documents savoyards publiés par Anna Maria Patrone nous font connaitre avec la même precision les casanes lombardes fixées dans les bourgs de la Savoie et du Val d'Aoste (64).

Nous avons conservé les éléments de recensements exécutés pour le royaume sous Philippe le Bel, en relation avec les mesures adoptées en 1303-1305 (65) et en 1309-1311 (66). Celles-ci sont fort mal connues puisque nous n'en avons connaissance que parce que, pour la première, la recette des finances des Italiens pour ces années figure dans l'inventaire des comptes royaux de Robert Mignon (67); pour la seconde, en dehors de l'enquête elle-même, elle nous est révélée par ce même inventaire (68) et par le procès-verbal d'arrestation de « lombards caselours » à Provins, affaire que j'ai évoquée tout à l'heure (69). Ces enquêtes permettent de se rendre compte que si le roi — nous l'avons dit plus haut — faisait la différence entre les grands marchands italiens — souvent pourvus de privilèges — et les « Lombards », pour ses agents tout Italien est susceptible de se livrer à l'usure, et ils ont recensé, aussi bien que les prêteurs proprement dits et que les changeurs, les hôteliers, les courtiers, les marchands de chevaux ou d'« avoir de poids ». Même l'écuyer de l'agent du roi, dont le frère est archidiacre à Winchester, même l'ancien sergent du frère de l'enquêteur qui est devenu marchand de vin dans un village du Vexin et a épousé une femme du pays, même Jacques de Chiertauld, (c'est-à-dire Jacopo de Certaldo), alors receveur du roi en Flandre, ne sont pas oubliés. On s'informe des activités des uns et des autres. On a vraiment l'impression que, grâce à des enquêtes successives le pouvoir s'est donné les moyens policiers de connaître, s'il le veut, chacun des habitants du royaume.

Les enquêtes nous montrent bien en tout cas que le mot même de « lombard » est doublement amphibologique. D'abord parce qu'un grand nombre d'entre eux ne viennent pas de Lombardie: chacun le sait et il est inutile d'insister. La présence aux foires de Champagne des Toscans, gens de Florence, Sienne, Lucques, Pistoie, a été antérieure à celle des Italiens du Nord et ils furent à Paris toujours plus nombreux qu'eux. Les gens d'Emilie, de Plaisance surtout, étaient également fort nombreux. Mais on trouve aussi, dans les enquêtes, des Génois et des Vénitiens que les autres sources ne nous montrent guère, mais qui ne paraissent ne s'être livrés qu'exceptionnellement à l'usure professionnelle. Il n'en reste pas moins que les Lombards, représentés par les hommes d'Albe, d'Asti, de Chieri et de quelques autres localités du diocèse de Turin, constituaient le gros de l'armée de l'usure, au point que dans certaines régions ils avaient fini par en acquérir le monopole.

Le terme de « lombard » présente une seconde amphibologie: si l'on en croyait l'affirmation de Raymond De Roover, la désignation de « lombard», synonyme de « cahorsin », s'appliquerait aux seuls préteurs sur gages et usuriers et il l'oppose aux marchands-banquiers « italiens » (70). L'inconvénient est que les textes ne font généralement pas de différence entre les uns et les autres. Tous sont dits indistinctement lombards et la même désignation géographique peut s'appliquer aussi à des médecins, à des clercs, notaires, chanoines etc. Sous Philippe le Bel, la « finance des lombards » est payée aussi bien par la compagnie des Peruzzi que par d'infâmes usuriers de quartier; il en fut de même de la « boite des lombards » alimentée par une taxe sur les transactions de toute nature faites par les Italiens. On ne peut donc se fier à ce mot pour déterminer si l'on a affaire ou non à un usurier.

Ce qui complique la recherche, c'est qu'à cette époque, le profit étant le ressort suprême de toute activité du marchand, nul marchand — et même les compagnies les mieux établies sur la place — n'a jamais renoncé par principe à faire valoir son argent dans les conditions les plus profitables. Entre la grande compagnie, qui prête au roi et aux princes des dizaines de milliers de livres, gagées sur des rentrées d'impôts ou la perception de péages, ou enecore remboursées en licences d'exportation en franchise de droits, — et le gagne-deniers qui prête quelques sous sur des hardes, il n'y a moralement qu'une différence de degré. Celle-ci devient assez mal discernable quand on rencontre un marchand qui tantôt vend ou achète des marchandises, tantôt prête de l'argent à des clients, à des bourgeois du quartier ou à des paysans. Le marchand de grains ou d'huile, qui achète les récoltes sur pied et les revend à terme ou qui prête de l'argent remboursable après la soudure, doit-il être considéré comme exerçant son métier ou comme un spéculateur ou encore comme un usurier? Selon les contrats et les circonstances, un aspect prime sur les autres, mais en définitive son profit est si élevé qu'avec les peines et intérêts et avec les contraintes judiciaires contre les défaillants, il finit par les étrangler économiquement, et un jour les terres des débiteurs risquent de venir gonfler les biens du créancier. Le fait n'est d'ailleurs pas particulier au « lombard »: on pourrait presque dire que c'est la régle du jeu pour tout patricien qui entend faire valoir son capital.

Somme toute la véritable différence n'est donc pas dans la nature des opérations, elle est d'ordre social. Les gros marchands lombards sont normalement groupés en compagnies organisées, pourvues d'un directeur, d'associés, de facteurs et de valets; ils sont respectés, même si la royauté s'arrange pour leur extorquer des sommes importantes; ils ont un train de vie élevé et font parfois sonner leur titre de chevalier, voire de « chevalier le roi ». Les autres sont des isolés, des « singuliers ». Parmi eux, il y a aussi des personnages fort riches, mais surtout de bien médiocres, et généralement leur capital estimé ne dépasse pas 100 livres; les enquêtes en qualifient plus d'un de « pauvre homme ». Entre les deux, hors du royaume, en Dauphiné et dans la Comté par exemple, des capitalistes importants — tels les Vagnon seigneurs de Trofarello, sur lesquels V. Chomel a attiré l'attention, ou les Royer — disposent d'un nombre élevé de casanes — plus d'une dizaine parfois — qu'ils font exploiter par des facteurs ou des membres de la famille (71).

C'est précisément par ces enquêtes que nous connaissons le mieux l'implantation, le nombre et les méthodes des Lombards. Un recensement de compagnies, non daté mais sans doute de 1303-1304 (72), nous fait connaître 64 compagnies: 25 génoises, 10 lucquoises, 10 placentines, 8 florentines, 4 siennoises, 3 vénitiennes, 2 pistoiennes, 1 astesane et 1 albaine. Il s'agit, peut-on dire, de l'aristocratie du commerce italien en France. A une exception près, le montant estimé de leurs capitaux en France va de 1.000 à 8.000 livres. Vu le nombre et l'importance des compagnies génoises, on est conduit à penser qu'ont été recensées non seulement les compagnies présentes aux foires de Champagne et à Paris, mais aussi celles qui avaient pignon sur rue à Nimes et à Aiguesmortes.

L'enquête menée par le clerc du roi Henri de Houret en 1309 est encore plus révélatrice. Nous n'avons conservé que des fragments du rouleau primitif: 4 anciennement conservés à la Bibliothèque nationale et 2 autres qu'ayant identifiés lors d'une vente d'autographes j'ai eu la chance de pouvoir faire acheter également par ce même établissement (73). Le commissaire du roi est assisté de deux assesseurs, un bourgeois de Paris et un Siennois, Francesco Jacobi, qui fut vers cette époque chargé à plusieurs reprises de percevoir les finances des Lombards. Un questionnaire avait été établi et on interrogea un nombre variable de témoins (souvent des compatriotes) sur chacun des lombards concernés. Les questions portaient sur la durée de l'installation en France, sur l'éventuel mariage avec une femme française, sur la profession, l'importance des capitaux engagés, les poursuites antérieurement effectuées contre eux, les pratiques usuraires notoires, les infractions en matière de monnaie (circulation de pièces prohibées ou pièces royales acceptées pour un prix plus élevé que le cours officiel).

La plupart de ceux dont la notice est conservé sont établis en France depuis longtemps. C'est surtout le cas des riches usuriers d'Albe: ils sont tous installés depuis plus de quinze ans et parfois de vingt-cinq ans. Les lombards établis à Paris le sont aussi depuis cinq à vingt ans; il en est de même de nombreuses tables de province. Toutefois seuls les plus pauvres ont épousé une femme de France; l'une d'elles, femme d'un courtier d'usures, vend du fil devant Notre-Dame. On a vraiment l'impression d'une vieille colonie, en cours d'extinction. Ceux qui l'ont pu ont rapatrié une partie de leurs avoirs en Italie. C'est le cas de Manuel Rogier, en France depuis quinze à vingt ans et sur la fortune duquel les avis diffèrent énormément: il aurait eu un capital de 30.000 livres au temps de Mouche et Biche, mais il est réduit à 6.000, car « a retrait partie du sien en son païs ». Philibert de Serre, en Champagne depuis 26 ans, possède de 15 à 20.000 livres, mais il a « finé » de 5.000 livres à Biche comme usurier, et il y a cinq ans il est reparti, ne laissant qu'une créance incertaine. Denisot Rogier, marchand de cuir et usurier, au royaume depuis vingt ans, autrefois riche de 6.000 livres (12.000, disaient certains) n'en aurait plus que 2.000 depuis qu'il a été « donné » au cardinal Colonna et mis en prison. Tenaille, l'ancien receveur de Champagne sous Mouche, qui « a fame de France et V enfans » et est installé depuis vingt ans, est en prison au Châtelet, il n'a plus de meubles, seulement des biens fonds qui rapportent de 2 à 300 livres de rente.

Le capital moyen des tenanciers des tables de prêt ne dépasse guère 1.000 livres. Cela nous explique que les opérations auxquelles ils se livrent ne soient pas d'un montant très élevé. Les casanes font, en effet, des prêts nombreux, mais pour des sommes relativement limitées. Par le compte des finances des lombards de 1324 (74), nous connaissons le chiffre d'affaire, débattu avec l'administration, — nous dirions aujourd'hui, le forfait — sur lequel a porté l'imposition. Nous trouvons 17 chiffres d'affaire compris entre 30 et 100 livres par an; 22, entre 150 et 250; 19, entre 300 et 500; 18, entre 600 et 1.000; 4 seulement, de 1.500 à 2.500 livres. Rien donc qui soit comparable au chiffre d'affaire des plus minces compagnies pour lesquelles, en bien des cas, ces sommes équivalaient au montant d'une seule de leurs opérations.

On ne saurait toutefois trop insister sur l'importance économique des activités de ces établissements. Car, si le montant de chaque prêt est limité, parfois quelques sous, le plus souvent de 2 à 5 livres, rarement au dessus de 10, la clientèle est très diversifiée et les tables contribuent à fournir à une foule de clients génés, seigneurs, clercs, bourgeois ou paysans, les crédits qui leur étaient indispensables.

J'ai établi la carte du rayonnement de plusieurs de ces casanes à l'aide des documents récapitulatifs qui nous en sont parvenus: celles d'Auxerre (75) et de Nice (76), pour lesquelles nous disposons de plusieurs centaines de quittances délivrées par les exécuteurs testamentaires d'usuriers qui avaient prévu par testament la restitution des *male ablata* par eux faits leur vie durant à leurs débiteurs; celle de Nivelles aussi, pour laquelle Georges Bigwood a publié un état des contrats conservés pour le milieu du XIVe siècle (77). Dans les trois cas, la casane ou table a rayonné de façon dense sur une quinzaine de kilomètres environ autour du siège, avec des pointes à une vingtaine ou même une trentaine de kilomètres (par exemple, jusqu'à Halle dans le cas de Nivelles). L'influence s'exerce jusqu'à ce qu'elle se heurte au rayonnement d'une autre table: Chablis et Tonnerre dans le cas d'Auxerre, Grasse dans celui de Nice, Braine-le-Comte, Gembloux et Wavre dans celui de Nivelles.

Le problème est un peu différent en ce qui concerne le rayonnement d'un établissement important de Paris, filiale parisienne des Gallerani de Sienne, que nous fait connaitre son livre de comptes publié par Georges Bigwood (78). L'attraction de Paris y apparait beaucoup plus large que celui des autres villes. Cet établissement, vu sans doute la concurrence d'autre lombards, a une clientèle dans des zones bien déterminées, vers Taverny au Nord, Villeneuve-Saint-Georges au Sud, ces deux localités se trouvant à une vingtaine de kilomètres de Paris, mais aussi tout le long de la vallée de l'Orge jusqu'à plus de 40 km de la capitale. Ce fait suppose une certaine répartition géographique des clientèles, de même que certains établissements se spécialisaient plus ou moins dans les crédits à certaines catégories sociales.

Dans tous les cas pour lesquels nous disposons d'éléments de documentation suffisants, la moitié environ du chiffre d'affaire, au moins, était assurée par les opérations réalisées dans la ville même où l'établissement avait son siège, ce qui marque bien que cette place répondait à une réalité économique. Il n'en serait donc que plus important qu'on puisse établir avec quelque précision la carte des établissements avec les dates extrêmes où les documents nous les signalent.

Nous avons conservé un nombre suffisant de contrats passés par les Lombards pour nous rendre compte de la diversité des opérations auxquelles ils pouvaient se livrer. D'ailleurs Bigwood a fourni à cet égard une utile documentation sur le régime juridique du commerce de l'argent en Belgique et il serait superflu d'insister ici sur ces questions. Mais il serait aisé de compléter le tableau qu'il a dressé. Disons seulement que tous les cas peuvent se présenter: prêt simple, avec ou sans caution, avec ou sans gage; prêt remboursable à volonté ou à terme fixe; vente à crédit de toute marchandise; achat de récoltes sur pied; prêt de grains pour les semailles ou pour la soudure, avec remboursement après la récolte; constitution de rentes foncières et spéculation sur les rentes constituées; fermes de revenus seigneuriaux, de dîmes et de droits de toute nature, avec anticipation versée comptant d'une part des recettes, etc. C'est dire que ces opérations recouvrent tous les types de fourniture de crédit. En principe, l'intérêt n'est jamais indiqué dans l'acte, lequel prend le plus souvent l'aspect d'un prêt gratuit, d'un *depositum* ou d'un *depositum et commenda.* Mais il est évident que la somme inscrite dans le contrat incorporait l'usure. J'en donnerai les preuves tout-à-l'heure.

Tout récemment au Congrès des sociétés savantes tenu à Lille, j'ai analysé le mécanisme des prêts faits en Italie même par des usuriers ou d'honorables patriciens de Plaisance à des soudoyers à cheval d'Outremont, Beabaçons et Picards, Comtois et Savoyards, Provençaux et Dauphinois, Gascons et Languedociens, en garnison dans la ville pour le compte des Visconti ou de l'armée de l'Eglise entre 1293 et 1320, clientèle de choix parce que la solde était toujours en retard et que le paiement de celle-ci permettait les remboursements non sans bénéfices pour le créancier. Il n'est pas inutile de donner ici les conclusions de cette étude, avec quelques exemples précis (79).

Le 7 septembre 1294, Oberto de Fontana prête au connétable picard Simon de la Cour 60 l. plac. Par un acte distinct du même jour, le débiteur s'engageait à payer 20 l. plac. pour ce dépôt. Le 29 mai 1295, bien que la dette n'eût point été payée, le créancier en donnait quittance. En fait un nouvel acte était dressé, incorporant principal et intérêt sous la forme d'un renouvellement de prêt pour un montant de 80 l., soit un intérêt sous la forme d'un renouvellement de prêt pour un montant de 80 l. (soit un intérêt réel de 33,33% en 264 jours ou 46,5% dans l'année). Le nouveau contrat prévoyait un remboursement mensuel à raison de 10 l. par mois, sous peine de 25 l. en cas de non paiement à l'échéance et sur engagement réel de deux chevaux d'armes, dont le créancier prenait possession sans délai et qu'il devait conserver jusqu'à l'acquittement complet de la dette. On sait que très peu d'emprunts étaient remboursés au jour dit et automatiquement la peine devenait la sanction du défaut, c'èst-à-dire, en fait, l'intérêt de la dette. Dans le cas en cours d'examen, au neuvième mois, les 80 livres devenaient productrices d'un intérêt de 25 livres à titre de peine, soit 30%, c'est-à-dire 45% comme l'année précédente; mais il s'agissait d'un intérêt composé puisque le montant initial du prêt n'était que de 60 livres. Ainsi en dix-huit mois, les 60 livres primitives se transformaient en 105 l., mais l'intérêt était encore plus élevé puisqu'on avait prévu des remboursements de capital à raison de 10 livres par mois et que le paiement des mensualités devait réduire le montant total du capital prêté.

Dans toute une série d'autres prêts, la « peine » venait ainsi dissimuler l'usure. Plus révélatrice est l'affaire suivante. Le 31 mars 1297, un soudoyer achetait un cheval bai-brun pour 15 l. plac. à une femme de Modène sans en avoir le premier sou. Par un autre acte, un préteur les lui avançait, en prévoyant le remboursement en six mois et sous peine de 100 sous. Aucun gage n'était stipulé. Mais un troisième acte était passé simultanément per lequel le débiteur reconnaissait devoir à son créancier 9 l. et lui engageait son roncin, sans doute le même qu'il venait d'acheter 15 l. et toujours sous peine de 100 sous en cas de non paiement. L'intérêt dissimulé dans ces actes faisait donc passer la dette de 15 à 24 l. en six mois, soit 60% dans cette demi-anné. En cas de non paiement à l'échéance, la peine de 100 sous garantissant et le remboursement et le paiement des intérêts risquait fort de faire passer la dette, dès la fin du semestre, de 15 à 34 livres, le tout sur gage du cheval.

Certes les risques étaient considérables pour les prêteurs, surtout quand il s'agissait d'hommes de guerre, toujours susceptibles de décamper sans crier gare, qui pouvaient aussi tomber dans le combat, dont la fortune se limitait à peu près à leurs armes et à leurs montures, dont les revenus enfin consistaient en une solde aux rentrées aléatoires. Aussi toutes les précautions étaient-elles prises: on prévoyait que le débiteur devrait répondre de sa dette devant toute une série de juridictions; on s'assurait en faisant s'obliger, en même temps que le débiteur principal, divers répondants qui en venaient à constituer une société fictive, tous étant personnellement et solidairement responsables de la dette d'un seul et sans bénéfice de division. Les effets de cette obligation étaient conjurés pour les répondants eux-mêmes par une contre-lettre par laquelle le débiteur principal déclarait n'avoir agi que dans son intérêt personnel et promettait tenir ses co-contractants indemnes de toute obligation et de toute peine.

Entre les mains du créancier, il y avait généralement remise de gages, chevaux ou pièces d'armures, jusqu'à complet paiment (et on peut se demander quelle était l'efficacité militaire de soldats dont l'armement était ainsi mis en gage). Des clauses envisageaient le cas où la bête viendrait à mourir: le débiteur n'en sera pas moins tenu au remboursement, mais il est dit qu'on lui montrera la peau de la monture, pour éviter toute fraude à ses dépens. En cas de non remboursement, le créancier se paiera sur le gage mais il est parfois precisé qu'il se l'appropriera sans autre formalité, d'où source de profits supplémentaires puisque la bête est normalement estimée au-dessous de se valeur marchande. Plutôt que de recourir à la conservation aléatoire d'un gage encombrant et qu'il fallait nourrir, certains préteurs préféraient se faire donner une procuration qui leur permît de toucher directement la solde, en se substituant au débiteur, et cela pouvait également dissimuler un supplément d'intérêt, car le montant de la solde et autres dûs pouvait dépasser celui du prêt.

Le mécanisme n'était pas tellement différent dans les établissements situés en deça des monts. Nous sommes édifiés à cet égard par une enquête menée sur l'ordre de Philippe le Bel en 1288 dans les sénéchaussées de Beaucaire et de Nimes (80) à propos de marchands toscans et lombards dits « marchands des conventions royaux de Nimes », lesquels sous l'apparence de contrats commerciaux exerçaient en fait l'usure et lésaient énormément la population par les intérêts exigés. Les déclarations circonstanciées des victimes et de leurs amis nous ouvrent bien des aperçus sur les pratiques. Des Génois, des Florentins, des Siennois faisaient des contrats de vente à crédit de marchandises diverses, draps et épices principalement, qu'ils montraient au débiteur mais sans les lui remettre: il s'agit donc de contrats notariés absolument fictifs, cachant un pur prêt à intérêt; car les actes comportaient une somme payable à l'échéance, souvent quatre mois, en y incorporant les intérêts. Comme les contrats passés en vertu des conventions de Nimes étaient privilégiés (dans des conditions analogues à ceux passés sur le corps des foires de Champagne), les créanciers obtenaient de la Cour, au prix d'une procedure rapide et sans appel, l'arrestation et l'incarcération des débiteurs qui devaient ou bien vendre hâtivement leurs biens à perte pour se libérer, ou bien accepter de passer un nouveau contrat d'un montant supérieur, faisant courir des intérêts nouveaux et comportant une clause de peine. En voici quelques exemples: Guillaume de Camargue et Pierre de Sauves reçoivent un prêt de 50 l.t. à 4 mois, dissimulé dans un acte de vente fictive de draps pour le prix de 56 l. 13 s. 4 d., soit 13,3% en 4 mois ou 40% dans l'année. Un Siennois prête 85 l. à 4 mois, mais le remboursement prévu dans le contrat est de 101 l. 2 s. 10 d., soit 19% à 4 mois, 57% l'an, etc. Raymond Julien de Calvisson emprunte à la Saint-Jean 1287 pour un an 200 l. avec 60 l. de lucre; au bout de six mois, il opère un remboursement de capital de 30 l. mais au terme est incapable de rembourser le reste. Moyennant paiement comptant de 18 l., il obtient une prorogation de 3 mois. A la Saint-Michel, la dette de 244 l. est incorporée à une nouvelle charte de 342 l. 10 s. payable à 6 mois. Ainsi un prêt initial de 200 l., réduit à 170 l. au bout de 6 mois, est devenu en 15 mois, principal et intérêts composés: 342 l. 10 s., soit pratiquement un doublement. Pierre Nègre de Nimes a contracté un emprunt de 200 l. auprès de Florentins en janvier 1287 et on lui a dressé une charte fictive de vente de vaisselle d'argent et de draps d'or pour

280 l., payable à 4 mois comme pour toute affaire commerciale, mais il est entendu qu'on n'exigera pas le remboursement avant un an; après ce délai, une peine de 8 d. par livre et par mois est prévue. Cela représentait donc pour la dette primitive 40% d'intérêt dans l'année et ensuite a titre de peine environ 3% par mois. Faute de pouvoir payer, Pierre est arrêté à la requête des créanciers et incarcéré à la prison de Malapaga de Nimes; il vend ses biens à un prix très bas et peut rembourser 240 l. melg.; on lui fait donc une nouvelle charte de 39 l. L'enquête est pleine de faits de cet ordre. Mais le cas le plus dramatique est celui d'un chevalier Guillaume Ricau; à Noël 1285 il a fait un emprunt considérable, 600 l.t. à un an, qui s'est concrétisé par l'établissement d'un acte de vente fictive de draps et d'épices pour 840 l. Pour obtenir prorogation de son paiement jusqu'à la Saint Eloi, il doit payer comptant 200 l.t.; mais cela n'empêche pas la contrainte par corps et il fait huit mois de prison à Malapaga. Finalement il doit vendre tous ses biens: en trois ans, il a déboursé 1350 l.t. pour le remboursement des 600 l. du prêt primitif. L'affaire a éveillé assez d'échos pour que le roi fasse procéder à une enquête analogue dans la sénéchaussée de Carcassonne: elle amène l'arrestation de 23 lombards, surtout des Toscans, tandis que la compagnie florentine des Mozzi doit composer directement avec la cour royale pour faire délivrer ses propres membres.

Que l'on ne pense pas qu'il s'agisse de jérémiades ou d'excessives hâbleries des victimes, ni d'exactions gratuites de l'administration royale. Ce que nous a révélé cette enquête (de même que la centaine de documents concernant les prêts des citoyens de Plaisance aux soudoyers d'Outremont accourus à leur défense), nous le retrouvons noir sur blanc dans un document inédit d'une exceptionnelle saveur, le cahier personnel d'un honorable ecclésiastique de Pistoie, prieur et frère d'un évêque, mais qu'on ne peut hésiter à qualifier d'affreux usurier (81). Il a tenu pour lui-même (d'une écriture hideuse et pleine de ratures) des notes sur ses placements et les remboursements qui lui furent faits en 1328-1329. Ainsi le 13 octobre 1328, il prête à Monna Cora et à Braccio Puccetti de Carmignano 3 florins d'or à 6 mois, mais il ajoute: « Dice la carta sei ». De plus, il exige pour prix du florin la valeur surestimée de 2 s. 6 d. de gros, et il arrache péniblement le remboursement (qui traine d'ailleurs trois ans) en espèces diverses, en grains, en un agnelet et un baril de vin nouveau. Peu après, il prête à Gherardo Grascioni en quatre fois 33 florins; mais après avoir noté la date de ses quatre prêts, il ajoute: « Di tutti questi preditti danari, m'a venduti tre suoi cavalli e faito carta de ottanta fiorini di paga. Feci la carta ser Vanni Ubaldini »; il fut d'ailleurs remboursé dès le 2 décembre. La plupart de ses prêts sont à très court terme, ceux qui rapportent le plus. Ainsi entre le 19 et le 26 novembre, il fait chaque jour un petit prêt à un débiteur, le tout se monte à 7 florins d'or, gagés sur diverses pièces d'armure; dès le 2 décembre, il est remboursé et reçoit pour intérêts d'une semaine 5 l. 11 s., soit environ 25%. Le 13 février 1329, il prête à deux mois 3 florins d'or: « dice la carta nove » (82)! En avril, autre forme de petit profit: il prête, visiblement pour assurer la soudure d'une famille, 5 setiers de panic et d'orge à condition qu'on lui rende au 1er août, après la moisson, la même quantité en froment. L'année suivante, il prête 2 florins d'or; en contre-partie, les débiteurs lui vendent leur maison à réméré pour 15 l., mais il la leur laisse en location contre un loyer de 40 sous. On peut vraiment dire que tous les moyens sont bons pour s'enrichire. Ainsi au début du XIVe siècle, l'abus de l'usure a fini par pervertir et pourrir toute une société.

Les intéressés ont eux-mêmes conscience de tout ce que leurs agissements ont de répréhensible. A une époque où l'idéal de pauvreté commence à se diffuser, où les ordres mendiants jouent un rôle de plus en plus important dans les villes et se recrutent souvent dans la bourgeoisie, ceux qui vivaient du commerce de l'argent ne pouvaient pas garder bonne conscience. Par dizaines dans les archives de leur ville d'origine, on trouve des testaments prévoyant que l'on restituerait leurs *usurae et male ablata*. Un usurier d'Auxerre, un autre de Nice, mourant dans leur ville natale, l'un à Sienne, l'autre à Plaisance (83), prescrivent qu'avec leurs registres de comptes on ira rendre à chacun de leurs anciens débiteurs ce qu'ils ont exigé d'eux en trop; dans les deux cas, on a envoyé quelqu'un procéder dans chaque village aux restitutions et dresser des instruments en conséquence, lesquelles nous parvenues. Parmi les Placentins, l'un en 1299 demande pour le salut de son âme que l'on répare ce qu'il a extorqué au-dessus du prix à titre de peine due en raison de l'allongement des délais de paiement (84); un autre en 1325 déclare qu'il a quitté autrefois le royaume de France en confiant à un de ses collègues le soin de recouvrer ses créances à sa place: il demande que les Franciscains distribuent aux pauvres tout ce qui aura ainsi été récupéré en plus de son dû comme *male ablata* (85). Un autre encore, frère de l'évêque de Plaisance, reconnait qu'il a exercé longtemps à Bordeaux et en Gascogne la *pravitas usuraria* et qu'il en a retiré un bénéfice illégal de 1.000 florins: on ira procéder sur place en Gascogne à la vérification de ses torts en affectant à cette réparation pendant cinq ans 200 florins d'or à prendre sur ses revenus (86).

Ce n'est pas pour rien que les populations se sont plaintes des Lombards et que la littérature s'est fait l'écho de ces lamentations, que l'autorité royale a procédé à des enquêtes, à des arrestations, à des amendes et confiscations. Les documents que nous venons de signaler entre tant d'autres nous montrent la réalité des excès et justifient en quelque sorte ce que nous disent certains écrivains du temps en un langage imagé: « le monstre lombard non seulement dévore les hommes et les bêtes, mais aussi les moulins, les châteaux, les bois et les forêts, il boit les marécages et assèche les fleuves », ou encore: « Ils n'apportent jamais avec eux un ducat, rien qu'une feuille de papier dans une main et une plume dans l'autre; avec cela, ils tondent la laine sur le dos des habitants des villes et ils leur prêtent ensuite leur propre argent ». Et ce n'est pas si faux, quand on voit Biche et Mouche, venus de leur campagne florentine en petits prêteurs, s'imposer comme bailleurs de fonds et financiers de Philippe le Bel, et devenir entre Sienne et Florence de vrais potentats; Alberto Scotti se faire le seigneur de Plaisance et l'un des prototypes du seigneur italien du Trecento; les Falletti créer une vaste seigneurie, le marquisat de Barolo dont ils plantent les vignes et où ils construisent la forteresse de Rocca Falletti; les Anguissola se constituer un réseau de seigneuries dans les campagnes de Plaisance.

Trop d'historiens contemporains considèrent ces choses d'un point de vue philosophique: sous prétexte que l'Eglise avait interdit la fructification de l'argent, ils croient que c'était le prêt à intérêt lui-même qui était tenu pour illégal et était appelé « usure »; ils se montrent indulgents pour ces usuriers en qui ils voient d'honnêtes marchands, de bons bourgeois plaçant leur argent dans des conditions peut-être condamnables sur le plan canonique, mais somme toute admissible dans toute société capitaliste. Ils ne se sont pas rendus compte de la réalité des pratiques alors en usage. L'usure était alors une lèpre qui finit par ronger la société entière et qui était d'autant plus lourde que les risques, avec l'élévation des taux d'intérêt, devenaient plus considérables. Plus les intérêts sont lourds, plus il y a difficulté à les payer, plus nombreuses sont les créances irrécupérables, et celles-ci finissent par s'accumuler au point que, en dépit des exigences croissantes des compagnies, leurs finances sont dans un équilibre de plus en plus précaire. Que survienne une tension, une crise, et c'est la ruine en chaîne pour des dizaines de préteurs, fuitifs ou faillis, pour des dizaines de compagnies. Les dossiers que j'ai constitués sur les compagnies florentines et leurs faillites à la fin du XIIIe et au début du XIVe siècle sont révélateurs à cet égard, avec des listes interminables de créances douteuses.

A partir de la seconde moitié ou de la fin du XIIIe siècle, chacun avait fini par prendre l'habitude de vivre au-dessus de ses moyens, de se reposer sur le crédit gagé sur l'espérance des rentrées. Cela est même vrai pour les princes: le dauphin, le comte de Bar, le comte de Bourgogne en sont des exemples connus; mais le plus caractéristique n'est-il pas Charles de Valois lui-même dont je déroulais l'autre jour le rouleau de ses dettes, formé de 25 peaux comportant plus de 2.000 noms de ses créanciers: Italiens, Templiers, Hospitaliers, aussi bien que les fournisseurs de ses vêtements et de sa cuisine ou ses propres serviteurs? On n'a pas assez insisté sur le rôle qu'a joué le crédit à cette époque, en un temps où l'on n'avait pas encore su maîtriser tous les problèmes qu'il pose. Les casanes et tables de prêt des Lombards sont un des aspects particuliers de cette faim de numéraire d'une société en mutation et en expansion, qui découvre brusquement la nécessité de l'argent. Le roi de France les a réprimés avec brutalité, comme il a sévi contre les Juifs et contre les Templiers, et certainement pour les mêmes raisons; mais il a contribué à accroître la crise du numéraire qui couvait déjà et il a renforcé les effets de la crise économique qui va sévir et bouleverser l'économie occidentale. Les établissements ont au contraire persisté dans les régions périphériques; ils y ont progressivement régularisé leur pratique, corrigé leurs excès et finalement assuré, avant la création des banques et des monts de piété, une fonction économique qu'on peut tenir pour importante, sinon pour nécessaire pour les populations.

NOTES

(1) GEORGES BIGWOOD, *Le régime juridique et économique du commerce de l'argent dans la Belgique du Moyan Age*, 2 vol. in-8°, Bruxelles, 1921-1922 (Académie royale de Belgique, Classe des lettres, *Mémoires*, coll. in-8°, 2e série, t. XIV).

(2) CAMILLE PITON, *Les Lombards en France et à Paris*, 2 vol., Paris, 1892-1893.

(3) R.-H. BAUTIER, *La collection des chartes de croisade dite « Collection Courtois »*, dans Académie des Inscriptions et Belles-Lettres, *Comptes rendus*, 1956, p. 382-386.

(4) LÉON GAUTHIER, *Les Lombards dans les Deux Bourgognes*, Paris, 1907 (*Bibliothèque de l'Ecole des Hautes Etudes*, Sciences historiques et philologiques, 156e fasc.).

(5) A titre d'exemple, ANNE TERROINE, *Etudes sur la bourgeoisie parisienne: Gandoufle d'Arcelles et les compagnies placentines à Paris (fin du XIIe siècle)*, dans *Annales d'histoire sociale*, I, 1945, p. 54-72; II, 1946, p. 53-75; — FRANÇOISE LEHOUX, *A Paris sous Philippe VI: Les opérations d'un Lombard*, dans *Annales*, Economies, sociétés, civilisations, IX, 1954, p. 55-62; — R.-H. BAUTIER, *Un usurier siennois à Auxerre au début de XIVe siècle*, dans *Annales de Bourgogne*, 1952, p. 282-285; *Les Tolomei de Sienne aux foires de Champagne*, dans *Recueil de travaux offert à M. Clovis Brunel*, t. I, Paris, 1955, p. 106-129; Ch.-M. DE LA RONCIERE, *Lippo di Fede del Sega (ca. 1280-ca. 1363): vie et affaires d'un changeur florentin*, Paris, 1974; etc. On trouvera une bibliographie déjà ancienne sur *Le marchand italien au Moyen Age*, dans l'ouvrage, paru sous ce titre, du regretté ARMANDO SAPORI (Ecole pratique des Hautes Etudes, VIe Section. — *Affaires gens d'affaires*, I), Paris, 1952.

(6) Même dans sa synthèse sur *Les hommes d'affaires italiens du Moyen Age* (Paris, 1949), YVES RENOUARD a pratiquement laissé de côté les « Lombards » pour s'intéresser plus particulièrement à la grande banque et au grand commerce.

(7) RAYMOND DE ROOVER, *Money, banking and credit in mediaeval Bruges. Italian Marchant-Bankers, Lombards and Money-Changers...*, Cambridge (Mass.), 1948 (The Mediaeval Academy of America, Publ. No. 51).

(8) M. M. POSTAN, *Credit in medieval Trade*, in *Economic History Review*, VI, 1935; rééd. *Essays in Economic History. Reprints by...* E. M. CARUS-WILSON, London, 1954, p. 61.

(9) Voir une approche de la question dans PHILIPPE WOLFF, *Le problème des Cahorsins*, dans *Annales du Midi*, t. 62, n. 11, 1950, p. 229-238.

(10) *Scriptores rerum italicarum*, XI, col. 142 C: « Anno Domini MCCXXVI, cives Astenses coeperunt praestare et facere usuras in Francia et Ultramontanis partibus, ubi multam pecuniam lucrati sunt; tamen ibi multa passi sunt in personis et rebus ».

(11) GALVANO FIAMMA, *Chronicon majus*, dans *Miscellanea di storia italiana*, t. VII, 1869, p. 176: « Primi mercatores qui iverunt Ultramontes pro emendis pannis de Ultremonte et pro emenda lana subtili, fuerunt Petrus de la Blava et Jordanus de la Flamma » (sub a. 1172).

(12) Acte encore scellé des sceaux personnels des trois gardes des foires et non pas de celui de la juridiction qui n'existait pas encore à cette époque (Bibl. nat., lat. 5480, fol. 274).

(13) BIGWOOD, *op. cit.*, t. I, p. 63. — C'est également de 1221 que date une quittance donnée par les tuteurs des filles de Dietisalvi Cacciaguerra aux associés de celui-ci notamment pour les deniers recueillis en France par la société (D. BIZZARRI, *Imbreviature notarili.* I: *Liber imbreviaturarum Appuliesis notarii comunis Senarum*, n. 282, p. 114-115).

(14) BIGWOOD, *op. cit.*, t. I, p. 63.

(15) Dès 1242, Sienne dispose de consuls pour ses marchands dans le royaume de France (1242: Arch. St. Siena, Archivio generale: lettre du podestat impérial aux consuls des marchands siennois en France, Ranieri Baldinotti et Dietisalvi Guadagnoli, leur mandant de recouvrer et de conserver par devers eux en la remettant à l'ayant droit, la créance due par le duc de Lorraine aux fils de feu Lamberto di Alberto Medici et adjugée per les provéditeurs de la commune à Ugolino Belmonte en raison de la fidéjussion pour 700 livres donnée par leur père entre les mains de Bonaguida Zimarri). — En mai 1245, un Astesan, Manfredo, était épicier à Paris (Arch. nat., L 778, n. 17). — En 1251, l'abbé de Saint-Germain-des Prés permet aux Gallerani de Sienne de s'installer dans le bourg du monastère et d'y trafiquer librement, en leur garantissant le monopole de leurs activités (cfr. FRANÇOISE LEHOUX, *Le bourg Saint-Germain-des-Prés*..., Paris, 1951, Pièces justificatives I-III, p. 413-416). — Depuis 1250, on rencontre dans les archives des documents comportant des remboursements d'emprunt à effectuer à Paris ou dans les bourgs monastiques. Citons: mars 1250, Rome, prêt de marchands siennois à l'abbaye des Dunes, à rembourser à la Saint-Jean à Paris (KERVYN DE LETTENHOVE, *Codex Dunensis*, p. 87); — 14 juillet 1263, Orvieto, vidimus d'un emprunt fait par le procureur du chapitre de Sées de 60 livres tournois à des marchands de Sienne, à rendre à Sainte-Geneviève, à Paris, le dimanche des Rameaux suivant, sous peine de 10% tous les deux mois en cas de retard (Arch. St. Siena, Pergamene Bichi-Borghesi, K II, n. 136); — février 1268 n.st., emprunt de 118 livres parisis fait à des Siennois par l'abbaye chartraine de Tiron et remboursable à Saint-Martin-des-Champs, à Paris, à la Conversion de saint Paul 1268 (*ibid.*, K II, n. 151); — octobre 1272, emprunt de 1.800 livres tournois fait par l'abbaye de Lagny à des marchands siennois, à rendre à volonté soit à Saint-Martin-des-Champs, à Paris, soit à Lagny, sur sept ans (*ibid.*, K II, n. 141 et 143) etc.

(16) Les Astesans Berardo et Jacobo Taviani, « cahorsins », deviennent bourgeois de Dijon et promettent de ne pas quitter le duché sans l'autorisation du duc; le seigneur de Tilchâtel leur engage pour 800 livres sa ville et sa maison-forte de Lux (JEAN RICHARD, *Les ducs de Bourgogne*..., Paris, 1954, p. 359 notes 3 et 4).

(17) Mathieu Paris, *Chronica majora*, éd. H. R. LUARD (*Rerum britannicarum Medii aevi*, 1877), t. IV, p. 8: « Temporibus sub eisdem, oculi regis aperti sunt, et Caursinis, praecipue Senonensibus, terram suam mundissimam iniquis exactionibus pallatas usurae macularunt. Ipsi autem, moleste ferentes et dolentes tales se pascuas amissuras, data pecunia quae nimis solet impios justificare, adhuc pro magna parte latuerunt ».

(18) *Ibid.*, vol. 5 (1880), p. 245-246: « Temporibus sub eisdem, usurarii Transalpini, quos Caursinos appellamus, adeo multiplicati sunt et ditati quod nobilissima palatia Londoniarum sibi comparantes, stabilem sibi more civium indigenarum mansionem stabilierunt ».

(19) C'est en 1238 que le titre de *campsor domini pape* est pris par le Siennois Angelerio Solafica (Ed. JORDAN, *De mercatoribus Camerae apostolicae saec. XIII*, 1909, p. 10; le titre de *mercator papae* apparaitrait sous Clément IV (*ibid.*, p. 19). — En fait, depuis 1231, Grégoire IX intervient constamment pour contraindre les débiteurs des marchands siennois ou romains, plus rarement florentins, à s'acquitter de leurs dettes: cf. L. AUVRAY, *Les registres de Grégoire IX*, n. 569 (13 mars 1231), 626 (22 avril), 675 (22 juin), 844, 845, 886, 998, 1462, 1465, 1671, 1760 etc., ces débiteurs étant français, anglais, impériaux.

(20) E. FOURNIAL, *Les villes et l'économie d'échange en Forez aux XIIIe et XIVe siècles*, Paris, 1967), p. 249, d'après MAX FAZY, *Catalogue des actes concernant le Bourbonnais* (Moulins, 1924), n. 867.

(21) BIGWOOD, *op. cit.*, t. II, annexe I, n. 1-5, p. 4.

(22) *Ibid.*, t. I, p. 242 (Giovanni Solari).

(23) *Ibid.*, t. II, n. 6, p. 4.

(24) Arch. nat., J 385, Dettes de villes, n. 9 (cf. J. DE LABORDE, *Layettes du Trésor des chartes*, t. III, n. 4629, p. 543-545): au début de l'exercice 1259-1260, la dette de la ville envers le Lombard Jacobo Sigheri et ses associés s'élevait à 2.713 livres; Rouen leur emprunte encore 400 livres, mais leur rembourse 713 livres. A la fin de l'exercice, la dette se montait à 2.730 livres: il semble qu'on puisse, en conséquence, estimer l'usure à 330 livres , ce qui, pour un capital initial vraisemblable de 2.000 livres, devait répondre à un intérêt de 16,50% l'an.

(25) *Ibid.*, t. I, p. 242-243 (familles Solari et Bagenis); Tableau des activités de la Table de Tournai, depuis juin 1260: t. II, annexe III, p. 104 et s.

(26) GAUTHIER, *op. cit.*, P.J. n. 1 p. 107.

(27) *Ibid.*, n. 3, p. 109-110.

(28) *Ibid.*, p. 12.

(29) Sur la nature des foires de Champagne, R.-H. BAUTIER, *Les foires de Champagne. Recherches sur une évolution historique*, dans *Recueils de la Société Jean Bodin*, t. V, *La foire* (Bruxelles, 1953), p. 97-147.

(30) Cf. *supra*, note 17. — Le roi fit engager contre eux des procédures; beaucoup furent arrêtés, les autres contraints à se cacher: ils durent acheter leur tranquillité au prix de grosses sommes d'argent.

(31) La littérature relative à l'usure et à sa condamnation canonique aux XIIe et XIIIe siècles est trop connue pour que nous y insistons ici.

(32) *Recueil des ordonnances*, t. I, p. 96 (l'acte fut inséré ultérieurement dans les mémoriaux *Pater* et *A* de la Chambre des comptes, cf. J. PETIT, *Essai de restitution des plus anciens mémoriaux...* - Université de Paris. *Bibliothèque de la Faculté des Lettres*, VII - n. 25 et 569). — Jusqu'alors seuls les usuriers juifs avaient été visés par les ordonnances royales réprimant l'usure: 1er septembre [1206] (instauration du « sceau des Juifs », *ibid.*, p. 44); février 1218 (*ibid.*, p. 35); 4 août 1223 (*ibid.*, p. 47); 1230 (*ibid.*, p. 53), 1234 (p. 54), 1258 (p. 85).

(33) La politique répressive de la royauté est, en fait, très mal connue et les dates des mesures arrêtées que mentionnent les divers auteurs sont loin de concorder. R. FAWTIER (*L'Europe occidentale de 1270 à 1380*, 1re partie: de 1270 à 1328, Collection Glotz, t. VI, 1, 1940, p. 212) se borne à reproduire celles qu'avait indiquées CH.-V. LANGLOIS (E. LAVISSE, *Histoire de France*, t. III, 2, 1901, p. 229): 1277, 1291, 1311 et 1320, en y ajoutant les mesures de 1315 et 1316 où on aurait taxé les Lombards à l'occasion d'une taille générale de 20% de leurs biens. Notons au passage que ce taux est inexact: il s'agissait d'une taxe, non de 20%, mais de 100 sous pour 100 livres, soit 5% (2 juillet 1315). D'autre part, il ne faut pas confondre la répression proprement dite avec l'institution de mesures fiscales, comme la « boite des Lombards » sur les opérations des marchands italiens, et encore moins des mesures de caractère général avec d'autres très particulières, comme celle qui valut aux Siennois en 1307 d'être emprisonnés à la suite de la faillite des Buonsignori, débiteurs envers le roi de 5.400 livres. De même, en 1291 fut décidée la confiscation du tiers des biens des Italiens du Midi convaincus d'usure à la suite de la grande enquête de 1289-1290. Il est difficile dans ces conditions de dresser un tableau de la répression royale à l'égard des « Lombards » sans entrer dans des détails et des considérations qui n'ont pas leur place ici. Un mémoire de D.E.S. de l'Université de Paris a été présenté en 1962 par H. MARTIN, *Le pouvoir royal et l'usure pratiquée par les Lombards sous les deux premiers Valois*; il est demeuré manuscrit, mais les conclusions en ont été reprises par CH.-M DE LA RONCIERE, dans le volume signalé *supra* (note 5).

(34) Ordonnance du Parlement de l'Assomption 1274, *Recueil des ordonnances*, t. I, p. 298-300.

(35) Voir plus loin.

(36) *Id.* La grande ordonnance de juillet 1311 (*Ordonnances*, t. I, p. 484-487) limitait les intérêts à 1 d. par lb. par semaine, 4 d. par mois ou 4 sous par an: 20%. Le 22 août suivant étaient expulsés les Juifs (*ibid.*, p. 488) et le 19 septembre les usuriers italiens (p. 489-491). L'ordonnance de 1311 fut réitérée en janvier et juillet 1312 (*ibid.*, p. 494 et 496).

(37) En fait, Louis X et Philippe V s'efforcèrent de différencier les marchands italiens et les préteurs usuriers: c'est ainsi que fut promulgué le 9 juillet 1315 (*Ordonnances*, p. 584-586) le statut des marchands italiens fréquentant le royaume « et qui marcheandent des marchandises honnestes »; en revanche, une enquête était prescrite le 14 février 1317 à l'encontre des Italiens exerçant des activités illicites depuis neuf ans (*ibid.*, p. 630-631) et un nouveau statut des Italiens était promulgué le 9 septembre 1317 (*ibid.*, p. 650-651).

(38) Philippe V révoque les exemptions de taxes accordées à titre personnel à des Italiens, spécialement à ceux qui ont épousé des femmes de France (*Ordonnances*, p. 781).

(39) Dans une lettre envoyée de Bourges le 26 janvier 1331 (n. st.) a destination de Pistoia (éd. LUIGI VANGUCCI, *Lettera mercantile di un Pistoiese del sec. XIV*, in « Per le nozze Sozzifanti-Archangeli », Pistoia, 1867, p. 5-13 et reproduite par L. CHIAPPELLI, in *Archivio storico italiano*, ser. VII, vol. 1, 1924, p. 229-256), on lit « che'l giuovidi appresso la Tosainti tutti li Lombardi de' Reame, li quali sono del mestieri, furono presi, salvo quelli di Torena, et quelli dimorarono percio che'l balivo era in suo paese... ». Ce fait est confirmé par une mention dans un compte fragmentaire du bailli de Contentin pour le terme de Pâques 1331: au chapitre des « messages »: « item pour lettres envoier a tous les vicomtes de Constantin pour prendre les Lombars qui s'estoient mis en franchise par tout ou l'en les trouveroit et d'apliquier leur biens au roy et pour fere les banir XV s. » (Bibl, nat., fr. 25 995, n. 60). — C'est très certainement à cette arrestation que se rapportent les comptes du Lombard Nigi, qui, après avoir été tiré de franchise au bourg de Saint-Marcel, fut mis en prison au Châtelet et qui a tenu note de tous les frais que ces événements lui occasionnèrent (Arch. St. Siena, Conventi, S. Francesco, Cartaceo n. 1734; document que nous pensons publier prochainement). — Une série de mesures draconiennes frappent les usuriers italiens de 1330 à 1334: réduction du capital pour les créances usuraires (*Ordonnances*, t. II, p. 60-61; limitation du taux de l'intérêt (*ibid.*, p. 85-86); révocation du droit de bourgeoisie, sans parler de mesures fiscales.

(40) La confiscation générale des biens et créances des Lombards usuriers au début de 1347 ruina définitivement l'usure de ce milieu; voir un état à la Bibl. nat., fr. 6739 (cf. J.-P. BEAUMONT, *Une famille de banquiers italiens, les Anguissola de Plaisance...*, thèse d'Ecole des Chartes, résumée dans *Positions des thèses... 1968*, p. 14).

(41) Ordonnance de Charles IV sur les foires de Champagne, mai 1327: *Ordonnances*, t. I, p. 800-802.

(42) Cf. C. TIHON, *Aperçus sur l'établissement des Lombards dans les Pays-Bas aux XIIIe et XIVe s.*, dans *Revue belge de Philologie et d'histoire*, (XXXIX, 1961, p. 334-364), p. 343-344; « que l'on expulse les Juifs et les cahorsins de la terre de Brabant et qu'ils en soient extirpés à fond de telle façon qu'aucun d'eux n'y reste, sauf ceux qui voudraient y commercer comme les autres marchands et ne se livrer ni au prêt ni à l'usure ». C'est à la suite de ce testament que la veuve du duc, régente au nom de leur fils, consulta saint Thomas sur la manière de traiter Juifs et cahorsins, donnant ainsi au docteur dominicain l'occasion de son traité sur les Juifs, dont la dernière phrase s'applique aux usuriers: « quod autem de Judaeis dictum est, intelligendum est et de Cauorsinis vel quibuscunque aliis insistentibus usurariae pravitati », cf. H. PIRENNE, *La duchesse Aleyde de Brabant et le « De regimine Judaeorum » de saint Thomas d'Aquin*, dans *Bulletin de l'Académie royale de Belgique*, Cl. des Lettres, 5e sér., t. XIV, 1928, p. 43-55.

(43) Ainsi, cédant au comte de Chiny le château de Montaigle, le comte de Namur exige qu'ils ne laisseront s'y installer Lombard ni Cahorsin (cf. BIGWOOD, *op. cit.*, t. I, p. 269, note 1).

(44) *Rôle de la taille de Paris en 1296*, éd. K. MICHAËLSSON (*Romanica Gothoburgensia*, vol. VII, 1958). Grâce aux rôles conservés de la taille de Paris, de 1292 à 1313, on peut suivre les cotes des Lombards parisiens; le chapitre consacré aux Lombards a été publié, de façon fautive par C. PITON, *op. cit.*, (p. 124-156); nous comptons en donner prochainement une nouvelle édition.

(45) *Les Journaux du Trésor de Charles IV le Bel*, publiés par J. VIARD, Paris, 1917 (*Collection de documents inédits sur l'histoire de France*); les comptes de recettes sont complets du début du règne (8 janvier 1322 n.st.) au 9 juin 1326; la fin n'est connue que par quelques extraits de l'érudit Menant (mai 1326-février 1328 n.st.). Nous avons préparé un état des Lombards figurant per leurs « finances » dans ce journal.

(46) Arch, nat., MM 895 (Cahiers paléographiques, 1254-1331), n. 90.

(47) E. FOURNIAL, *op. cit.*, p. 257; le dernier acte connu de cette casane est du 26 mars 1330; dès le 24 mai, son chef, Jacques Vagnon était installé en Dauphiné à Saint-Etienne-de-Saint-Geoirs.

Sur la répression en 1330, voir *supra*, note 39. Sur la disparition des Lombards à Pontoise, cf. CH.-M. DE LA RONCIERE, *op. cit.*, p. 188-190.

(48) Bibl. nat., fr. 6739; nous comptons publier la liste de ces usuriers.

(49) Voir par exemple, l'ordonnance sur les monnaies du 25 mars 1333 (Arch. nat., P 2291, extrait du Mémorial B de la Chambre des comptes, fol. 205): « et sur la grant defaute que l'on disoit qui estoit de monoie et quel remede l'en porroit mettre, par quoy nostre peuple peust avoir souffisance de monoie » (on décida alors le maintien de la monnaie forte rétablie apres l'assemblée de Paris de 1328, la frappe d'une petite monnaie etc.). De même, dans la lettre de 1330 citée *supra* note 39: « A Borges non a danaro ». Sur cette « carestia di danaro », voir notre article *L'or et l'argent de la fin du XIIIe au début du XIVe s.* (Académie des Inscriptions, *Comptes rendus*, 1951, p. 169-174).

(50) Sur les Lucquois — principalement fournisseurs d'objets de luxe, mais aussi éventuellement préteurs à la Cour royale et auprès des grands du royaume — voir LÉON MIROT, *Etudes lucquoises*, Paris, 1930 (Extraits de la *Bibliothèque de l'Ecole des chartes*, t. LXXXVIII, 1927, p. 50-86, 275-314; LXXXIX, 1928, p. 299-329; XCI, 1930, p. 100-168), complété par t. IC, 1938, p. 67-81. — R. DE ROOVER, *La communauté des marchands lucquois à Bruges de 1377 à 1400*, dans *Handelingen van het Genootschap « Société d'émulation » te Brugge*, LXXXVI, 1949, p. 23-89. — *El libro della communità dei mercanti lucchesi in Bruges*, d'E. LAZZARESCHI, Milano, 1947.

(51) Cf. J. GAUTHIER, *op. cit.*, p. 26-27 (cf. Pièces justificatives, n. 8, 1274; 9, 1275; 10, 1275; 12, 1283 etc.).

(52) Chronique d'Arbois, citée par ED. CLERC, *Essai*..., t. I, p. 479. Le chroniqueur continue: « et vocabantur Lumbardi nomine passim per Burgundiam adeoque per Europam recepti pro usurariis publicis ». Sur les agissements d'un des Lombards de la Comté, voir — outre le chapitre de J. GAUTHIER, *op. cit.*, p. 32 et s. « Les conseillers lombards d'Othon IV » — l'article d'A. SAPORI, *Un fiorentino bizzarro alla Corte di Borgogna, Scaglia Tigi*, in *Studi di storia economica medievale*, 2a ed., Firenze, 1946, p. 137-167 (Estr. *Arch. stor. ital.*, ser. VII, vol. XVI, 1931): ce trésorier du comte de Montbéliard reconnait solennellement en 1292 à Notre-Dame de Paris qu'il a détourné à son profit 20.000 livres provenant des finances du comté (cf. GAUTHIER, *op. cit.*, p. just., n. 20, p. 121).

(53) La liste seule avait été publiée par GAUTHIER (P. just., n. 23, p. 132-135); le document vient de faire l'objet d'une édition avec commentaire de J. P. REDOUTEY, *Le comté de Bourgogne de 1295 à 1316*... (*Mémoires de la Société pour l'histoire du droit... des anciens pays bourguignons*..., t. 33, 1977), p. 36-65. Les Lombards sont établis dans les villes suivantes (nous indiquons entre parenthèses le montant des « censes » ou fermes qu'ils paient au comte en contre-partie de la tenue de leur « table »): Arbois (140 l.), Dole (120), Gray (100), Pontarlier (100), Salins (95), Vesoul (80), Baume (60), Jussey (60), Chissey (35), Fondremant (30), Clervaux (20), Ornans (10); ces chiffres apparaissent approximativement proportionnels aux activités économiques de ces localités et, sans doute, à celles des Lombards eux-mêmes.

(54) Cf. GAUTHIER, p. 25 n. 2. — Pour Seurre: Philippe de Vienne, obéré de dettes, vend Pagny au duc en se réservant d'avoir à Seurre des « Corssins prestans » (1278); en conséquence, il prie le duc Robert II de laisser les Asinari s'installer à Seurre (avril 1280) et finalement le duc les prend sous sa sauvegarde (juin 1280), cf. J. RICHARD, *op. cit.*, p. 360, note 5, et GAUTHIER, p. 43-44, et p. just. n. 11, p. 115.

(55) Les « censes » sur les Lombards sont perçus depuis 1275 (460 livres; 700 en 1276); cf. J. RICHARD, *op. cit.*, p. 360 et n. 1.

(56) GAUTHIER, *op. cit.*, p. 43 n. 4.

(57) *Ibid.*, p. 44.

(58) Hulst, octroi du 8 septembre 1280 (BIGWOOD, t. I, p. 258); Gand, de juin 1281 (*ibid.*, t. II, p. just, n. X, p. 287); Furnes, du 7 octobre 1281 (*ibid.*, n. XI, p. 288). La même année le comte Guillaume de Dampierre empruntait respectivement 400 livres aux Lombards de Biervliet et 1400 à ceux de Bruges (*ibid.*, « Valeur des opérations », t. II, p. 4, n. 9 et 10) et ces derniers avaient été autorisés à résider dans trois hôtels de cette ville le 28 octobre 1281 (*ibid.*, t. I, p. 323). A Ypres, les activités des Lombards sont connus dès 1280 (*ibid.*, p. 101); à Ardembourg dès le 4 juin 1281 (*ibid.*, p. 48); à Grammont dès le 27 septembre 1281 (*ibid.*, p. 67); à Bergues dès le 28 février 1282 (cf. P. MOREL, *Les Lombards dans la Flandre française et le Hainaut*, Thèse de droit de Dijon, Lille, 1908, p. 105, p. just. n. 2). Les « octrois » du comte pour l'établissement des Lombards dans ces différentes places sont donc

à très peu de chose près contemporains. A Bruges, le nombre des tables autorisées s'éleva très vite (*ibid.*, t. II, p. 55).

En principe, il s'agissait d'un congé de changer et marchander « et faire profit de leur denier einsi k'il lor semblera ke boen soit... *sans usure* »; en contre-partie de cet octroi, ils payaient une ferme, mais étaient placés « a notre warde et en nostre protection... aus, leur maisnies, leur avouer » sans autre imposition et sans exercice d'un éventuel droit d'aubaine. Toutefois le comte devait savoir à quoi s'en tenir quant à la promesse de ne pas trafiquer d'usure puisque lui-même immédiatement recourut aux services de ces tables en raison de ses graves besoins financiers.

(59) Willems, *Codex diplomaticus*, n. 183-184. Il s'agit ici d'une mesure générale, mais il est très vraisemblable que des mesures particulières durent être adoptées pour des tables données, presque aussitôt après que le comte de Flandre eut autorisé l'établissement des Lombards dans son comté: il est en effet question de Lombards à Bois-le-Duc dès 1282 (Bigwood, t. II, p. 52) et en avril 1284 Jean Ier chargeait son receveur de percevoir l'ensemble de ses revenus et notamment de ce qui lui revient « de nostre monoie, *de nos lumbars*, de nos juis » (Mina Martens, *Actes relatifs à l'administration des revenus domaniaux du duc de Brabant*, 1271-1402 (Bruxelles, 1943, Commission royale d'histoire), p. 23. En 1296 le duc Jean II est endetté envers les Lombards de Nivelles, de Louvain et de Bois-le-Duc (Bigwood, t. II, tableau p. 6, n. 20-23).

C'est vers la même époque (vers 1280, selon C. Tihon, *op. cit.*, p. 353) que le seigneur de Malines, en accord avec l'évêque de Liège reconnaît l'existence des Lombards dans cette ville. Dans le Hainaut, il y a à Mons des Lombards en 1289 (Bigwood, t. II, p. 83).

(60) Pour le Dauphiné, voir Vital Chomel, *Communautés rurales et « casanae » lombardes en Dauphiné*, dans *Bulletin philologique et historique*, 1951-1952, p. 225-247.

(61) Pour la Savoie, voir Anna Maria Patrone, *Le casane astigiane in Savoia* (Torino, 1969: Deputazione subalpina di storia patria, *Miscellanea di storia italiana*, ser. IV, vol. 4) et notre volume *Les sources de l'histoire économique*... vol. I, p. 499-500. Il convient d'utiliser avec prudence la carte et les identifications de l'ouvrage mentionné ci-dessus: c'est ainsi que Genève a été porté par erreur sous l'année 1297, alors qu'il s'agit de Faverges « en Genevois » (p. 121). Dès 1297, les comptes savoyards prouvent l'existence de casanes à Termignon, Voiron et Saint-Laurent-du-Pont, Chambéry, Aoste, Belley, Rossillon en Bugey, Faverges et sans doute Talloires (p. 119-121); en 1303, s'y étaient ajoutées les casanes de Tarentaise, de Suse et Avigliana, d'Aiguebelle, de Conflans, de Yenne, de Seyssel, de Cusy et Boussy (aux portes de Rumilly), de Saint-Genix-sur-Giers et Pont-de-Beauvoisin (et non « Pont de Saint-Laurent, p. 121-122); le compte de 1308-1314 comptabilisait, en sus, les censes des casanes de La Côte-Saint-André, Ugine, Saint-Symphorien d'Ozon, Saint-Georges d'Espéranche, Bourg-en-Bresse, Treffort, Bâgé, Pont-de-Vaux, Saint-Laurent et Pont-de-Veyle, Salins-en-Tarentaise, Bourg-Saint-Maurice et Aime-en-Tarentaise, Montmélian, La Chambre, Saint-Michel et Saint-Julien-de-Maurienne, Bard, Sembrancher, Conthey, Chillon, Saillon, Saxon et Saint-Maurice-en-Valais, Evian, Cornillon, Thonon. Pratiquement toutes les châtellenies étaient donc pourvues de leur casane, parfois de plusieurs.

On a conservé le texte de la convention passée entre la commune de Turin et l'Astesan Leonardo Solari pour l'établissement d'une casane pour le prêt sur gages, avec l'accord du prince d'Achaïe, pour une durée de dix ans, à raison d'une cense annuelle de 60 livres d'astesans. Le taux maximum des intérêts était fixé à 6 d. par livre soit 2,5% par mois (30% par an); la casane recevait le monopole des prêts sur gage dans la cité et son district (Q. Sella, *Codex Astensis*... t. IV, Roma, 1880, n. 1051, p. 90-92). C'est certainement sur cette base qu'avaient dû être réglés les autres « octrois » dans les domaines savoyards.

(62) D'après la liste des Lombards et Toscans de la sénéchaussée de Carcassonne convaincus d'usure après enquête de la Cour et contre lesquels le sénéchal reçoit l'ordre de procéder: 23 personnes de Carcassonne, Montolieu, Béziers et Narbonne (20 juillet 1291, Bibl. nat., Doat, vol. 7, fol. 227 V); le 28 août il était précisé que le texte des ordonnances ne s'appliquait pas aux membres de la société des Mozzi qui avaient composé avec les gens du roi sans attendre la sentence définitive (*ibid.*, Doat, vol. 156, fol. 12-13); à mettre en relation avec les

Lombards de Nimes dont il sera question plus loin (Arch. nat., J 335, Nimes, n. 14).

(63) F. Vercauteren, *Document pour servir à l'histoire des financiers lombards en Belgique (1309)*, dans *Bulletin de l'Institut historique belge de Rome*, t. XXVI, 1950-1951, p. 43-67.

(64) Cf. *supra*, note 61.

(65) « Ce sont les compagnies des Italiens », copie, Bibl. mun. de Rouen, Collection Leber, t. IV (extraits de Menant), d'après un microfilm (n. 168) à l'Institut de recherche et d'histoire des textes; — Fragment d'un rôle original, incomplet du début et de la fin, Bibl. nat., fr. 25 995, n. 33. Nous en donnerons prochainement l'édition.

(66) Fragments d'une vaste enquête, Bibl. nat., fr. 25 993, n. 212, 213, 258[1], 258[2]; fr. 25 995, n. 40; document non coté (achat n. 23 942), nous en avons préparé l'édition.

(67) *Inventaire des comptes royaux dressés par Robert Mignon sous le règne de Philippe de Valois*, publié par Ch.-V. Langlois (Paris, 1899, Documents financiers, t. I), n. 2053.

(68) *Ibid.*, n. 2050-2052.

(69) Cf. *supra*, note 46.

(70) R. de Roover, op. cit., p. 4: « Three parts: Part I deals with the Italian merchant-bankers; Part II, with the Lombards or Italian pawn-brokers, and Part III, with the money-changers. As we appear later, there are any good reasons for a making a clear-cut distinction between these three groups of money dealers »; cf. p. 99 et s.

(71) V. Chomel, *op. cit.*, p. 228-230: L'acte de dissolution de la société formée entre Bartolomeo, Giorgio et Enrico « Vagnon », Vagnone, seigneurs de Trofarello en Piémont montrent qu'ils possédaient en Dauphiné les casanes de Die Saillans et Saint-Mercellin et en Franche-Comté celles de Dole, Jonvelle-sur-Saône. Lons-le-Saunier et Château-Chalon (1354); d'autres membres de la famille tenaient des banques à Saint-Bonnet-en-Champsaur, Saint-Marcellin, Saint-Etienne-de-Saint-Geoirs, Moirans, Voiron et Saint-Laurent-du-Pont, toutes ces firmes étant, comme toujours, imbriquées les unes dans les autres. Mme Patrone (*op. cit.*, p. 64) les a également rencontrés à Voiron et à Saint-Laurent-du-Pont, déjà cités, ainsi qu'à La Rochette, à Bâgé et à Saint-Laurent, et M. Fournial (*op. cit.*, p. 252) à Montbrison en Forez.

Ies Asinari, les Bergnonini, les Malabayla, les Pelleta, les Provana, les Solari, tous d'Asti disposent de réseaux comparables ou même plus étendus, puisqu'on les trouve aussi bien en Savoie et en Franche-Comté qu'en Champagne et dans les Pays-Bas. Quant aux « Royer », les Rotari, leur simple liste occupe trois colonnes denses dans l'index final de l'ouvrage souvent cité de G. Bigwood (p. 486-488).

(72) Cf. *supra*, note 65.

(73) Cf. *supra*, note 66.

(74) Cf. *supra*, note 45.

(75) Article cité *supra* note 5. Cino di Ugone, de Sienne, avait confié à l'hôpital de Santa Maria *ante gradus* de sa ville natale le soin de restituer à ses anciens débiteurs les *usurae et male ablata*: le protocole consacré à cette restitution contient 69 actes (Arch. St. Siena, arch. notarile, cartella 9, not. 21 [anc. L8], Castellano di ser Mino Deodati).

(76) Cf. nos *Sources de l'histoire économique..., op. cit.*, p. 1395; provenant des archives hospitalières de Plaisance, environ 200 actes concernent les anciens débiteurs du Placentin Guglielmo Buccapiccina à Nice, Luceram, Levens etc.

(77) G. Bigwood, t. II, annexe IV: « relevé des opérations de la table de prêt de Nivelles, 1330-1428 », p. 115-261: 1428 actes: en fait, 1358 actes entre 1355 et 1388.

(78) G. Bigwood, *Les livres des comptes des Gallerani...* publiés par A. Grunzweig, 2 vol. in-8°, Bruxelles, 1961-1962 (Commission royale d'histoire). Une carte muette des débiteurs a été établie par J. Heers, *L'Occident aux XIVe et XVe siècles. Aspects économiques et sociaux*, 2e éd., Paris, 1973 (*Nouvelle Clio*, n. 23), fig. 12, p. 246.

(79) R.-H. Bautier, *Les soudoyers d'Outremont au service de Plaisance...*, sous presse, dans *Actes du CIe Congrès national des sociétés savantes*, Lille, 1976.

(80) Arch. nat., J 335, Nimes, n. 14 (cahiers de 10 feuillets, dont le premier et le dernier servent de couverture); nous en avons préparé l'édition.

(81) Arch. di Pistoia, Registrelli di conti di privati, filza I (brouillon de comptes personnels de Rustichello de' Lazzari, 1328-1329, 8 fol.).

(82) Une technique rigoureusement identique se retrouve dans les papiers du Lombard Lippo di Fede (cf. éd. citée de CH.-M. DE LA RONCIERE, p. 197 et note 4); après son retour de France à Florence, devenu vieux, on le voit, outre des prêts sur gages, prêter en 1360 10 florins « insu una carta di 20 fiorini d'oro »; de nouveau 10 florins, « disse la carta 15 fior. », ou encore 6 florins, « charta di 9 ».

Dans ces mêmes papiers, un chiffre précis d'usure (*ibid.*, note 6): le 5 janvier 1361, il prête 10 florins et indique: « Deono den. 16 per fiorino il mese, a pagare ongni mese; montaro sei mesi lib. 4: viegne ongni mese s. 14 d. 4 ». Si on ne tient pas compte du fait que la somme de 14 s. 4 d. par mois révèle (pour frais?) un intérêt supplémentaire de 6 sous en 6 mois, on doit souligner que le florin valant alors environ 68 sous, un intérêt de 80 sous en une demie année correspond à 11,76% et en un an à 23%; si l'on tient compte de l'intérêt mensuel de 14 s. 4 d., on obtient un intérêt annuel de 25%.

(83) Cf. *supra*, p. 31 et notes 75 et 76

(84) Arch. St. Piacenza, Arch. Ospizi, Mazzo « Commercio, diversi »: testament de Buongiovanni Capello, de Plaisance, 10 avril 1299.

(85) Arch. St. Piacenza, Arch. notarile, Not. 4, Testamenti, fol. 79 V: testament de Francesco Bigulo d.f. Giovanni, 10 avril 1325.

(86) *Ibid.*, fol. 89 v°: testament de Jacopo de Cairo, 27 décembre 1325. — Autre exemple encore, le testament d'Oberto Buffa (*ibid.*, fol. 92) qui ordonne de faire restituer dans l'année les *usurae et male ablata* qu'il avait gagnés à Paris et qui se montaient à 200 livres d'impériaux.

XI

SOUDOYERS D'OUTREMONT A PLAISANCE
LEUR ORIGINE GÉOGRAPHIQUE ET LE MÉCANISME DE LEURS EMPRUNTS (1293-1330)

Vers 1300, une large partie de l'Italie du Nord et du Centre bascule d'un système politique à un autre, de la Commune à la Seigneurie, de la démocratie à la tyrannie. Les luttes aussi vaines qu'acharnées entre Guelfes et Gibelins avaient abouti à une progressive lassitude des populations devant ces jeux qui déchiraient les familles, épuisaient les cités et ruinaient les activités économiques. L'indifférence s'était insinuée dans les esprits en même temps que s'affirmaient ouvertement les appétits et le machiavélisme avant la lettre de certains chefs qui, s'appuyant sur leur clientèle ou sur leurs richesses anciennes ou nouvelles, tentaient de se hisser au pouvoir pour acquérir autorité et biens matériels. A l'époque où la France et l'Angleterre achèvent de fixer l'image idéalisée du « chevalier », l'Italie commence à préciser celle du « prince » qui déjà perce sous le « seigneur », qu'il soit issu de la noblesse terrienne ou du « popolo ».

A la milice communale, qui avait constitué la force de la cité et son rempart pour la défense des libertés, se substituent les « compagnies », formées de soudoyers dévoués à qui les paye, aussi longtemps que la solde est assurée ou qu'à tout le moins le pillage ou le sac peuvent s'y substituer. En effet, parvenu au faîte du pouvoir par le *consensus* populaire ou la résignation du plus grand nombre, promu à temps ou à vie « capitaine du peuple », le « seigneur » ne se maintient qu'en utilisant sans scrupule les services de soudoyers professionnels, généralement étrangers à la région. Ces aventuriers, isolés ou recrutés par petits groupes et réunis sous la bannière de l'un d'eux, préfigurent ainsi les véritables « compagnies d'aventure » qui, avec la *condotta,* vont devenir un des traits permanents de l'Italie du Bas Moyen Age.

C'est Charles d'Anjou qui, pour la première fois, semble-t-il, a recouru sur une vaste échelle aux bandes de cavaliers d'Outremont, venus d'un peu partout et pas seulement de ses propres domaines. Grâce aux recherches du comte Paul Durrieu, nous connaissons plusieurs centaines de noms de tels aventuriers « français » (1), mais le fait que cet érudit a dressé des listes dépourvues de tout contexte ôte malheureusement à son travail une grande partie de son intérêt.

Dès la fin du XIIIe siècle et le début du XIVe, successivement les expéditions italiennes de Rodolphe de Habsbourg, de Henri VII et de Louis de Bavière, la politique pontificale telle qu'elle se manifeste avec l'activité des cardinaux Bertrand du Pouget et bientôt Albornoz, les ambitions de Charles et de Philippe de Valois et celles de Jean de Luxembourg, donnent vite une toute autre dimension à l'emploi des troupes stipendiées, auquel recourent aussi, plus que tout autre, les Visconti de Milan. On peut dès lors parler de véritables « bandes », plus fidèles à leurs propres chefs qu'à ceux qui les emploient. Pour ne citer que deux exemples empruntés aux événements qui font l'objet du présent article, il suffit de rappeler qu'en 1323 Bertrand du Pouget reprit au service de l'armée de l'Eglise les mercenaires adverses, à la solde des Visconti, qui venaient d'être faits prisonniers; mais peu après, au contraire, à la suite de surenchères, dix bannières de l'armée des « croisés » passèrent aux Milanais. En janvier 1324, l'un des chefs des troupes pontificales, fait prisonnier à la bataille de Vaprio par les Suisses de Marco Visconti, se racheta auprès d'eux et réintégra son camp le lendemain matin à la tête de ceux-là mêmes qui l'avaient capturé.

En dépit de l'ouvrage récent de Philippe Contamine sur les institutions militaires françaises de l'époque (2) et de quelques rares autres recherches consacrées aux mercenaires étrangers en Italie (3), nous sommes encore fort mal informés sur la plupart des questions que posent la formation et la vie de ces compagnies, bien qu'elles constituent un trait essentiel de la société italienne de cette époque. Ayant eu la bonne fortune de rencontrer dans les archives notariales

(1) Paul DURRIEU, *Les archives angevines de Naples. Etudes sur les registres du roi Charles Ier (1265-1285),* t. II, Paris (Bibl. des Ecoles françaises d'Athènes et de Rome, fasc. 51), p. 247-265.

(2) Philippe CONTAMINE, *Guerre, Etat et société à la fin du Moyen Age...,* thèse, Paris, 1972 (Ecole pratique des Hautes Etudes, VIe section, Civilisations et sociétés 24); voir aussi Ferdinant LOT, *L'art militaire et les armées au Moyen Age en Europe et dans le Proche-Orient,* 2 vol., Paris, 1946.

(3) Voir notamment Maria-Teresa FERRER, *Mercenaris catalans a Ferrara (1307-1317),* dans *Anuario de estudios medievales,* Barcelona, 2, 1965, p. 155-227.

de Plaisance plusieurs dizaines de contrats se rapportant aux soudoyers d'outremont, principalement « provençaux » et « gascons », nous avons pensé qu'ils pourraient contribuer à éclairer certains aspects des problèmes posés. Il conviendrait évidemment que des recherches analogues fussent menées dans bien d'autres dépôts d'archives italiennes qui ne peuvent manquer d'offrir, à cet égard, des ressources comparables.

La situation politique et militaire en Lombardie.

Au préalable, il n'est pas inutile de rappeler à très grands traits les principaux événements qui constituent la trame de l'histoire de Plaisance et de la région lombardo-émilienne pendant la période considérée (4).

Après une lente détérioration du guelfisme dans les cités lombardes à partir de 1272, les Torriani guelfes s'écroulent à Milan en 1277 et sont définitivement écrasés sur l'Adda en mai 1281. Mais les Vêpres siciliennes amènent Martin IV à renforcer ses liens avec Charles d'Anjou et avec les cités guelfes de Toscane et d'Emilie, notamment avec Plaisance, Bologne et Florence. Milan même s'accorde avec les cités guelfes en chassant le marquis Guillaume VII de Montferrat (fin 1282). Sous la pression de l'archevêque et après d'étranges renversements d'alliance, tous les pouvoirs sont confiés à Matteo Visconti (1288), lequel devient pour longtemps le maître du jeu diplomatique et militaire : seigneur de Milan, il exerce une large autorité sur toutes les cités du Nord : Brescia, Crémone, Pavie, Gênes, Tortone, Asti, Novare, Verceil, Alexandrie; devenu de son côté seigneur de Plaisance, Alberto Scotti s'unit étroitement à lui. Plaisance demeure dans l'orbite milanaise lorsque Matteo est nommé par Adolphe de Nassau vicaire général de l'Empire pour la Lombardie (avril 1294), et cela en dépit des efforts de Boniface VIII pour freiner l'expansion de la puissance politique des Visconti. Au printemps de 1299, le sort de Bologne convoité par ses alliés, amène Matteo Visconti à se retourner contre ceux-ci : deux ligues adverses se forment; Plaisance, avec Alberto Scotti, aide puissamment le Visconti, ainsi que Bologne, Parme, Vérone, tandis que de l'autre côté se rangent les marquis de Montferrat, de Saluces et de Ferrare et les villes de Bergame, Crémone, Tortone, Novare et Verceil.

(4) Bibliographie très abondante d'une histoire événementielle extrêmement complexe. La synthèse la meilleure et la plus récente, bien qu'assez confuse est dans la *Storia di Milano*, vol. IV et V, parte I (Milano, Fondazione Treccani degli Alfieri, 1952 - 1955). Voir aussi Gennaro Maria MONTI, *La dominazione angioina in Piemonte* (Torino, 1930, *Biblioteca della Soc. storica subalpina*, vol. CXVI) et les histoires classiques des diverses cités concernées (Florence, Pise, etc.). Pour Plaisance même, en dehors de quelques travaux de détail, on ne dispose d'aucune histoire générale et il faut encore recourir à Piero Maria CAMPI, *Dell'historia ecclesiastica di Piacenza*, III (Piacenza, 1662, in-folio).

C'est pourtant, par une curieuse volte-face, Alberto Scotti qui se fait l'âme de la lutte contre Matteo Visconti en 1302 quand le seigneur de Milan marie son fils Galéas avec Béatrice d'Este qui avait été promise au fils du seigneur de Plaisance. Scotti se fait élire capitaine général par Plaisance, Crémone, Pavie et est reconnu chef de la ligue qui, avec Lodi, Novare, Verceil, Côme et le marquis de Montferrat, contraint Matteo Visconti à résigner ses pouvoirs. En vain celui-ci tente-t-il de récupérer Milan (28 septembre 1302) : c'est à Plaisance que se tient le Parlement des villes guelfes auxquelles se sont jointes Milan et Bergame.

Toutefois, quelques mois plus tard, mai 1303, Scotti se brouille avec les Torriani rentrés à Milan et accueille à Plaisance leurs adversaires Visconti. Une ligue gibeline y est alors constituée, formée, avec Plaisance, d'Alexandrie, Tortone, Parme, Mantoue et Vérone. L'armée guelfe ravage le territoire de Plaisance (mai 1304). La conséquence est que la cité se libère en septembre suivant de la seigneurie des Scotti et de la présence des Visconti. C'est à Plaisance que se tient en 1305 la Diète de Lombardie et, capitaine du peuple à Milan, Guido della Torre est fait capitaine de cette ligne, tandis qu'un Placentin, Bernabó Palastrelli est capitaine du peuple à Milan. En 1306 et 1307, une série de tumultes et les luttes des factions chassent et rappellent tour à tour à Plaisance Alberto Scotti et ses alliés guelfes et, d'autre part, les Anguissola, les Landi et leurs alliés.

Après la tornade provoquée par la descente en Italie de l'empereur Henri VII, qui s'achève brusquement par la mort du souverain le 21 août 1313, la Lombardie sombre dans l'anarchie avec l'interrègne impérial, au moment même où la mort de Clément V (20 avril 1314) provoque le long interrègne pontifical qui ne prend fin qu'avec l'élection de Jean XXII le 17 août 1316. Celui-ci vise avec beaucoup de maladresse à rétablir la paix entre les diverses factions tout en voulant consolider l'autorité de l'Eglise. Dans une première période, Plaisance, sous Galéas Visconti, a des liens étroits avec la Milan de Matteo Visconti. Elle l'aide en 1318-1320 dans sa lutte contre les Angevins, bloqués dans Gênes. Mais dès juillet 1319 Bertrand du Pouget est envoyé comme cardinal-légat en Lombardie et le pape suscite la vaine équipée de Philippe de Valois (juin 1320).

Brusquement, le 4 octobre 1322, Plaisance abandonne le camp milanais et passe au parti de l'Eglise. Bertrand du Pouget y fait son entrée le 27 novembre et y installe en quelque sorte, pour plusieurs années, la capitale pontificale en Italie. C'est de Plaisance qu'il lance son appel à la croisade contre Milan et c'est là qu'il concentre l'armée des croisés : soudoyers pontificaux, souvent originaires d'Outremont, et contingents des cités d'Emilie (Bologne, Plaisance, Parme, Reggio) et de Toscane (Florence), vont s'établir à Monza et tenter le blocus de Milan. Galéas en appelle à Louis de Bavière, vainqueur de son compétiteur à Mühldorf. Le siège de Milan est finalement levé et ce sont les pontificaux, à leur tour, qui sont bloqués dans Monza et réduits à capituler après huit mois de siège (1er novembre 1324), en dépit des renforts que le légat envoie de Plaisance.

En 1325, les Milanais, venant de Crémone, attaquent le légat à travers le *contado* de Parme et s'emparent de Borgo San Donnino (aujourd'hui Fidenza) que les troupes pontificales ne peuvent reprendre. Azzone Visconti en profite pour gagner Lucques et écraser les Florentins à Altopascio

(23 septembre), tandis que Bonacolsi est vainqueur dans l'Apennin de Modène à Zappolino (15 novembre). Ces deux défaites marquent l'effondrement des Guelfes. Le légat transfère son siège de Plaisance à Parme et tente de s'appuyer sur un noyau de villes émiliennes (Parme, Plaisance, Reggio, Bologne). A la demande des Gibelins, Louis de Bavière passe en Italie dans les premiers jours de 1327. Par Milan et Pise, il finit par gagner Rome; incapable de payer ses soudoyers, le légat est contraint à en renvoyer un grand nombre et se résigne à l'inaction. Louis est couronné empereur à Rome le 7 janvier 1328 et y suscite solennellement un antipape contre Jean XXII, Nicolas V. Mais la campagne impériale s'achève par des échecs grandissants. Milan, abandonnant le camp impérial, se donne à Azzone Visconti le 10 février 1329, bien que le pape ait fulminé de nouvelles lettres contre les Visconti et se soit efforcé de monter une nouvelle expédition de Philippe VI en Italie. Finalement de longues négociations aboutissent à l'absolution générale du 15 septembre 1329. Azzone Visconti sera maître de Milan de 1329 à 1339, le légat ne conservant plus, durant l'été 1330, que Plaisance et Bologne.

Un nouvel épisode bouleverse les situations acquises, avec la descente en Italie de Jean de Luxembourg, roi de Bohême, qui se dit à la fois fils de l'Eglise et vicaire de l'Empire et tente à son profit une grande opération de réconciliation générale. Finalement, Azzone Visconti réorganise l'Etat milanais et le 15 décembre 1336, Plaisance, abandonnant la cause pontificale, regagne le camp des Visconti.

Tel est le cadre extrêmement complexe, dans lequel chaque cité et, en outre, dans chacune d'elles chacune des principales familles, a entendu jouer un rôle, que l'histoire ne saurait retenir. Ce rappel fastidieux — mais très sommaire — des événements était nécessaire pour comprendre pourquoi tant de documents notariés nous éclairent sur les soudoyers au service de Plaisance entre 1293 et 1330 (5).

(5) Les archives notariales de Plaisance, autrefois conservées dans un dépôt particulier — les plus anciens registres étant dans le fonds des Hospices civils de la cité —, sont aujourd'hui déposées aux Archives d'Etat. Nous leur laissons ici leurs cotes anciennes :

— Not. 1, *Emanuele Orlandi,* 1292-1298, 110 fol., env. 750 actes (25 relatifs aux soudoyers);

— Not. 4, *Gabriele de' Mussi,* cart. 2, reg. 1, 1316-1318, 146 fol., env. 700 actes (1 *id.*); — reg. 2, 1318-1319, 100 fol., env. 700 actes (8 *id.*); — cart. 3, reg. 1, 1326-1329, 199 fol., env. 1 000 actes [lacune : 3 mars - 1er avril 1328] (42 *id.*); — reg. 2, 1328-1329, 96 fol. (18 *id.*); — cart. 8 : testaments et autres étendues, 1300-1348, 186 fol., 450 actes (3 *id.*).

— Not. 5, *Michele de' Mussi,* cart. 3, reg. 2, 1320-1323, 115 fol., env. 1 250 actes (6 *id.*).

— Arch. Osp. civili, Not., Imbreviature di *Rizardo di Rizardo,* 132 fol. en 16 cahiers, env. 1 200 actes (6 *id.*).

Nous n'avons trouvé aucun acte concernant notre sujet dans les autres registres de Gabriele de' Mussi (not. 4) : cart. 1, reg. a (1300-1301, 95 fol., env. 850 actes), reg. b (1306-1307 et 1309-1310, 68 fol.); cart. 4, reg. 1 (5 cahiers, 112 fol., actes de l'élu de Parme et procès des juges délégués du cardinal légat Bertrand du Pouget), reg. 2 (1330-1334, 204 fol.); — ni dans ceux de Michele de' Mussi, cart. 1, reg. 1 (1307-1308, 38 fol., env. 220 actes),

Origine des soudoyers et composition des compagnies.

En 1293, pour la première fois, un document notarié de Plaisance se rapporte à des soudoyers étrangers; il s'agit alors de deux Brabançons, Pierre *Dau* et Baudouin, tous deux dits *de Braybante,* dont l'un recevait en prêt de l'autre, pour quatre mois, la somme de 4 lb. plac. Sans doute appartenaient-ils à une formation de gens de guerre italiens, car leurs répondants — respectivement chef et camarade des intéressés — s'appelaient Guido de Manzolino et Jacopo de Montaldo (6). On était alors au temps de l'alliance d'Alberto Scotti avec Matteo Visconti, lui-même tenant d'Adolphe de Nassau.

De ces Brabançons, et dans le même contexte politique, nous devons rapprocher Henri de Brabant qui, le 28 mai 1297, assistait à la prestation de serment de fidélité d'un soudoyer italien, lequel se rendait à la garde du lieu de « Gravago » et de ses forteresses pour le compte d'Alberto Scotto, « protecteur et défenseur de la commune de Plaisance » (7).

C'est également avec des Italiens que servait le Picard Lanfranquin qui, le 17 mars 1298, promettait au capitaine de la Rocca de Castel San Giovanni, Pietro de Sarturano, de garder la place avec lui jusqu'au 1er novembre, moyennant une solde mensuelle (8).

A la différence de ces isolés, — et après des Brabançons également isolés, servant avec les Italiens à partir de 1293 — c'est une véritable compagnie de soudoyers d'origine française qui s'établit à Plaisance au début de 1295. Leur capitaine, Simon de la Cour, qui se dit de Picardie, paraît s'être installé en février lorsque, le 18, il prend en location pour quatre mois à un cardeur de laines quatre

reg. 2 (testaments et autres étendues, 1307-1361, 206 fol.), reg. 3 (1319-1321, 113 fol.); cart. 2, reg. 1 (1308, 74 fol., env. 500 actes). Des sondages dans les autres cahiers ou registres de ces deux notaires ne nous ont rien révélé. Rien non plus dans les minutiers des notaires 2 (Egidio Crosi), 3 (Tomaso Cattaro), 6 (Raimondo de Stradella), 7 (Rufino Castegnolo), 8 (Oberto de' Gymi) et 9 (Giovanni de Figl' Oddoni), qui concernent pourtant la période considérée, de même que dans les autres registres conservés dans le fonds des Hospices. Au total, 109 contrats relatifs aux soudoyers ont été trouvés sur un ensemble d'environ 10 000 se rapportant à la période étudiée.

(6) Notaire 1, fol. 5 v°.

(7) *Ibid.*, fol. 59. En principe, ce lieu fut gardé par des Italiens et il donna lieu régulièrement à une prestation de serment avant le départ : Jacobino Pellerano, 29 mars 1295 (fol. 12 v°), Nigro Montenari, 25 juin (fol. 15 v°), Jacobino Peccatore, 29 juillet (fol. 16 v°), Gaspare del Po, 28 mars 1296 (fol. 31), Oberto *de Guaschona,* sans doute un Gascon, 29 janvier 1297 (fol. 49 v°), Oberto Maridato, 28 mai (fol. 59).

(8) *Ibid.*, fol. 103.

matelas de plumes (*cultrides pennarum*) [9], pour son usage propre et celui des trois écuyers qui devaient l'accompagner. Il va dès lors être mentionné à diverses reprises dans les actes comme « capitaine des soldats à la solde de la commune de Plaisance » et en tant que lieutenant de Jean de Villeroy (*Villa Regis*) [10], ce dernier se disant également picard [11] et servant avec son propre fils Enguerran [12].

Aucun document ne nous donne, à proprement parler, la composition de la compagnie de Villeroy et de Simon de la Cour, mais plusieurs actes nous montrent une série de soudoyers « d'Outremont » qui interviennent comme représentants ou comme témoins les uns des autres dans des opérations de prêt ou de remboursement dont nous examinerons plus loin le contenu [13]. Les noms d'onze d'entre eux nous sont ainsi parvenus. Deux sont picards comme leurs chefs : Jacques d'Ecoust (*de Ecoupto*) [14] et Jean de Richebourg (*de Richoburgo*) [15]. Des autres l'origine est diverse ou indéterminée : Guillaume *de Sancta Maria in Villa* et Henri de Durbec [16], Raymondin *Caudda* de Marseille, Jean *Pondeferris* et Guillaume de Rochas dit Vertelin [17], Jacquemin de la Roche (*de Rocha*), Jacques Lespagnol (*Spagnoli*), Aimeri de Treffort (*de Triforte*) [18] et Jaquet *de Sanso* [19].

Ce premier groupe d'Ultramontains fut sans doute remplacé ou renforcé à la fin de 1295 par un autre, lui aussi en partie originaire de Picardie. A sa tête, un chevalier picard, sire Hugues d'Argœuves (*de Arguvo, Arguvio, Arguxio*) [20]. Après avoir contracté un emprunt en 1292 à Lucques [21] et être encore intervenu en cette ville le 6 août 1295 [22], c'est à Plaisance qu'il rembourse son créancier le 20 octobre 1295 [23]; en août 1296 [24], il y achète un cheval qu'il

(9) *Ibid.*, fol. 11.
(10) *Ibid.*, fol. 11 v°.
(11) Villeroy : Somme, arr. Amiens, c^on^ Oisemont, *ou* arr. Abbeville, c^on^ Crécy.
(12) *Ibid.*, fol. 14 v°.
(13) *Ibid.*, fol. 11 v° (28 février 1295), 14 v° (29 mai 1295, 3 actes); cf. *infra*, p. 118, 120-121.
(14) Acte cité du 28 février 1295. — Ecoust-Saint-Méen, Pas-de-Calais, arr. Arras, c^on^ Croisilles.
(15) Acte cité du 29 mai 1295. — Richebourg, Pas-de-Calais, arr. Béthune, c^on^ Cambrin.
(16) Acte cité du 28 février 1295.
(17) Acte cité du 29 mai 1295.
(18) Treffort, Ain, arr. Bourg-en-Bresse, ch.-l. c^on^.
(19) Acte cité du 29 mai 1295.
(20) Argoeuves, Somme, arr. et c^on^ Amiens.
(21) Promesse de remboursement du 17 septembre 1292 par-devant Guglielmo del fù Arrigo Maginghi, de Lucques (citée dans l'acte mentionné ci-après).
(22) Procuration donnée par-devant Ugolino del fù Jacobo Marsili (*id.*).
(23) Notaire 1, fol. 21.
(24) *Ibid.*, fol. 34 v°.

prête à des hommes d'armes [25], lesquels le remettent à un de leurs compagnons, encore un picard, Tassart de Brimeux (*de Brimeo*) [26].

A la même époque que cette compagnie septentrionale s'établissait à Plaisance pour deux ans une bande de Méridionaux, commandée par un « Provençal », Pierre *de Petra* [27], lequel portait le titre de « connétable des cavaliers à la solde de la commune de Plaisance ». Les noms d'une vingtaine d'hommes de sa connétablie nous sont connus grâce à une dizaine d'actes [28]. Parmi eux, le cas est rare, un chevalier, sire Guillaume Hugues [29]. Ceux d'entre eux qui portent un nom d'origine sont — mis à part Jean de Luxembourg — soit des Gascons ou Navarrais, soit des Bas-Alpins. Ce sont : Pierre de Villava, dit Navarre [30], Pons de Losse (*de Lossio*) [31], Pierre de Rejaumont (*de Rezimonte*) [32], Pierre de *Mirapisse* (Mirepoix ou Mirepeix) [33], d'une part, et, de l'autre, Guillaume de Sigottier (*de Sigueterio, Siguterius*) [34], Bertrand de Faucon (*de Falchono*) [35], Raoul d'Orsières [36], Isoard *de Petra* (La Piarre ?) [37], Guillaume de Mison (*de Mixono*) [38], Lantelme de Pontis (*de Ponticiis*) [39]. Les patronymes qui n'ont pas valeur topographique ne s'accordent pas moins avec une origine méridionale : Richard

(25) Jean Loutrel (*Loterellus*), Thibaut de Pont (peut-être Pont-sur-Sambre, Nord, arr. Avesnes, c^on^ Bavay), Guillaume de *Sancta Maria in Villa*, le seul homme qui ait figuré dans le groupe précédemment cité de Simon de la Cour.

(26) Brimeux, Pas-de-Calais, arr. Montreuil-sur-Mer, c^on^ Campagne-lès-Hesdin.

(27) Sans doute de La Piarre, Hautes-Alpes, arr. Gap, c^on^ Serres (Sigottier et Argençon, tout voisins, ont fourni plusieurs soudoyers).

(28) Notaire 1, fol. 22 v° (5 novembre 1295), 33 (6 mai 1296), 35 (17 août 1296, 2 actes), 57 (31 mars 1297, 2 actes), 62 (19 août), 62 v° (6 septembre, 3 actes).

(29) Actes cités des 17 août 1296 et 19 août 1297.

(30) *Id.*, 5 novembre 1295, 2 actes; 6 mai et 17 août 1296 (2 actes). — Villaba, « villa nova » fondée à peu de distance de Pamplune, sur la route de Roncevaux, par le roi Sanche le Sage en 1184.

(31) *Id.*, 17 août 1296. — Losse, Landes, arr. Mont-de-Marsan, c^on^ Gabarret.

(32) *Id.*, 31 mars et 6 septembre 1297. — Réjaumont, Hautes-Pyrénées, arr. Bagnères-de-Bigorre, c^on^ Lannemezan.

(33) Mirepoix, Ariège, arr. Pamiers, ch.-l. c^on^, plutôt que Mirepeix, Basses-Pyrénées, arr. Pau, c^on^ Clarac près Nay.

(34) *Id.*, 17 août 1296 et 6 septembre 1297. — Sigottier, Hautes-Alpes, arr. Gap, c^on^ Serres.

(35) *Id.*, mêmes actes. — Faucon, Basses-Alpes, arr. Sisteron, c^on^ Turriers (cf. note 57); autres localités de ce nom, Basses-Alpes, c^on^ et arr. Forcalquier, et Vaucluse, arr. Orange, c^on^ Vaison.

(36) *Id.*, 19 août 1297. — Orcières, Hautes-Alpes, arr. Gap, ch.-l. c^on^.

(37) *Id.*, 6 septembre 1297. — La Piarre, cf. *supra*, note 27.

(38) *Ibid.*, Mison, Basses-Alpes, arr. et c^on^ Sisteron (plutôt que Misson, Landes, arr. Dax, c^on^ Pouillon).

(39) *Ibid.*, Pontis, Basses-Alpes, arr. Barcelonnette, c^on^ Le Lauzet.

Amaury [40], Pierre Barere [41], Guillaume Gareau [42], Pierre Garea [43], Bertrand Guillem [44], Bertrand Lenfant (*Infans*) [45], Jean Lespagnol (*Spanuolus*) [46], Poncet Raymond [47], Trimond Raynier [48], Bernard *Sabord* ou *Saborius* [49]. Un seul avait appartenu à l'établie de Simon de la Cour et de Sire Hugues d'Argoeuves, Guillaume *de Sancta Maria in Villa* [50].

Ajoutons encore que quelques soudoyers d'Outremont ont passé des contrats sans que soit indiquée la bannière sous laquelle ils se rangeaient. Le patronyme de deux d'entre eux pourrait être méridional, Aimery et Odon de Bonnefont [51] qui conjointement empruntèrent à deux reprises de l'argent, le troisième étant le nommé Henri *de Castello* qui s'endetta pour s'acheter un cheval et en engagea un autre en 1297 [52].

Aucun document ne nous informe sur les soudoyers qui durent servir Alberto Scotti au temps de ses revirements successifs, quand il se fait allié fidèle puis adversaire passionné de Matteo Visconti. Mais la documentation reprend lorsque, s'étant réconcilié avec Matteo, le Scotti reconstitue une ligue gibeline contre les villes guelfes qu'il avait regroupées l'année précédente. De ce moment (mai 1303) jusqu'au retournement de la commune de Plaisance qui dans un sursaut chasse Visconti et Scotti (mai 1304), nous voyons que le Scotti a toujours à son service des hommes de diverses compagnies étrangères. Des hommes appartenant à trois compagnies différentes passent solidairement un contrat le 21 août 1303 [53]; chacune de ces compagnies est désignée du nom de son chef et l'acte est passé dans la maison même de l'un d'eux.

L'un n'est autre que le Provençal Pierre *de Petra* (qui est ainsi demeuré au service pendant au moins huit ans, ce qui est à souligner) [54] et il compte toujours parmi ses hommes certains de ses

(40) Acte du 17 août 1296.
(41) *Id.*, 31 mars et 6 septembre 1297.
(42) *Id.*, 6 septembre 1297.
(43) *Id.*, 17 août 1296.
(44) *Id.*, 31 mars 1297.
(45) *Id.*, 6 septembre 1297.
(46) *Ibid.*
(47) *Ibid.*
(48) *Ibid.*
(49) *Id.*, 17 août 1296 et 31 mars 1297.
(50) *Id.*, 31 mars 1297.
(51) Notaire I, fol. 13 (27 avril 1295) et 16 v° (13 août 1295).
(52) *Ibid.*, fol. 55 v° et 56 (31 mars 1297, 3 actes).
(53) Fonds des Hospices civils, not. Rizardo, fol. 110 v° (2 actes).
(54) Notons que, sans qualificatif en 1295-1297, il est désormais dit « sire », ce qui signifie sans conteste qu'il est entre temps devenu chevalier.

socii de 1296, Bertrand de Faucon et sans doute son frère Pierre de Faucon.

Le deuxième capitaine est lui aussi un homme d'Outremont, Guillaume de Verdun (55); il a à ses côtés des hommes d'origine diverse que nous retrouvons dans plusieurs documents. Les uns viennent d'au-delà des Alpes, comme Gautier d'Esparron (57) et Jean de Lozère, et les frères Ugialdus et Pierre, fils de sire Raingasse de Coulloubroux (58); les autres sont des gentilshommes italiens ou plutôt des confins italo-germaniques de la Vénétie : tels ser Moro de Capodistria, Bartolomeo de Bolzano (dit aussi *de Vezano, de Bazana*) et Giorgio de Bolzano, Hermann de Frioul (*Friuli*), Burckart (*Borcardus*) *de Bogla.*

Le troisième capitaine était un chef italien, Salimbruni et le seul homme de sa compagnie dont nous connaissions le nom, Marino da S. Giuliano, était lui aussi italien.

La documentation fait de nouveau à peu près complètement défaut pour la période suivante que marquèrent la descente de Henri VII en Italie, son couronnement impérial et sa mort à Buonconvento en 1313. Il y avait quand même à cette époque à Plaisance des soudoyers français, puisque l'un d'eux, à l'issue d'une maladie, dicte son testament le 1er juillet 1308 (59), en présence de son capitaine Robert Delage (*de Lagia*) et d'un camarade, Jacquemin *de Villari*; mais ces noms, comme celui de l'intéressé, Jean *de Merexio,* ne nous apprennent rien sur l'origine géographique de cette compagnie. La documentation reprend en 1317, et dès lors Plaisance voit se succéder le passage de bandes de composition bien diverse. Pendant que la Plaisance de Galéas Visconti a partie liée avec la Milan de Matteo Visconti contre les Angevins et les Pontificaux, c'est d'abord une compagnie d'Allemands ou plutôt de Suisses alemaniques qui se manifeste en 1317 et 1318. Heinrich Zollmester (*Solmestre*), de Zurich, après avoir été aux gages de la commune de Bergame du 1er août 1311 au 1er mars 1317, est établi à Plaisance comme soudoyer le 16 juillet 1317 (60). L'année suivante, le connétable des

(55) Vu le nombre et la dispersion des toponymes Verdun, Verdon, etc., il est impossible de proposer à son égard une quelconque identification.

(56) Même notaire, fol. 110 v° (3e acte), 126 (2 actes).

(57) Diverses localités de ce nom en Provence et en Dauphiné. Il s'agit sans doute d'Esparron-La Bâtie, Basses-Alpes, arr. Sisteron, con Turriers, localité limitrophe de Faucon d'où était originaire l'un des hommes de la compagnie de Pierre *de Petra* à Plaisance.

(58) Coulloubroux, Basses-Alpes, arr. Digne, con et cne Seyne-les-Alpes.

(59) Testament original : Arch. Hosp. Plaisance, Parchemins, Dossier *Guerra, banniti ecc.*; cf. *infra,* note 248.

(60) Notaire 4, cart. 2, reg. 1, fol. 68 v° : procuration donnée à l'un de ses campatriotes, Pierre de Vérone, hôte allemand de Bergame, pour recouvrer des autorités de cette ville la valeur d'un cheval qui a été « gâté » lorsqu'il s'y trouvait en service.

cavaliers est le chevalier allemand sire Peter von Reichenburg (*de Ricocastello*), sous qui sert Wilhelm Stern (*de Stella*) (61).

Si à Noël il y a en ville une compagnie italienne dont le connétable est un certain Sandrino Baratti (62), nous trouvons le passage à Plaisance, en janvier et février 1319 (63), d'une troupe homogène de cavaliers dauphinois. Le connétable en était un chevalier du diocèse de Grenoble ou de Die (les deux affirmations se rencontrent), sire Geoffroy du Freney (*Fressaneto*) (64). Une dizaine d'hommes sont avec lui : un de ses voisins, Guigue de La Balme, du diocèse de Grenoble (65), Raymond Roux d'Argençon (66), Perronet de Sigottier (67) et Pons d'Auriac (*de Oriaco*) (68), du diocèse de Gap, Saffin de Montlaur (69), Guillaume de Bouvières (*Bovereria*) (70), Pierre du Frenay (*de Fraxineto*) — homonyme du connétable —, Pons d'Amat ou, mieux, de Montamat (les deux formes se trouvent) et son frère Imbert, du diocèse de Die. Après six contrats passés en à peine plus de six semaines, la troupe disparaît des registres notariés et sans doute des horizons de la cité placentine.

A la fin de 1320, nous avons les noms de quelques soudoyers de Galéas Visconti à Plaisance. Ce sont deux connétables de piétons bolognais, en garnison à Fiorenzuola en juillet, qui sont en litige à Plaisance en septembre pour une affaire de règlement de solde (71). Peu après un soudoyer, sans doute à pied, un Flamand, Chrétien de Gand, fait une procuration en présence de son capitaine, Bernard *Medius* (un Italien ? Mezzo ?) (72). En mai 1321, apparaissent deux compagnies de soudoyers à cheval (73), commandées respectivement par un Allemand Pierre de *Monitali* (Muntal ?) à la compagnie duquel appartient le Liégeois Nicolas de Jodoigne (74), l'autre par un Italien Nello da Massa, dont un cavalier, à en juger par son prénom, pourrait être un Français du Midi, Amadour Duprat (*de Prato*).

Quelques jours plus tard, un connétable de cavaliers, chevalier originaire du diocèse d'Agen, sire Gautier *de Avelano*, dictait son

(61) *Ibid.*, reg. 2, fol. 20 v°.
(62) *Ibid.*, fol. 63 v°.
(63) *Ibid.*, fol. 65 (12 janvier 1319), 66 (15 janvier), 71 v° (29 janvier), 2 actes), 74 (1er février).
(64) Freney, Isère, arr. Grenoble, con Bourg d'Oisans.
(65) Même canton, cne Auris-en-Oisans.
(66) Auj. Saint-Pierre d'Argençon, Hautes-Alpes, arr. Gap, con Aspres-sur-Buëch.
(67) Sigottier, Hautes-Alpes, arr. Gap, con Serres (voir *supra*, note 34, Guillaume de Sigottier en 1296 et 1297).
(68) Auriac, Hautes-Alpes, cne La Rochette, con et arr. Gap.
(69) Montlaur, Drôme, arr. Die, con Luc-en-Diois.
(70) Bouvières, Drôme, arr. Die, con Bourdeaux.
(71) Notaire 5, cart. 3, reg. 2, fol. 4 et 7 : Muganero et Nanni, tous deux dits de Bologne.
(72) *Ibid.*, fol. 19 (6 déecmbre 1320).

testament [75] et léguait à sa mère Raymonde de Frégimont (*de Frigido monte*) [76] la faible somme de 20 sous d'impériaux. Parmi les témoins, on relève le nom d'un de ses compagnons, l'Albigeois Barthélemy Faidit.

Le légat Bertrand du Pouget ayant fait son entrée à Plaisance le 27 novembre 1322, l'armée pontificale s'installe dans la ville et au début de 1323 puis de 1326 à 1330, quand Plaisance est le siège du commandement de l'Eglise en « Lombardie », plus de soixante contrats viennent jeter quelques lueurs sur la composition des troupes. Certes on procède à des levées locales, car par-devant notaire deux notables (dont un notaire, Guglielmo Maggio) passent un acte par lequel ils s'engagent à payer 10 sous par mois avec une anticipation de quinzaine, à deux hommes de Roccafieno qui les remplaceront dans leur service d'ost contre les Milanais [77]. De même, deux soudoyers de la Sainte Eglise Romaine donnent procuration pour qu'on aille percevoir d'un notable génois, ser Pietro de Vayreto, leur paie des trois prochains mois [78]. Mais il y a dès le début de l'occupation des hommes du Nord, une *masnata* commandée par le Brabançon Pierre de Bruxelles (*Borxela*) et à laquelle appartiennent deux hommes de Renaix en Flandre (*de Renne*) : le *theotonicus* Jan Tassar (ou Stassaert ?) et Jean Briffaut (*Brifoldus*) [79].

En 1326, la responsabilité de l'armée qu'on peut dès lors qualifier de franco-pontificale est assumée par le cardinal-légat Bertrand du Pouget mais plus directement par le nonce apostolique Aimery de Noaillac, un Agenais, qui en 1327 prend le titre de « vicaire général de la S.E.R. dans le territoire et la cité de Plaisance » [80]. Autour

(73) *Ibid.*, fol. 36 v° (6 mai 1321).
(74) Jodoigne, Belgique, prov. Brabant, arr. Nivelles, ch.-l. c^on^.
(75) Notaire 4, cart. 8, testaments, fol. 61 v° (cf. *infra*, p. 127.
(76) Frégimont, Lot-et-Garonne, arr. Agen, c^on^ Port-Sainte-Marie.
(77) Notaire 4, fol. 108 v° et 109 (21 février 1323).
(78) Notaire 5, cart. 3, reg. 2, fol. 100 (21 janvier 1323). Les soudoyers sont originaires de l'arrière-pays : Janoto de Val di Taro et Tomayno de Gavi.
(79) *Id.*, fol. 97 (11 janvier 1323).
(80) Notaire 4, cart. 3, reg. 1, fol. 117 (15 octobre 1327); — reg. 2, fol. 16 (12 juin 1328), fol. 42, etc. — En 1326, comme procureur du légat, il donnait des reçus pour 30 000 florins aux Acciajoli de Florence (MOLLAT, *Lettres communes de Jean XXII*, n° 26473 et 26475, 15 août et 1er septembre 1326). Son nom nous apparaît pour la première fois avec la qualité de nonce le 23 mai 1327 (notaire cité, reg. 1, fol. 99 v°).

Aimeri *de Noalhaco*, du diocèse d'Agen (auj. Noaillac, c^ne^ et c^on^ Penne-d'Agenais, Lot-et-Garonne, arr. Villeneuve-sur-Lot), chanoine prébendé de Langres au moins dès 1325 (*Lettres communes de Jean XXII*, n° 21666), il est, au mois de mai de cette même année, fait recteur de l'église de Ventenac, au diocèse de Pamiers (Ariège, arr. Foix, c^on^ Lavelanet; *op. cit.*, n° 22205-22206) et obtient un canonicat à Padoue le 10 janvier 1326 (n° 24142), ainsi que l'expectative de l'église de Redonne, au diocèse d'Alet (n° 29 783), pour laquelle il sollicite dispense du diaconat et de la prêtrise (n° 41 056, 30 avril

d'eux, une véritable cour de familiers et de financiers, presque tous (exception faite de quelques Bretons) originaires du Midi de la France.

En effet, à l'entourage du légat appartiennent : son camérier qui a lui-même une *familia* où sert le Provençal Uzès d'Uzès (81); son clerc, Grégoire Faure, du diocèse de Saint-Flour (82); ses familiers *(de curia et familia)* Guillaume Caudron et Guillaume Caudier, respectivement d'Aix et d'Albi (83); ses damoiseaux Gasbert Alboin et Jacques de Montesquiou (84); ses sergents le noble Jean de Laon, Yves de *Telomonte,* du diocèse de Quimper, et Guillaume Escabèche *(Scabacie),* du diocèse de Cahors (85), et sans doute Henri Lefèvre *de Luliou* « dit le Breton de l'abbé de la Sauve-Majeure », du diocèse de Quimper. On peut rattacher à ce groupe le trésorier pontifical Mgr Astorge (86) et les sergents d'armes pontificaux Vidal de Privezac (*de Privesacho,* du diocèse de Condom) et Raymond Bernard de Pléchac *(de Pressiaco)* (87). Le légat a sa propre garde, puisqu'un de ses familiers, Jean Legrand tient bannière où sert comme soudoyer à pied un certain Estevenin de Genève (88). La compagnie dont était connétable Pierre Jourdan, du diocèse de Carcassonne, était en outre attachée à sa personne (89). Nous savons qu'appartenaient à cette compagnie : Pierre Terrin de Couffoulens, du diocèse de Carcassonne (90), Pierre Cervelh, du diocèse de Narbonne (91), Pierre Barthélemy, du diocèse de Carcassonne ou de Narbonne (92), le provençal Bernard *de Bisons* (93) et — fait unique — un Calabrais,

1328). Après l'expectative d'un canonicat à Cambrai le 13 août 1329 (n° 46 012), il est pourvu de l'archidiaconat de Villemur en l'église de Toulouse le 9 janvier 1330 (n° 48 056), qu'il obtint de cumuler avec un canonicat dans l'église de Narbonne (7 octobre 1331, n° 51 989). Enfin après avoir résigné son canonicat de Langres, il occupe un canonicat en l'église Saint-Caprais d'Agen le 22 août 1333 (n° 61 042, 61 045).

(81) Notaire 4, cart. 3, reg. 1, fol. 32 v° (30 juin 1326).

(82) *Id.*, fol. 183 (14 novembre 1328).

(83) *Id.*, fol. 184 v° (19 novembre 1328).

(84) *Id.*, reg. 2, fol. 86 (11 mai 1329).

(85) *Id.*, reg. 1, fol. 115 (7 septembre 1327).

(86) *Id.*, reg. 2, fol. 86 (11 mai 1329).

(87) *Id.*, fol. 3 (15 mars 1328). — Pléchac (*Prissiacum*), Gers, arr. Lectoure, c^on^ Fleurance. « Privesachum » peut représenter également une graphie de ce toponyme.

(88) *Id.*, fol. 32 v° (30 juin 1326).

(89) « connétable près mgr le légat », *id.*, reg. 1, fol. 168 v° (3 août 1328).

(90) *Ibid.* et fol. 185 (20 novembre 1328). — Couffoulens, Aude, arr. et c^on^ Carcassonne.

(91) *Ibid.* et 11 septembre 1328, fol. 176.

(92) Désigné comme relevant du diocèse de Narbonne le 20 novembre 1328, mais l'année précédente, comme il servait sous la bannière de Gautier Vaquier, il était dit du diocèse de Carcassonne (*ibid.*, fol. 107 v°).

(93) « Familier » de son connétable. Peut-être Visan, Vaucluse, arr. Orange, c^on^ Valréas.

Jacopo di Pietro de Seminara [94]. Par la suite, une autre compagnie succéda à la première, celle de Guyon Vaquier, dont il sera question plus loin.

Autour du nonce et vicaire-général Aimeri de Noaillac, nous trouvons son camérier, m^e^ Bernard [95], et son damoiseau et familier, un compatriote, Arnaud du Peyrusel, de Villeneuve-d'Agen, qui s'occupe constamment du ravitaillement et du paiement des soldes [96]. Autour d'eux gravitent des « Cahorsins », le marchand de Cahors Barthelemi Benezet [97], Pierre Paturle [98], Gérard *de Valveno* [99], Gaillard *de Casali* [100], Vivien Bonafous [101], tous du diocèse de Cahors, Guillaume Bonnan, du diocèse de Condom [102], Raimond *de Fasano,* du diocèse d'Agen, ainsi que Raimond de Penne [103]. Il semble qu'il y faille joindre Raimond Marc, du diocèse de Cahors, et Pierre Olivier, de celui de Valence [104].

A la tête de l'armée se trouve le célèbre sire Agout des Baux, avec le titre de capitaine, puis de capitaine général de la Sainte Eglise Romaine en Lombardie [105]. Sous sa propre bannière servent des cavaliers de régions diverses : Raymond de Bagnac, diocèse de Lectoure [106], Bertrand de Malmont, du diocèse de Cahors [107], Etienne Le Maire *(Lo Mare)* de Busey *(de Buseyo),* diocèse de Besançon [108], et, sans doute, Finemont de Vaites, de Besançon [109], le gascon Dejean et le Parisien Gérard Leroux [110].

(94) Même registre du notaire cité, fol. 176 (11 septembre 1328).
(95) *Id.*, reg. 2, fol. 7 v° (28 mars 1328).
(96) *Ibid.*, fol. 7 v° (28 mars 1328), 16 (12 juin), 45 (16 novembre); reg. 1, fol. 184 v° (19 novembre); reg. 2, fol. 56 (25 janvier 1329).
(97) *Id.*, reg. 1, fol. 184 v° (19 novembre 1328).
(98) *Id.*, reg. 2, fol. 7 v° (28 mars 1328).
(99) *Id.*, fol. 16 (12 juin 1328).
(100) *Id.*, fol. 45 (16 octobre 1328).
(101) *Id.*, fol. 86 (11 mai 1329).
(102) *Id.*, fol. 45 (16 octobre 1328).
(103) *Id.*, fol. 56 (21 janvier 1329) et 86 (11 mai); Penne, Lot-et-Garonne, ch.-l. c^on^, arr. Villeneuve-sur-Lot.
(104) Témoins d'une procuration donnée pour toucher la solde d'une compagnie, *ibid.*, fol. 80 (5 avril 1329).
(105) *Id.*, reg. 1, fol. 149 v° (24 février 1328).
(106) *Id.*, fol. 87 (17 mars 1327).
(107) *Id.*, fol. 87 (18 mars 1327). — Malmont, Lot, arr. Cahors, c^on^ Lalbenc, c^ne^ Montdoumenc.
(108) *Id.*, fol. 149 v° (24 février 1328). — Busey, Doubs, arr. Besançon, c^on^ Boussières. — Il avait appartenu à la bannière de Gautier Vaquier et venait de l'ancienne bannière de Jean de Villette, dissoute le mois précédent (procuration des soudoyers de cette compagnie, *ibid.*, fol. 150, 15 janvier 1328). Cf. *infra,* p. 113.
(109) Vaitte, Doubs, arr. Baume-les-Dames, c^on^ Roulans, c^ne^ Champlive.
(110) Ces trois derniers sont témoins de l'acte cité du 24 février 1328 et par conséquent, vraisemblablement soudoyers de la même compagnie.

Au-dessous est le maréchal des cavaliers de la S.E.R. en Lombardie sire Guillaume de Biron (111) et Guyon Vaquier qui, d'abord simple connétable, est ensuite également qualifié de maréchal (112), Pierre Bernard étant de son côté mentionné comme maréchal de l'Eglise à Parme (113). Peu de documents concernent Biron et nous ne connaissons que deux cavaliers ayant servi sous sa bannière, Gérard *de Jordana,* d'Aurillac, diocèse de Saint-Flour (114) et sire Pere Roig de Vergès *(Rosus de Vergesio),* catalan du diocèse de Gérone (115), le seul soudoyer à cheval qui, bien que non connétable, est qualifié de *dominus,* indice qu'il était chevalier.

En revanche, le connétable ou maréchal G. Vaquier figure très fréquemment dans les contrats ainsi que ses hommes et il ne semble pas avoir quitté Plaisance entre février 1326 et novembre 1328 (116). Son nom paraît le plus souvent sous la forme Guyon, mais on trouve aussi les formes Guigue et Guillaume et il ne faut pas le confondre avec deux homonymes, des frères peut-être, Gautier et Berton Vaquier, tous deux chefs de bannière, le premier ayant en outre commandé à une partie des hommes de Guyon (117). Des onze hommes que nous savons avoir servi sous Guyon, la plupart sont des Méridionaux : trois gascons, Odet de Lomagne, diocèse de Lectoure (118), Machard *de Farbacio,* diocèse d'Aire (119) et Guillem-Arnaud d'Auch (120); trois toulousains, Raymond et Thomas Blanc (121) et Hugues Jour-

(111) Biron, Dordogne, arr. Bergerac, c^{on} Montpazier.
(112) Notaire 5, cart. 3, reg. 1, fol. 36 v° (14 août 1326).
(113) *Id.*, fol. 110 v° (27 juillet 1327).
(114) *Id.*, fol. 48 v° (16 octobre 1326).
(115) *Id.*, fol. 160 v° (20 mai 1328).
(116) Le plus ancien document le concernant est du 19 février 1326 (*id.*, fol. 4), mais cet acte est en tête du registre et il y a une lacune dans la documentation antérieure. Le 13 novembre 1328 (*id.*, fol. 183), Guyon est dit connétable des cavaliers près le légat; il peut avoir succédé dans cette fonction à Pierre Jourdan, dont il a été question plus haut. Il était au service de l'armée de l'Eglise au moins dès 1324, car le 9 octobre de cette année, son procureur Pierre *Temanni,* membre de sa bannière, recevait un mandat de paiement pontifical pour les sommes dues pour sa solde (*Lettres communes de Jean XXII*, vol. 5, app., n° 23 397).
(117) Si Guyon, Guigue, Guillaume Vaquier n'est qu'un unique personnage, il faut le distinguer de Gautier Vaquier, car des hommes appartenant à la bannière de l'un et de l'autre apparaissent plusieurs fois dans un même document (registre notarié cité, fol. 107 v°, 108).
(118) *Id.*, fol. 4 (19 février 1326); il passa ensuite sous la bannière de son frère sire Ogier de Lomagne (fol. 185, 24 février 1327).
(119) *Manardus* ou *Minaldus de Farbasio, Frevasio, Farviasio, id.*, fol. 4 (19 février 1326), 85 (24 février 1327), 183 (13 novembre 1328).
(120) Guillem Arnaud d'Auch, ou simplement Guillem d'Auch, *id.*, fol. 77 et v° (28 février 1327). Il passa ensuite sous la bannière de Gautier Vaquier (cf. note 131).
(121) *Id.*, fol. 37 v° (14 août 1326); il passa ensuite sous la bannière de Gautier Vaquier, *id.*, fol. 128 (17 juillet 1327).

dan[122]; deux Albigeois, Raymond Hugues[123] et Ogier *de Vado*[124]; deux Provençaux enfin, Guillem de Carpentras[125] et Huguet de l'Escale, diocèse de Gap[126], un dernier étant indéterminé, Bertas Bonnet. S'y ajoute le Comtois Etienne Le Maire *(Lo Mare)* de Busy qui passa rapidement dans la compagnie de Jean de Vilette, puis dans celle d'Agout des Baux[127]. Deux cavaliers, témoins de contrats relatifs à des soudoyers de cette compagnie, peuvent en avoir également fait partie : Hugues de Laméac, *Lamiaco*[128] et Gérard de la Roque[129]. De ces hommes, deux passèrent ensuite sous la bannière de Gautier Vaquier tandis qu'un troisième, Guillem de Carpentras devenait en 1329 châtelain de Montebello[130].

Mises à part ces deux compagnies des maréchaux et celle du légat, nous connaissons encore la composition au moins partielle de douze autres bannières de cavaliers. Trois seulement étaient commandées par des chevaliers : sire Arnaud de la Maze, du diocèse d'Agen, sire Ogier de Lomagne, du diocèse de Lectoure et sire Arnaud de Vongnes.

La bannière de Gautier Vaquier fut en partie constituée aux dépens de celle de Guyon Vaquier. Elle nous apparaît le 6 septembre 1326 et nous est connue jusqu'au 17 juillet 1327. En 1328 plusieurs de ses hommes servaient sous d'autres bannières. En firent partie au moins cinq Méridionaux : Guillem d'Auch[131] et Thomas Blanc de Toulouse[132], provenant de la compagnie de Guyon Vaquier, Pierre Barthélemy de Carcassonne[133], qui servit ensuite sous Pierre Jourdan[134] et Raymond *Phixonus* de Toulouse[135].

(122) *Id.*, fol. 77 (28 janvier 1327), 107 v° (11 juillet 1327) et 108 (17 juillet).

(123) *Id.*, reg. 1, fol. 37 v°, addition marginale et 77 (28 janvier 1327); reg. 2, fol. 3 v° (16 mars 1328).

(124) *Id.*, reg. 1, fol. 188 (28 novembre 1328).

(125) *Id.*, fol. 4 (19 février 1326), 77 et v° (28 janvier 1327); il était châtelain de Montebello le 21 janvier 1329 (reg. 2, fol. 56).

(126) *Id.*, reg. 1, fol. 62 v° (15 novembre 1326). — L'Escale, Alpes-de-Haute-Provence, arr. Sisteron, c^on^ Volonne.

(127) *Id.*, fol. 149 v° (24 février 1328); cf. *supra*, p. 00.

(128) *Id.*, fol. 183 (13 novembre 1328). — Laméac, Hautes-Pyrénées, arr. Tarbes, c^on^ Rabastens.

(129) *Id.*, fol. 188 (28 novembre 1328).

(130) Mêmes actes qu'aux notes 120, 121 et 125.

(131) Notaire 4, cart. 3, reg. 1, fol. 107 v° (11 juillet 1327), 108 (17 juillet). Cf. note 120.

(132) Acte cité du fol. 108.

(133) Mêmes actes qu'à la note 131.

(134) Même registre, fol. 168 v° (3 août 1328).

(135) *Id.*, fol. 108 (17 juillet 1327).

De la bannière du connétable Berton Vaquier, nous ne connaissons que Pons Bernard (136), et il en est de même de celle de Bonnafous Isnard, à laquelle Pierre *de Mayrano*, du diocèse de Rodez, dit avoir naguère appartenu au début de 1327 (137).

De la *comitiva* de sire Arnaud de la Maze, du diocèse d'Agen, nous avons une liste de huit hommes d'armes à cheval, établie en vue d'une distribution de solde le 5 mars 1326 (138). Les noms sont de consonance méridionale, mais nous ne possédons pas d'informations précises sur leur origine exacte : Arnaud Guillem, Guillem de la Motte, Bertrand de la Roque, Michel Poivre, Guillem Mathieu, Pierre Lefort, Jean Vairat, Pierre Arnaud. Nous ne retrouvons aucun de ces hommes dans les documents ultérieurs; peut-être durent-ils quitter Plaisance aussitôt après le document qui nous les fait connaître.

Nous sommes mieux documentés sur la bannière du connétable de cavaliers Itier de la Tour, connue du 15 mai 1326 au 3 juillet 1327. Elle était formée exclusivement de Méridionaux : Raymond Bertrand ou Raymond de Toulouse, venu avec sa femme Raymonde avec qui il habitait dans une maison près de l'église S. Nicoló à Porta Nova (139) et avec qui il s'obligea à l'occasion d'emprunts; un autre Toulousain, Guillem Garsie (140); l'Agenais Icard de la Fage *(de Fagus)* et sans doute les témoins du contrat relatif à ce dernier (141), les soudoyers Raymond de Salviac, Elie de Caumont (142) et Hugues de *Aspa*, tous trois originaires du diocèse d'Agen, et Perrot Portier, de celui de Périgueux.

La bannière de Pierre de Vias *(Viassio, Viaxio)* (143), précédemment à Parme (à Parme il avait pour compagnon Pierre *Tomani* d'Avignon), vint s'établir à Plaisance au début de 1327. Son connétable dut être peu après promu chevalier, car le 27 juillet le notaire accolle à son nom la qualité de sire (144). Sous sa bannière, le Rouergat Huguet Raymond (145); deux témoins de celui-ci peuvent avoir appartenu à la même bannière, tous deux du diocèse d'Albi, Jean *de Verngulla* (Vernejoul ?) et Jean de Vals *(de Vallibus)*.

(136) *Id.*, fol. 26 (15 mai 1326).
(137) *Id.*, fol. 72 (11 janvier 1327).
(138) *Id.*, fol. 5 v° (5 mars 1326).
(139) *Id.*, fol. 26 (15 mai 1326), 45 v° (6 septembre), 86 (7 mars 1327), 92 (4 avril).
(140) *Id.*, fol. 45 v° (6 septembre 1326).
(141) *Id.*, fol. 107 v° (3 juillet 1327).
(142) Caumont, Lot-et-Garonne, arr. Marmande, c^on^ Le Mas d'Agenais; d'une des plus célèbres familles de l'Agenais.
(143) Vias, Hérault, arr. Béziers, c^on^ Agde.
(144) Registre notarié cité, fol. 110 v°.
(145) *Id.*, fol. 87 (18 mars 1327).

La bannière de sire Ogier de Lomagne, du diocèse de Lectoure, est attestée vers la même date que la précédente (24 février 1327) et se prolongea jusqu'en mai 1329 (146). Sous ce connétable servit son frère Odet, venu de la bannière de Guyon Vaquier, et Martin de Nizan *(de Nixano),* du diocèse de Comminges (147).

La bannière du capitaine ou connétable de cavaliers Pierre de Perles *(de Perula, Perlo, Persa)* (148) apparaît encore un peu plus tard, d'octobre 1328 à janvier 1329 (149) et peut avoir pris la suite de celle d'Itier de la Tour, car sa composition géographique est analogue. Parmi les témoins du contrat qui concerne son chef figurent d'ailleurs un Arnaud de la Tour, diocèse de Lectoure, et Hugues d'*Aspa,* diocèse d'Agen, que nous pensons avoir appartenu à la compagnie d'Itier (150). En firent également partie Bernard Delmas, Gaillard de Roquefort et, sans doute, Jean de Lissac, du diocèse de Toulouse (151), ainsi que le Comtois Guillaume *de Bucedo* qui rejoignit ensuite la bannière d'Arnaud de Vongnes (152).

Tranchant avec ces compagnies d'hommes du Midi, quatre autres sont formées en majorité de Comtois, Lyonnais et Savoyards :

— celle de Jean de Villette, qui ne nous est connue que par un contrat consécutif à sa dissolution, le 15 janvier 1328 (153); elle comprenait Etienne Le Maire de Busey, diocèse de Besançon, qui passa ensuite dans celle d'Agout des Baux, Jean de Villafans *(Villafa)* (154), Pierre de Lausanne, Jean de Cazin (155), Guillaume de Vitrey (156), Guillaume de Longwy (157) et Guillaume *de Podio*;

— celle de Guillaume de Lomont *(de Longo Monte)* (158), où servaient le 15 octobre 1327 (159) Pons de la Chapelle, du diocèse de Lyon (160), ainsi que, selon toute vraisemblance, Etienne du Mont-

(146) Registre notarié cité, fol. 85 (24 février 1327); reg. 2, fol. 3 et v° (15-16 mars 1328), 86 (11 mai 1329).

(147) Même notaire, reg. 2, fol. 3 v° (16 mars 1328). — Nizan, Haute-Garonne, arr. Saint-Gaudens, c^{on} Boulogne.

(148) Perles, Ariège, arr. Foix, c^{on} Ax.

(149) Notaire 4, cart. 3, reg. 2, fol. 48, 21 octobre 1328), 56 (21 janvier 1329).

(150) Cf. *supra,* p. 111.

(151) Lissac, Ariège, arr. Pamiers, c^{on} Saverdun (commune limitrophe de la Haute-Garonne).

(152) Cf. *supra,* p. 108 note 108 et p. 113.

(153) Notaire 4, cart. 3, reg. 1, fol. 149 v°.

(154) Villafans, Haute-Saône, arr. Lure, c^{on} Villersexel, *ou* Vuillafans, Doubs, arr. Besançon, c^{on} Ornans.

(155) Cazin, Ain, arr. Trévoux, c^{on} Thoissey, c^{ne} Genouilleux.

(156) Vitrey, Haute-Saône, arr. Vesoul, ch.-l. c^{on}.

(157) Longwy, Jura, arr. Dôle, c^{on} Chemin.

(158) Lomont, Doubs, arr. et c^{on} Baume-les-Dames.

(159) Registre notarié cité, fol. 117.

(160) La Chapelle, Rhône, arr. Lyon, c^{on} Saint-Symphorin-les-Coise.

joux [161] et Pierre de Goux, diocèse de Besançon [162], témoins du premier;

— celle de sire Arnaud de Vongnes [163], qui compte parmi ses cavaliers [164] les frères Guillaume et Etienne de Busey *(de Bucedo* ou *Buxeto)*, diocèse de Besançon, fils de feu sire Pierre *de Bucedo*, et leur parent Etienne, fils de Simonin *de Bucedo* [165], de même sans doute que Jean de Monthoud (Monthodi), du diocèse de Genève [166];

— celle, enfin, de Paz de Luyrieu [167] *(Patius, Pazius de Loriaco)*, connu de novembre 1328 à juillet 1330 [168]. Sous lui servait son familier Guizard de Luthezieu *(Othexuo)*, du diocèse de Genève, dont on possède le testament du 3 juillet 1330 [169], Rizard ou Richard de La Balme, du diocèse de Lyon [170], Guillaume de Neuville *(Novilla)*, aussi du diocèse de Lyon [171], le maréchal Guillaume de Bassy [172] *(Bassio)* et Pierre de Châtillon [173], ainsi que l'écuyer comtois Etienne Lemaire qui avait quitté la bannière d'Agout des Baux pour la sienne [174].

Nous connaissons encore par des documents isolés ou parce qu'ils figurent comme témoins dans des actes un certain nombre d'individus qu'il nous est impossible de rattacher à une bannière quelconque. L'un d'eux était sans doute à la tête d'une compagnie, car il était chevalier, possédait neuf chevaux et était accompagné de quatre écuyers attachés à sa personne, sire Bertrand *de Montibus*, dont nous possédons l'exécution du testament [175]; son exécuteur

(161) Montjoux, Drôme, arr. Montélimar, c^{on} Dieulefit.

(162) Goux : quatre localités de ce nom dans les départements du Doubs et du Jura.

(163) Vongnes, Ain, arr. Belley, c^{on} Virieu-le-Grand.

(164) Notaire 4, cart. 3, reg. 2, fol. 36 (4 octobre 1328), 80 (5 avril 1329).

(165) Cf. *supra*, note 108.

(166) Monthoux, Haute-Savoie, arr. et c^{on} Annecy, c^{ne} Pringy.

(167) Luyrieu, Ain, arr. Belley, c^{on} Champagne, c^{ne} Béon.

(168) Notaire 4, cart. 3, reg. 2, fol. 49 (21 novembre 1328); cart. 8, testaments, fol. 113 (3 juillet 1330).

(169) *Id.*, reg. 2, fol. 49. — Luthezieu, Ain, arr. Bellay, c^{on} Champagne. — Voir *infra*, p. 127-128.

(170) *Id.*, fol. 49, 58 v° (6 février 1329); cart. 8, testaments, fol. 113). Peut-être La Balme, Ain, arr. Belley, c^{on} Virrieu-le-Grand, c^{ne} Cheignieu-Labalme.

(171) Actes cités des 21 novembre 1328 et 6 février 1329. — Ain, arr. Nantua, arr. Pont-d'Ain.

(172) Testament cité. — Bassy, Haute-Savoie, arr. Saint-Julien.

(173) *Id.* — Sans doute Châtillon-de-Michaille, Ain, arr. Nantua, ch.-l. c^{on}, beaucoup plus vraisemblablement que Châtillon-la-Palud (Ain, arr. Trévoux, c^{on} Charlemont) ou que Châtillon-sur-Chalalone (Ain, arr. Bourg, ch.-l. c^{on}).

(174) *Id.*, cart. 3, reg. 2, fol. 61, 72 (14 février 1329; cf. *supra*, notes 108 et 165.

(175) *Id.*, fol. 90-92 (1er-4 avril 1327). Cf. *infra*, p. 127.

testamentaire, Hugues de *Thorena,* était du diocèse de Rodez. Il est également possible que Philippe de la Trinité ait été connétable de cavaliers, car il procéda à l'inventaire des chevaux du défunt conjointement avec deux autres personnages dont nous savons qu'ils tenaient bannière, Guyon Vaquier et Itier de La Tour.

Parmi les isolés, citons encore Gilles d'Uzès qui était le 16 novembre 1328 capitaine de la tour de *Montejanasio* (176); Guillaume Boucher, du diocèse de Cahors, qui, ayant quitté Plaisance pour être châtelain de Cordono au diocèse de Lodi, en revint le 28 février 1328 pour toucher son prêt (177); les cavaliers Raymond d'Ussel (178) et Bertrand des Moulins (179), du diocèse de Cahors, Pierre le Père, du diocèse de Gap, soudoyer à Castell'Arquato (189), Monnet de *Celosa* ou *Telosa,* du comté de Savoie (181), Bertrand de Saint-Ilaire et Raymond Bernard (182), enfin le clerc Simon Violette, du diocèse d'Amiens (183).

En regard de ces escadrons de cavaliers français, Italiens et Espagnols (sauf cas exceptionnels, cités au passage) servaient en qualité de piétons et paraissent avoir été relativement peu nombreux.

Deux bannières de piétons italiens seulement sont mentionnées dans nos documents notariés. La première fut dissoute dès le 10 août 1326; elle nous est connue par la procuration que donnèrent les soudoyers à leur capitaine Leoterio de Florence, pour recouvrer leur solde depuis le 1er juillet précédent; ils étaient alors au nombre de 21, tous originaires d'Italie du Nord (Tortone, Lodi, Bobbio, Porto Venere, Parme, Reggio et Crémone) (184). La seconde bannière italienne se manifeste à nous dans une circonstance analogue : 12 soudoyers originaires de Lodi, un de Crémone, un de Voghera et 3 sans indication d'origine donnent pouvoir à leur connétable Martino de Lodi pour se faire payer la solde du mois de mars et de la première quinzaine d'avril 1329 (185).

Les rares hommes expressément désignés comme arbalétriers sont également des Italiens : Domenico de Mantoue, Pietro et Orlandino del Bisagno de Gènes (186).

(176) *Id.,* fol. 45 (16 novembre 1328).
(177) *Id.,* fol. 7 v°.
(178) Ussel, Lot, arr. Gourdon, c^on^ Saint-Germain.
(179) Registre notarié cité, fol. 62 v° (15 décembre 1326).
(180) *Ibid.*
(181) Notaire 4, cart. 3, reg. 1, fol. 26 (15 mai 1326).
(182) *Id.,* fol. 5 v° (5 mars 1326).
(183) *Id.,* fol. 48 v° (16 octobre 1326).
(184) *Id.,* reg. 1, fol. 37 (14 août 1326).
(185) *Id.,* reg. 2, fol. 80 (5 avril 1329).
(186) *Id.,* reg. 1, fol. 32 v° (30 juin 1326).

Toutefois les Milanais semblent avoir servi à cheval et avoir constitué une bannière sous le commandement de l'un d'eux. En effet, Baldassare *de Oxenago* del fù ser Ruggero, du diocèse de Milan, fit un emprunt gagé sur deux chevaux d'armes et un roncin, avec la fidéjussion de deux autres Milanais, Giacopo Morigia del fù ser Ambrogio et Gasparino Topaldi del fù ser Bulgaro (187); un certain Giovanni *de Oxenago* fut de son côté témoin d'un contrat analogue passé par un soudoyer français (188).

Quant à la présence d'Espagnols dans l'armée pontificale, un seul témoignage en apparaît dans les registres notariés de Plaisance, et encore ne concerne-t-il pas la garnison de cette ville; il s'agit du connétable Gonzalez d'Espagne qui vient à Plaisance essayer de toucher la solde de ses piétons établis au château d'Arena au diocèse de Pavie (189).

En résumé, si on laisse de côté ces mercenaires italiens et espagnols, nous pouvons, quant à l'origine des soudoyers d'Outremont que nous avons pu identifier, tracer le tableau suivant :

Est et Sud-Est : 49,	dont Provence, Comtat, Dauphiné méridional : 26;
	Savoie, Bugey, Lyonnais, Genève et Vaud : 14.
	Franche-Comté : 9.
Centre-Sud et Midi : 48,	dont Languedoc, Foix, Comminges, Quercy, Rouergue : 27;
	Gascogne, Agenais, Périgord méridional : 19.
	Navarre et Catalogne : 2.
Nord : 17,	dont Picardie, Flandre, Brabant, Luxembourg : 16;
	Paris : 1.
Bretagne : 2.	

Le poids du Midi est donc écrasant, ou, plus précisément, celui des régions des Alpes et du Jura, du rebord méridional du Massif central et des plateaux gascons : il s'agit de pays pauvres et trop peuplés où les cadets de la noblesse cherchent à s'employer; c'est sans doute aussi le surpeuplement qui explique l'engagement, d'ailleurs traditionnel, des Picards, Flamands et Brabançons.

On aura également noté que les mêmes mercenaires sont au service de Plaisance, qu'elle soit dans la ligne des villes guelfes ou dans celle des villes gibelines (c'est notamment le cas du « Provençal »

(187) *Id.*, fol. 185 v° (22 novembre 1328).
(188) *Id.*, reg. 2, fol. 186 (11 mai 1329).
(189) *Id.*, fol. 56 (2 janvier 1329).

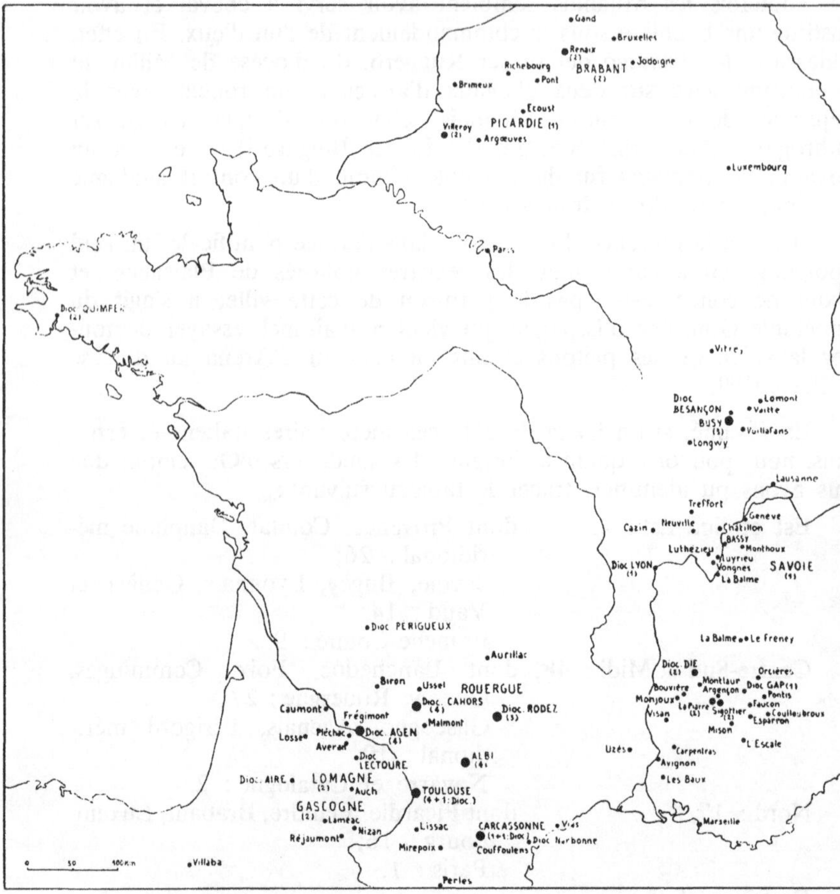

Pierre de La Piarre) et des mercenaires provençaux ou savoyards figurent dans des troupes chargées de combattre des alliés du comte de Provence ou de Savoie : il s'agit bien d'un pur mercenariat.

La nature des contrats et le mécanisme des emprunts.

La plupart des contrats se rapportent soit au recouvrement de la solde, soit aux emprunts faits par les soudoyers dans l'attente de leur paie, et en conséquence, aux obligations souscrites par eux, aux procurations données pour permettre au créancier ou à son mandataire de percevoir la solde à leur place, aux quittances délivrées à cette occasion, enfin aux renouvellements de prêts. Ainsi ces documents nous font pénétrer dans la vie complexe des compagnies et surtout nous aident à comprendre le mécanisme des emprunts.

Contrairement à ce qui se passait en France à la même époque [190], la solde était payée personnellement à chaque homme et non pas globalement au chef de bannière. Il en était de même des prêts que les autorités consentaient individuellement aux soudoyers dans l'attente de leur paie. Aussi lorsqu'un soudoyer quittait le service d'une commune pour une autre ou que sur l'ordre des autorités, il allait à la garde d'une forteresse, il devait soit se rendre personnellement auprès des payeurs de l'armée, soit donner une procuration pour percevoir son dû. Dans l'un ou l'autre cas, pouvoir pouvait être donné à un homme de la même bannière ou à un autre soudoyer, à un notaire, à un membre de l'entourage du légat ou du vicaire général, parfois à un marchand qui avait, en attendant, avancé l'argent. En voici quelques exemples :

— un cavalier de Zurich qui avait été à la solde de la commune de Bergame puis était passé à Plaisance, donne procuration à un de ses compatriotes allemands, hôtelier à Bergame, pour se faire payer les 20 florins qui lui étaient dûs pour un cheval gâté au service de la ville [191];

— un connétable espagnol de piétons, se trouvant dans un château près de Pavie, passe procuration à des soudoyers de Plaisance en présence d'un familier du vicaire général [192];

— un connétable, en son nom personnel et pour sa compagnie, donne pouvoir à deux damoiseaux du légat pour recevoir du trésorier du pape la solde de sa bannière, jusqu'à 300 florins d'or et pour envoyer par lettre de change 220 florins à Plaisance au trésorier et à un marchand de Cahors qui les lui avait avancés [193];

— un soudoyer à pied de la bannière d'un familier du légat donne procuration à un membre de la *familia* du camérier de celui-ci pour percevoir sa solde [194];

— un cavalier, qui a changé de bannière, donne procuration pour recevoir du familier et payeur du vicaire général une double créance de 8 florins pour prêt et reste de solde et pour complément du prix d'un roncin [195];

— « Le Breton de l'abbé de Grandselve » charge trois sergents du légat en Lombardie de réclamer son dû [196];

(190) Cf. Ph. CONTAMINE, *Guerre..., op. cit.*, p. 118-121.

(191) Notaire 4, cart. 2, reg. 1, fol. 68 v° (16 juillet 1317); ce cavalier avait servi la commune de Bergame du 1er août 1316 au 1er mars 1317.

(192) Notaire 4, cart. 3, reg. 2, fol. 56 (21 janvier 1329).

(193) *Id.*, fol. 86 (11 mai 1329).

(194) Notaire 4, cart. 3, reg. 1, fol. 32 v° (30 juin 1326) : solde de janvier et février.

(195) *Id.*, fol. 72 (11 janvier 1327).

(196) *Id.*, fol. 115 (7 septembre 1327).

— un chef de bannière donne procuration à deux sergents d'armes du pape pour exiger ce qu'on lui doit et le lui faire parvenir (197);

— un soudoyer donne procuration à la fois à un notaire, au vicaire général et à son trésorier de Lombardie pour recevoir ce qui lui est dû à titre de solde (198).

Les familiers du vicaire général font d'ailleurs des avances à des soudoyers, à titre personnel. Ainsi un soudoyer devenu châtelain de Codorno au diocèse de Lodi emprunte à Arnaud de Pérussel lui-même 49 lb. plac. sur obligation de sa solde et il promet le garantir à l'endroit du camérier de ce même vicaire général (199); un Toulousain lui emprunte aussi 6 florins remboursables à sa volonté (200). De même, un clerc amiénois avance 14 florins remboursables à volonté à un soudoyer d'Aurillac (201).

Il arrive que tous les hommes d'une même compagnie donnent procuration à l'un d'eux ou à leur connétable pour qu'il se fasse remettre les sommes qui sont dues à chacun.

Ainsi le 14 août 1326, 21 soudoyers italiens à pied délèguent à l'un d'entre eux, sans doute aussitôt après la disparition de leur capitaine, le soin de réclamer la solde qui leur était due pour la période comprise entre le 1er juillet et le 10 août, à raison de deux florins et demi par mois (202). De même, le 4 avril 1329, les 17 soudoyers italiens de la bannière de Martino de Lodi chargent celui-ci de percevoir leur solde pour le temps non encore échu de mars et de la première quinzaine d'avril (203).

Mais en d'autres cas, il semble bien que le connétable touchait la paie de ses hommes à charge pour lui de la répartir. C'est peut-être à la suite d'une fraude à ce sujet que le capitaine Arnaud de la Maze doit prendre l'engagement de distribuer à ses 8 cavaliers les 32 florins de leur solde (204). Sans doute aussi est-ce pour couvrir un de ses hommes à l'égard d'un créancier qu'en 1295 un capitaine fit délivrer à l'un de ses soudoyers un certificat attestant qu'il ne l'a pas payé des deniers qu'il lui devait (205).

Quand un homme a besoin d'argent pour attendre l'arrivée retardée de la solde ou pour acheter un cheval ou pour toute autre cause qui nous échappe, il n'est pas rare que ce soit son connétable

(197) *Id.*, reg. 2, fol. 3 (15 mars 1328).
(198) *Id.*, reg. 1, fol. 117 (15 octobre 1327).
(199) *Id.*, reg. 2, fol. 7 v° (28 mars 1328).
(200) *Id.*, fol. 45 (16 novembre 1328).
(201) *Id.*, reg. 1, fol. 48 v° (16 octobre 1326).
(202) *Id.*, fol. 37.
(203) *Id.*, reg. 2, fol. 80.
(204) *Id.*, reg. 1, fol. 5 v° (5 mars 1326).
(205) Notaire 1, fol. 11 v° (28 février 1295).

qui lui prête la somme, mais il le fait par devant notaire et en prenant toutes les précautions requises : prise de gage, caution des autres hommes, dommages et intérêts en cas de retard dans le remboursement, etc.

Ainsi le 6 août 1296, sire Hugues d'Argoeuves achète un cheval à un habitant de Plaisance et il le revend à crédit pour 15 lb. imp. à trois de ses hommes qui s'engagent à le rembourser avant le 1er octobre (soit en moins de deux mois) et eux-mêmes le confient à un de leurs compagnons qui promet de le bien traiter, de l'entretenir à ses frais et de le restituer en bon état; si la bête meurt, le prix en sera payé sous huit jours (206).

— Le 6 octobre 1297, le connétable Pierre de la Piarre prête 12 lb. à Pierre de Mirepoix sur peine de 5 lb. en cas de retard de paiement; 13 des compagnons de la bannière — sans doute tous les membres de celle-ci — s'engagent solidairement avec l'emprunteur qui, par contre-lettre, promet de les tenir pour indemnes de leur obligation (207).

— En 1303, 4 soudoyers de la compagnie de Pierre de Verdun empruntent à leur connétable 15 lb. plac., remboursables à un mois (208); le même jour, ce même connétable prêtait à deux frères et, solidairement avec ceux-ci, à deux autres soudoyers ainsi qu'à un Italien d'une autre compagnie, 35 lb. plac. en se faisant remettre à titre de gage, jusqu'au complet paiement, deux chevaux bruns et un cheval bai. Les débiteurs, par contre-lettre, dégageaient de leurs engagements leurs co-obligés (209).

— En 1328, le connétable Pierre Jourdan prêtait à un soudoyer calabrais de sa compagnie 30 florins, à rendre à sa volonté (210).

Ces exemples nous montrent déjà la solidarité des membres d'une même compagnie, qui n'hésitaient pas à s'engager sans restriction les uns pour les autres. Dans bien des cas, d'ailleurs, on voit aussi le connétable s'obliger solidairement avec ses hommes. Les prêts entre soudoyers d'une même bannière ou entre soudoyers de deux compagnies distinctes (surtout s'ils étaient originaires de la même région) étaient également fréquents, mais le montant des prêts était généralement assez limité.

— Un Brabançon emprunte 3 lb. plac. à un autre Brabançon pour quatre mois, avec engagement solidaire de deux Italiens (211).

— Deux soudoyers empruntent le 9 septembre 1304 jusqu'au 1er octobre suivant à deux de leurs camarades, respectivement 3 lb. 17 s. et 5 lb. 2 s. 8 d., assignés sur un cheval liard et un autre brun (212).

(206) *Id.*, fol. 34 v°.
(207) *Id.*, fol. 62 v° et 63.
(208) Arch. Osp. civili, not. Rizardo, fol. 110 v°.
(209) *Id.*
(210) Notaire 4, cart. 3, reg. 1, fol. 176 (11 septembre 1328).
(211) Notaire 1, fol. 5 v° (24 août 1293).
(212) Arch. Osp. civili, not. Rizardo, fol. 126 (2 actes).

— Un homme du diocèse de Gap emprunte à un autre du diocèse de Die 30 florins d'or en gros tournois, en présence de trois hommes originaires de ce dernier diocèse (213).

— Le 15 décembre 1326, un soudoyer du diocèse de Gap servant à Plaisance promet rembourser à un soudoyer de ce même diocèse, en service à Castell'Arquato, 51 s. plac. remboursables à deux termes relativement éloignés, Carême entrant et la Pentecôte (214).

— Un Agenais emprunte à un Périgourdin 8 florins pour un mois, en lui obligeant ses armes et sa solde (215).

Le seul prêt d'un montant élevé nous est offert en 1321 : un Liégeois donne pouvoir à un notaire pour dégager son cheval qu'il a engagé pour 46 florins d'or à un soudoyer à cheval de Plaisance (216).

En fait, le soudoyer qui avait un besoin pressant d'argent n'avait rein de mieux à faire que de se rendre chez l'un des usuriers de la cité ou de toute autre ville où il se trouvait, à moins qu'il n'allât trouver un des marchands qui suivaient les compagnies, toujours prêts à rendre service moyennant d'honnêtes bénéfices; dans l'un ou l'autre cas on passait un acte notarié en bonne et due forme. Tout naturellement, l'intérêt n'est jamais exprimé dans le contrat de prêt; mieux même, celui-ci est toujours désigné comme dépôt *(depositum)* ou comme dépôt et *commenda*; mais nous pouvons bien penser que la somme qui y était inscrite incorporait l'usure. Celui qui fut à Plaisance l'un des meilleurs pourvoyeurs de crédits pour les soldats, entre 1326 et 1329, Gandolfo Cupalata, nous est d'ailleurs bien connu comme usurier notoire.

Certains actes, parmi les plus anciens, laissent transparaître quelques informations à ce sujet. Ainsi le 7 septembre 1294, le Placentin Oberto de Fontana prêtait au connétable Simon de la Cour 60 lb. plac.; par un acte distinct du même jour, le débiteur promettait payer pour ce « dépôt » 20 lb. plac. Le 29 mai 1295, bien que la dette n'eût point été payée, le créancier en donnait quittance; en fait, un nouvel acte incorporait principal et intérêt sous forme de renouvellement du prêt pour un montant de 80 lb., ce qui correspond à un intérêt réel de 33,33 % en 264 jours, ou d'environ 46,5 % par an. Le nouveau contrat prévoyait un remboursement mensuel à raison de 10 lb. par mois, une peine de 25 lb. étant prévue en cas de non paiement au terme fixé, et sur engagement réel de deux chevaux d'armes dont le créancier prenait sans délai possession et qu'il devait conserver jusqu'à l'acquittement complet de la dette (217).

(213) Notaire 4, cart. 2, reg. 2, fol. 65 (12 janvier 1319).
(214) *Id.*, reg. 1, fol. 62 v°.
(215) *Id.*, fol. 107 v° (5 juillet 1327).
(216) Notaire 5, cart. 3, reg. 2, fol. 36 v° (6 mai 1321).
(217) Notaire 1, fol. 14 v° (3 actes).

Peu d'emprunts étaient remboursés au jour dit et, à l'échéance, la peine devenait la sanction du prêt; c'était en fait l'intérêt. Ainsi dans le cas précédent, au neuvième mois, les 80 lb. devenaient productrices d'un intérêt de 25 lb. à titre de peine, soit environ 30 % ou par an 45 %, exactement comme l'année précédente. L'intérêt réel était beaucoup plus élevé, puisque le paiement de mensualités pouvait progressivement diminuer le montant du capital.

Dans bien d'autres contrats analogues la peine dissimulait de même l'intérêt de l'emprunt. Ainsi un prêt de 10 lb. à un mois fait par Giovanni di Suzo, fils d'Alberico, aux frères de Bonnefont prévoyait une peine de 60 sous, et il comportait le gage d'un cheval d'armes et d'un roncin (218); dès le deuxième mois, une « peine » de 30 % venait ainsi accroître le principal.

Un autre prêt de 13 lb. 4 s. plac. à quatre mois, consenti par Giovanni di Morasco à Pierre de Villava dit Navarre, impliquait une peine de 100 s. (219).

Plus révélatrice encore est l'affaire suivante. Le 31 mars 1297, un soudoyer d'Outremont achetait un cheval bai brun pour 15 lb. plac. à une femme de Modène sans en avoir le premier sou. Par un autre acte, Guglielmo del Giudeo les lui avançait, en prévoyant le remboursement à six mois et sous peine de 100 s.; pour une fois, aucun gage réel n'était stipulé. Pourtant un troisième acte était passé simultanément, par lequel le débiteur reconnaissait devoir 9 lb. à son créancier et lui engageait pour cela un roncin, sans doute le même que celui qu'il venait d'acheter pour 15 lb., et cela sous la même peine. L'intérêt dissimulé dans le deuxième acte faisait passer la dette de 15 à 25 lb. en six mois, soit 60 % en une demi-année; et en cas de non paiement à l'échéance, la peine de 100 s. quant au remboursement du capital et de 100 s. quant au paiement des intérêts, risquait fort de faire passer la dette, dès la fin du semestre, de 15 à 34 lb. (220).

Qu'on ne croit pas qu'il s'agisse là d'un fait exceptionnel en matière d'usure : j'ai déjà signalé, d'après le cahier personnel d'un usurier de Pistoie du début du XIVe siècle, des pratiques usuraires bien plus éhontées. On comprend qu'ainsi étranglés par les détenteurs du crédit indispensable à leur vie en l'absence d'une parfaite régularité dans le paiement des soldes, les soudoyers des compagnies aient manifesté une tendance permanente à se refaire sur le dos des populations.

Certes les risques étaient considérables pour les prêteurs avec des hommes qui par définition étaient susceptibles de décamper brusque-

(218) *Id.*, fol. 16 v° (13 août 1295).
(219) *Id.*, fol. 22 v° (5 novembre 1295).
(220) *Id.*, fol. 55 v° et 56 (3 actes).

ment en quittant la cité avec leur compagnie ou même de disparaître par mort violente, et qui, au surplus, ne possédaient que peu de biens en dehors de leurs chevaux et de leurs armes. C'est pourquoi toutes les précautions étaient prises pour permettre les recours contre les défaillants. Souvent on prévoyait que le débiteur répondrait de sa dette non seulement devant la justice de Plaisance, mais devant les diverses autres juridicitons des territoires alors tenus par les armées de l'Eglise et où la troupe était appelée à se rendre; la liste en varie selon les dates, mais il s'agit le plus souvent de Milan, Lodi, Parme, Pavie, Bologne, auxquels s'ajoutent parfois Tortone, Alexandrie, Avignon.

Une véritable assurance contre le risque de non paiement était constituée par la formation fictive d'une société entre le véritable débiteur et un certain nombre d'autres personnes, son connétable ou ses camarades servant sous la même bannière; elle s'étendait parfois à des soudoyers appartenant à d'autres compagnies, cette dernière disposition pouvant pallier le risque du départ de la bannière. S'y adjoignait assez régulièrement un Italien dont nous ignorons le lien qui pouvait l'unir à l'intéressé mais qui devait y trouver son avantage. Tous assumaient solidairement les obligations découlant du contrat de prêt : des actes nous montrent un co-débiteur s'exécutant pour celui dont il s'est porté caution (221). De tous les contrats conservés un seul fait participer les co-obligés au bénéfice de division : dix co-débiteurs s'obligent avec le débiteur principal à rembourser à eux tous une dette de 11 lb. plac., mais à concurrence de 20 s. chacun (222).

Dans la plupart des cas, un second acte vient corriger les effets du premier : il s'agit d'une sorte de contre-lettre par laquelle le débiteur reconnaît que l'emprunt a été fait dans son seul intérêt personnel et promet tenir ses co-obligés indemnes de toute conséquence de leur engagement.

Parfois il n'y a pas formation d'une société de débiteurs solidaires à l'égard du créancier, mais des fidéjusseurs de type classique apportant leur garantie à l'exécution du contrat (223).

Les débiteurs s'engagent souvent de façon générale sur leurs « chevaux, armes et solde » et plus spécialement sur une ou plusieurs bêtes, cheval d'armes ou roncin, dont il est spécifié que le créancier

(221) Ainsi Petrus de *Petra* rembourse le 6 mai 1296 le « dépôt » fait à un homme de sa bannière et en faveur de qui il s'était porté garant par acte du 5 novembre précédent (Notaire 1, fol. 22 v° et 33).

(222) *Id.*, fol. 35 (17 août 1296).

(223) En 1319, les Milanais Paganino Gambara et Marchexino Ferrari, notamment, ont recouru à de tels fidéjusseurs — le connétable pouvant être l'un de ceux-ci (notaire 4, cart. 2, reg. 2, fol. 71-72 (29 janvier 1329).

aura la possession jusqu'à l'entier paiement de la somme due. Divers contrats envisagent le cas où le cheval ainsi engagé viendrait à mourir : le débiteur n'en sera pas moins tenu au remboursement, mais il est parfois stipulé que la peau lui en sera remise (224), certainement pour éviter toute fraude à ses dépens. Une fois cependant, les débiteurs ne seront pas tenus au paiement si l'animal meurt (225). Dans ce même acte, la vente du gage en cas de défaut de remboursement est prévue, le créancier se payant sur le prix de la vente. Dans les autres cas, la formule dit simplement que le créancier conservera la bête jusqu'au paiement intégral, ce qui laisse supposer qu'il se l'appropriera au cas où la dette viendrait à ne pas être soldée, ce qui pourrait bien être l'occasion d'un nouveau profit.

Plutôt que de recourir à la conservation toujours aléatoire d'un gage encombrant et qu'il fallait nourrir, certains prêteurs préféraient se faire donner par les soudoyers une procuration qui leur permit de toucher à leur place les « paie, solde et restor de chevaux » ou leur « solde et tout ce qui est dû » (226). De telles formules — auxquelles recourent plus d'une fois les usuriers de Pistoie Vicenzo et Bartolomeo de' Visconti (227) avaient pour effet de substituer complètement le créancier au soudoyer pour la perception de la solde mensuelle : faute de celle-ci, l'intéressé devait s'endetter à nouveau auprès de ses camarades ou d'un autre usurier. Le fait nous cache surtout l'intérêt de la somme prêtée, car il est évident que la solde ainsi abandonnée pouvait dépasser le montant du principal et de la « peine » accessoire.

Enfin le créancier était aussi en droit d'obtenir une saisie-arrêt sur la solde de ses débiteurs. Cette pratique est stipulée dans divers contrats, mais elle parait découler, de façon générale, de l'obligation portant sur les chevaux, armes et solde (228).

Grâce à ces diverses précautions, les créanciers avaient la possibilité, avec du temps et beaucoup de patience, d'obtenir la liquidation de leurs créances, même si le débiteur était entre temps parti dans une autre ville.

(224) Notaire 4, cart. 3, reg. 1, fol. 183 (13 novembre 1328).

(225) *Id.*, reg. 2, fol. 49 (21 novembre 1328).

(226) Ainsi Francesco Porro de Plaisance donne procuration à Arnaud de Pérusel pour se faire remettre, sur les paies de Bernard Delmas, Pierre de Perles, son capitaine, et Gaillard de Roquefort, leur compagnon, les 25 florins d'or auxquels ils s'étaient obligés le 1er novembre (*Id.*, reg. 2, fol. 48; 21 novembre 1328).

(227) Ainsi les 24 février et 4 novembre 1328, 14 février, 5 mars et 8 avril 1329 (*Id.*, reg. 1, fol. 149 v°, 150; reg. 2, fol. 36, 61, 72, 81 v°).

(228) Le Milanais Jacopo de Merato donne procuration pour recouvrer une créance sur un connétable de cavaliers de Plaisance et « saisir et arrêter » sa paie (Notaire 4, cart. 2, reg. 2, fol. 63 v°; 15 décembre 1318).

Ainsi le 20 octobre 1295, un marchand de Plaisance, agissant comme procureur du Lucquois Gualterotto Cacciaguerra donne quittance à sire Hugues d'Argoeuves pour une dette de 6 florins d'or qu'il avait contractée à Lucques trois ans plus tôt le 17 septembre 1292 (229).

De même, le procureur du Parmesan Giacopo Baruffo se fait rembourser à Plaisance par le connétable Pierre de Vias une obligation que celui-ci avait souscrite plusieurs mois auparavant à Parme avec son compagnon Pierre Tomayni d'Avignon pardevant le maréchal de l'Eglise dans cette cité (230).

Des marchands milanais, Paganino Gambara et Marchexino Ferrari, viennent à Plaisance le 29 janvier 1319 réclamer à divers soudoyers dauphinois le paiement de trois créances se montant respectivement à 170, 60 et 60 florins que les débiteurs, par un nouvel acte, s'engagent à leur payer sous huit jours (231).

Mieux même, le principal prêteur placentin des soudoyers d'Outremont, dont la clientèle était surtout gasconne, donne tout pouvoir à son frère pour recevoir à sa place, en Gascogne et à Bordeaux, toutes les créances qui pouvaient lui être dues (232). Si l'on ne pouvait se rendre soi-même en France, on pouvait toujours céder les créances à un compatriote mieux placé pour en obtenir sur place le recouvrement (233). Inversement, un marchand de Cahors, qui avait sans doute appris par ses compatriotes suivant l'armée qu'A. de Perrussel occupait une situation en vue auprès du vicaire général de l'Eglise, se rend personnellement à Plaisance exiger le remboursement d'une dette importante de plus de 110 lb de petits tournois que son débiteur avait contractée envers lui sept ans auparavant sous le sceau de la sénéchaussée royale du Quercy en 1321 : il lui donne quittance pour toute sa dette, mais accepte d'être payé

(229) Notaire 1, fol. 21.

(230) Notaire 4, cart. 3, reg. 1, fol. 110 v° (27 juillet 1327).

(231) *Id.*, cart. 2, reg. 1, fol. 71 v° et 72.

(232) *Id.*, cart. 3, reg. 1, fol. 35 (7 août 1326) : Gandolfino Cupallata et dame Sibillina, sa femme, fille de feu Giovanni Gregorio de Plaisance, donnent procuration à Francesco Cupallata, frère du mari, bien qu'absent et avec pouvoir de substituer, en vue de recouvrer toute créance à eux due par des particuliers ou des communautés en Gascogne et à Bordeaux. — Une autre fois, quinze jours après l'échéance d'un prêt à quatre mois contracté en juillet 1328 (*id.*, fol. 168 v°), ce même Gandolfino donne pouvoir pour la recouvrer à un parent, Janino Cupallata, fils de feu ser Manuelle Cupallata (*id.*, fol. 185, 20 novembre).

(233) Ainsi en mai 1328, dame Guglielmina, femme de Giovanni di Malvicino da Fontana, dit Dente, donne quittance à Ribaudin Evrard, agissant comme procureur d'Obertino del Cairo, pour une somme de 104 l. 3 s. plac. que ce dernier a recouvrée en Gascogne sur les créances que ladite dame avait rachetées à Giovanni de Lando. Or le beau-frère de la dame, ser Simone di Malvicino da Fontana, était en relation d'affaires avec l'armée pontificale à laquelle il avançait les deniers nécessaires à son ravitaillement (Notaire 4, cart. 3, reg. 2, fol. 13 v°, 16 et 42, 7 mai, 12 juin et 31 octobre 1328).

du reste, soit 17 florins d'or (ce qui doit correspondre à la « peine » ou aux dommages et intérêts) seulement à Carême entrant (234).

Un soudoyer du Gapençais ayant emprunté jusqu'à Pâques 30 florins d'or (à 12 gros tournois et demi) à un camarade du diocèse de Die, celui-ci, trois jours plus tard donne procuration à son frère demeuré au pays pour recouvrer la créance; il est donc vraisemblable que le remboursement devait intervenir en Dauphiné sous trois mois (235).

Ces faits établissent nettement qu'à cette époque le recouvrement des créances d'une ville à l'autre, d'un Etat à l'autre, ne posait pas de problème majeur sur le plan juridique, sinon sur le plan pratique.

De 1293 à 1304, tous les prêts sont fixés en livres de placentins ou d'impériaux; après 1318, ils le sont toujours en florins d'or.

La moyenne des prêts s'établit, entre 1293 et 1297, à 17 lb., avec un mode de 15 lb., pour une durée allant de 25 jours à 8 mois, soit une moyenne de 3 mois et un mode de 4 mois. Exceptionnel est un remboursement prévu *ad voluntatem* par le Florentin Abbate di Manello. La plupart des prêts sont alors faits par des Placentins (Guglielmo del Giudeo, Oberto di Figlino Fontana, Giovanni Moraschi).

Mais en 1303-1304 et 1318-1319, les emprunts sont d'un montant moins élevé, la plupart étant faits par les soudoyers entre eux, pour une durée allant de 3 semaines à 4 mois.

Les prêts des années 1326-1329 sont à la fois plus nombreux, d'un montant plus élevé, d'une durée plus limitée et, le plus souvent, consentis par des prêteurs spécialisés. Ils s'élèvent en moyenne à 20 florins d'or, avec des extrêmes s'étendant de 5 à 81 florins, pour une durée qui est presque toujours d'un mois, mais qui peut aller de 15 jours à 6 mois. Les prêts entre soudoyers sont, en général, stipulés *ad voluntatem.*

Nous avons conservé — indépendamment de quelques actes d'autre nature — 18 contrats de prêt faits à des soudoyers par le seul usurier Gandolfo ou Gandolfino Cuppalata del fù Cuppalata de' Cuppalati, lequel a prêté à peu près exclusivement à des hommes originaires de Gascogne et de Languedoc. Leur montant moyen était d'un peu plus de 19 florins (dont 2 de 22 et 3 de 25); 15 étaient à un mois, 1 à 4 mois et 2 *ad voluntatem*. Parmi eux, 16 étaient gagés sur un cheval ou un roncin, dont 9 avec remise matérielle du gage au créancier.

(234) *Id.*, reg. 1, fol. 184 v° (19 novembre 1328).
(235) *Id.*, cart. 2, reg. 2, fol. 65 et 66 (12 et 15 janvier 1319).

Lorsqu'une dette était soldée, le notaire inscrivait en marge la mention *finita* ou bien cancellait l'acte; parfois il indiquait la date du règlement. Or nous ne trouvons cette cancellation de l'acte qu'une fois sur deux, ce qui ne veut d'ailleurs pas dire que dans tous les autres cas le remboursement n'a pas eu lieu; car le notaire a pu être négligent ou n'avoir pas été avisé du paiement ou encore celui-ci est intervenu après la clôture du registre. Mais quand une date est portée, on constate que le délai fixé dans le contrat est largement dépassé, jusqu'à 5 mois au lieu d'un mois par exemple.

Les prêts sont relativement importants. En 1299 — vu que 125 lb. plac. correspondait à un troupeau de 300 moutons, 18 vaches et 18 veaux (236), la moyenne des prêts s'élevant alors à 17 lb., cela représente approximativement 40 moutons, 2 vaches et demie et 2 veaux et demi. C'est que l'une des causes d'endettement des soudoyers était l'achat de montures et que celles-ci étaient d'un prix très élevé : en 1296 et 1297, deux chevaux sont achetés l'un et l'autre 15 lb. plac. (237) et un roncin garantit un prêt de 9 lb. (238); en 1321 un cheval est engagé pour 46 florins d'or (239) et en 1328, un cheval bai est payé 42 florins d'or (240). Normalement à cette époque les chevaux étaient réellement mis en gage entre les mains du créancier lorsque le prêt dépassait une vingtaine de florins; comme ils garantissaient le remboursement du prêt et que l'entretien du gage était à la charge du créancier, on peut estimer que le prix d'un cheval d'armes devait être de l'ordre de 25 à 45 florins. Un prêt de 80 lb. plac. est garanti par la remise de 2 chevaux (241); un autre de 81 florins l'est par le gage de deux chevaux d'armes et d'un roncin (242). *Grosso modo,* on peut évaluer à cette date le prix d'un cheval d'armes à environ 35-45 florins, celui d'un roncin à une dizaine de florins (243).

(236) Notaire 1, fol. 96 v°. D'après une équivalence donnée par un acte notarié de 1299, la livre d'impériaux était tenue pour équivalente à un livre de tournois bon poids (*id.,* fol. 97 v°).
(237) *Id.,* fol. 34 v°, 55 v°.
(238) *Id.,* fol. 56.
(239) Notaire 5, cart. 3, reg. 2, fol. 36 v°.
(240) Notaire 4, cart. 3, reg. 1, fol. 168 v°.
(241) Notaire 1, fol. 14 v° (29 mai 1295).
(242) Notaire 4, cart. 3, reg. 1, fol. 185 v° (22 novembre 1328).
(243) Ces valeurs sont à rapprocher de celles que Ph. CONTAMINE (*op. cit.,* p. 655-656) a citées comme prix des chevaux des écuyers du dauphin de Viennois perdus à la bataille de Cassel en 1328 (moyenne : 49 l.t.), des montures des écuyers de Galois de la Baume en 1338 (26 écus d'or, soit 26 l.t.), des chevaux des écuyers de l'ost royal de 1340 (au moins 25 l.t.) et des années 1351-1360 (40 l.t.).

La fortune personnelle des soudoyers.

Trois documents — un inventaire après décès et deux testaments — nous font connaître la fortune personnelle d'un soudoyer et les soucis qu'il avait au moment de quitter cette terre. Le premier est le plus intéressant; il concerne les biens du chevalier sire Bertrand *de Montibus* en avril 1327 (244). L'exécuteur testamentaire, un de ses compatriotes du diocèse de Rodez, commence par rembourser les dettes du défunt envers deux usuriers de Plaisance Francesco et Operino Porro, respectivement de 12 et de 10 florins d'or; et se fait rendre par le second les gages qu'il détenait. Le moins qu'on puisse dire est donc que ce chevalier manquait de disponibilités. Cependant, sans doute chef de bannière, il avait à son service quatre écuyers, dont un était son dépensier : les sommes qu'il lui avait remises pour l'entretien de cette *familia* et des chevaux depuis le 1er novembre s'étaient élevées à 29 florins, plus 2 florins dus au maréchal pour la ferrure des chevaux, soit environ 6 florins par mois. Les dettes s'élevaient donc à plus de trois mois de dépenses de la *familia,* sans compter les dépenses personnelles du défunt. L'actif consistait essentiellement dans son armure complète et ses harnais personnels, son cheval et son roncin, ainsi que dans les armures, chevaux et harnais qu'il avait fournis à ses écuyers. Son capital se composait donc de cinq armures, de cinq chevaux d'armes et de quatre roncins, plus d'une « manche de fer ». Sur la base du prix des montures, on peut l'estimer, en ordre de grandeur, à 300 florins d'or.

Un autre connétable, chevalier originaire du diocèse d'Agen, sire Gautier *de Avelano,* fait son testament le 20 mai 1321 (245). Il élit pour sépulture l'église des Ermites de saint Augustin de Plaisance et prévoit pour ses obsèques la somme fort élevée de 50 lb. plac. en messes et en distributions pour le détail desquelles il s'en remet à la discrétion d'un des ermites. S'il fait de sa mère, Raimonde de Frégimont, son héritière, celle-ci ne recevra, en fait, que 20 sous d'impériaux, car il lègue l'universalité de ses biens à sa concubine, une Italienne de Bergame, Ismeldina, « qui le sert en services et en amour depuis longtemps », à charge d'élever le fils qu'il a eu d'elle, Arnaudon.

Le testament de Guizard de Luthezieu en Valromey, au diocèse de Genève, servant sous la bannière de son compatriote Paz de Lurieu, manifeste le même détachement à l'égard de sa famille, en

(244) Notaire 4, cart. 3, reg. 1, fol. 90 et 92 (1er et 4 avril 1327).
(245) Notaire 4, cart. 8, testaments, fol. 61 v°.

même temps qu'un réel attachement pour son pays d'origine et un souci non moins grand pour le salut de son âme (246). S'il fait de son frère Jannet son héritier, celui-ci ne recevra, comme part de succession que la remise de la dette de 5 sous de gros tournois d'argent qu'il avait contractée envers lui, autrement dit il ne recevra rien. A titre de legs, il remet également à son frère Guillemet les 3 florins qu'il lui doit. A son exécuteur testamentaire, et sans doute parent, Henri de Luthézieu, qui lui doit 11 sous de gros tournois d'argent et 14 lb. 13 s. d'impériaux, il lègue 4 florins; à Guinet, frère de son connétable et autre exécuteur testamentaire, 3 des 6 florins d'or qu'il lui avait lui aussi empruntés, les trois autres florins devant permettre de faire une *confratria* pour son âme. En revanche, il lègue de 1 à 6 gros tournois à neuf églises, un hôpital et un chapelain, tous de Luthézieu, sa localité d'origine, ou des paroisses voisines (Vieux, Champagne, Fitignieu, Belmont, Chavornay (247). Deux Italiennes, désignées de leur seul prénom, Giacomina de Lodi et Francescata, envers qui il avait dû contracter une dette très particulière, recevront respectivement 4 et 1 gros tournois. A l'église des Servites de Plaisance, où il élit sépulture, il lègue 6 gros. Tout le surplus de ses biens — dont nous ignorons le montant — fera l'objet d'une distribution aux pauvres par les soins de ses exécuteurs testamentaires et sur les conseils de son connétable. S'il ne semble avoir lui-même aucune dette, l'état de ses créances actives, dressé avec soin, fait apparaître qu'il avait sept débiteurs; le montant s'en élevait à 15 florins d'or, 16 sous de gros tournois (soit 192 gros) et 17 lb. 8 s. d'impériaux, soit au total environ 40 florins. Comme les legs ne portent que sur 10 florins et 90 gros, c'est donc plus de la moitié de ces créances qui sont destinées à être distribuées aux pauvres. Encore n'est-il pas fait état de sa monture et de son armure; il est vraisemblable que l'argent tiré de la vente de celles-ci, devait constituer l'essentiel des distributions pour le salut de l'âme du défunt (248).

*
**

(246) *Id.*, fol. 113 (3 juillet 1330).

(247) Luthézieu, Vieux, Champagne, Fitignieu, Chavornay : Ain, arr. Belley, c^on^ Champagne; — Belmont, Ain, arr. Belley, c^on^ Virieu-le-Grand.

(248) Il convient de rappeler ici le testament d'un soudoyer à cheval, « ultramontain », Jean *de Merexio,* auquel nous avons fait allusion plus haut (note 59). Dans l'auberge où il était logé, il dicte son testament en présence de son capitaine, d'un camarade et du prieur de l'église de S. Matteo : il fait de la confrérie de Santo Spirito son héritier universel, en réservant un legs de 40 sous à ses hôtes pour les services qu'ils lui ont rendus durant sa maladie; tout ce qui restera après règlement de ses dettes envers ses créanciers sera distribué en aumônes aux pauvres et il s'en remet pour cela au jugement du recteur de la confrérie.

Tels sont les éléments qu'on peut tirer des registres notariés de Plaisance en ce qui concerne les soudoyers d'Outremont. Les documents qui se rapportent à eux sont noyés parmi des milliers d'autres documents qui intéressent tous les autres aspects de l'économie et de la société de Plaisance; mais leur relevé systématique nous a donné une approche de ce milieu si particulier des compagnies militaires, encore bien mal connu : origines des soudoyers, situation financière, endettement à l'égard des usuriers qui constamment leur tiennent la dragée haute. Il est évident que le dépouillement des archives pontificales, celui aussi des registres notariés d'autres places d'Italie [249], pourraient apporter des précisions qui nous manquent encore : nous serions heureux si cet essai pouvait inciter des historiens à poursuivre ces recherches à travers une documentation qui, bien que non encore exploitée, est très loin de faire défaut.

(249) Donnons ici un exemple, emprunté à un registre notarié de Florence (Arch. Stato, Not., C 102, Not. Giovanni di Borghi Buonfiglioli da Cantapecchia, fol. 9). Messire Rimbaud, fils de feu sire Aldebert *de Monte Bonoldo*, de Provence (Serait-ce Montbonnot en Dauphiné, mais ce ne serait pas en « Provence » ?), ainsi que Pons de Puimichel (*de Pomicchael;* Basses-Alpes, arr. Digne, c^{on} des Mées), également provençal, et l'allemand Heinrich fils de Friedrich *de Trabacchi* (sans doute Traben-Trarbach, Amstgericht, Kreis Zell, Regierungsbez. Koblenz) ont contracté une dette de 80 florins d'or envers Segna del fù Orlando de Florence, en la paroisse de S. Lorenzo, pour « nourriture, boisson, logement, écurie et avoine » en son auberge, et Rimbaut (d'après son titre sans doute chevalier et connétable) lui a remis en gage trois chevaux. Ils trouvent un prêteur, également florentin, Masino del fù Manetto Alberti, qui règle leur dette envers l'aubergiste, celui-ci lui transférant les gages qu'il détenait. Témoin de ce transfert de créance, le Provençal Rostang de Brignoles (*de Brignone*, Var).

XII

LES MARCHANDS ET BANQUIERS DE PLAISANCE DANS L'ECONOMIE INTERNATIONALE DU XIIe AU XVe SIECLE

A Antonino LOMBARDO, benemerito studioso di storia economica medioevale, insigne archivista, amico da piú di trent'anni, tragicamente scomparso durante il Convegno. *In memoriam.*

Qui considère l'ensemble de la documentation de nature économique que nous ont laissée les XIIIe et XIVe siècles ne peut qu'être frappé par l'importance du rôle qu'ont tenu les Placentins dans l'économie internationale de cette époque. Si les historiens qui en ont vraiment pris conscience sont relativement peu nombreux, c'est peut-être en raison de la grande dispersion des sources, mais c'est surtout parce que la ville de Plaisance a eu une tout autre destinée que les grandes « cités-Etats » que furent Gênes, Venise ou Florence et aussi parce que ses marchands ont fréquenté des zones qui ne sont pas toujours les plus étudiées.

Du point de vue économique, Plaisance offre d'étranges paradoxes. Le premier de ces paradoxes est qu'il s'agit d'une cité admirablement située sur un axe terrestre et fluvial essentiel, avec un pont et un port sur le Pô, que la ville s'efforça dès le milieu du XIIe siècle de contrôler [1]. Or ses relations avec la Lombardie ont été, somme toute, assez médiocres; si Crémone, souvent hostile, a parfois attiré ses marchands, ceux-ci n'ont finalement guère été tentés par Venise; elle n'a pas davantage bénéficié — sauf pendant le court pontificat du Placentin Grégoire X— du formidable atout qu'eurent Florentins et Siennois de devenir banquiers de la Curie romaine. C'est, tout

edito dalla Cassa di Risparmio di Piacenza

au contraire, essentiellement vers Gênes, de l'autre côté de la montagne — dont elle se rend progressivement maîtresse [2] — que Plaisance s'est aussitôt tournée, y prenant appui au point de devenir un des ressorts du dynamisme génois, et, par Gênes, ce carrefour terrestre s'est donné une vocation de place maritime en regardant vers les marchés que les marins génois lui ouvraient au delà des mers. Cité du fleuve et de la plaine, Plaisance s'est ainsi faite cité de la mer en lançant ses marchands vers l'Outremer.

Le second paradoxe découle du premier. Négligeant les voies d'accès terrestres tout en laissant à Gênes les liaisons maritimes, les marchands de Plaisance se sont enfoncés dans l'épaisseur des continents: ils en sont venus à dominer les foires de Champagne, à s'installer à Paris, à gagner la Flandre, mais on les trouve aussi en Orient, ils établissent une colonie à Tabriz et ils poussent jusqu'à Pékin.

Un autre paradoxe encore est que cette ville ne se satisfait pas longtemps de son industrie indigène, fondée sur le travail du textile et du cuir qui dès le milieu du XIIe siècle lui donna sa première assiette économique: ses marchands trafiquent principalement des « draps d'Outremont », puis ils se font banquiers au service de Gênes: spécialistes des changes et, plus généralement, du commerce de l'argent, ils contribuent à transformer les foires de Champagne en un carrefour financier dont l'importance finit par estomper le caractère originellement commercial du marché.

On est enfin frappé de la faculté d'adaptation dont firent longtemps preuve les Placentins: tandis que Sienne s'effondre d'un coup et que Florence connait à plusieurs reprises des cascades de faillites, Plaisance, pendant plus de deux siècles, réussit à restructurer ses orientations. Après avoir épuisé les possibilités des foires de Champagne frappées de sclérose, elle se retourne vers les voies nouvelles de l'Atlantique en s'établissant, à la suite des Génois, aux grandes escales de Séville et de Lisbonne vers Bruges, tout en laissant pratiquement l'Angleterre à l'écart de ses activités. En fait, le plus souvent ce furent les circonstances politiques qui déterminèrent les orientations économiques de la cité.

De ce rôle de Plaisance, quelques faits caractéristiques sont dès l'abord à noter. C'est à Plaisance que Gênes s'adressa en 1148 pour contracter auprès d'elle l'énorme emprunt de plus de 8000 livres qui devait lui permettre de faire face aux frais de ses expéditions de Tortose et d'Almeria [3]. En 1191, la cité avança 1000 livres d'impériaux à Henri VI qui, en gage de son remboursement, lui remit les *curtes* impériales de Borgo San Donnino et de Bargone et lui abandonna des *regalia* contestées depuis la paix de Constance [4]. Ce sont les banquiers placentins qui assurèrent en grande partie le financement de la croisade d'Orient de saint Louis, et c'est une banque de Plaisance qui effectua le dernier versement du Temple de Paris à celui d'Acre à l'instant même de la chute de la place [5]. C'est un Placentin qui en 1278 fut choisi par les consuls de tous les marchands italiens trafiquant en France pour négocier leur installation à Nimes et les « conventions royaux ». Quand Philippe le Bel exigea en 1296 un prêt des compagnies italiennes en France, les banquiers placentins fournirent 40% des sommes et l'emprunt forcé de 1298 greva les compagnies de Plaisance de 5 500 livres tandis que celles de Florence n'en payaient que 3 100.

Il est donc assez extraordinaire, à mes yeux, que cette remarquable expansion financière de Plaisance n'ait pas été soulignée comme il conviendeait qu'elle le fût. C'est que le destin de la ville s'est sans doute joué plus sur les rives de la Seine et sur les côtes de l'Atlantique que sur les bords du Pô.

Nous connaissons mal *les origines* de cette économie si particulière de Plaisance,et je n'y insisterai guère ici, Pierre Racine ayant à cet égard fait le point dans son rapport au présent « Convegno » [6].

Dès le milieu du XIIe siècle, la cité était liée à Gênes [7], mais elle n'était cependant pas encore entièrement à l'écart des places de la Lombardie et même de Venise. Elle semble s'être surtout livrée à des trafics portant sur les cuirs et peaux, le chanvre, la futaine [8], soit de production locale, soit achetés sur place à des Lombards; elle vendait ces produits, et notamment les futaines, à Gênes [9] ou bien les expédiait outremer [10]. Ses marchands se livraient aussi à de petites opérations de prêt et de change [11] et parfois suivaient les Génois outremer [12]. On doit aussi noter qu'un Placentin, Azzone de Pontenuri, se livrait à des opérations commerciales à Crémone, à Ferrare, à Venise enfin où en 1209 il s'installa comme hôtelier et fit fructifier son argent dans des affaires de change et de société maritime [13]: peut-être serait-ce là le point de départ de l'intérêt porté par quelques Placentins à Négrepont vers 1225 [14].

Il est toutefois certain que des opérations de beaucoup plus grande envergure ont dû se négocier: nous n'en avons que des indices, et il n'est pas impossible qu'à la fin du XIIe siècle des marchands placentins aient été au service de la Curie pontificale. C'est, en effet, à Rome même que l'évêque de Durham leur emprunta, au nom du roi d'Angleterre, l'énorme somme de 3 226 livres que Richard Coeur de Lion leur fit rembourser en 1198 par 1 210 marcs d'esterlins d'argent; après quoi, c'est par les compagnies placentines de Sperono et de Bagaroto qu'il fit verser à la Curie 2 125 marcs destinés aux affaires de son neveu Othon de Brunswick, somme que Jean Sans Terre s'engagea, dès avant son couronnement à Rouen, à rembourser en l'étalant sur quatre termes [15].

Vers la même époque commencent des opérations importantes de prêt aux féodaux de la montagne de la part des banquiers Sperono et Scorpione. En 1187, Guglielmo Sperono avait en gage un cheval du marquis Opizone Malatesta [16]. En 1203, les marquis Guglielmo et Corrado Malaspina reconnaissent devoir à G. Scorpione 40 l. piac. et lui engagent le *fredum* de la Val Trebbia, avec pouvoir de lever à son profit les devoirs en cas de non-paiement à l'octave de la Saint Martin, avec en outre paiement des intérêts [17], et en 1204, le marquis Guglielmo Pallavicini promet rembourser dans l'an le prêt de 100 l. piac. que Guglielmo Scorpione, Ribaldo de Cario et Gherardo Stretto lui a fait, avec engagement de 14 muids de sel qu'il reçoit mensuellement sur deux salins, et il mande à ses « gastaldi » de conduire ce sel là où les marchands le voudront [18]. Ce type d'opérations dut continuer puisqu'en 1210 Enrico comte de Malte promet à Ugone Mazali et à Lanfranco Scotti de leur faire payer à Messine [19] ou à Syracuse à sa guise, ou bien à Malte s'ils le désirent, 250 onces d'or.

Mais en fait, la véritable épopée de la banque placentine démarre avec le moment où elle devient la maitresse du change sur les *foires de Champagne*. L'origine de cette maîtrise est claire. Jusque dans le premier tiers du XIIIe siècle, les marchands de Plaisance venaient vendre à Gênes cuirs et futaines, mais ils découvrent qu'ils pourraient aisément se substituer aux marchands du Nord qui apportaient eux-mêmes leurs draps jusqu'au grand port méditerranéen. Les débuts furent très lents et très modestes, d'après la documentation conservée, et on ne sait même pas si au début les gens de Plaisance se rendaient eux-mêmes aux foires de Champagne ou bien s'ils se procuraient les ballots d'étoffes auprès d' intermédiaires comme, par exemple, les Astesans.

En 1210, Rivalgaro et Giovanni de Andito, de Plaisance, vendent à Gênes une balle de onze estanforts d'Angleterre à des Lucquois [20]. En 1225, Pietro di Petola vend des toiles d'Allemagne [21], et en 1221 Alberto Campanario et Giovanni de Andito, une balle de treize draps de Châlons [22]. En 1232, Gandolfo Bobulco et Lanfranco Ardizone vendent à Gênes de petites quantités de draps de Châlons et d'Arras [23] et en 1237 Alberto de Plaisance vend aussi des toiles d'Allemagne [24]. Opérations médiocres effectuées par des marchands des niveau modeste.

En 1229, on a un net indice que ces draps venaient par la voie de terre et étaient menés par des Placentins eux-mêmes: en effet, des envoyés de Gênes se rendent à Asti où trois balles de draps ont été saisies sous le supçon que c'étaient des marchandises de Placentins; l'intéressé fait la preuve que ces draps lui appartiennent en propre et il les vend d'ailleurs sur place à un marchand d'Albe [25].

Brusquement en 1240, c'est l'expansion quasi-vertigineuse. Elle est le fait de quelques marchands. Oberto Bagaroto et son associé Palmerio Grasso se lancent dans l'aventure commerciale: de 1240 à 1244, ils vendent à Gênes des draps d'Ypres et de Valenciennes, de Douai et d'Arras, de Châlons et de Provins [26]. Giacomo Guadagnabene [27] et Rinaldo Scotti [28] emboitent le pas en 1244, avec des draps de Châlons et de Provins, et la même année les Anguissola à leur tour trafiquent en France [29]. Tous les autres s'engouffrent dans ce créneau: en janvier 1246, une assemblée de marchands placentins se tient à l'ombre de l'abbaye de Lagny, l'une des villes de foires de Champagne, en vue de traiter avec le comte: ils sont 35, et ils désignent trois d'entre eux, Cristiano Anguissola, Guglielmo Senengo et Bernardo Scotti, pour suivre les négociations [30].

A partir de 1248, les draps flamands et français envahissent le marché génois, vendus par les marchands de Plaisance déjà nommés (Pagano, Bagaroto, Ardizzone, Guadagnabene, Anguissola, Scotti), auxquels se sont joints Oberto de Cario, Oberto Abbate, Giovanni Boccabarile, Ugone Borrino, Giacomo Nigrobono, Guglielmo Leccacorvo, Gherardo Amico [31]. Ainsi les noms de toutes les futures grandes compagnies sont déjà présents.

En fait, on rencontre tout de suite le problème que pose toute compagnie placentine: celle-ci n'était guère comparable à la société florentine, beaucoup plus structurée. Une société placentine, en effet, était formée d'un groupe d'associés qui avaient mis quelque capital dans l'affaire et qui recevaient d'elle une procuration pour traiter en son nom, ou bien de façon gnérale, ou bien dans un cas précis ou encore sur une place donnée, mais sans jamais s'interdire de s'associer personnellement pour telle ou telle opération particulière avec d'autres partenaires [32]. Cela a fait la faiblesse relative des Placentins —

comme aussi celle des Siennois et des Pistoriens —: lorsqu'une très grave crise venait les frapper, les enchevêtrements de créances faisaient alors que tout pouvait s'écrouler comme un château de cartes; ce fut le cas au milieu du XIIIe siècle lors de la crise qui vit la faillite de Guglielmo Leccacorvo, puis au milieu du XIVe lors de la liquidation des foires de Champagne, enfin au début du XVe siècle lorsque Bruges et la draperie traditionelle du Nord sombrèrent. Mais cela donnait aussi une résistance spéciale à l'économie placentine, car ces sociétés s'épaulaient l'une l'autre et elles pouvaient resurgir dès les mauvais moments passés. Qui peut vraiment parler d'une disparition de la compagnie Leccacorvo ou de celle des Guadagnabene, lorsque par la suite on retrouve une société de même nom, aussi active que la précédente? C'est qu'une vingtaine de familles tenaient à Plaisance la haute finance et faisaient les gros profits qu'elles plaçaient ensuite dans des investissements fonciers dans la campagne padane: tels les Scotti ou les Anguissola, exactement comme les banquiers d'Albe (tels les Faletti) ou ceux d'Asti. Elles étaient si étroitement unies par les liens du sang qu'il est difficile de ne pas les considérer en définitive comme un seul groupe socio-familial. L'exemple des Anguissola est, à cet égard, fort net: à une génération, les fils épousèrent une Rustigazzi, une Scotti et une Campremoldo, et les filles un Veano, un Landi et un Arcelli; à la génération suivante, on trouve des alliances avec un Seccamelica, un Arcelli et un Bracciforti: dès ce moment, toutes les familles dominantes du monde de la finance étaient donc liées. A la troisième génération les voici s'unissant à la noblesse de sang par le mariage de quatre des enfants de Bernardo Anguissola avec des membres de la famille des marquis Malatesta [33]. On pourrait en dire tout autant des Scotti, des Guadagnabene et des Bagaroto [34], dont nous retrouvons les noms et les alliances au gré des procurations, des testaments ou des exécution testamentaires passés en Occident ou en Orient et dont les textes nous sont parvenus.

A ces sociétés la vente des draps fournissait de grands profits; elles avaient donc sur la place de Gênes de fortes disponibilités. Aussi dès 1245 trois de ces Placentins — Oberto Abbate, Giovanni Pagano et Guglielmo Ratti — s'associaient-ils avec le banquier Giovanni Ascherio pour prendre à ferme le monnayage de la Zecca de Gênes [35], et en 1253 les Fieschi concédaient à Guglielmo Leccacorvo — associé pour la circonstance à un membre de la compagnie des Bonsignori de Sienne — la frappe des « migliaresi » dans leur fief de Savignone [36].

Ces disponibilités permettaient aussi de faire des prêts à des compatriotes moins fortunés qui les suivaient dans la voie qu'ils avaient ouverte, et d'instaurer pour eux un service de change entre Gênes et les foires de Champagne où ils se procuraient les draps [37].

Mais les meilleur moyen de transférer aux foires les sommes nécessaires était de vendre sur ce marché des marchandises que les gens du Nord pouvaient ainsi se procurer. Le trafic le plus rémunérateur était celui des épices, et le moyen le plus commode pour les aheminer était de prendre la « droite voie » Nord-Sud à travers la France en adoptant *Marseille* comme relais. Ce n'est donc pas une coïncidence si exactement à ce moment le premier registre conservé des notaires marseillais témoigne de l'installation dans cette cité d'une importante colonie placentine — d'ailleurs en relation avec la génoise — et du trafic considérable auquel elle se livrait [38] et dont aucun indice ne nous est parvenu dans les archives provençales pour les années précédentes. Bien que Pierre Racine leur ait déjà consacré un article, il n'est pas inutile de rappeler brièvement ici ces affaires des Placentins à Marseille.

Le plus actif de ces marchands de Plaisance à Marseille était certainement Ottone Anguissola, associé de Gherardo Amico. Entre le 23 mars et le 6 juillet 1248, donc en quinze semaines, les seules notules du notaire marseillais Geraud Amalric, nous font connaître plus d'une vingtaine de contrats conclus par lui, sans compter sa présence comme témoin en d'autres affaires. Ses activités s'étendaient des foires de Champagne à l'Afrique du Nord et à la Méditerranée orientale, et certains de ses contrats portaient sur des sommes fort importantes. C'est ainsi qu'on le voit vendre à Marseille 62 quintaux de poudre de sucre pour 531 livres [39] et, d'autre part, 61 quintaux ¼ d'alun d'Alep pour 173 livres [40]. C'est sans doute de Chypre ou d'Acre qu'il faisait procéder à l'achat de ces produits d'Orient, car il conclut une « comanda » avec un collègue génois Guglielmo Pessagno qui devait porter en Chypre une balle de draps de Chartres et de chapes de Bailleul [41], et une autre avec un marchand de Béziers qui se rendait à Acre avec des pièces d'estanfort [42]. Il confiait aussi une « comanda » à un Doria qui partait en Sicile [43] et faisait ses comptes avec un partenaire qui avait porté du mastic à Bougie [44]. On le voit également acheter 8 sacs de coton à un autre Doria [45]. Il avance de l'argent à deux Marseillais qui venaient d'acheter un navire, une « tarida », et le remboursement était gagé sur cinq des huit parts du bateau [46]. Il prête également de l'argent à un transporteur financièrement coincé par un créancier à Montpellier: il lui dégage ses mules, mais se les fait remettre en gage avec faculté de les vendre en cas de non remboursement à l'échéance [47]. Il remet de l'argent à un Marseillais, sans doute pour lui permettre d'acheter des marchandises avant son départ pour Acre, mais il prévoit le remboursement sur cette place en besants, en gageant le paiement sur 38 douzaines de bonnets que son débiteur transportait [48]. Mais la principale activité d'Ottone Anguissola résidait dans ses relations financières avec les foires de Champagne: il s'y procurait des disponibilités en monnaie provinoise et c'est ainsi qu'il se fit payer par des collègues — un Placentin Oberto Bagaroto et un Siennois Brunetto Turpini — une grosse somme pour le règlement d'une créance de 1507 livres qu'avait sur eux le Temple de Troyes, dont lui-même était créancier [49]. Selon les cas, il vend ou achète du change sur les foires [50], ce qui n'exclue pas telle autre opération de change sur Gênes [51], tandis que son frère Roberto Anguissola se procure des disponibilités en besants sur la place d'Acre [52].

Ottone Anguissola n'était pas le seul Placentin à exercer à Marseille une activité aussi multiforme. Giovanni Nigrobono, Oberto Sperono, Oberto Bagaroto ou encore Ruffino di Stagliano, isolément ou en association l'un avec l'autre, faisaient des opérations au moins aussi nombreuses ou importantes sur les foires de Champagne, tantôt recevant du change et s'intéressant éventuellement au poivre comme aux draps [53], tandis que Giuseppe Quattrocchi et son associé Olrico Casseta gageaient des remboursement sur des balles de cordouan, et ils travaillaient simultanément avec la place de Montpellier [54].

Ou voit surtout un marchand de Plaisance, Giordano di Ghilena, vendre à Marseille la cargaison entière d'un navire chargé d'épices, payable sur la place de Montpellier, qui devient à cette époque un centre important pour le commerce des épices, soit: 162 sacs de poudre de sucre, 40 sacs d'alun d'Alep, 43 couffins de mastic, 30 balles de brésil, 4 caisses de « mazaro », 5 outres de girofle et 6 de noix muscades, 6 balles de gingembre et, par-dessus le marché, 120 pièces de futaine (sans doute placentine), le tout pour la somme fort élevée de 3202 livres de melgoriens [55].

Ces documents marseillais et génois nous permettent de démonter le mécanisme par lequel se forme alors la puissance économique de Plaisance. Il répondait à la stratégie suivante:

— achats de draps français et flamands, éventuellement d'estanforts anglais ou de toiles d'Allemagne, sur les foires de Champagne;

— vente à Gênes de ces draps et toiles, éventuellement accompagné de futaines placentines, et retransfert des deniers par change sur les foires;

— ou bien vente outremont, le produit permettant d'acheter des épices;

— revente de ces épices à Marseille ou à Montpellier et retransfert des deniers par change sur les foires;

— *ou bien* acheminement des épices en foire pour se procurer ainsi directement les espèces nécessaires à l'achat de draps, ainsi qu'au change vendu à d'autres marchands.

Ainsi le change, annexe du grand commerce, en devient comme le moteur, avec gain sur l'un et l'autre tableau.

Parallèlement en effet aux documents marseillais, les actes des notaires génois — même en se limitant aux seuls documents publiés par Renée Doehaerd et nous avons déjà dit que ses dépouillements étaient loin d'être complets — nous livrent, pour les années 1246-1255, des transactions opérées sur les draps français à Gênes par plus de vingt sociétés placentines (Leccacorvo, Guadagnabene, Scotti, Pagano, Borrini, Oberto Abbate, Anguissola, Palmerio Grasso, Ardizone, de Cario, Boccabarile, Ratti, Sperono etc.), et de certaines d'entre elles nous connaissons un nombre élevé de contrats, de 10 à 20. Mais l'activité en matière de change sur les foires de Champagne n'était pas moins active à Gênes et elle était aussi, en bonne partie, aux mains des mêms marchands placentins [56].

Les disponibilités financières sur lesquelles les Placentins désormais peuvent compter en France, tout en étant établis à Gênes et tout en ayant des facteurs ou des associés en Orient, fait d'eux tout naturellement des intermédiaires indispensables lorsque le roi de France saint Louis fait armer à Gênes des navires pour *la croisade* [57]. Il est, en effet, tout-à-fait caractéristique que les sommes considérables dues par le roi aux Génois à titre de nolisement seront versées à Paris, mais avec référence expresse au terme de paiement du « droit paiement des foires de Champagne ».

Des le 23 mai 1248, 400 marcs du nolo de la grande nef « Santo Spirito » sont ainsi payables à la société de Giovanni et Rinaldo Pinello et Musso Calderario de Plaisance. Le même jour, il en était de même pour le nolo du « San Francesco » à raison de 300 marcs payables a Ottone Anguissola et de 600 à ce même Musso Calderario et à Ruffino Rustigassio [58], et ainsi de suite.

Les fonds étaient ensuite transférés des foires de Champagne à Gênes grâce à un investissement en draperie française, qui était à son tour revendue sur le marché génois, et ce mécanisme explique aussi le brutal et formidable accroissement du commerce des draps que l'on constate précisément à cette époque.

L'expédition partie, la source n'et pas tarie, car le roi a sans cesse des besoins d'argent: des sommes lui sont donc avancées sur place par des Génois, et il les fait rembourser à Paris sur son compte du Temple, procuration étant donnée à des banquiers placentins pour toucher l'argent et en opérer le transfert sur Gênes. Vu les risques et l'importance des sommes mises en jeu, ces banquiers — précisément ceux que nous avons rencontrés à Marseille en 1248: Guglielmo Leccacorvo, Oberto Sperono, Bernardo Scotti, les Pinelli, Musso Calderario et Giovanni Pagano — s'associent entre eux pour chaque opération. L'année 1253, en particulier, est remplie de ces fructueuses transactions, auxquelles André-E. Sayous a consacré un mémoire classique.

On doit en tirer les conclusions suivantes:

1. La liaison financière entre Gênes et Paris (ou les foires de Champagne) est normalement assurée en priorité par les Placentins et non pas par les Génois eux-mêmes, en raison de l'expérience acquise et désormais incontestée comme cambistes.

2. Bien que fixé par contrat « au droit paiement des foires », le paiement intervient à Paris, les foires devenant une simple référence à un terme de règlement, mais ce terme permet aux Placentins de se procurer en foires les liquidités qui leur permettent, soit de vendre du change à des compatriotes, soit de procéder à des achats de draps destinés à être revendu à Gênes ou sur des marchés extérieurs, spécialement en Sicile, le grand relais à cette époque vers l'Orient.

On constate, en effet, parmi eux trois comportements:

— Les uns agissent essentiellement comme banquiers et ils prennent d'ailleurs la qualification de *bancherii* dans un certain nombre d'actes; ils ont un *banco* à Gênes. Recevant comptant des espèces locales, ils vendent à des compatriotes du change sur les foires de Champagne. C'est tout spécialement les cas de Musso Calderario — associé, selon les opérations, à Giovanni Pagano, à Feliciano Feliciani, aux Pinelli, à Rinaldo Bracciforte — qu'on ne voit pratiquement pas pratiquer des opérations commerciales [59]. C'est aussi les cas de Guglielmo Leccacorvo [60], mais celui-ci peut aussi réinvestir l'excès de liquidités qu'il à Gênes dans des marchandises qu'en association soit avec les Fieschi soit avec Ugone Borrini, il confie à divers marchands qui s'embarquent pour un tour classique du monde méditerranéen vers Pise, Safi, Tunis, Messine et l'Outremer [61], se procurant ainsi des liquidités qui lui servent ensuite pour ses affaires en Orient.

— D'autres sont à la fois banquiers et marchands. Ainsi Giovanni Pagano: s'il vend aussi du change sur les foires de Champagne [62], il réinvestit aussi ses deniers provinois dans des marchandises, principalement des draps, qu'il vend sur le marché génois [63] ou bien — comme Leccacorvo — qu'il confie en « comanda », avec d'autres produits achetés à Gênes, por les négocier en Sicile [64].

— Certains, enfin, négligent pratiquement le trafic du change [65]; comme Ugone Borrini ou Oberto Abbate, ils procèdent surtout à des achats massifs de draps ou de laines en foires de Champagne en vue de leur revente à des drapiers ou tisserants de Gênes, Bergame, Crémone, Alexandrie, Milan, Lodi, Chiavari etc. [66] ou de leur envoi par « comanda » sur le marché sicilien [67].

3. La troisième conclusion, enfin, est la grande innovation des changeurs placentins de ce temps: par une technique nouvelle, certains d'entre eux ont mis fin à toute manipulation de numéraire, en opérant par virement de compte à compte grâce à leur présence sur les diverses places en cause. Un acte du 15 juillet 1253 est, à mes yeux, révélateur puisque le Génois Pietro Usodimare déclare que le Placentin Ranuccio lui a porté sur son compte (*mihi scribere fecisti*) de la banque d'Oberto de Cario 50 livres de génois et sur celle de Giacomo Pinello 130 livres pour change de 500 livres tournois que les gens du roi lui devaient [68]. Ainsi le changeur se fait proprement banquier.

Quant au moyen de se procurer des disponibilités en Orient, les Placentins recouraient à deux techniques: ou bien ils procédaient, nous venons de le voir, à des « «comande » sur la Sicile et spécialement sur Messine — place où nous ne les voyions guère opérer précédemment et où on ne les retrouvera plus ultérieurement; ou bien il concluaient des « comande » directes sur l'Outremer. Cela ressort parfaitement d'un contrat par lequel, le 30 avril 1253, le Placentin Giacomo Pinello donnait « «comanda » de 50 pièces de drap brun d'Amiens et de 3 écarlates d'York, estimées 430 livres de génois à négocier sur les côtes de Syrie en vue, soit d'en réinvestir le produit pour le retour, soit d'en faire un prêt au roi ou bien aux maîtres du Temple ou de l'Hôpital [69].

La fin assez lamentable de l'expédition royale mit fin brutalement à ces trafics, et Roberto Lopez a pensé voir dans ce fait l'origine de la très *grave crise* qui secoue à ce moment la banque placentine [70]. En effet, dès l'été 1256 s'effondrent coup sur coup les banques de Gregorio Nigrobono et de Nicolò Calvo; en 1259, celle de Guglielmo Leccacorvo subissait le même sort. Personnellement je ne crois pas que ce soit tellement le retour de la croisade royale qui soit à l'origine de cette crise. D'abord saint Louis s'est rembarqué dès le 24 avril 1254, deux ans avant la première faillite et cinq ans avant celle de Leccacorvo, et le délai parait un peu fort, d'autant plus qu'on sait que tout au long de son règne le roi a continué à envoyer des subsides en Terre sainte pour le maintien d'une force armée chrétienne. Mais surtout Calvo ne parait pas avori été engagé directement dans les affaires d'Orient et, sans doute, guère non plus Negrobono [71].

Je verrai bien plutôt l'origine de la crise dans les événements politiques — qu'on a trop souvent tendance à sous-estimer dans l'évolution de la conjoncture économique —. C'étaient alors, en effet, les troubles qui agitèrent si profondément la Haute-Italie, au temps d'Ezzelin et de Pallavicini, de la royauté de Manfred, de la lutte entre Guelfes et Gibelins. Celle-ci provoqua à Plaisance même la sortie des *fuorusciti*, parmi lesquels précisément Guglielmo Leccacorvo qui avait lié partie avec les Fieschi, neveux du pape Innocent IV [72]. En un temps où le crédit était encore bien médiocrement maitrisé, le trop brusque retrait des dépôrs par des particuliers qui remettaient aux marchands des sommes à faire fructifier avec les leurs propres, mais remboursables à vue, aurait suffi à provoquer paniques et faillites.

D'autre part, les agitations sur les changes et, en particulier, les oscillations du rapport or/argent, en relation avec les événements d'un Orient plus lointain [73], ne pouvaient qu'accroître le déséquilibre au moment précis où Gênes se décidait à frapper son *januino* d'or, où Florence la suivait avec son florin [74], où Pérouse — justement en 1259, sous le capitanat du peuple d'un Stefano Leccacorvo — tentait de les imiter [75].

Il y a peu de doute aussi que les activités redoublées et quelque peu désordonnées d'un Leccacorvo, qui intervenait sur tous les théâtre de l'économie à la fois, sans toujours peser les risques — sur les changes et sur la frappe de la monnaie, sur les foires de Champagne aussi bien qu'à Safi au Maroc, à Bougie, à Tunis, en Sicile — ne pouvaient, en de telles circonstances, que déboucher sur une crise [76].

Mais sans doute a-t-on trop insisté sur la gravité de cette crise de la banque placentine des années 1256-1259: des défaillances conjoncturelles ou personnelles ne suffisent pas à provoquer la ruine d'une cité en expansion. On constate, en effet, que les autres compagnies — celles d'Oberto Abbate [77], d'Ugone Borrini [78], des Campromoldi etc. — continuent normalement leurs opérations; d'autres, tels les Guadagnabene et les Rustigazzi, amplifient même leurs activités et prennent la place de celles qui disparaissent.

De plus, les relations avec la cour de France restent les mêmes, car le retour du roi n'a pas entravé les besoins financiers des troupes qu'il a laissées outremer, ni ralenti les transferts de change à travers la Méditerranée. En 1265 et 1266, il y a encore là-bas des représentants des sociétés placentines, de Bernardo Scotti, de Frugoso, de Bagaroto; nous en avons la preuve parce qu'on a conservé, entre autres documents, un acte par lequel ils attestent qu'un mandat de 1000 livres que le responsable de la défense, en l'absence du roi et sur son ordre, avait envoyé en France pour le compte des Compromoldi, Borrini et Sperono, avait disparu par suite du naufrage du navire qui l'apportait [79].

Visiblement le commerce avec le Proche-Orient n' est guère gêné: en septembre 1259, Oberto Abbate envoie négocier à Tyr des draps de Saint-Denis et des estanforts d'Arras [80], et en 1265 Gherado Sperono était encore dans cette cité [81]. Mieux même, le système des mandats perçus d'Orient sur le Temple de Paris par l'intermédiaire des banquiers placentins perdura jusqu' à l' extrême fin du royaume latin: moins de deux mois avant la chute d'Acre, on voit se réunir à Gênes dans la « stazione » des Malocelli plusieurs marchands génois (Malocelli, Boccanigra, Cigala, trois Doria) pour donner procuration aux banquiers de la société des Rustigazzi de Plaisance, Dionisio Palastrello et Olrico Rustigazzo, afin qu'ils recouvrent au Temple de Paris une assignation de 2350 l. tourn. faite à Acre le 16 août précédent par le grand-maître du Temple [82].

L'élection au pontificat de Tebaldo Vicedomini de Plaisance, qui devient le pape *Grégoire X*, en 1271, est une aubaine pour les

Placentins [83]. Il était lui-même en Terre Sainte au moment de son élection et son frère — ou neveu — Guglielmo était à Laias l'asssocié de la société des Borrini [84]. Dans ce port de Petite-Arménie, une colonie marchande italienne s'était établie, en remplacement des ports syriens, et les Placentins y prennent une place importante: en 1274, un Vénitien y donne procuration pour toutes ses affaires en cette région au Placentin Oberto di Lando [85], et en 1277, les Borrini y envoient une balle de draps de Paris [86]. Il y avait une loge des Placentins et, grâce à la conservation d'un cahier des minutes de son notaire [87], nous connaissons les activités de cette colonie dans le domaine de la draperie et du change: ainsi en 1279, contre 12000 dirhems nouveaux d' Arménie, un Placentin remet un change de 1333 besants sarracinats d'Acre, sous obligation de 800 « pessos » d'or en barre [88].

Bien plus, les Scotti deviennent « marchands et familiers du pape » et ils entretiennent auprès de lui plusieurs facteurs, Opizone di Favignano, Opizone del Forno et Orlando di Rivalta, eux-mêmes qualifiés de « familiers du pape ». Ainsi toute une compagnie s'organise au service financier de la papauté, autour de Bernardo Scotti [89] et de ses associés (Petraccio Scovaloco, Guglielmo Guadagnabene, Rinaldo di Minacciato, Giacomo di Vetula et Attino Privitali). Ils avancent au pape, avec quelques autres, dès février 1272, 10000 marcs pour les besoins de la Terre Sainte [90]; plus tard, en contrepartie, le pape fera déposer entre les mains de la compagnie Scotti le produit des décimes anglaises pour la croisade [91]. Aussi le roi d'Angleterre Edouard Ier, revenant de Sicile en 1272 et rencontrant le pape à Orvieto, obtient-il de se faire prêter par les Scotti *in urgente nostra necessitate* 8000 livres tournois qu'il s' engage à leur faire rembourser à Londres au Temple neuf pour 3000 marcs d'esterlins [92]. Cela fait entrer les Scotti dans le cercle des compagnies en relations d'affaires avec la Couronne anglaise. En fait, on voit le roi rembourser aux Scotti, en 1277, en deux termes 2000 livres d'esterlins, et de nouveau 2000 en 1280 [93].

Giovanni Leccacorvo étant devenu vice-chancelier de l'Eglise romaine, la protection pontificale est loin d'être inutile pour le maintien de l'activité de sociétés placentines qui se trouvent politiquement déchirées. Si certaines restent fidèles à Gênes, on voit un Giannone Leccacorvo se fixer à Marseille [94] avec les Rondana et autres Placentins. D'un autre côté, c'est sur l'intervention du vice-chancelier pontifical Leccacorvo en faveur de ses cousins que Charles d'Anjou mande à son sénéchal de Provence de faire restituer à des marchands de Plaisance, leurs marchandises, et notamment huit balles de brésil, qui avaient été interceptées à Toulon par des officiers de la Cour royale sous prétexte que sous ces biens se cachaient des marchandises génoises [95]. Ce simple fait montre bien les problèmes posés par l'hostilité, latente ou ouverte, entre Marseille et Gênes, les Angevins et leurs adversaires gibelins.

Sans doute les foires de Champagne demeurent, plus que jamais, le moteur de l'activité des marchands de Plaisance; jamais ils n'y ont été aussi nombreux que dans le dernier tiers du XIIIe siècle; toutefois, en raison d'une certaine décadence de l'activité proprement commerciale des foires, on constate qu'un certain nombre de Placentins commencent à se fixer à Paris. Dès 1263 au moins ils disposent d'un « consul des marchands de Plaisance demeurant dans le royaume de France et aux foires de Champagne » [96]. Mais on constate un chantement important dans les orientation de leur commerce et dans les itinéraires suivis. D'abord, les relations économiques avec la Sicile, si actives au temps de la croisade de saint Louis en raison du rôle de Messine comme relais sur la route de l'Orient, cessent d'une façon pratiquement définitive. D'autre part, les marchandises envoyées des foires vers Gênes ou Plaisance et inversement passaient jusque là ou bien par Marseille et la voie maritime, ou bien par la Maurienne et la voie de terre [97]. La situation politique — outre le coût de ce chemin terrestre — amène à envisager une autre solution. Certains, à la suite des Génois, se mettent à fréquenter *Montpellier* pour éviter Marseille [98]; les autres adoptent *Aiguesmortes* [99], dont saint Louis a fait équiper le port pour la croisade et dont la royauté française entend faire sa fenêtre sur la Méditerranée puisque Montpellier est alors seigneurie du roi de Majorque.

Des conversations s'engagent donc entre les consuls des marchands de Plaisance aux foires de Champagne et les agents du roi de France en vue d'établir un « droit chemin le roi » entre Aiguesmortes et ces foires et d'organiser l'installation des marchands italiens à *Nimes* qui deviendrait ainsi pour eux comme une sorte de zone franche. En octobre 1275, les consuls des marchands de Plaisance autorisent leurs consuls aux foires, Rinaldo de' Rustigazzi et Federico di Cogno, à poursuivre les conversations avec les gens du roi et à tenter d'obtenir de ceux-ci la liberté d'accès pour tous les marchands, même pour ceux qui n'appartiennent pas aux cités qui se sont unies dans l'« Universitas mercatorum lombardorum et tuscanorum », ainsi que le creusement d'un canal ou « roubine » entre Aiguesmortes et Nimes [100]. Le 19 février 1278, l'assemblée des consuls des villes lombardes et toscanes (Rome, Gênes, Venise, Plaisance, Lucques, Bologne, Pistoie, Asti, Albe, Florence, Sienne et Milan), tenue à Lagny, donnait son accord pour accepter les dernières propositions du roi. Ce fut le consul des marchands de Plaisance, Fulcone Cacia qui, devenu « capitaine des marchands lombards et toscans », fut chargé des ultimes négogiations [101]. L'accord donna lieu aux fameuses « conventions royaux de Nimes », le 2 mars 1278. Deux notaires de Plaisance, Bongiovanni Zacconi et Fulcone de' Rodexi, avaient rédigé les actes. Tout cela marque bien la place essentielle alors tenue par Plaisance dans le trafic des foires.

Ce rôle se trouva confirmé par le fait que, lorsque s'engagèrent les négociations avec le comte de Bourgogne Othon IV en 1294 pour la fixation de l'itinéraire et des péages à travers les cols du Jura et la Franche-Comté, les discussions furent menées du côté italien, par le Placentin Palmerio di Rozzo et un Vénitien. Enfin, quand on plaça à la tête de ce qu'on appela désormais l'« Universitas mercatorum Italiae » regroupant tous les « marchands italiens fréquentant les foires de Champagne et le royaume de France », ce fut encore un Placentin, Lanzalotto Cuccherla, que l'assemblée des marchands de quinze villes désigna comme « capitaneus et rector » en vue de conclure l'accord définitif [102].

Toutefois dès les dernières décennies du XIIIe siècle le commerce des draps du Nord devient progressivement secondaire pour les Placentins. Certes ils continuent encore à en négocier aux foires de Champagne, et j'ai moi-même publié un contrat de transport de draps de Châlons, Lille, Douai et Provins ainsi que de toiles de Champagne, conduits pour des Placentins vers Nimes par des muletiers du Gévaudan et du Ronergue [103]. C'est, en effet, à Nimes qu'en vertu des « conventions royaux » s'installe une importante colonie placentine, contrainte de quitter Montpellier: elle y demeura environ un demi-siècle [104]. Mais d'autre part, les autres draps Flamands et brabançons, en raison des hostilités ou tensions franco-flamandes, évitent désormais la Champagne et partent directement vers l'Italie par les cols du Jura et des Alpes. On voit dès lors des Placentins intervenir dans des transactions avec des marchands de Milan et de Pistoie, ou encore avec des intermédiaires bergamasque en vue d'une réexpédition sur Venise [105]. De toute manière Gênes est désormais pratiquement exclue du commerce placentin de la draperie, lui-même, d'ailleurs, fort réduit [106].

C'est par cette même voie continentale que se faisait aussi, en sens inverse, l'exportation des grands chevaux de guerre de Lombardie, trafic qui intéressait, au moins secondairement, certains des marchands de Plaisance [107], comme ceux de Milan, de Lodi et de Parme. On les voit donc approvisionner en de telles montures les foires de Champagne, puis celles de Chalon qui leur succédèrent sur le plan commercial dès les premières décennies du XIVe siècle. Il faut toutefois noter qu'en dépit du prix de ces bêtes — de 100 à 300 livres pièce — cette activité ne fut, somme toute, que marginale pour les Placentins.

D'autres trafics nous apparaissent plus complexes. C'est ainsi que pour éponger sans doute des disponibilités en foire, des marchands placentins achetaient à Gênes des quantités non négligeables de soie et qu'ils en payaient le prix en monnaie tournois à l'une des foires de Champagne suivantes. L'un des premiers exemples remonte à la fin de 1261, l'année même où les Génois s'installèrent à Constantinople grâce au traité de Nymphée: cette année-là les Borrini et les Guadagnabene achetèrent en commun 380 livres de soie de Chine pour près de 300 livres tournois payables à la foire de Bar [108] (ce qui, soit dit en passant, mettait le cheval de guerre au même prix qu'une balle de soie ayant parcouru les immensités continentales et maritimes séparant la Chine de Gênes). Pierre Racine a étudié ce marché génois de la soie pour l'année 1288 et indiqué qu'à cette date les marchands de Plaisance avaient acheté près de 14% de la soie vendue à Gênes [109]. Mais il est évident que cette soie n'était pas destinée à une production placentine de soierie, inexistante, et encore moins à l'industrie française; elle devait donc suivre un sort analogue à celui des draps français vendus en ce même temps par divers marchands de Plaisance: par l'interméiaire de marchands de Milan, de Crémone et de Bergame, elle gagnait Venise où s'installa d'ailleurs une petite colonie placentine [110]. Cela demeura toutefois toujours une activité secondaire pour Plaisance, en rien comparable à celle des Lucquois ou des Florentins: elle n'eut, en somme, qu'un rôle conjoncturel.

En fait, plus que jamais, c'est le commerce de l'argent qui devient essentiel pour les Placentins, sous ses trois formes, le change, le crédit et l'usure.

* * *

Le *change* prend de façon désormais prédominante la forme de transferts de fonds par virement de compte. De plus, on use désormais de lettres sous seing privé ou bien d'inscription sur les registres de la société et l'on recourt beaucoup moins au services des notaires [111]. Il nous est donc beaucoup plus difficile d'apprécier l'importance des mouvements de change, sinon par des procuration données à Plaisance par des associés des grandes sociétés — notamment les Anguissola et les Guadagnabene — à leurs facteurs aux foires de Champagne ou à Milan en vue de procéder par change, dans les meilleures conditions, à des transferts ou virements de fonds pour un montant maximum préalablement fixé. On trouve aussi nombre d'allusions à ces changes à l'occasion de procès, de liquidation de successions, de règlements de comptes entre associés, de cessions de créances [112].

Dans certains cas, il s'agissait de faire parvenir à der clercs placentins résidant en France les fruits de leur bénéfice italien, ou inversement les revenus de leur bénéfice français à ceux qui demeuraient en Italie, ou encore d'opérer pour leur compte des investissements fonciers dans leur pays d'origine [113].

Dans d'autres cas, il y avait lieu de rapatrier en Italie les profits des dépôts que des particuliers remettaient aux compagnies pour bénéficier des intérêts de leurs capitaux ou encore des sommes découlant de la vente de marchandises ou de chevaux exportés par des marchands lombards.

Les liquidités en provinois permettaient à des Placentins de faire des avances ou des prêts sur place, en foire ou à Paris, à des compatriotes qui les remboursaient à Plaisance en deniers impériaux [114].

J'ai relevé plusieurs certaines des mentions de tels changes; mais nous saisissons mieux les opérations dans des circonstances particulières, notamment quand elles mettaient en jeu des sommes importantes entre associés de plusieurs sociétés appartenant à des cités différentes [115], car on procédait alors plus volontiers à la rédaction d'instruments publics: quittance pour la remise des fonds, quittance pour le paiement, procuration pour assurer ce paiement sur une place étrangère et surtout en foire de Champagne.

Entre banques ces opérations se déroulaient tout au long de l'année selon le rythme des six foires, régulièrement et pratiquement sans risques: elles ne donnaient donc lieu qu'à une commission de change ou prise de bénéfice relativement limitée en raison même des sommes élevées sur lesquelles elles portaient et grâce à des fonds de roulement importants subissant une rotation rapide: de l'ordre d'une quarantaine de jours entre Plaisance et les foires et d'une semaine entre Plaisance et Milan [116], ce qui correspond à ce que nous apprennent, sur le plan théorique, les « pratiche di mercatura ». Quelques documents de la société Anguissola dans ses relations avec une compagnie milanaise nous en donnent un bon exemple [117]:

— 5 sept. 1308 change de 397 l. 10 s. plac. pour 200 l. bons petits tournois aloi de saint Louis, sur la foire Saint Ayoul de Provins;

— 15 sept., change *en retour* de 200 l. b.p.t. données en foire le 21 juillet, payé 405 l. plac.;

— 28 sept., change de 658 l. 6 s. 8 d. plac. pour le tiers de 1000 l. b.p.t. sur la foire Saint Ayoul.;

— soit pour 100 livres tournois: à l'aller 198 l. 15 s. plac. (le 5 sept.) et 197 l. 10 s. (le 28 sept.) contre 202 l. 10 s. pour le retour. Le bénéfice représente donc environ 2,5% par foire ou 15% l'an. Des conditions plus avantageuses étaient d'ailleurs réservées au même moment (3 septembre) par la société à un de ses membres agissaint à titre privé: 520 l. plac. pour 260 l. b.p.t. à la foire Saint-Jean de Troyes, soit un change de 2 pour l.

Ce change moyen de 2 pour 1 entre la livre d'impériaux de Plaisance et la livre tournois, aloi de saint Louis, se retrouve à des dates diverses [118]. Mais en d'autres cas, on relève des écarts plus ou moins considérables. C'est que le change peut cacher bien d'autres opérations, de spéculation ou même d'usure, par exemple lorsque, dès l'établissement du contrat, il est envisagé le cas du retour sur la place d'origine, ce qui est le type même du « change sec » qui se répand dès le début du XIVe siècle [119], ou mieux encore lorsqu'une « peine » est prévue en cas de non paiement à l'échéance de la foire [120], et de fait on constate que nombre de « changes » ne sont payés qu'avec des décalages parfois fort importants.

Ce qui gêne toute étude un peu précise est le fait que dès la fin du XIIIe siècle les contrats notariés indiquent de moins en moins le montant de la somme remise, mais seulement celui du montant à recevoir, empêchant ainsi tout éventuel recours contre une présomption d'« usure ».

C'est que le *crédit*, dès ce moment, a pris à Plaisance le pas sur toutes les autres activités. Toutefois, la langue des actes et le flou volontaire des contrats ne facilite pas, pour nous aujourd'hui, la compréhension de nombre d'opérations. Il faut, en effet, distinguer des prêts de nature fort différente:

— il y a, d'abord, des prêts entre compagnies ou entre marchands, le plus souvent qualifiés « dépôts »: ce peut être des prêts véritables, mais aussi de simples avances ou des découverts avec retards de paiement, le tout généralement à très court terme, de quelques jours à deux mois [121] (ce dernier terme étant par ailleurs courant pour le règlement des achats de marchandises);

— il y a ensuite des remises de sommes, souvent élevées, faites à titre de *depositum, garda et accomendatio*, par des particuliers à des banques ou à des marchands: ce sont, en fait, des placements de capitaux. Certains dépôts sont libellés à vue, *ad voluntatem*, ou bien à un terme fixé sur première réquisition, par exemple à dix jours de vue. D'autres prévoient le remboursement à moyen terme, généralemet six mois ou un an, à en juger par un relevé systématique des dépôts effectués auprès des Anguissola, lesquels admettent d'ailleurs des termes variés, allant de 4 à 20 mois. On constate, en fait, que les intéressés laissent bien souvent leurs capitaux en dépôt bien audelà du terme fixé par le contrat qui constitue donc un minimum: pour cette même société Anguissola, la durée de l'investissement atteint assez fréquemment cinq années.

Il n'est jamais indiqué dans le contrat le « lucre » qu'en tirera le déposant, mais il va de soi que l'opération ne saurait être gratuite et que, comme à Florence où le mécanisme a été autrefois étudié par Armando Sapori, cet argent reçoit un intérêt proportionnel à celui qu'en tirent les marchands eux-mêmes qui profitent de ce capital en le faisant fructifier, exactement comme pour toute « comanda » ou « accomendatio ».

En usent d'abord les associés eux-mêmes qui, en sus des capitaux fixes qu'ils apportent à la société, réinvestissent dans l'affaire, à termes déterminés, des sommes plus ou moins importantes dont ils retirent de temps à autre les intérêts, ce qui ne les empêche nullement de faire également des dépôts, pour partager les risques, dans d'autres sociétés de parents ou d'amis. De même, les capitaux des mineurs et des veuves sont souvent ainsi placés. C'est, en réalité, tout le milieu dirigeant de la cité qui investit ainsi ses liquidités et alimente de cette façon les affaires financières des principales compagnies. Avec une moyenne de cinq depôts annuels pendant deux générations, avec des pointes de 15 à 20 contrats, les Anguissola encaissent par ce moyen une moyenne de 2000 florins d'or par an, ce qui, avec une durée moyenne de ces prêts de trois années, donne à la compagnie un volant de trésorerie de l'ordre de 5 à 7000 florins, en sus du capital propre et des dépôts des associés eux-mêmes [122].

— Il y a enfin d'autres « dépôts », effectués par quiconque dispose d'un peu d'argent auprès de ceux qui en manquent, et qui ne sont rien d'autre que des prêts. Ce ne sont pas seulement des « usuriers » qui s'y livrent: aucune des compagnies n'y répugne, et les contrats notariés nous montrent même des prêts de petite valeur faits, par exemple, par les Anguissola [123]. Non contents de pratiquer des prêts hypothécaires [124], ils n'hésitent pas à en faire sur gages de bêtes de labour et de matériel agricole [125].

Dès la fin du XIIIe siècle, de tels prêts commencent à prendre le pas sur les autres activités des Placentins en foire de Champagne: prêts aux princes, à la noblesse toujours à court d'argent, à des bourgeois pour leurs affaires, et finalement c'est l'*usure* sous toutes ses formes qui l'emporte. Ce fut l'évolution normale des activités des « Lombards »: d'abord ce furent les Piémontais, ceux d'Asti [126] et d'Albe, qui ouvrirent la voie — comme ils l'avaient ouverte au siècle précédent pour le commerce des draps de France; puis les Toscans de Pistoie et de Sienne les suivirent; les tour vint ensuite pour les Placentins. Progressivement toutes leurs opérations en foire couvrirent des activités de prêt, négociées tant à Paris et dans la région parisienne qu'en Champagne, les termes de remboursement étant seulement fixés de foire en foire pour le règlement des intérêts.

En dépit des interdits de l'Eglise et des défenses royales, l'intérêt à des taux usuraires est devenu courant: on retrouve ainsi pour les Placentins une situation analogue à celle que révèle le livre de la compagnie des Ugolini de Sienne de 1255 à 1262 publié par Mario Chiaudano ou à celle qu'a étudiée Georges Bigwood dans son ouvrage monumental sur le commerce de l'argent en Belgique [127]. Toutes les classes sociales sont leurs débiteurs.

Les grands seigneurs recourent aux « Lombards » dès qu'ils ont un besoin d'argent qui dépasse leurs rentrées ordinaires ou bien pour anticiper sur celles-ci. C'est ainsi que les Scotti et les Rustigazzi prêtent aux comtes de Flandre [128] et d'Artois [129]; les Anguissola au duc de Bourgogne Eudes IV [130], à Charles de Valois frère du roi [131], au comte de Bar [132], au roi lui-même [133], à Robert de Flandre sire de Cassel [134] et, avec la garantie du roi et sur son ordre aux villes de Gand [135] et d'Alost [136]; les Dolzani font de même au comte de Hainaut [137] et Algerino Bellini au comte de la Marche, le futur roi Charles IV [137 bis]. Quand il s'agissait de prêts de cette nature, l'intérêt était stipulé à l'avance, à l'établissement du contrat, et il courait de foire en foire, c'est-à-dire environ tous les deux mois et il était renouvelé, généralement à un taux dégressif, à la foire suivante. Un livre de comptes du comte de Bar pour 1323-1325, étudié par Gérard Naud, permet de connaître parfaitement ce mécanisme: les emprunts du comte aux Placentins Anguissola, Dolzano et Gazaroto nous donnent ainsi un intérêt annuel de l'ordre de 30 à 33% [138]. D'autres fois, selon un système classique chez les usuriers pour escamoter l'apparence de l'usure, la reconnaissance de dette n'indiquait pas la somme effectivement reçue, mais la somme qui devait être remboursée, celle-ci incluant les intérêts: un bon exemple est offert par les emprunts de la ville de Gand; après un premier prêt de « 3.000 livres », elle en souscrivit un autre pour « 7.000 livres », mais elle n'en reçut effectivement que 6308 en quatre fois, soit pour quatre mois un intérêt de 11%, ce qui représente également un intérêt annuel de 33% [139].

Nous connaissons par une liste — malheureusement trop partielle — de ses débiteurs et grâce au séquestre de ses biens et à des procédures, les clients du plus riche « Lombard » de Paris, Gandolfo degli Arcelli (« Gandoufle d'Arcelles »), qui était associé des Borrini de Plaisance et auquel Anne Terroine a consacré une excellente étude [140]. Il avait dans sa clientèle ordinaire les plus grands princes (tels le comte de Flandre, le comte d'Artois, le comte de Dreux), les plus riches bourgeois (tels le drapier Thomas de Saint-Benoit, les Haudry, les Gentien, les Marcel), des officiers royaux (tels le sénéchal Eustache de Beaumarchais, le prévôt de Paris Oudard de La Neuville, le chambellan du roi Mathieu de Trie), des villes (telles Pontoise, Poissy, Dreux et, en Flandre, Alost et Grammont), ainsi que l'évêque de Cambrai, des abbayes, des villages et nombre de simples particuliers.

Par le jeu des intérêts composés, par les gages immobiliers, par les ventes judiciaires de maisons ou même de seigneuries [141], des *fortunes* devenaient considérables. La part de Gandolfo degli Arcelli dans sa société s'élevait à 62000 livres en 1297, à 79000 en 1298, à 87000 en 1300, soit un accroissement de capital social de 40% en trois ans, sans parler de ses domaines fonciers acquis en ce temps.

On peut avoir une idée du chiffre d'affaires déclaré par les Scotti et par les Dolzani grâce au conflit qui vint à s'élever sur le paiement de la texte de 3 deniers pour livre sur les transactions en foires qu'on leur réclama en 1317 pour la foire de Lagny. Leur montant de ces transactions correspondait, pour les premiers à 6160 livres, pour les seconds à 3840 [142]. Vu qu'il y avait six foires par an et que celle de Lagny était nettement moins importante que celles de Troyes et de Provins, on peut estimer à un ordre de grandeur d'au moins 50000 livres le chiffre d'affaires des Scotti en foires, tel que le connaissaient (ou croyaient le connaître) les agents royaux, et sans tenir compte des activités proprement parisiennes, à cette époque au moins aussi importantes.

Une partie des profits s'investissement dans le royaume par l'achat de maisons et de terres et en accroissement de capital; mais la plus grande part était rapatriée en Italie. On possède à la Bibiothèque nationale le registre des acquisitions immobilières de Bernardo Anguissola — un des membres de la compagnie — tenu de 1301 à 1338 et qui compte plus de 300 feuillets [143]. On voit par là qu'il a procédé chaque année à des achats de terres, en tout plusieurs centaines d'hectares et plusieurs rues à Plaisance. Il construit le château de Vigolzone et réussit à se rendre maître de tout un secteur compact du Val Trebbia et du Val Nure, avec onze forteresses: Vigolzone, Bicchignano, Folignano, Riva, Caverzago, Bobbiano, Travo, Montechiaro, Statto, Rivergaro et Pradovera [144]. Le résultat est qu'en 1327 Galvano Anguissola a épousé Tobia, fille du marquis Azzone Malaspina et que Febo Anguissola en a fait autant avec Margherita, fille de Pallavicino Pallavicini marquis de Pellegrino, tandis que son frère, le poète et chevalier Lancilotto épousait Isabelle fille de Jean de Saluces. L'argent avait mené la famille au patriciat, puis à la haute noblesse, ce qu'a déjà brillamment démontré le regretté Emilio Nasalli-Rocca dans son étude sur le patriciat placentin [145].

La plupart des opérations se faisant désormais à *Paris*, c'est là que dès la fin du XIIIe siècle les compagnies avaient leur siège Outremont et c'est là qu'elles étaient imposées au titre de la taille que la ville avait accepté de payer au roi pour se racheter de l'imposition du denier pour livre. Plaisance y était représentée de 1293 à 1300 par sept grosses sociétés: Gandoufle d'Arcelles — le plus imposé de tout Paris —, les Borrini, les Scotti, les Guadagnabene, les Rustigazzi, les Capponi, les Cavazzola et les Anguissola, compagnies qui payaient — avec des hauts et des bas selon les années — de 35 à 50 livres par an [146]. En revanche, les Placentins isolés ou « singuliers » étaient peu nombreux à Paris: tous, en fait, exerçaient leur profession en foire et étaient imposés en tant que « marchands fréquentant les foires de Champagne ». C'est ainsi que le jour où le commissaire royal vint arracher de la maison du Temple de Troyes un usurier notoire, Jean Rogier, d'Albe, on dressa un procès-verbal solennel de ce bris du droit d'asile: sur les 98 marchands présents il y en avait 18 de Plaisance [147]. De même un dépouillement de la fiscalité royale des années 1323-1325 nous livre les noms de près d'une vingtaine de sociétés placentines, d'importance d'ailleurs variable, trafiquant aux foires [148]. La situation est très différente de celle des Siennois et des prêteurs d'Asti et d'Albe, beaucoup plus nombreux, mais établis surtout à Paris et dispersés dans un bon nombre de petites villes du nord de la France.

Le *roi de France* entendait à la fois tirer partie de l'enrichissement connu des « Lombards » et venir à bout de ce chancre, condamné par l'Eglise, qu'était l'usure. Or les Placentins, dont l'activité commerciale en foire était devenue persque nulle, pratiquaient comme leurs collègues, l'usure et sur une très large échelle. L'heureuse conservation de près de 300 parchemins d'une casane placentine établie à Nice et tenue au milieu du XIIIe siècle par Oberto Ruffo, puis au début du XIVe par Guglielmo Buccapiccina, conservation due au remords de ce dernier qui pria le « Consorzio del Santo Spirito » de Plaisance de l'aider à sauver son âme en restituant ses usures, nous fait connaître les agissements d'un usurier en milieu rural [149]. Grâce à d'autres restitutions d'*usurae et male ablata* nous pouvons savoir que ce cas était loin d'être isolé [150].

En 1288, Philippe le Bel fit procéder à une grande enquête sur les pratiques usuraires de la région de Nimes. Elle est édifiante et les témoignages concordent sur les agissement de plusieurs marchands placentins. Ainsi Opizone prétait à 40% l'an; Giacopo del Borghetto, de 50 à 100% en trois mois et un prêt de 40 livres lui a rapporté 60 livres d'intérêts. Les Inverardi avaient fait une charte de 120 livres à quatre mois alors que le prêt n'était réellement que de 50 etc. Pour dissimuler l'intérêt, on dressait des actes fictifs de ventes de cuir ou de draps [151].

Les documents abondent sur ces pratiques usuraires, dont les Placentins étaient loin d'être les seuls « Lombards » à user, les prêteurs d'Asti, Chieri et Albe, ceux de Sienne et de Pistoie les concurrençant largement sur ce terrain. Ils ne limitaient d'ailleurs pas ces prêts à usure aux seuls établissemets de France: j'ai montré dans un autre article comme les gens de Plaisance agissaient dans leur cité même avec les soudoyers venus d'Outremont [152].

Mais la conséquence fut, après de nouvelles enquêtes royales en 1303 et en 1308, des confiscations de biens et des expulsions, à tout le moins des amendes [153]. Toutefois, à l'égard des compagnies dont au fond on avait besoin, on agit avec beaucotup plus de prudence. Le roi recourut surtout à des emprunts forcés. Ce furent les Placentins qui furent reconnus les plus riches, comme le laissaient déjà prévoir les rôles de la taille de Paris dont il a été parlé ci-dessus.

En 1296, le prêt exigé des Scotti fut de 2000 livres, la somme maxima que payèrent aussi les Spini de Florence et les Chiarenti de Pistoia; quatre autres compagnies, les Capponi, les Cavazzola, les Anguissola et les Vicedomini, furent ensemble taxés à 5500 livres sur les 14400 de cet emprunt, soit plus de 38%.

En 1298, cinq sociétés placentines — Guadagnabene, Anguissola, Cavazzola, Borrini et Capponi — furent encore taxées à 5500 livres, tandis que les six de Florence (dont les Bardi) ne l'étaient qu'à 3100 livres, et Pistoia (Chiarenti) à 2000 livres.

Après l'enquête de 1303, une liste des compagnies de « Lombards » nomme dix compagnies de Plaisance, autant de Lucques, seulement huit de Florence et deux de Pistoie. La taxe fut cette fois beaucoup plus lourde qu'au lustre précédent: les Anguissola, en tête, devaient payer à eux seuls la somme considérable de 8000 livres, les Guadagnabene, les Cavazzola et les Capponi 6000, les Borrini 4000; derrière eux venaient les Bellini, les Vicedomini, les Dolzani, les Tondi, les Del Forno.

De nouvelles taxes furent exigées sous Charles IV, de 1322 à 1325 à des titres divers, qui s'ajoutèrent les unes aux autres: don, emprunt, don de joyeux avènement, taxes pour l'ost de Gascogne. Les sommes recueillies figurant dans le Journal du Trésor de ce roi, cela nous donne au moins les noms de centaines de « Lombards »; parmi eux, ceux de Plaisance dont on peut constater qu'ils ont toujours leur siège aux foires en dépit de leur installation permanente à Paris; ils ont, en outre, un établissement à Orléans [154]. Ils furent finalement les derniers à opérer aux foires de Champagne.

Au début de 1331, Philippe VI fit mettre sous séquestre les biens des Lombards tenus pour usuriers, et il annula les intérêts qui leur étaient dûs. En janvier 1347, le roi ordonnait l'arrestation de leurs biens, la perception des créances au profit de la Couronne et la nullité des intérêts. La liquidation traina: elle devait se prolonger au moins jusqu'en 1363, année pour laquelle on dispose d'un compte des créances recouvrées pour le compte de la royauté [155].

* * *

Ainsi s'était effondrée dans le royaume de France la puissance des marchands et banquiers de Plaisance qui, de négociants, étaient passés au change, puis au crédit et à l'usure, par une recherche permanente de profits toujours plus grands. Pourtant d'autres marchands de Plaisance étaient demeurés fidèles à la tradition des origines, et toujours liés aux Génois, avaient suivi ceux-ci dans leur double stratégie économique, sur les voies de l'Orient, d'une part, sur celles de l'Atlantique, de l'autre.

Nous avons déjà dit [156] que de 1274 à 1291 nous les trouvons à *Laias*, en Petite-Arménie où Rustigazzi, Vicedomini et Fulgosi continuent leur activité d'Acre et de Tyr: ventes de draps et de produits d'Occident, achats d'épices et arbitrage d'or contre argent.

A la fin du siècle, on les trouve en *Chypre*, où se sont réfugiés les chrétiens d'Acre [157]. A la même époque, ils sont à *Caffa*, à *Soldaia*, à *Medijdi*, et ils y participent au commerce de la Mer Noire [158]. L'un d'eux passe un contrat à *La Tana*, dans la Mer d'Azov en 1307 [159]: il s'engage à commercer une nouvelle fois, après qu'il aura quitté cette place, « aussi longtemps que Dieu voudra »; or on sait précisément que la Tana était le point de départ caravanes vers l'Asie lointaine. Ils sont à *Péra* [160], à *Trébizonde* [161], à *Kilia* [162] port des bouches du Danube où, vers 1360, comme les Génois, ils achètent en grandes quantités du miel, du vin et aussi des esclaves.

Pendant vingt ans, toute une colonie s'était établie à *Tabriz*, en Perse, où ses membres négociaient draps et poivre [163], Tabriz au carrefour même des voies continentales vers l'Inde et vers la Chine. De fait, les Placentins sont parmi ceux des Occidentaux qui poussent alors le plus loin dans les profondeurs du continent asiatique: Michel Balard a signalé qu'en septembre 1343 le Génois Galeotto Adorno, de retour de Chine, vint remettre à Gênes, à la mère de Lucchino Malraso, marchand de Plaisance, les biens de son fils intérêt de constater que précisément ce Lucchino était en 1328 au nombre des témoins d'un des actes passés à Tabriz que nous venons d'évoquer [165].

Par la suite, de même que le commerce génois vers l'Orient

décroît et que les routes terrestres — dès le milieu du XIVe siècle — se ferment, les témoignages de l'activité des Placentins dans ce secteur économique disparaissent progressivement au cours de la seconde moitié du siècle. Pourtant en 1383 on voit encore à Gênes même un Placentin, Gherardo de' Belegni, remettre à un compatriote les marchandises d'un autre marchand de Plaisance, décédé, Bartolomeo di Centenario; il les avait déposées dans deux entrepôts loués pour l'occasion, et il s'agissait visiblement d'une partie très importante de la cargaison d'un bateau venu d'Orient: 82 sacs de poivre de 400 livres chacun, 10 sacs de gingembre de 340 livres, 100 sacs de coton de Syrie d'environ 300 livres chacun, et parmi les biens propres on doit noter « unam majestatem de Romania » éstimée seulement 30 sous [166].

* * *

Si donc certains marchands placentins ont ainsi continué à commercer dans l'orbite des Génois vers l'Orient et vers l'Extrême-Orient, d'autres — plus nombreux, semble-t-il, sont ceux qui avaient tenu compte du changement intervenu dans le système commercial de l'Occident. Laissant à des compatriotes le trafic du crédit aux foires de Champagne, ils avaient compris très tôt que ce n'était plus par ces foires que passaient les courants commerciaux. Si l'on voulait continuer à trafiquer de draperie, il fallait atteindre le marché flamand, pourvoyeur de draps, par la voie maritime, économisant ainsi les lourds frais des transports terrestres.

Le simple fait que les Placentins avaient, sur cette voie aussi, suivi les Génois vers Montpellier, les mettait tout naturellement en relation avec *Majorque*, en raison de l'union personnelle de la seigneurie de Montpellier avec le royaume de Majorque.

Le premier témoignage direct de telles relations se trouve dans le testament de Giacomo Torselli, dressé à Aiguesmortes en 1297. Ses affaires se déroulaient simultanément à Aiguesmortes et à Nimes, d'une part, à Majorque, de l'autre. Il élit, en effet, sépulture, pour le cas où il viendrait à mourir, dans l'une des églises d'Aiguesmortes ou de Nimes et il confie ses intérêts à la garde de la société des Scotti, mais il réserve ses legs pieux aux couvents des Dominicains, des Franciscains et des Clarisses de Majorque, ainsi qu'aux hôpitaux de cette place. Il vit certainement en ménage à Majorque avec sa servante Marietta, puisqu'il lègue à sa progéniture et « à son ventre » 100 livres de Valence, que les enfants ne pourront recevoir qu'à leur majorité. Il travaille sans doute dans les cuirs et peaux, selon une vieille tradition placentine, puisqu'il fait des legs à trois de ses neveux, dont l'un est pelletier et l'autre cordouannier à Plaisance [167].

L'année suivante, en 1298, c'est à Majorque même qu'un autre Placentin, Giuseppe del Cogno, fait son testament [168].

De Majorque, évitant Barcelone — qui ne fut jamais vraiment favorable aux Italiens — les Placentins accompagnent les Génois dans leur longue route maritime vers la Flandre: ils en connaissent en tout cas très tôt l'intérêt puisqu'en 1309 deux partenaires, dont le Placentin Rufino del Forno confie à Manuel Zaccaria le soin de conduire à Bruges un chargement de 160 cantars d'alun [169].

Dès 1303, des marchands de Plaisance sont installés à *Séville*. Ainsi, court-circuitant la voie terrestre par les foires de Champagne, la liaison maritime avec Bruges est établie: en effet, la société de Pietro Diano — que nous connaissons aussi pour trafiquer en foire de Champagne — a dès lors à Séville un comptoir qui est tenu par l'un des associés, Leonardo della Croce, lequel y a lui-même un facteur [170]. Celui-ci vend en juin 1304 à un autre Placentin, pour le prix important de 56 doubles d'or, deux écarlates, ces étoffes de luxe produites par Bruxelles et par Malines [171]; trois autres Placentins sont témoins du paiement et l'acte est passé dans la maison où la société des Scotti a son siège, par un notaire placentin [172]. Un autre indice de la liaison maritime avec Bruges depuis Majorque nous est donné par le règlement de la succession de Rufino Siccamilica en 1307: son beau-père, Guido Cantarello, a reçu à Bruges procuration de deux de ses petits-fils majeurs, envoyée de Majorque [173].

Pendant toute une génération les marchands de Plaisance restérent à Séville dans le sillage des Génois: en 1320, le notaire placentin Pagano de Mirabello, tout en continuant de passer des actes pour ses compatriotes, est devenu notaire du consulat des Génois [174] — ce qui témoigne des relations étroites entre les deux « nations ». Mais dès avant le milieu du siècle, Plaisance disposait à Séville de son propre consul et de sa propre « loge ». Ce consul était en 1349 Bergognone Siccamilica [175], dont la famille était donc fixée à Séville depuis un demi-siècle au moins [176]. En 1365, le consul placentin sera ser Luigi Mancassola [177].

La loge des Placentins se dressait à proximité immédiate de la cathédrale de Séville, non loin de celle des Génois, en plein coeur de la vieille cité. Aujourd'hui encore la « Calle Placentines » qui prolonge la « Calle Francos » pour déboucher su la ««Calle Alemanes » garde le souvenir de la rue des Placentins, déjà mentionnée dans l'acte de 1349. Cela est d'autant plus important pour l'histoire même de Séville que dans son magnifique ouvrage sur cette ville au Bas Moyen Age Antonio Collantes de Teran n'y connait pas de Placentins, d'après les sources locales, avant la fin du XIVe siècle et le début du XVe [178]. En fait, en 1349, ils étaient sept marchands de Plaisance à y être témoins du testament de Pietro Otonello. Plusieurs portaient les patronymes déjà rencontrés dans les documents précédents, et l'on peut bien penser qu'il s'agissait d'une colonie stable. C'étaient, outre le consul Siccamilica, Francesco Massinario et Oberto de Castell'Arquato, qui étaient déjà apparus dans l'acte de 1325, et le père du premier était déjà dans la ville à cette date; quant à Antonio Torselli, nous avons déjà rappelé que sa famille était déjà à Majorque et à Valence à la fin du XIIIe siècle. Toutefois ils avaient conservé des liens avec leur cité d'origine, car le de cujus partage par moitié ses legs considérables (5550 maratotins) entre les pieux établissement de Séville et le « Consorzio del Santo Spirito » de Plaisance à qui il lègue également une maison dans cette ville.

Vers 1365, Séville devient l' un des centres de l'activité des Placentins: lorsqu'Oberto Zanardo de Plaisance, tuteur des enfants de Gandolfo Zanardo entend régler la succession de celui-ci, il s'avère, après inventaire que le défunt était créancier pour 37139 morabotins de Castille de la société qu'il avait avec trois autres compatriotes (Franceschino Scovaloco, Michele de Rivalta et Giovanni de' Guisulfi). Le plus important sans doute est que cette société avait pour but de commercer « in partibus Yspanie, Flandrie et Sibilie et partibus ultramarinis et ultramontanis ». Les témoins de l'acte, outre le consul, étaient un Guadagnabene, un Campremoldo, un Passacaldiera et un Todesco [179].

Vers 1380 la colonie placentine de Séville semble diminuer d'importance, car il n'est plus question de la loge des Placentins: les actes sont passés par un clerc du diocèse d'Embrun en 1381, mais les marchands placentins témoins de l'acte sont nombreux [180]; puis le testament d'un « mercader de Placencia » est dressé en castillan par un notaire sévillan [181]. En 1394, à Gênes un marin anglais de Bristol donne procuration au marchand placentin Antonio di Mezzano vraisemblablement pour obtenir quelque paiement pour ce qui pouvait lui être dû pour son service à bord d'une *cocca* dont le patron était le « sévillan » Antonio de' Bracelli [182]: indice peut-être d'un regard nouveau porté par les derniers éléments des Placentins de Séville vers l'Angleterre? En tout cas, après 1401, je n'ai plus rencontre aucune trace de la présence de Placentins à Séville: à cette date, il s'agissait de la remise d'un legs de 10 doubles moresques sur la succession de Giovanni della Castellana en vertu de son testament passé à Séville le 14 mars 1401 [183]. De son côté, A. Collantes de Teran affirme: « à partir de la seconde décennie du XVe siècle, ils cessent d'apparaître dans les documents conservés » [184].

La liaison entre Séville et Bruges devait s'opérer dans la première moitié du XIVe siècle par l'intermédiaire des ports français de l'Atlantique et de la Manche. C'est ainsi que dans les années 1320-1330 différents actes témoignent d' une certaine activité de crédit exercée par des Placentins à *Bordeaux* [185] — et c'est là la seule place en dehors de Bas-Languedoc, de la région parisienne et de la Champagne où on les voit en France procéder à des opérations de prêt. Un peu plus tard, on a un indice du passage des Placentins par les ports de la Basse-Seine: dans un contrat passé à Plaisance en 1340, Oberto Bergognone (que nous voyons installé à Bruges dès 1334 et encore en mai 1340) conclut un change pour lui et ses associés avec Giovanni di Volta di Lando, de Plaisance — dont nous connaissions l'activité à Bordeaux quelques années plus tôt —: il fera verser pour celui-ci à Enrico di Roncarolo, soit à *Honfleur*, soit à *Rouen*, 150 florins d'or ou leur équivalent en monnaies ayant cours en Normandie [186].

Mais sur cette route vers la Flandre, c'est *Lisbonne* qui devient au milieu du XIVe siècle le grand relais des Placentins au temps de la splendeur de ce commerce. C'est en 1358 que je constate cette installation des marchands de Plaisance à Lisbonne. A cette date, Albertino de Plaisance donne procuration à son compatriote Antolino della Porta, lequel l'année suivante, aux termes de cette procuration, vend à Lisbonne pour plus de 800 livres cerains droits dont jouissait son mandataire à Plaisance [187].

Dès 1361, un contrat atteste la présence à Lisbonne de six marchands de Plaisance, outre le notaire, lui-même placentin, qui instrumente dans la maison de l'un des témoins [188].

Mais le dossier le plus intéressant pour documenter ces trafics est sans aucun doute fourni par le testament d'Orlando di Taddo, dressé sans sa propre maison en 1363, et par les actes liés à son exécution [189]. Il nous donne, en effet, la preuve qu'à la différence de bien d'autres Placentins il ne s'occupait nullement de change. Nous apprenons qu'il avait une société pour le commerce du vin avec un Flamand Henneken Prims, au capital important de 400 livres de gros. Il avait, chargés sur une nave en route pour la Flandre et conduits par son neveu, 20 tonneaux de vin blanc; dans une autre société, à La Rochelle — sans doute pour le vin d'Aunis ou de Poitou — il avait des intérêts pour une somme de 50 livres de gros avec un autre marchand placentin, Giovanni di Filippo et avec un Portugais, L. Da Costa. Sur deux bateaux qu'il attendait à Séville, il possédait un chargement de 305 marcs d'argent (soit environ 75 kg.), tant en argenterie qu'en plaques, sans doute de cet argent qui venait à Bruges de l'Europe orientale, ainsi que 10 pièces de camelins et une caisse de draps vergés de Gand, du linge et des draps blancs d'Ypres. A Séville, il possédait en magasin 57 draps de Valenciennes, de Courtrai, d'Ypres et de Huy, toutes marchandises qu'il avait en commun avec ser Ruffino Rocio de Plaisance. Enfin chez lui-même, à Lisbonne, il avait, outre de l'argenterie, 400 livres portugaises en espèces. C'était là une fortune importante. Il n'avait nullement oublié sa ville natale, car s'il prévoyait bien un legs de 1000 livres portugaises pour Saint-François de Lisbonne, il faisait du « Consorzio del Santo Spirito » de Plaisance son héritier universel, en léguant seulement à son neveu 100 florins d'or et en faisant remettre à un marchand placentin de Séville Paolo Leccacorvo 1000 maravédis pour payer une dette à un autre compatriote Bartolomeo Ochiello. Le règlement de la succession posa problème, car le Consorzio ne savait pas comment joindre les deux exécuteurs testamentaires qui devaient se trouver, dit un acte, soit à Bruges, soit en Espagne, soit à Lisbonne. Reculant devant les frais nécessaires pour envoyer un confrère à leur recherche, le Santo Spirito, désigna deux marchands placentins pour prendre contact avec les exécuteurs testamentaires, s'en faire remettre les comptes et prendre possession des biens du défunt [190]. Ce n'est que deux ans et demi plus tard qu'on pût publier à Lisbonne les legs testamentaires [191].

Comme à Séville, ce trafic cessa presque brusquement à l'aube du XVe siècle [192]. Encore en 1399 et 1400, un émissaire du roi de Portugal reçoit à Bruges des mains d'un marchand de Plaisance, Giovanni d'Aglio, le paiement d'une dette de 1000 couronnes d'or de France, qui lui avait été réglée par deux marchands flamands, Peter Belliaert et Willelm Wentin, et peu après il recevait lui-même en gros de Flandre l'équivalent de 1000 francs d'or pour une lettre de crédit que lui avait envoyée de Lisbonne Parzivale de' Figl'Oddoni [193]. Mais cela marque la fin de la liaison commerciale et financière entre Séville, Lisbonne et Bruges par les Placentins. En effet, quand Giovanni d'Aglio lui-même mourut en 1420 à Bruges, il ne prévut dans son testament que des legs pour les seuls pieux établissement de Bruges à l'exclusion de toute allusion à ceux de la péninsule hispanique [194].

Il fallut, d'autre part, en 1420 une sentence de l'échevinage de Bruges pour solder les intérêts réciproques d'un Figl'Oddoni, Giovanni, et d'un Bonifacio en réglant des expéditions faites vingt ans auparavant par l'oncle du premier et le frère du second [195]. Feu Giovanni de Figl'oddoni avait envoyé des ballots sur Lisbonne par Nicolini de' Nicelli pour un montant de plus de 168 livres de gros de Flandre, et sur Séville par Martino di Nicolo pour plus de 51 livres de gros; il avait, d'autre part consigné entre les mains de feu Bartolomeo di Bonifacio à Bruges des machandises diverses, cuirs, huile, cire et vins, évidemment envoyés d'Espagne ou de Portugal pour plus de 218 livres; le tout se montait à 514 l. 7 s. 8 d. de gros, dont on demandait en outre les intérêts depuis 1400. Il y avait, d'autre part, une créance de 106 livres 4 sous et 4 deniers de gros pour 647 cuirs et demi, et des créances et une écarlate. Nous avons là un bon état de ce qu'était le commerce entre la péninsule ibérique et la Flandre, mais rien n'avait pu être réglé; le capital de la société était de 600 couronnes d'or, fourni par moitié en 1402. C'est là le dernier documents que j'ai rencontré sur les activités déployées par les Placentins dans le domaine hispanique.

Les documents de *Bruges* s'accordent parfaitement à cette conclusion. L'installation des Placentins y avait été un peu plus précoce que dans la péninsule ibérique, sans doute dès le début du second quart du XIVe siècle, au moment où l'activité proprement commerciale s'était définitivement déplacée vers la Flandre tandis que les foires de Champagne n'étaient plus qu'un centre de règlement et de crédit.

L'une des premières mentions de ces relations directes est une *comanda* faite en 1326 par un médecin Me Francesco de Cario à un marchand de Plaisance Gregorio della Porta pour lui et son associé Giuseppe di Rizardo, demeurant à Bruges. Elle ne prit fin qu'en 1340, l'intéressé ayant laissé ses fonds dans cette société: les 40 livres de génois étaient devenus, capital et intérêts, 70 florins d'or [196].

La colonie placentine de Bruges a toujours été relativement nombreuse et active, dans le commerce comme dans le domaine du change [197], bien qu'elle fût certainement moins dynamique que la colonie toscane des Florentins et des Lucquois.

Apres avoir recouru jusqu'au milieu du XIVe siècle aux services d'un notaire génois ou exceptionnellement florentin, les marchands placentins à Bruges eurent ensuite leur propre notaire, Bartolomeo d'Arquato: il passa tous leurs actes jusqu'en 1383; après sa mort, son fils Gérard fit de même, mais il était devenu bourgeois de Bruges et clerc du diocèse de Tournai: il instrumenta jusqu'en 1400.

Cet enracinement était fréquent à Bruges, chez les Placentins comme chez les Génois (qu'on pense à la famille Adorno, qui fit une éclatante carrière au service des ducs de Bourgogne). C'est ainsi qu'un Tredepani, d'une famille installée à Bruges dès 1334 au moins, est d'abord hôtelier à Gênes, puis il s'installe à Bruges et finalement il se fait hôtelier à Malines, il y tient l'hôtel de l'Aigle et il devient bourgeois de la ville [198].

Les actes qui se rapportent au séjour ou aux activités des Placentins à Bruges sont particulièrement nombreux dans le troisième quart du XIVe siècle: on rencontre parmi eux les même patronymes qu'aux foires de Champagne ou qu'à Séville et Lisbonne, mais il ne semble pas qu'il y ait grand renouvellement. Après 1380 les actes les concernant se font rares; ils disparaissent pratiquement après 1400. Après que les actes eurent été passés depuis 1360 dans la loge même des Placentins [199], ils le sont ensuite dans la maison du notaire de la communauté, mais en 1401 c'est dans « l'écritoire de la Loge des Génois » qu'un acte est passé [200]. Après quoi nous n'avons plus guère que le testament, isolé, en 1418, de Giovanni di Bonifacio [201].

Cela était dû sans aucun doute à la décadence de la place même de Bruges qui se situe à cette époque, et à celle du déclin de la draperie flamande et brabançonne traditionnelle. Mais Plaisance ne parait ni à Anvers ni sur les nouveaux marchés, Middelbourg ou Bergen-op-Zoom. Il est visible que le début du XVe siècle voit le grand déclin du rôle économique de Plaisance et 1420 est la date qui marque sa disparition sur le plan du grand commerce international.

* * *

Plaisance avait fort bien su prendre les tournants successifs de l'économie jusqu'à la fin du XIVe siècle. La cité était passée de la fabrication des futaines et de la préparation des cuirs, au commerce international, spécialement des draps de la France du Nord, et de là au change, et enfin au crédit et à l'usure. Délaissant ses relations locales, elle avait lié partie avec Gênes dès le XIIe siècle au point de devenir un des éléments de l'activité économique de Gênes, et elle s'était appuyée sur Marseille pour un commerce conçu avant tout comme reposant sur le grand carrefour international qu'étaient alors les foires de Champagne. Ses familles les plus puissantes s'étaient accrochées jusqu'au bout aux profits énormes que réservait le Commerce de l'argent tant aux foires qu'à Paris même, et le prêt aux puissances du jour. Mais, d'autre part, elle avait suivi Gênes en Orient, d'abord vers Acre et Tripoli, puis avec Gênes elle s'était retournée vers Chypre, Laias et Péra, avant de s'engager sur les places de la Mer Noire, poussant même par Trébizonde et Tabriz jusqu'aux extrémités du monde asiatique. Ses marchands avaient aussi suivi Gênes sur les routes de l'Atlantique: par Majorque, ils s'étaient installés à Séville et à Lisbonne et, par les ports français de l'Ouest, gagné Bruges qui devient dans le second tiers du XIVe siècle une des bases importantes de leur activité, après que les derniers banquiers placentins eurent été dépouillés de leurs biens et de leurs créances dans le royaume de France [202]. Mais dans le dernier quart du XIVe siècle et définitivement après 1400, Plaisance disparait totalement des marchés de l'Ouest de l'Europe, comme de la Méditerranée orientale; elle n'a pas noué les relations nécessaires avec les foires de Chalon et de Genève, non plus qu'avec Avignon ou avec les villes de l'Allemagne méridionale ou avec Lyon.

En réalité, Plaisance tourne alors le dos à sa vocation séculaire d'alliée de Gênes; elle s'est trouvée politiquement liée à Milan. Dans ce dernier quart du XIVe siècle, la banque placentine s'est mise au service de l'Etat milanais, comme l'a montré autrefois P. Zerbi, et on la voit nouer des rapports nouveaux avec ses voisines de la région lombarde et jusqu'en Vénétie. Mais les beaux jours de son activité économique sont comptés. Sur le plan de la finance internationale, Florence à désormais éclipsé ses rivales italiennes. Plaisance devra finalement attendre plus de deux siècles pour connaître de nouveau une certaine notoriété avec sa foire des changes.

NOTE

1. Sur l'intérêt prêté par Plaisance au Pô, cf. Bernardo PALLASTRELLI, *Il porto e il ponte del Po presso Piacenza*, in *Archivio storico lombardo*, IV, 1877, pp. 9-38; Arrigo SOLMI, *Le diete di Roncaglia e la navigazione fluvial del Po presso Piacenza*, in *Archivio storico per le provincie parmensi*, n.s., X, 1910, pp. 59-191, et la synthèse de Pierre RACINE, dans *Storia di Piacenza*, vol. 2, 1984: L'économie urbaine, p. 83, 86-87. Voir aussi V. PANCOTTI, *I paratici e i loro statuti*, vol. 2 (Piacenza, 1927; *Bibl. stor. piacentina*, XIV), spécialement sur la « Fodesta » ou « Fosusta », canal navigable mettant en communication la cité et le Pô et sur lequel était le véritable port le Plaisance (p. 89 et s.; pour la cartographie du Pô, p. 103-106). Documents essentils dans le *Registrum magnum*, t. I, n. 208, p. 437-438 (1188) et n. 267, p. 545-547 (1184). On voit encore le 27 juin 1298 l'achat d'une « navis facta de tavernelo et albora, capax tria cara » vendue à Plaisance par le Placentin Martino Bergamasco à Enrico Barbieri, « jadis de Castelnuovo Bocca d'Adda (dioc. de Crémone), maintenant habitant Plaisance » et son fils Giovannino, achat dont ils répondent à Plaisanxe, Lodi, Crémone et Pavie (A. St. Piac., Perg., ex Osp. civ., not. Giacomo Spatamorbia, fol. 123 v.).
2. Cf. P. RACINE, *op. cit.*, pp. 90-94, et son rapport dans le présent « Convegno ».
3. Prêt de 1148 et remboursement de 154, cf. *Codice diplomatico di Genova*, éd. Cesare IMPERIALE DI SANT'ANGELO, vol. I (Roma, 1936) nn. 252-261, pp. 303-312.
4. *Registrum magnum*, vol. I. n. 31, pp. 53-55 (Lodi, 21 janv. 1191); confirmation pendant le siècle de Naples, le 5 juin suivant (*ibid.*, n. 32, pp. 55-57: n. 46. pp. 83-86).
5. Pour ceci et ce qui suit, voir plus loin, p. 196.
6. Voir dans le présent volume. Voir aussi l'étude qu'il a consacrée à l'économie placentine dans l'édition du *Corpus statutorum mercatorum Placentinae* a cura di P. CASTIGNOLI e P. RACINE (Milano, 1967), pp. 1-190, et son chapitre *l'Economie urbaine* dans la *Storia di Piacenza* (vol. II, Piacenza, 1984), pp. 75-106.
7. Cf. Ugo PIANEZZA, *I rapporti economici fra Genova e Piacenza nella seconda metà del sec. XII*, in *Studi genuensi*, V, 1964-1965, pp. 39-51. Voir aussi Roberto S. LOPEZ, *La prima crisi della banca di Genova, 1250-1259* (Milano, 1956: Univ. comm. Luigi Bocconi. Istituto di storia economica, dir. di A. Sapori, ser. I, Fonti, vol. XI), pp. 41-43.
8. On a prétendu que dès la première moitié du XIIe siècle les fabricants de futaine et les tanneurs avaient offert à la cathédrale de Plaisance les colonnes ornées des représentations de leurs métiers. En fait, ils ne furent pas les seuls à contribuer à la construction de la cathédrale, puisque sept métiers de la ville — ou au moins certains maîtres de ceux-ci — ont fait sculpter le témoignage de leur profession sur les colonnes: les pelletiers, les savetiers, les teinturiers, les vendeurs de draps, les merciers, les charrons et le fourniers. Mais la date même de ces sculptures pose problème (cf. Lorenza COCHETTI PRATESI, *Le sculpture...* in *Storia di Piacenza*, *op. cit.*, pp. 649-651). E,lles sont, d'abord, moins homogènes qu'on l'a cru; mais surtout, d'après la paléographie des inscriptions qui les accompagnent, certaines au moins ne peuvent guère être antérieures aux années 1170-1180 (« Ugo tinctor », les pelletiers).
9. Ainsi trois Placentins (dont Andreà di Pontenuri) achètent des *cuirs* à Gênes (15 oct. 1191: *Guglielmo Cassinese*, t. II, n. 1230, pp. 49-50). Le mercier de Plaisance Giacomino achète 63 cuirs pour 12 livres comptant et 12 livres après préparation des peaux (2 nov. 1191; *ibid.*, n. 1294, p. 70). Pietro Pelato de Tortona achète 67 cuirs à Pietro di Aglio en présence de quatre Placentins (3 févr. 1192; *ibid.*, n. 1564, p. 180). Enrico Capo, de Plaisance, et le pelletier Rainaldo Rossi, de Val di Taro, reçoivent un prêt de 13 1. 14 s. d'Enrico di S. Giorgio (*Lanfranco*, t. II, n. 1433, p. 217: 2 juillet 1225).

Lantelmo de Plaisance — qui apparait si souvent comme témoin dans les actes notariés de Gênes — (23 janv., 2 et 6 févr., 22 mars, 2 mai, 6, 11 et 26 sept. 1191 etc.: *Guglielmo Cassinese*, vol. I, n. 113, 173, 186, 358, 534, 946, 947; II, n. 1138) reçoit en gage les 7 faix de *chanvre* qu'Ardizzone da Cumignano a remis à Pietro Villani, de Savone, en garantie du paiment de 11 livres (27 janv. 1191: *Guglielmo Cassinese*, n. 153; 11 mars, n. 279).

Un excellent exemple est celui d'Oberto de Plaisance, établi à Gênes: il plège deux acheteurs de deux balles de *futaine* pour 45 1.3 s. gén. (28 mai 1201: *Giovanni di Guiberto*, vol. 1, n. 122); il loue pour deux ans à Guglielmo de Crémone une *statio in Caneto*, le quartier des drapiers, au loyer élevé de 13 livres par an (5 juin 1201: *ibid.*, n. 165); il vend à Guglielmo Rubaldi, de Lavagnino, pour 20 livres de futaine (21 juin: n. 215); il reçoit promesse de paiement du solde d'une vente de 22 livres (21 juin: n. 216); il vend une balle de futaines (7 juill.: n. 263) et une autre le même jour (n. 264; témoin: Guglielmo Rubaldi, de Lavagnino); il vend, avec sa femme Donn'Ana leur esclave sarrazine pour 6 livres (16 juill.: n. 290); il a en gage une balle de « bandinelli » (23 juill: n. 321). Il est, en outre, très souvent témoin pour des ventes de futaines par des confrères. En 1206, il vend encore au drapier Folcone une balle de futaines pour 24 l. 15 s. (17 avril: n. 1913).

10. Ainsi en 1203, une commande est faite de deux balles de futaine de Plaisance sur l'Outremer (23 sept.: *Giovanni di Guiberto*, vol. I, n. 783, p. 367).

11. Déjà des contrats usuraires conclus par des Placentins, sous forme de prétendus « achats de marchandises » non décrites, avec paiment différé à long terme: à 6 mois (66 livres, 6 mars 1190: *Guglielmo Cassinese*, n. 222, p. 89), à 10 mois (58 l. 6 s. 8 d., 10 avril: n. 375, p. 147), à 1 an (120 livres, 31 mars: n. 312, p. 124). Prêt à un an par Guglielmo Pelabusca de Plaisance à des Génois (105 l. 6 s., 21 avril 1192: n. 1873, p. 296). Noter un change de Gênes sur Plaisance par le Véronais Gandolfo (96 et 50 livres, 22 et 25 oct. 1190: *Oberto Scriba de Mercato*, n. 189 et 204, p. 70 et 75).

12. Ainsi dès 1191, un contrat de société passé avec un Génois par le tailleur de Plaisance Fulco, pour l'Outremer et ensuite, éventuellement, pour Ceuta et Bougie, avec retour à Gênes (12 sept.: *Guglielmo Cassinese*, vol. II, n. 1059, pp. 416-417). Mais ce n'est qu'après 1210 que ces trafics s'amplifient: Oberto Val di Taro de S. Donato reçoit à Gênes change maritime d'Oberto Baldi pour 10 l. gen. contre 30 besants sarr. d'Acre, un mois après l'arrivée d'une « saetta » génoise (21 juillet 1210: A. S. Gen., not. 5, Raimondo Medico, fol. 32); Orlando Val di Taro reçoit comanda de 80 livres de poivre, valant 5 l. 5 s. sur la Maremme (13 févr. 1213; *ibid.*, fol. 51 v.); Giovanni de Plaisance fait, à parts égales, à Gênes société avec un tavernier placentin pour 12 livres gén. à trafiquer sur les côtes de Syrie, et cette société à son tour contracte un change maritime de ce montant avec le tailleur Bonavia (18 et 21 sept. 1214: A. S. Gen., not. 27, Giov. Enrico de Porta, fol. 19, 19 v., 21 v.).

13. Azzone de Pontenuri, de Plaisance, reçoit à *Ferrare* (*in foro olivarum*) de la société placentine de Ruffino di Travaro des *mezzani* qu'il lui changera à Plaisance pour 48 l. plac. (18 mars 1206; A. S. Piac., Perg., ex-Osp. civ., Mercanti 2, n. 92; cancellé après exécution).

Achat par Azzone de 50 cuirs de boeuf pour 55 livres de bons infortiats de *Crémone*, payables à Pâques (13 mars 1208; *ibid.*, ex-337).

Achat par Azzone à Tebaldo di Migliorato et à Ferrabò di Panfilo, de Crémone, de 200 peaux de bouc et de chèvres pour 17 livres de bons infortiats nouveaux de Crémone (25 mars 1208; *ibid.*, ex 339).

Promesse faite à Azzone par la société Rinaldo Quattrocchi, Giacomo Bianco et autres, de conduire pour lui à *Milan* la moitié de 321 cuirs de boeuf qu'il leur a engagés afin de recevoir sûreté de l'acheteur de ces cuirs (12 févr. 1207; *ibid.*, ex-338).

Azzone retient pour un an Saladino Val di Taro et Giuliana sa femme, qui habitent avec lui en son hôtel de *Venise* et qui assureront le service des hôtes qu'il y recevra, au salaire de 40 s. piac., nourris, vêtus et chaussés (9 mare 1209; *ibid.*, ex-63). A Plaisance, Azzone reçoit 40 l. piac. qu'il rendra en change à Venise au *dacito* en 160 l. vén. (18 oct. 1210; *ibid.*, ex 61; cancellé après exécution). A Rialto, Azzone fait comanda de 1484 l. vén. à Giacomo Mocenigo, de Venise, pour commercer avec sa nef en tous lieux de terre et de mer avec compte dans les trente jours aux trois-quarts du profil pour Azzone (mars 1211; *ibid.*, ex-277).

Cf. le testament d'Azzone, habitant de Venise: héritier, son fils mineur; fidéicommis, son beau-père, Dondino de Plaisance; créances actives, 117 lb. vén.; dettes passives, 31 lb. vén. (11 mai 1200, Rialto; *ibid.*, ex-65).

14. Prêt de 70 hyperpères d'or de Nigrepont, fait en cette cité par Gherardo Ferrari, de Plaisance, aux bayles de deux casaux des enfants mineurs de feu Gherardo de Parme (21 mars 1225) et de 30 autres hyperpères aux habitants de ces casaux (17 avril 1225); procédures diverses de la veuve du Placentin Gherardo pour se faire remettre les biens du défunt par Giacomo Veggio, de Plaisance, qui les détenait, et pour la liquidation de la société que son mari avait eue avec Gherardo de Parme et avec Alberto Ferrari, au capital de 480 hyperpères, notamment en vue de commercer outremer (7 janv. 1226, 29 août 1227, 3 janv. 1229, 7 mars 1232). Un notaire, Rinaldo da Reggio, est dit de Plaisance, ainsi que plusieurs témoins (A. St. Piac., Perg., ex Osp. civ, Mercanti, I, n. 113-119).

15. La première dette était due à un emprunt pour les affaires du roi en cour de Rome dans son différend avec l'archevêque de Rouen pour la possession du site des Andelys où Richard avait édifié le Château-Gaillard et le château de l'île de Seine (Th. Stapleton, *Magni rotuli Scaccarii Normanniae sub regibus Angliae*, II, Londres, 1844, p. 300-301; cf. p. XIII-XIV). La seconde tenait à la mission de l'évêque d'Angers Gillaume et de celui de Bangor « ad negotium... nepotis nostri illustris regis Othonis in Curia romana faciendum » (Reymer, *Foedera...*, éd. 1745, t. I, 1, p. 37: 25 aoû 1199).

16. Quittance du marquis Opizone Malatesta à Sigembaldo de Sarzana, procureur de Guglielmo Scorpione, pour un cheval qu'il avait donné en gage à ce dernier (18 juin 1187; A. S. Piac., Perg.; (ex-Osp. civ., Perg., Mercanti, n. 306).

17. Reconnaissance passée à Varzi envers ser Guglielmo Scorpione (7 juill. 1203; *ibid.*, ex. 309).

18. Acte fait à Plaisance (6 févr. 1204 et ratification par la femme de Guglielmo Pallavicini, 19 mars 1205; *ibid.*, n. 300); témoins de la ratification: Alberto Borrini, Lanfranco di Rinaldo de' Arcelli, Gherardo pelliciaio et Umbaldo di Bernardo di Ferragut.

19. L'affaire est très obscure: le comte promet donc payer 250 onces d'or de tarins qu'il a reçues de Lanfranco Porco pour une dette de Gozzo (par acte passé par un notaire de Messine). S'il sort de Gênes avant une date donnée, il paiera 1000 onces d'or pour armures, armes et chevaux (A. S. Gen., Not. 5, Raimondo Medico, fol. 26: 16 juill. 1210).

20. *Lanfranco notario*, vol. I, n. 527, p. 235 (31 mars 1210).

21. *Ibid.*, vol. II, n. 1620, p. 292 (17 oct. 1225): vente pour 40 l. 6 s. 5 d. gén.

22. R. Doehaerd, *Les relations commerciales entre Gênes, la Belgique et l'Outremont d'après les archives notariales génoises aux XIII*[e] *et XIV*[e] *s.* (Bruxelles-Rome, 1942), n. 434.

23. *Ibid.*, n. 445-446 (7 nov. 1232).

24. *Ibid.*, n. 476.

25. A.S. Gen., not. 7, Pietro Ruffo (en fait Wino Sapiente), fol. 6: 8 août 1229 (8 estanforts, 9 brunettes d'Ypres, 4 pers de Provins, 3 blancs et 21 teints de Saint-Quentin).

26. R. Doehaerd, *op. cit.*, n. 495, 496, 552-524, 527, 528, 530. 532, 533. Il convient de souligner, une fois pour toutes, que si l'on trouve dans cet ouvrage une documentation suffisante pour apprécier dans son ensemble l'activité des marchands placentins et autres dans leurs relations entre Gênes et la Champagne, on ne saurait considérer — et de très loin — les dépouillements comme exhaustifs et en tirer des conclusions de caractère quantitatif.

27. *Ibid.*, n. 509, 512-514, 531.

28. *Ibid.*, n. 540-544.

29. *Ibid.*, n. 546.

30. Bibl. nat., 500 de Colbert, vol. 60, fol. 163.

31. Sur ces marchands, voir l'ouvrage de R. Doehaerd, *passim*.

32. Cela a déjà été noté par Roberto S. Lopez, *La prima crisi della banca a Genova*, *op. cit.*, p. 66: « La struttura interna della compagnia, per quanto è dato comprendere dagli atti di procura, era piú fluida e meno differenziata che nelle compagnie del tardo Duecento e primo Trecento ».

33. Sur la famille Anguissola, voir la thèse (dactylographiée) présentée à l'Ecole des chartes par Jean-Pierre BEAUMONT (avec tableaux généalogiques), résumé dans *Ecole nationale des chartes. Position des thèses...* 1968, p. 9-15.
34. Sur les familles de Plaisance, cf. Emilio NASALLI ROCCA, *Il patriziato piacentino nell'età del Comune e della Signoria...*, dans *Scritti storici e giuridici in memoria di Alessandro Visconti* (Milano, 1955), pp. 287-355.
35. Cf. L. T. BELGRANO, *Notizie e documenti riguardanti la Zecca di Genova*, p. 6.
36. Cf. R. S. LOPEZ, *op. cit.*, pp. 77-78.
37. C'est en 1244 que commencent les opérations de change de Guglielmo Leccacorvo sur les foires de Champagne (R. DOEHAERD, n. 525-526), au moment même où débutent les importations de draps français par les Placentins. Ce trafic ne fait ensuite que prospérer. R. LOPEZ, (*L'attività economica di Genova nel marzo 1253*, in *Atti d. Soc. ligure di storia patria*, vol. LXIV - *Miscell. storica* - 1935, p. 192) a relevé que Guglielmo Leccacorvo et ses associés d'alors (Giacomo Renaldo, Leonardo Razo, Obertino Coxano et Giacomo Diano) apparaissaient dans 14 contrats et disposaient au moins de 1434 livres de génois, 48 de pisans et 400 de provinois.
Les contrats de change d'Oberto de Cario et Gherardo Paltrio ne sont jamais inférieurs à 100 livres de provinois de 1250 à 1255 (R. DOEHAERD, n. 582, 583, 646, 700, 780, 933, 976; LOPEZ, *op. cit.*, n. 70), et l'un d'entre eux, en association avec Giacom Nigrobono atteint 1624 livres (DOEHAERD, n. 700). Il en est pratiquement de même des autres changeurs de Plaisance, et Leonardo Razo — en association avec le banquier Giovanni Ascherio — fait le 25 novembre 1253 un change inverse de 1400 livres tournois, payable à Gênes en 2053 l. 6 s. 8 d. génois (LOPEZ, n. 103).
38 La publication des « Notules commerciales d'Amalric » par Louis BLANCARD, *Documents inédits sur le commerce de Marseille* (Marseille, 1884-1885), t. I, pp. 259-417, et t. II, 605 p.) fournit à cet égard une admirable documentation. Cf. P. RACINE, *A Marseille en 1248: l'activité des hommes d'affaires de Plaisance*, in *Annales du Midi*, LXXVIII, 1966, p. 221-233.
39. BLANCARD, *op. cit.*, t. II, n. 930, p. 260 (30 juin 1248).
40. *Ibid.*, n. 614, p. 119 (28 avril 1248).
41. *Ibid.*, n. 434, p. 37 (10 avril 1248). Les 28 chapes de Bailleul et la demie pièce de drap de Chartres sont estimés à 80 livres pour la part d'Ottone (et 54 l. 10 s. pour celle de son associé).
42. *Ibid.*, n. 708, p. 158 (13 mai 1248); les 6 pièces d'estanfort et le barracan sont estimés 96 livres.
43. *Ibid.*, n. 413, p. 28 (8 avril 1248): *comanda* de 64 livres en marchandises.
44. *Ibid.*, n. 677, p. 144 (8 mai 1248): quittance.
45. *Ibid.*, n. 698, p. 154 (12 mai 1248): 8 sacs de coton, estimés 126 livres de provinois payables à la foire de mai de Provins.
46. *Ibid.*, n. 808-809, pp. 204-205 (27 mai 1248): valeur du prêt. 187 l. 10 s. mars en 150 l. t. payables au 15 aoû.
47. *Ibid.*, n. 461-462; pp. 49-50 (11 avril 1248): dette de 45 livres.
48. *Ibid.*, n. 435, p. 38 (10 avril 1248): valeur de 28 lb. melg. et 12 l. mars. payable en 157 besants sarrazins d'Acre, 15 jours après l'arrivé du bateau dans ce port.
49. *Ibid.*, n. 949, p. 270 (6 juilet 1248).
50. Ottone vend du change sur la foire de Bar: 200 l., 12 l. et 20 l. prov. (*ibid.*, n. 101, 150, 151, t. I, p. 303, 326, 327: 23 mars 1248); sur la foire de mai de Provins: 50 l. prov. (n. 625, t. II, p. 125: 29 avril). Il en achète sur cette même foire: 200 l. .n. 717, p. 161: 13 mai) et fait un prêt gratuit de 300 l. t. à Raimond Lambert de Montpellier, à lui rendre à cette foire (n. 721, p. 163: 16 mai). Il a encore un procès avec un voiturier (n. 872, p. 163: 12 juin) et apparait comme témoin dans divers actes.
51. Change de 200 l. gén. (249, t. I, p. 368: 30 mars).
52. Change de 80 l. mars. contre 180 besants sar. d'Acre (n. 238, t. I, p. 365: 30 mars).
53. Giovanni Nigrobono et Oberto Sperono font un change de 305 l. mars. contre 200 l. prov. à des Siennois à la foire de mai de Provins (n. 730, t. II, p. 167: 18 mai) et tous deux sont témoins d'une *comanda* sur une nave pour Ceuta (n. 729, p. 166, 18 mai). Giovanni Nigrobono fait encore un change de 1105 l. mars. contre 700 l. prov. à la même foire de Provins (n. 793, p. 198: 26 mai).

Oberto Sperono fait un change de 315 l. mars. contre 200 l. prov. avec Ottone Anguissola à la foire de mai de Provins (n. 717, p. 161: 13 mai); prête au marchand Drouin de Verdun 30 l. t. remboursable à la foire de mai de Provins. (n. 689, p. 150: 27 avril); reçoit, comme procureur de Tommaso di Castelleto, 20 l. mars. d'un débiteur de ce dernier Hugues de Provins, d'Acre (n. 749, p. 176: 20 mai).
Oberto Bagaroto, avec Giovanni Nigrobono, fait un change de 91 l. 7 s. mars. contre 63 l. prov. à la foire Saint-Jean de Troyes, avec Bonaventura Bevilacqua d'Acre (n. 929, p. 260: 27 juin), et avec ce même Nigrobono il vend des draps au calfat Bonavia pour — respectivement — 156 l. 12 s. 7 d. et 68 l. 5 s., payables au ler août (n. 54, t. I, p. 285: 18 mars). Avec ses associés, il contracte un change maritime de 52 l. 10 s. mars. contre 50 l. gén. à payer à Gênes 15 jours après l'arrivée du bateau de Pietro Piola, de Varazze, sur engagement de 300 mines de grain chargées sur ce linh (n. 263. p. 373: 30 mars). Il reconnait devoir payes à Pierre Ressier, de Montpellier, sur une table de changeur de cette ville les 165 l. melg. qu'il s'est engagé à lui remettre de la part de Simone, banquier de Messine (n. 409, t. II, p. 25: 8 avril). Il fait avec Ranieri Villani, de Plaisance, un change de 472 l. 10 s. mars. contre 300 l. prov. payable à son ordre à Musso Calderario et ass., à la foire de mai (n. 828, p. 213: 29 mai).
Ce même Ranieri Villani et ses associés font à leur tour un change avec le procureur du comte de Forez, de 450 l. mars. qu'ils lui paieront en 300 l. prov. à la foire de mai de Provins (n. 564, p. 101: 22 avril), et un autre change avec des Marseillais de 120 l. mars. contre 100 l. t. payables en août (n. 897, p. 243: 18 juin). Il reçoit une procuration d'Oberto Sperono pour le représenter dans un procès devant la cour de Marseille pour une créance pour vente de drap (n. 751, p. 177: 21 mai).
Ruffino di Stagliano del fú Leonardo, associé à Pietro Sperono, vend à des Marseillais deux charges de poivre pour 80 l. t. payable au 15 août (n. 908, p. 246: 19 juin: témoin Giovanni Nigrobono) et ils font un change de 340 l. mars. contre 200 l. prov. à la foire de Bar à Gregorio Nigrobono (n. 104-105, pp. 304-305: 23 mars). Ce même jour, il fait personnelement un change de 170 l. mars. contre 100 l. prov. à la même foire à des Siennois (n. 102, p. 303), mais le 9 avril une opération inverse a lieu sur le foire de mai de Provins de 315 l. mars. contre 200 l. prov. (n. 424, p. 34) et une autre le 19 juin, par des Marseillais de 62 l. 10 s. mars. contre 50 l. t. au 15 août (n. 910, p. 247).
54. Change de 171 l. 8 s. 4 d. mars. remis par Guillem d'Acre, de Marseille, qui paiera 110 l. prov. à la foire de mai de Provins, sur engagement de 5 « torselli » de cordouan (n. 700, p. 200; lettre de voiture, n. 801, p. 201: 27 mai); autre change de 11 l. 5 s. mars remis par P. Burla, blanquier de Marseille, qui paiera 90 l. prov. à la même foire, sur engagement de 5 « torselli » de cordouan (en fait, obligation réelle du voiturier Jacques Pascal de Briançon; n. 802-804, pp. 201-202: 27 mai). Change de 400 l. mars. contre 270 l. melg. à Montpellier (n. 833, p. 217: 1er juin).
55. *Ibid.*, n. 946, p. 267 (6 juillet 1248).
56. Le nombre des documents concernant cette activité des Placentins à Génes à cette époque nous empêche de les citer ici: on se reportera à l'ouvrage déjà mentionné de R. Doehaerd, ainsi qu'un mémoire également cité de R. Lopez, *L'attività economica di Genova nel marzo 1253* (que nos propres dépouillements permettent encore de compléter).
57. Cf. L. T. Belgrano, *Documenti inediti riguardanti le due crociate di S. Lodovico IX, re di Francia* (Genova, 1859); A. Schaube, *Die Wechselbriefe Königs Ludwigs des Heiligen*, in *Jahrbücher für Nationalökonomie und Statistik*, 3.R., XV, 1898; et surtout A. E. Sayous, *Les mandats de saint Louis sur son Trésor et le mouvement international des capitaux pendant la septième croisade (1248-1254)* in *Revue historique*, 167, 1931 (et à part. Paris, 1931, 53 p.).
58. Sayous, *op. cit.*, P.J. 2, p. 40 (Belgrano, XVII).
59. Musso Calderario donne quittance pour un paiement fait à la foire de Lagny de 600 l. prov., 11 mars 1248 (Doehaerd, n. 572); il vend du change sur la foire de Lagny, 150 l. prov., 13 oct. 1250 (*ibid.*, n. 643), sur la foire de mai de Provins en change de 162 l. 10 s. gén., 23 mars 1252 (*ibid.*, n. 709) sur celle de Bar. 211 l. prov., 8 mars 1253 (Lopez, *Attività...*, p. 229, n. 9); il donne pouvoir pour recevoir 125 l. t. du précepteur du Temple, 11 mars 1255 (*ibid.*, p. 234, n. 42). Etant à Lagny,

on lui donne pouvoir pour prendre en charge 12 balles de gingembre qu'un compatriote avait laissées en cette ville, 17-18 mars (*ibid.*, p. 239, n. 81).

60. Le *bancherius* Guglielmo Leccacorvo vend du change sur la foire de Lagny 100 l. prov., 1er oct. 1250 (DOEHAERD, n. 604); sur celle de Bar, 200 l. prov., 1er févr. 1253 (*ibid.*, n. 783); sur celle de Lagny. 278 l. prov., 5 déc. 1253 (*ibid.*, n. 902), sur celle de Provins, 200 l. prov., 5 juin 1254 (*ibid.*, n. 967).

61. Change de 27 l. gén. pour un Astesan sur Pise, 26 mars 1253 (LOPEZ, *op. cit.*, pp. 222, n. 114); fait des « comande » avec les Fieschi, 200 l. gén. sur Safi, 14 mars (*ibid.*, p. 215, n. 63); 200 l. gén. sur l'Outremer, même jour (*ibid.*, n. 64); deux fois 150 l. gén. sur Tunis, 22 mars (*ibid.*, p. 220, n. 100, et p. 221, n. 102) et, même jour « hors de Gênes », 100 l. gén. (p. 220, n. 101). Une seule vente à noter: 2 brunettes de Dixmude pour 21 l. 9 gén. le 19 déc. 1253 (DOEHAERD, n. 913).

62. Giovanni Pagano vend du change sur la foire de Bar, 200 l. prov., 4 mars 1253 (LOPEZ, *op. cit.*, p. 210, n. 20), 50 l. prov., 11 mars (*ibid.*, p. 232, n. 30), 200 l. prov., 13 mars (*ibid.*, p. 235, n. 57); sur la France, 125 l. tourn., 21 mars (*ibid.*, n. 244, n. 116), sur la foire de mai de Provins, 650 l. prov., 24 avril 1254 (DOEHAERD, n. 934).

63. Il vend 1 vergé d'Ypres, 10 l. gén., 30 avr. 1248 (DOEHAERD, n. 571); 2 estanforts d'Angleterre, 38 l., 31 mars 1253 (LOPEZ, *op. cit.*, p. 257, n. 211); 1 vergé de Provins et 4 vergés d'Ypres, 441. 1 s. gén. 4 juin (DOEHAERD, n. 924); deux fois 2 vergés d'Ypres à 21 l. gén. (*ibid.*, n. 932, 936) 25 avr. 1254. Il fait réinvestir par Musso Calderario 600 l. tourn. provenant du produit de ventes, 31 mars 1253 (LOPEZ, n. 255, n. 196). Ventes de vairs pour 87 l. 6 s. gén. 14 mars 1253 (*ibid.*, p. 236, n. 6P).

64. « Comanda » de 1240 l. gén. impliquées en draps français, futaines et coton, pour la Sicile, 12 janv. 1254 (DOEHAERD, n. 918).

65. Ugone Borrini: changes sur les foires de Provins, deux fois 200 l. prov. 4 avr. 1251 et 19 févr. 1254, le second pour Fulcone Caccia (DOEHAERD, n. 662 et 922). Oberto Abbate: change sur la foire de Lagny, 50 l. prov., 19 déc. 1250 (*ibid.*, n. 649).

66. Ugone Borrini vend des draps de France pour 650 l. 13 s. et 49 l. 14 s. 4 d. gén., 1er juin 1252 (DOEHAERD, n. 739, 740); des draps de Châlons et Saint-Quentin pour 66 l. 16 s., 11 mars (*ibid.*, n. 787) et 1 verd de Châlons, même jour (n. 788) 2 draps de Valenciennes pour 9 l. 15 s., le 31 mars (n. 807); 6 vergés de Provins pour 40 l. 19 s. le 4 déc. (n. 899), 14 estanforts d'Arras pour 157 l. 9 s. le 27 mars 1254 (n. 925); 2 estanforts anglais et 3 draps de Paris pour 50 l. 7 s. 6 d. le 26 avr. (n. 938); 5 draps d'Arras, du pilou de cette ville et une pièce et demie de vergé d'Ypres, pour 78 l. 14 s. le 27 avr. (n. 939); des écarlates d'Ypres pour 122 l. 10 s. 2 d., le 28 (n. 943). Il vend à des marchands de Bergame et de Crémone 16 estanforts d'Arras pour 185 l. 15 s. le 18 janv. 1252 (DOEHAERD, n. 781) et des draps de France à des marchands d'Alexandrie pour 65 l. 10 s., 106 l., 49 l. 5 s. 4 d. 82 l. 12 s. et 83 l. 10 s., les 12 et 31 mars 1253 (n. 790 et 808), 7 et 27 avr. 1254 (n. 928, 941, 942). Il vend encore des peaux d'agneau pour 28 l. 7 s. 10 d., le mars 1253 (LOPEZ, p. 215, n. 59).

Oberto Abate et ses associés vendent un peu de draps: 4 vergés et demi de Provins, pour 31 l. 5 s. le 23 sept. 1250 (DOEHAERD, n. 596), des draps de France pour 103 l. le 27 (*ibid.*, n. 599); à un marchand de Bergame, 6 estanforts anglais, le 31 janv. 1251 (n. 653) et à un marchand d'Alexandrie, 6 verds de Châlons le 21 mars 1252 (n. 708). Mais il vend surtout de la « carzatura » de France: 28 contrats entre le 5 nov. et le 1er déc. 1250, entre le 4 avril et le 13 juin 1251, 25 oct. 1251, entre le 6 avr. et le 18 juin 1252, le 3 déc. 1255, entre le 27 janv. et le 30 avr. 1254 (DOEHAERD, n. 626-632, 636-638, 663, 670, 671, 676-678, 680, 695, 720, 741, 748, 898, 920, 929, 940, 945, 946).

67. Des draps de France, vendus au Placentin Oberto Bonvicino Mangiavacca sont payables en 285 onces d'or de tarin après l'arrivée du chargement à Messine, 3 avril 1253 (DOEHAERD, n. 819), avec « comanda » au même de 6 estanforts, 4 avril (n. 823). En association avec Guglielmo Leccacorvo, « comanda » de draps d'Allemagne et de Lombardie pour Messine pour 119 l. 10 s. le 15 déc. 1253 (n. 910).

68. SAYOUS, *op. cit.*, P. J. 10, p. 46.

69. *Ibid.*, 9, pp. 45-46.

70. R. LOPEZ, *La prima crisi della banca di Genova, 1250-1259* (Milano, 1956, 199 p.; Univ. comm. L. Bocconi. Ist. di storia economica, dir. da A. Sapori. Ser. I. Fonti, vol. XI), notamment p. 81. et s.
71. Ni l'un ni l'autre ne figurent parmi les 17 banquiers ou marchands de Plaisance auxquels se rapportent les 293 documents publiés par BELGRANO, à propos des croisades de saint Louis, entre 1238 et 1267.
72. Cf. supra, note 36, et note 61.
73. Robert-Henri BAUTIER, *L'or et l'argent en Occident, de la fin du XIIIe siècle au début du XIVe*, dans Académie des Inscriptions et Belles Lettres. *Comptes rendus des Séances*, 1951, pp. 169-174.
74. Roberto S. LOPEZ, *Back to Gold, 1252*, in Economic History Review, IX, 2, pp. 219-240; *Ritorno all'oro nell'Occidente duecentesco* (Napoli, 1955. Quaderni della *Rivista storica italiana*, 4).
75. Cf. R. LOPEZ, *La prima crisi...*, *op. cit.*, pp. 78-79.
76. En fait, Guglielmo Leccacorvo continue pendant quelques années ses affaires à Gênes. Mais il semble qu'on puisse voir un indice de déséquilibre dans le fait qu'au lieu de vendre du change sur les foires de Champagne, un document lucquois nous montre qu'avec ses associés Alberto Diani et Rocio Rossi il achète du change à Lucques de marchands lucquois: 100 l. prov. pour 252 l. 1 s. 10 d. lucquois au change assez désavantageux de 34 deniers lucquois par sou provinois (A. St. Lucca, Diplomatico, Bibl. Certosa, l. XII. 1255).
77. Oberto Abbate, qui jusqu'alors était bien plus marchand que banquier (cf. *supra*, notes 65-66), se lance dans des opérations de plus grande envergure. Pour prendre le seul exemple de l'année 1259 à partir du 11 septembre, on lui voit faire 9 opérations de vente de change sur les foires de Champagne: 5 sur la foire Saint-Remi de Troyes pour un total de 800 livres (DOEHAERD, n. 1052, 1062, 1063, 1066, 1078); deux sur celle de Lagny et deux sur celle de Bar, d'un total de 600 sur la première (n. 1086, 1120) et de 500 pour la seconde (n. 1135, 1128), soit 1900 livres en un trimestre. Il agit, il est vrai, *in banco* de Guglielmo Leccacorvo (n. 1062); mais ses activités ne sont guère moins fortes entre novembre 1262 et mars 1263 (700 livres en trois contrats: n. 1180, 1206, 1215). Nous verrons (note 80) qu'il poursuit également ses *comande* sur la Syrie.
78. Ugone Borrini vend un change de 400 l. prov. sur la foire de Bar à un Génois le 24 décembre 1259 (DOEHAERD, n. 1136) et il est l'un des premiers à se lancer dans la vente de la soie chinoise (*seta catuia*) pour près de 100 l. prov. (n. 1143: 4 nov. 1261).
79. G. SERVOIS, *Engagement de saint Louis en Palestine* in *Bibliothèque de l'Ecole des chartes*, XIX (ser. IV, t. IV), pp. 123-125 (6 juin 1266), pp. 125-126 (29 oct. 1266); cf. RÖHRICHT, *Regesta*, n. 1339 et 1344. Voir aussi le vidimus par le partriarche de Jérusalem, les maîtres du Temple et de l'Hôpital, le sénéchal du royaume de Jérusalem et le chevalier Erard de Valery, de huit lettres de saint Louis, expédiées de Neauphle le 9 mars 1267 n. st.: traites au porteur sur le Temple de Paris de 300, 600, 700 et 800 livres, et d'autre part, de 300, 300, 600 et 700 livres à remettre en Terre Sainte (Arch. nat., J 473, n. 25; n. 25; cf. A. G. TONINI, *Documents relatifs aux Plaisançais d'Orient*, in *Archives de l'Orient latin*, t. II, 2, 1883, n. I, pp. 210-212).
80. « Comanda » d'Oberto Abbone à Lanfranco et Pietro Ricio de 680 1. gén. investies en 30 pièces de drap « faldato » teint, 12 draps teints de Saint-Denis, 12 estanforts d'Arras, 5 biffes, 5 vergés de Bailleul et 2 vergés d'Ypres, à négocier à Tyr (Gênes, 9 sept. 1259; DOEHAERD, n. 1051).
81. Procuration donnée à Tyr, le 20 juin 1265, par Lanfranco di Carmandino à Gherardo Sperono, présent, pour recevoir des héritiers du feu cardinal de Suzilia ce que celui-ci lui devait (A. St. Gen., not. 65, Corrado da Capriata [en fait, Manuele Loco], fol. 75-76).
82. A. St. Gen., not. Angiolino de Sigestro, 1291, fol. 181; cf. RÖHRICH, *Regesta*, n. 1509.
83. Le Pape s'entoure de Placentins, et pas seulement des Scotti, dont il sera question plus loin. Ainsi le testament d'Isembardo di Pecoraria, de Plaisance, fait à Rome en son hôtel le 23 mars 1279 (conservé sous forme d'une couverture de registre, Bibl. com. Piacenza, Ms, Scarabelli, Doc. in pergamena n. 12), nous révèle qu'il était notaire de la chancellerie pontificale. Or parmi ses témoins, on note deux pénitenciers

du pape et un *scriptor* de la pénitencerie, son familier Ubertino dit Cocco di Pecoraria, et ser Rogerio Caccia, de la famille du capitaine des marchands de Plaisance aux foires de Champagne.
84. Guglielmo Vicedomini, de Plaisance, de la société d'Ugone Borrini, remet à un autre Placentin diverses balles de draps, notamment de Paris payables en besants d'Arménie (19 nov. 1277; DOEHAERD, n. 1352). Voir aussi *infra* note 87.
85. Procuration pour toutes ses affaires commerciales « cismarinis » par Ruffino Basolo, Vénitien, à Oberto di Lando, de Plaisance, présent; témoin Oberto Bellesio de Plaisance (A. St. Gen., not. Castellino de Portovenere [en fait, Federico de Piazzalonga], fol. 12; 9 févr. 1274).
86. Cf. *supra*, note 84.
87. A. St. Gen., not. Antonio de Quarto [en fait, Pietro Bargone], éd. C. DESIMONI, *Actes passés à l'Aias*, in *Archives de l'Orient latin*, t. I. Les actes sont tantôt passés dans la loge des Placentins, tantôt dans celle des Génois. Indiquons à titre d'exemple les actes suivants qui nous donnent une idée de la composition de la colonie placentine: Guglielmo Negro de' Rustigazzi, comme procureur général de la société des Bagaroti de Plaisance (formée de Guglielmo di Cario, Giannone Leccacorvo, Ardoino Bagaroto et Orlando di Rizolo, de Plaisance) par actes du 16 juin 1278, donne quittance aux fidéicommissaires de feu Durante Bagaroto, savoir [Ruffino] di Roncho Vecchio, Guglielmo Vicedomino et Ugueto di Malonepote, de tout ce que sa société devait avoir des biens dudit Durante; témoins: Pietro Bochor., Dionisio Palastrelli, Giacomo Capone, Azzone Ferrari, Pietro Diani et Ugone Damiani, tous de Plaisance (4 févr. 1279, n. II, p. 493); Orlando Gamberia, de Plaisance reçoit en dépôt, à rendre à volonté, d'Ugueto di Malonepote, de Plaisance, 700 dirhems nouveaux d'Arménie (23 mars 1279; n. XXX, p. 510); Ruffino di Roncho Vecchio, de Plaisance, donne procuration à Azzone Ferrari et à Bonifacio di Tuna, de Plaisance; témoins: Enrico Speziario, Manfredo Napacci, de Plaisance (26 mars; n. XXXVI, p. 513); Guglielmo Vicedomini de Plaisance, comme procureur d'Orlando Fulgosi, de Plaisance donne quittance à Philippone, courrier, de 105 dirhems nouveaux d'Arménie que celui-ci devait remettre à Orlando (1er avril; n. LIII, p. 523); Manfredo Napacci, de Plaisance, donne quittance pour des draps au notaire Ottolino de Planis et promet les payer à deux mois 1688 dirhems et demi; témoins: Ughetto di Malonepote et Federico Mazamoreno, de Plaisance (29 nov.; n. LXXVI, p. 533); Manfredo Napacci de Plaisance donne quittance à Palmerio Codagnelli, de Plaisance, pour du savon et de la draperie et en promet paiement en janvier pour respectivement 105 et 172 besants et demi d'Arménie; témoins: Lanfranco Caponi, Pietro Diani et Giacomo Ronzone, de Plaisance (30 nov.; n. LXXVIII, p. 534).
88. Oberto Bellesio, de Plaisance, pour lui et la société de Roberto di Tayo, de Plaisance, donne quittance à Nicolò Tartaro de 12.000 dirhems neufs d'Arménie, selon contrat passé à Acre et promet lui remettre, huit jours après présentation de l'instrument, 1333 besants et 8 carats sarrazins au poids de Syrie, sous obligation de 800 *pessos* d'or en barres, qui lui ont été effectivement remis et qu'il doit à son tour remettre, dès le paiement intervenu, à Enrico de Montebolzone; dans ce change, 702 dirhems nouveaux, soit 78 besants sarrazins sont à Tommaso Bulla (témoins: Guglielmo Speziario, Ughetto di Malonepote et Ruffino Borgognone; 10 mars 1279; n. XXV, p. 508).
89. Le premier acte que je relève concernant Bernardo Scotti est une quittance qu'il donne le 19 mars 1253, pour lui et ses associés, à Oberto Stancone pour des deniers génois qu'il a reçus pour change de 200 l. prov., sous forme de cire que Scotti a reçue d'Enrico Nepitelli (LOPEZ, *L'attività...*, p. 240, n. 89). Est-ce le même qui en janvier 1246 n. st. était l'un des trois mandataires des 35 marchands de Plaisance assemblés à Lagny (*supra* note 30)?
90. A. G. TONINI, *Documents relatifs aux Plaisançais d'Orient*, *op. cit.*, pp. 208-210.
91. *Ibid.*, p. 212 (27 oct. 1275). Cf. O. POSSE, *Analecta Vaticana*, p. 56, n. 715, et p. 69, n. 855-857.
92. Ettore ROTA, *Un prestito degli Scotti di Piacenza al re Edoardo I d'Inghilterra*, in *Boll. stor. piacentino*, IX, 1914, pp. 35-36, d'après Public Record Office, Foreign merchants, I/1.
93. Walter E. RHODES, *The Italian Bankers in England and their loans to Edward I and Edward II*, in *Historical Essays by members of the Owens College, Manchester*,

publ. in commemoration of the jubilee 1851-1901, ed. by T. F. Tout and James Tait (London, 1902), p. 167.

94. Gianone Leccacorvo del fù Giannone vend par des intermédiaires placentins une maison dont il avait hérité à Plaisance d'une parente; les témoins sont les frères Carlevari et Arnaldo Rondana, Gherardo Gallo, Guardino Medici, Ugo di Malonepote (Marseille, 16 novembre 1272; A. St. Piac., Perg., ex Osp. civ., Mercanti 2, 6).

95. *I registri della cancelleria angioina*, vol. IX, n. 202, p. 156; il s'agit visiblement de la compagnie de Bagaroto et Rustigazzi, les « cousins » du vice-chancelier m^e^ Giovanni Leccacorvo étant: Monaco Fulgosi, Oberto di Rustigazzo, Castello Torselli, Enrico Cassetta, Castello Bergognone, Oberto Bagaroto et Guglielmo di Cario.

96. Le 21 avril 1263, ce consul, Giannone di Bunixio, conformément à l'ordre que lui avaient envoyé les consuls de la cité, leur établissait de Bar-sur-Aube copie du testament de Pietro Ingheleschi, marchand de Plaisance, dressé à Troyes le 9 septembre précédent par le notaire placentin Gherardo di Grappo; témoins du testament: Guglielmo da Crema, Opizone Chierico, Nicolò di Cogollo, Oberto di Graziano, Palmieri di Alsario, Oberto Troiolo et Pietro Rondana, tous de Plaisance (A. St. Piac., Perg.; ex-Ospizi civ., Perg., Mercanti 2, 142).

97. Par exemple, contrat de transport de 16 charges de cordouan à porter de Gênes aux foires de Troyes, au prix de 4 l. 17 s. t. la charge, conclu le 28 octobre 1253 par Oberto di Cario, de Plaisance, avec le voiturier Enrico Bellemano, *per caminum sive stratam Moriane* (Doehaerd, n. 887). Cf. le procès-verbal de l'ouverture par Giovanni Pagano, en présence des consuls des marchands de Plaisance (Rondana de' Rondani et Giacomo Negroboni) de balles de draps de Champagne envoyées des foires de Troyes par un voiturier, où on ne trouva que 9 et 10 pièces au lieu de 12, et 8 au lieu de 11 (19 janv. 1254; Doehaerd, n. 919); aure contrat de transport pour Ugo Borrini, de Plaisance aux foires de Provins, de poivre, de soie e de peaux d'agneau (1258, *ibid.*, n. 1007).

98. Le document le plus net sur l'établissement de la colonie placentine à Montpellier nous est fourni par un procès-verbal notarié d'accord intervenu dans cette ville le 29 août 1278 dans la maison qu'habitait alors Oberto di Rustigazzo avec ses associés, en présence de Guglielmo Leccacorvo, de Ghislerio Anguissola et autres. Pietro Rondana, qui avait été à Montpellier au *banco* de la société d'Oberto Rustigazzo et de ses associés, Enrico Casseta, Monachino Fulgosi et autres (précisément ceux que les agents de Charles d'Anjou avaient précédemment poursuivis en Provence, *supra*, note 95), quitte cette société en promettant de lui remettre toutes les créances qu'il pourrait recouvrer et les deux parties se donnent quittus mutuel, après que Pietro reconnait avoir reçu pour la société, depuis la Toussaint, 83 l. 8 d. plac. à Gênes et à Plaisance; mais on lui abandonne une maison de la société à Montpellier, estimée 25 l. melg.; s'il la revend avant cinq ans plus de 25 livres, il remettra le surplus à ses anciens associés. Si Pietro s'accorde avec le capitaine de la communaute des marchands de Toscane et de Lombardie et prête avant la Toussaint le serment exigé des membres de cette communauté, il pourra de nouveau entrer dans la société en lui remettant la somme qu'on lui a donnée quand il l'à quittée (A. St. Piac., Perg.; ex-Osp. civ., Perg., Mercanti 1, n. 18).

99. Dès 1262, un nolisement est consenti par Guglielmo Cagno di Castro et Nicolò di San Martino au Placentin Giacomo di Monteverano pour les trois quarts de leur « panfil » qui se rendra à Aiguesmortes et, s'il le faut, au grau de Lattes (le port de Montpellier); 14 avril 1262 (A. St. Gen., not. Castellino de Portovener [en fait, Giovanni di Corso], I, fol. 165 v.).

Visiblement pour éviter Marseille (ses risques ou ses taxes?), un autre nolisement était conclu la même année par Borreto di Vultri avec le Placentin Nicolino di Glarra, Perrino di Gropallo, Biagio Cervellano et leurs associée: son *bucio* ira au Bec de l'Aigle, à Céreste, près de La Ciotat, pour y charger toisons, feutre et autres marchandises (20 avril 1262, *ibid.*, fol. 171 v.). Cela devait être un trafic usuel, car le mois précédent ces mêmes Nicolo di Glarra et Perrino Gropallo vendaient à un lainier de Gênes de la laine d'agneau (18 mars, *ibid.*, fol. 144 v.).

100. Arch. nat., J 335, n. 3 (21 oct. 1275).

101. *Ibid.*, n. 10.

102. J. Gauthier, *Les Lombards dans les Deux-Bourgognes* (Paris, 1907, *Bibliothèque de l'Ecole des Hautes Etudes*, Sciences historique et philologiques, 156e fasc.).

103. R.-H. Bautier, *Les registres des foires de Champagne à propos d'un feuillet récemment découvert*, in *Bulletin philologique et historique*, 1942-1943, P.J. XIII, pp. 27-28: contrat de transport de 12 *torselli* (contenant 18 draps de Châlons, 14 de Lille, 92 de Douai et de vergé de Provins, avec leurs couvertures et 112 pièces de toile blanche de Champagne), de Troyes à Nimes en 22 jours, par Etienne Artigues de Meyrueis, Pierre Crozat et Guittaume Artus de Ruines, voituriers, à Petrarca di Rizollo, de Plaisance (1er août 1296). Les autres contrats de ce feuillet notarié concernant des changes (n. III, VI, VII, IX).

104. Un indice du transfert immédiat du centre commercial placentin de Montpellier à Nimes est donné par le fait que le notaire qui en août 1278 avait instrumenté l'accord relatif à la société des Rustigazzi, Nicolò della Ragione (*supra*, note 98), passe désormais les actes à Nimes, et cela au moins dès le 22 juin 1279 (paiement de 150 l. t. ou prov. forts par Giacomo Borghetto, de Plaisance, comme fidéjusseur d'une société florentine, suivi, le 8 janv. 1281 par le remboursement à lui fait par les fidéjusseurs de son débiteur, les Placentins Giovanni di maestro Pietro et Giacomino Leccacorvo (A. St. Piac., Perg.; ex Osp. civ., Perg., Mercanti 2, n. 105).
Il n'est pas inutile de mentionner ici quelques uns des actes concernant cette colonie placentine de Nimes:
— 23 janv. 1296 n. st., Frères Mineurs de Nimes: testament de Grimerio de Tuna, de Plaisance, docteur ès lois (règlement de sa succession entre ses trois fils et trois filles et sa femme Caracosa; legs; investissement des sommes placées dans la société des Rustigazzi restant après les legs, dans cette même société; legs au premier de ses fils qui fera son droit de son « Corpus juris civilis » et de sa « Summa Azonis » avec défense de les aliéner; tuteurs: ser Oberto di Rustigazzo, ser Oberto Fulgosi, ser Guglielmo Leccacorvo del fù ser Oberto docteur ès lois, ser Giacomo Podizo son cousin, chanoine de S. Brigitta; témoins Lanfranco di Monferrato, Opizone Caccia, Rinaldo Zanardo, Palmieri Belengario, tous de Plaisance; notaire, Guixante Cataro de Plaisance): *Ibid.*, n. 101 bis.
— 26 mars 1298 n. st. maison des Scotti à Nimes: donation entre vifs par ser Tebaldo Ferrari, de Plaisance, habitant Narbonne, à Bertolino son fils émancipé, d'une maison à Plaisance; témoins: Orlando Ferrari, Franceschino Cupalata, Guglielmo Sarraceni, Giovanni Lixono, Tebaldo dit Priore qui habite la maison des Scotti: même notaire (*ibid.*, n. 133).
— 27 mars 1300, Nimes; maison du notaire: extrait du testament de Giovanni di Roncarolo, fils émancipé de ser Chiavello di Roncarolo, de Plaisance. Témoins: Gabriele Ciriello, professeur ès lois; Cristiano di Porta, Giovanni Ardizone, Guidone Bracciaforte, Opizone del Forno, Antolino Brancaleone, Egidio degl' Arcelli, Gherardo Surdo, Bernardo Ficianno, tous de Plaisance; même notaire (*ibid.*, n. 125).
— 20 mars 1305 n. st., Nimes: inventaire des biens de feu Giovanni Luxio del fù Guidone Luxio di Zimignano, paroisse S. Giorgio de Plaisance. Témoins: Giovanni di Lexio, Palmerio Cuccherla, Enrico Rondana, Petruccio Figl' Oddoni, Egidio degl'Arcelli, tous de Plaisance; même notaire (*ibid.*, I,1).
— 16 [?] 1313, Plaisance: après arbitrage de Giovanni Ardizone et de Bosone Anguissola, règlemnt de la succession d'Oberto di Mezzano et de Guglielmo son fils en litige avec la société des Campromoldi (Nicolò Bubbiano et Bergognone Rondana, ser Isembardo et ser Guglielmo di Campromoldo) en ce qui concerne les apports dans la société, leur compte de Nimes et de Provence et 14 « temari » d'hermines saisies par les officiers du roi (*ibid.*, 2 n. 494).
— 27 déc. 1330, Nimes: vente de terre dans le Placentin par Stefano di Lanzo del fù ser Amico, de Plaisance, pour 1347 l. plac., à Giovanni Gariverto, procureur de son frère ser Pietro Gariverto, « jurisperitus ». Témoins: ser Galvano Guadagnabene, Uguccio Ghiribrando, Lansalino di Piler., Corrado Zanardo, Giacomino di Lando, Andriolo et Giacomino Guadagnabene; notaire: Bongiovanni di Vallonga, de Plaisance (*ibid.*, I,16).

105. Simples exemples: le 10 décembre 1295, des Placentins achètent à d'autres Placentins des draps teints en bleu, par contrat passé à *Milan* le 25 août précédent (A. St. Piac., Not. I, Orlandi, fol. 26); le 13 juin 1296, Giacomo del Giudeo de Plaisanec reçoit en cette ville 71 l. 15 s. d'impériaux pour 2 draps morels de Douai à lui vendus à *Milan* le 25 juin par la société des Chiarenti de Pistoia (*ibid.*, fol. 32); le 18 janvier 1298 n. st., les Visconti de *Pistoia* reçoivent de Placentins 108 l. 18 s.

d'impériaux pour des draps français selon contrat passé à *Milan* (*ibid.*, fol. 69). Vers la même époque (A. St. Piac., ex Osp. civ., feuilles de parchemin, sans date, fin XIIIe s.), les marchands de Plaisance Giacomo di Monferrato et Alberico di Fabbrica promettent payer à 2 mois 88 l. 8 s. d'impériaux pour des marchands de *Pistoie*, prix d'un drap morel de Douai et de 3 verds de Châlons, vendus par Ranieri di Agliate de *Milan*; Colombino Zanardo de Plaisance, pour lui et ses associés, promet payer à 2 mois 180 l. 5 s. d'impériaux pour des marchands d'Asti et de Pistoie pour 6 draps bleus et un verd de Châlons et un drap de Paris, vendus par des marchands de Pistoie et livrables à Milan.
Le 26 janvier 1318 n. st., à Plaisance, Guidotto Tagliaferro, marchand de Plaisance, au nom de Donato degli Albaxi, marchand de *Venise* et de ses associés, donne reçu à Abbiatico degli Abbatici de *Bergame*, pour deux balles de draps français, de 12 et 11 pièces, qu'il lui a remises à Plaisance (A. St. Piac., Perg.; ex Osp. civ., perg. Mercanti 2, n. 331).
106. Rares sont désormais les transactions entre Placentins en matière de *draps de France*. Un des derniers témoignage est, le 27 mai 1304, une vente de 8 pièces de draps français par Enrico Pagano (pour lui, Guglielmo son père et Giovanni Sapildo), pour 245 livres plac., dont 50 sont payées à Plaisance le 20 juin (A. St. Piac., not.; ex Osp. civ., not. Rizardo di Rizardo, fol. 124).
En ce qui concerne les *toiles de France*, le dernier contrat classique qui les mentionne est, à ma connaissance, l'acte du 13 août 1326 par lequel Bonifacio di Gaiferio di Mezzano reconnaît qu'il a, avec ses propres marchandises alors dans le royaume de France, des balles et des pièces de toile de Reims achetées pour 1031 l. 15 s. gén. en « comanda » de Dondino et Guglielmo di Cirexia (pour eux et leur frère Petraccio); il les transportera par terre ou par mer, les vendra au mieux, en réinvestira le prix en autres marchandises dont il trafiquera au tiers du profit. En vertu de quoi, il déclare le 18 janvier 1328 avoir désormais en ses mains 740 agnels d'or de France — valant 1301 l. gén. — appartenant aux dits frères et il les reçoit d'eux en « comanda » dans les mêmes conditions que précédemment. Il reçoit d'eux, en outre, 200 l. plac. à titre de dépôt dont il trafiquera aussi au mieux. Soulignons que cet acte nous révèle — ce qui est exceptionnel — le montant du profit réalisé avec cette « comanda », soit 26% en 17 mois ou environ 15% par an. (A. S. Piac., not. 4, Gabriele de' Mussi, cart. 3, reg. 1, fol. 37 et 140).
107. L'importation en France des « grands chevaux de Lombardie » apparaît dans la seconde moitié du XIIIe siècle; en relation étroite avec les besoins de l'armée royale française, le trafic, très irréguleir, atteint son maximum d'intensité entre 1290 et 1297, avec un pasage annuel de l'ordre de 2000 à 2500 chevaux, pour décroître ensuite et se relever sous Charles IV, puis au début de la guerre de cent ans. Il était prioritairement entre les mains des marchands de Milan et de Lodi; mais les Placentins venaient en troisième position, bien qu'assez loin derrière eux, ainsi que les Parmesans. On voit les comtes de Flandre et de Bar leur acheter de chevaux de grand prix aux foires de Champagne. Cf. Robert-Henri et Anne-Marie BAUTIER, *Contribution à l'histoire du cheval au Moyen Age*, II, *dans Bulletin philologique et historique*, 1978 (pp. 9-75), pp. 64-67.
108. DOEHAERD, n. 1143-1144.
109. Pierre RACINE, *Le marché génois de la soie en 1288*, dans *Revue des études sud-est européennes* (Bucarest), t. VIII,3, 1970, pp. 403-417 (d'après les actes du notaire génois Enrico Guglielmo Rosso): les trois compagnies placentines actives sur ce marché sont aussi trois des plus importantes de la cité: les Guadagnabene (avec Diotesalva di Borgheto). avec 2441 1. gén.; les Compromoldi (avec Filippo Malacria), avec un achat unique de 1033 l. 6 s. d. gén.; et les Capponi (avec Rufino da Rezano et Federico degl' Arcelli), avec deux achats pour moins de 750 1. gén.
110. Cette colonie, toujours limitée, s'est réinstallée à Venise, après une longue interruption, au temps de la croisade de saint Louis. Ainsi en janvier 1246, à Venise, Gandolfo di Val di Taro (comme procureur de Guidone di Val di Taro de Plaisance), à l'occasion de la dissolution de la société qu'il avait avec Rinaldo Beccario, jadis de Plaisance et maintenant habitant Venise, reçoit de lui, à titre de capital et intérêts: 300 livres d'indigo (estimé 700 livres de petits vénitiens) et des draps d'une valeur de 1000 livres, en présence de Placentins (dont Alberico da Roncarolo et Rinaldo

Bracciaforte le Vieux (R. MOROZZO DELLA ROCCA et A. LOMBARDO, *Documenti del commercio veneziano nei secoli XI-XIII,* t. II, n. 778, pp. 304-305).
Puis, après une nouvelle interruption, les relations resprennent dans la rernière décennie du XIIIe siècle, avec des changes effectués par l'intermédiaire — notamment — de Crémone, avec Rinaldo di Cagnono, Palmieri di Montebissago, Alberto di Crexia etc. (19 mars 1291; 2 août 1292; 24 janvier et 10 septembre 1298; 22 janvier 1299, 24 février e 6 août 1300 etc.; A. St. Piac., Perg.; ex Osp. civ., Perg., Mercanti 2, n. 495, 499, 500, 503, 504, 527 etc.).
Vers 1320 se réinstalle une colonie placentine à Venise, où le Placentin Giacomo Pittore devient scribe de la Cour dogale. Son cognat Gregorio Raza y établit sa société, de même que les Tagliaferri; les uns et les autres font des opérations de change relativement importantes entre les deux villes (28 janv. et 1er septembre 1324; 9 février 1328; 8 mai 1329; 25 février 1330 etc.; *ibid.,* n. 88, 317, 328, 72, 47 etc.) Voit aussi *infra* note 115.

111. Nous en avons le preuve — entre bien d'autres indices — dans deux actes par lesquels le 2 avril et le 9 mai 1319 Guelfo d'Amico de Plaisance donne procuration (dans un cas au Milanais Giovanni Carimanno, dans l'autre au Placentin Ugone d'Aglio) pour recevoir de la société des Scali de Florence paiement de 300, puis de 700 livres d'imperiaux, à titre de créance « *dont il n'appert pas par instrument public* » (A. St. Piac., not 5, Gabriele de' Mussi, cart. 1, reg. 3, fol. 4 v. et 19). Notons d'ailleurs que quittance définitive n'en sera donnée que le 28 février suivant (fol. 93).

112. Par exemple: le 27 février 1320, Guelfo d'Amico rachète à Francesco Bigullo de Plaisance une créance de 184 florins d'or due aux présentes foires de Bar, dix jours après la hare des draps, pour change de 276 livres d'impériaux reçu à Plaisance, et il reçoit de lui procuration pour les obtenir des Capponi à qui ils avaient été mis en dépôt aux foires de Bar de l'année précédente (*Ibid.*, fol. 92).

113. Très nombreaux sont, en effet, les clercs placentins qui, dès le temps de Grégoire X, tiennent des bénéfices en France, et le phénomène prit une grande extension sous la papauté d'Avignon. A titre d'exemple, on peut citer les cas d'Antonio Coxadoca, prévôt d'Aix et chanoine de S. Antonino de Plaisance (liquidation de succession, 14 déc. 1292: A. St. Piac., Perg.; ex Osp. civ., Perg.. diversi); Grimerio Visconti, trésorier de Bayeux, qui fut en octobre 1300 exécuteur testamentaire de Giovanni Visconti aux côtés d'Alberto Scotti (*Ibid.*; Perg., Mercanti 2, n. 80); Gregorio Buffa, chapelain du pape et auditeur des causes du Sacré Palais: testament à Carpentras, 26 févr. 1315 n. st. (*ibid.*; Perg., diversi; achat de terres et maisons à Plaisance sur sa succession, 9 mars 1316 n. st.); Rinaldo Zanardo, chanoine d'Amiens, 3 déc. 1310 (*ibid.*, n. 10); Giovanni Zanardo del fù ser Bernardo, chonoine de Séville, 23 août 1315 (A. St. Piac., Not. 7, Rufino Castignolo, cart. 1, reg. 1, fol. 9 v.); Pagano degl' Arcelli, chanoine de S. Martin de Tours, 24 août 1315 (*ibid.*, Not. 4, Gabriele de' Mussi, cart. 2, reg. 1, fol. 4 v.); Enrico di Bellino, chanoine de S. Martin de Liège, exécuteur testamentaire d'Oberto di Cario: arbitrage pour procés aver les légataires du défunt, janv. 1318 n. st. (*ibid.*, Not. 8, Oberto de' Gymi, reg. 1, fol. 15 v.); Egidio di Pecoraria, chanoine de Reims, 29 sept. 1320 (*ibid.*, not. 5, Michele de' Mussi, cart. 3, reg. 2, fol. 9 v.); Oberto Visconti, chanoine d'Amiens, 25 mars 1322 (*ibid.*, fol. 63 v.); Pietro di Malovicino, chanoine de Rouen: procuration à Alberico degl' Arcelli pour prendre possession de sa prébende, 7 mars 1326 (*ibid.*, Not 4, Gabriele de' Mussi, cart. 3, reg. 1, fol. 5 v.); Me Gabriele Vicedomini, médecin, clerc de Saint-Barnard de Romans, 25 avril 1337 (*ibid.*, ex Osp. civ., Perg., Mercanti 1, n. 21); Rogerio di Mezzano, clerc de Plaisance, qui en Avignon donne procuration pour l'exécution d'une expectative de prébende à Fiorenzuola, 2 déc. 1342 (*ibid.*); Me Nicolò di Cogno, clerc de Plaisance, maîre ès arts et en médecine, docteur en théologie, docteur régent en la Faculté de théologie de Paris, chanoine de Paris et chefcier du chapitre de Troyes qui, en Sorbonne, donne procuration pour l'exécution d'une expectative dans le diocèse de Plaisance, en présence du Servite Fr. Leonardo di Castel della Pieve, 30 sept. 1345 (*ibid.*, I, n. 16); qui, en la paroisse S. Merry de Paris, achète pour 240 florins d'or à des Placentins habitant Paris une maison à Plaisance, 16 nov. 1348 (*ibid.*, 2, n. 162); qui obtient du conservateur des privilèges de l'Université de Paris une lettre lui permettant de toucher les fruits de sa prébende en l'église de Plaisance, 5 févr. 1349 n. st. (*ibid.*, i, n. 19); Me Oberto di Bigullo,

maître en médecine, chanoine de S. Antonino de Plaisance, qui réside en Avignon, 11 août 1352 (*ibid.*, i, n. 18) etc.

Les prébendes donnaient évidemment lieu à bien des opérations. Témoin celle-ci: Rinaldo Zanardo Landi, chevalier, ayant prêté à son cousin Rinaldo Zanardo, chanoine d'Amiens, 600 livres de bons parisis forte monnaie, son débiteur a vendu les fruits de sa prébende pour six ans au frère et prête-nom du créancier, Giovanni Zanardo, par acte passé à Amiens le 19 mai 1316; reconnaissant devoir encore à la date du 30 août 1319 23 l. 12 s. 6 d. de gros tournois d'argent, il renouvelle l'abandon des fruits de cette prébende pour les années 1318-1322 (A. St. Piac., Not. 5, Michele de' Mussi, cart. 1, reg. 3, fol. 39).

Sur les transferts des fruits des bénéfices, par exemple: Enrico Durante, prévôt de S. Brigitta de Plaisance et chanoine de Saint-Jean de Liège, donne quittance à Bongiovanni Gariverto, marchand de Plaisance, pour 98 l. 19 s. 3 d. d'impériaux — valeur de 3 l. 10 s. de gros tournois — que le frère de ce dernier, Palmieri Gariverto, en tant qu'associé des Guadagnabene (dont ser Gabriele est « recteur ») à recouvré à Bruges des mains de Bonifacio Leccacorvo, aussi chanoine de Saint-Jean de Liège, pour les fruits de la prébende liégeoise d'Enrico d'Enrico, 2 sept. 1320 (*ibid.*, not. 3, Tommaso Cattaro, cart. 2, fol. 61).

114. A titre d'exemple: la société des Capponi reçoit paiement à Plaisance le 3 janvier 1298 n. st., de 729 l. 3 s. 4 d. plac. du drapier Rinaldo di Pigo, pour lui et son associé Giovanni da Vicomartino, en remboursement d'un prêt de 500 l. t. fait en octobre en foire de Champagne (A. St. Piac., Perg.; ex Osp. civ., Perg., Mercanti 2, n. 333); à la foire de Bar, le 13 avril 1312, Guglielmo Ermizone, facteur de ser Fiamingo Landi, prête 30 l. de petits tournois à ses compatriotes Pietro et Zanone de' Conti pour l'achat d'un cheval à Francesco Berreta de Plaisance (*ibid.*, n. 129).

115. Ainsi en la loge des Placentins à Troyes, le 5 septembre 1298, Marco d'Artengo, marchand de Venise, promet, pour lui et son père Amato, payer au 1er novembre à Crémone 200 livres d'impériaux en change de 135 l. 12 s. de petits tournois reçus à la foire de mai de Provins (A. St. Ven., Libri commemoriali, I, fol. 30); cf. *supra*, note 110.

A Provins, le 4 octobre 1308, Giacomo Figl'Oddoni, facteur de Leone Faletti d'Asti, paie, au nom de Gregorio Raza de Plaisance et de Lanfranchino de' Bugni de Milan, 780 florins d'or de Florence au marchand de Neufchâteau en Lorraine Jacques Thirion, par lettre de Milan du 11 sept. (A. St. Piac., Perg.; ex Osp. civ., Perg., Mercanti 2, n. 127).

Avec Florence, et spécialement avec la compagnie des Scali, les relations étaient parparticulièrement fréquentes et régulières:

— De Gênes, le 19 juin 1305, les sociétés Anguissola et Compromoldi conjointement promettent payer en change aux Peruzzi de Florence 1423 l. 14 s. provinois aux foires de Lagny (Doehaerd, n. 1620).

— A Plaisance, le 31 juillet 1318, procuration de la société Anguissola pour recevoir des Scali 500 livres de bons petits tournois; 15 août 1318, dépôt sur les corps des foires de Champagne le 11 juin (A. St. Piac., Not. 4, Gabriele de' Mussi, cart. 2, reg., fol. 39); le 30 sept. 1320, Giovanni Zanardo donne procuration à son frère ser Rinaldo pour recevoir à Milan des Scali les 500 florins d'or que ceux-ci avaient promis payer à Plaisance ou à Milan, pour change de royaux d'or remis le 3 de ce mois par leur représentant à Gênes (*ibid.*, Not. 5, Michele de' Mussi, cart. 3, reg. 2, fol. 9 v.); le 2 juillet 1321, procuration des Anguissola pour recevoir des Scali, au nom des Pilestri de Florence, 300 florins d'or sur une « comanda » de 1500 florins reçue des Anguissola en Champagne le 15 avril 1321 (*ibid.*, fol. 39 v.); 14 sept. 1321, procuration des Anguissola pour recevoir des Pilestri de Florence les 1300 florins d'or reçus d'eux en dépôt en Champagne le 7 juin; de même, le 27 septembre, pour 500 florins (*ibid.*, fol. 40 v., 41 v.); etc.

— à Florence, le 6 avril 1324, le marchand florentin Maso di Guarnerio Benci donne procuration en vue d'obtenir du Placentin Federico della Rocchetta paiement de 1000 livres de bons petits tournois en agnels d'or pour change de 1950 livres d'impériaux que ledit Florentin avait reçus à Plaisance un an auparavant d'un compatriote qui le versait au nom de Florentins (A. St. Piac., Perg.; ex Osp. civ., Perg. Crediti).

116. Ainsi versement à Plaisance le 1er novembre 1349 et payement à Troyes le 4 décembre, soit 34 jours (*ibid.*, ex Osp. civ., Mercanti 2, n. 47); versement à Plaisance

le 6 décembre 1346 et paiement à Troyes le 14 janvier soit 39 jours (*ibid.*, n. 128); versement à Plaisance le 27 avril 1324 et paiement à Provins le 10 juin, soit 44 jours (*ibid.*, Mercanti 1, n. 4); versement en Champagne le 4 aoû 1317, paiement à Plaisance le 27 septembre, soit 54 jours (A. St. Piac., Not. 4 Gabriele de' Mussi, cart. 2, reg. 1, fol. 91), etc. On a l'impression d'une accélération de la rotation.

117. A. St. Piac., Not. 5, Michele de' Mussi, cart 2, reg. 1, fol. 31 v., 32, 35, 47 v.

118. Par exemple, Federico della Rocchetta vend un change de 100 livres de bons petit tournois à la foire de Bar, le 18 mars 1322, à un compatriote contre paiement de 200 livres d'impériaux reçus à Plaisance (*ibid.*, Perg.; ex Osp. civ., Mercanti 2, n. 329). Le même vend à des Florentins, le 6 avril 1324, un change de 1000 livres de bons petits tournois contre 1950 livres d'impériaux (*ibid.*, dossier Crediti).

119. A titre d'exemple, un change conclu à Gênes le 19 juin 1305 entre Anguissola et Peruzzi sur la foire de Lagny 1306 (sic) prévoit, à défaut le retour à Gênes, à raison de 11 deniers génois le sou provinois (Doehaerd, n. 1620, pp. 933-935). Un change conclu à Plaisance le 12 avril 1317 sur la foire de Bar prévoit, à défaut, le paiement à Plaisance même ou ailleurs au gré de l'intéressé (A. St. Piac., Not. 4, Gabriele de' Mussi, cart. 3, reg. 1, fol. 29 v.).

120. Par exemple, 60 sous de « peine » pour un change de 15 livres d'impériaux, soit environ 20%, 11 janvier 1289 (*ibid.*, Perg.; ex Osp. civ., Perg., Mercanti 2, n. 83; 25 livres tournois pour un change de 200 livres à la foire Saint Ayoul de Provins conclu par les Scotti le 18 octobre 1295 (*ibid.*, Not. 1, Orlandi, fol. 21).

121. Quelques exemples. Le 2 mai 1323, ser Bernardo Anguissola prête 1920 livres aux Visconti, qui le remboursent dès le 8 (A. St. Piac., Not. Alderico di Prata, cart 3, reg. 1, fol. 156 v.); le 17 septembre 1308, le même avait prêté « à 16 jours » à ser Oberto Bagaroto Paveri 100 l. piac. (Not. Michele de' Mussi, cart. II, reg. 1, fol. 34 v.) et de nouveau le 13 juillet 1317, 225 livres au même, qui rembourse le 10 septembre (Not. Gabriele de' Mussi, cart. 2, reg. 1, fol. 64 r.); le 19 octobre 1324, le procureur de ser Lanzalotto Anguissola prête 1000 livres au notaire Gherardo di Roncharolo, qui rembourse dès le 10 novembre (id., cart. 4, reg. 1, fol. 27 r.). Le 28 septembre 1308, Galvano Anguissola avait prêté aux Taddi 200 florins d'or « à deux mois » (Michele de' Mussi, cart. 2, reg. 1, fol. 35).

122. En raison de leur nombre très élevé, nous nous abstiendrons de donner ici des références précises à ces contrats de « dépôt », dispersés à travers tous les registres notariés des archives placentines, et dans les fonds de parchemins des Archives d'Etat de Plaisance.

123. Un exemple: un prêt de 4 livres par Galvano Anguissola au curé de Chiulano (c^{ne} Vigolzone), 23 février 1301 (A. St. Piac., not. 4, Gabriele de' Mussi, cart. 1, reg. 1, fol. 82 v.).

124. Prêt de Bernardo Anguissola de 100 l. plac. à 2 ans à la famille Bagarotto, sur gage de plusieurs maisons à Plaisance (*ibid.*, not. 5, Michele de' Mussi, cart. III, reg. 1, fol. 30 v.).

125. Prêt de Riccardo Anguissola de 17 l. sur gage de deux foeufs, 26 avril 1318 (*ibid.*, cart. 2, reg. 2, fol. 9 v.); prêt de Capellino, procureur de ser Bernardo Anguissola, de 15 l. 10 s., sur gage d'un boeuf acheté avec l'argent du prêt (*ibid.*, nota 5, Michele de' Mussi, cart. 4, reg. 1, fol. 3 r.); prêt de Galeotto Anguissola di ser Riccardo, de 150 l. sur gage de trois boeufs, de quatre roues de fer et de tout le foin du débiteur, 14 sept 1346 (*ibid.*, cart. 5, reg. 2, fol. 209).

126. Témoignage précis sur la date à laquelle les Astesans commencèrent à prêter à usure outremont dans le *Chronicon Astense* d'Ogerio Alfieri; « Anno Domini MCCXXVI cives Astenses coeperunt praestare et facere usuras in Francia et ultramontanis, ubi multum pecuniam lucrati sunt. Tamen ibi multa passi sunt in personis et rebus » (*Scriptores rerum italicarum*, XI, col. 142 C); leur trafic en matière de draps avait débuté un demi-siècle plus tôt, en 1172, au témoignage du *Chronicon majus* de Galvano Fiamma: « Primi mercatores qui iverunt Ultramontes pro emendis pannis de Ultramonte et pro emenda lana subtili, fuerunt Petrus de la Blava et Jordanus de la Flamma, 1172 ». Ces dates correspondent exactement aux documents que j'ai recueillis. L'évolution fut donc la même pour Plaisance, avec une génération de retard sur Asti.

127. G. Bigwood, *Le régime juridique et économique du commerce de l'argent dans la Belgique du Moyen Age*, dans *Mémoires de l'Académie royale de Belgique, Classe des Lettres,* t. XIV, 2 vol., Bruxelles, 1921; cf. R.-H. Bautier, *Les Lombards et le régime du crédit en France aux XIIIe et XIVe siècles*, dans *Rapporti culturali ed economici fra Italia e Francia nei secoli, dal XIV al XVI. Atti del Colloquio italo-francese, Roma, 1978* (Roma, 1980, pp. 7-33); et Jean Schneider, *Les Lombards en Lorraine,* dans *Annuaire de la Société d'histoire et d'archéologie de la Lorraine,* t. LXXIX, 1980, pp. 65-98.
128. Relevé des dettes du comte au 15 septembre 1290: à Bosone Anguissola, alors associé des Scotti, 2005 l. 6 s. 8 d., pour l'ost de Zélande, à payer à la Chandeleur 1291 (Bigwood, *op. cit.,* p. 293). Voir aussi le 14 octobre 1293, l'emprunt fait, sous la garantie du comte de Flandre, par le chevalier Guillaume sire de Fieules à Guido Cavazzola, Bonifacio Landi et Matteo Bracciforte pour la compagnie des Cavazzola, de 1407 l. prov., payable à Paris à Noel (*ibid.,* p. 163). Le 4 février 1314, emprunt du comte Robert à Rinaldo Gherardi, de la société des Rustigazzi: 1106 l. 11 s. forte monnaie, que la ville de Gand devait payer au compte le 24 juin (*ibid.,* p. 73).
129. Emprunt de 2000 livres provinois par Robert II d'Artois à la société d'Alberto Scotti le 23 juin 1293 (160 livres sont remboursées le 23 décembre à Fulcone « de Rokevile » de cette société); nouvelle avance de 552 l. 10 s. t. En juin 1296, endettement du comte envers les Scotti: 1000 l. t. (*ibid.,* p. 76).
130. Prêt au duc Eudes IV en 1337: 2038 l. 13 s., par les Anguissola, et 3095 l. par les Dolzani (A. Roserot, *Dictionnaire historique de la Champagne méridionale,* t. I, v. Bar-sur-Aube, p. 96); cf. dette du duc envers les Anguissola en juillet 1318 (Henri Dubois, *Les foires de Chalon-sur-Saône,* 1970, p. 28, d'après le « Mémorial », p. XXI). Déjà en 1273 et 1280 les comptes du duc Robert II éclairent l'activité du Placentin Oberto Bracciforte: « Il réglait les dépenses du duc et se remboursait sur ses recettes. Ceux de ses arrêts de comptes qui ont survécu portent sur un total de plus de 65000 livres t. » (*ibid.,* p. 32).
131. A Charles de Valois, pour achat de chevaux, 452 l. par., le 9 novembre 1323 (*Journaux du trésor de Charles IV,* éd. J. Viard, n. 4033).
132. Emprunt du comte Edouard Ier à la société des Anguissola le 3 septembre 1322 à la foire Saint-Jean de Troyes: 187 l. 10 s. t., jusqu'à la foire Anguissola 250 l. t.; à Troyes, aux Dolzani, 200; à Bar le 25 avril 1325, aux Dolzani 300 l. et 200 à Gazaroto: G. Naud, *Le comte de Bar client en foires de Champagne de 1322 à 1328,* dans *Annales de l'Es,* 5e s., 19,3, 1967, pp. 217-251.
133. En décembre 1328, pour se libérer des sommes qu'il devait aux Anguissola (sans doute du temps où il n'était encore que comte de Valois), Philippe VI leur cède des maisons à Provins, estimées 300 l. t., puis deux autres à Troyes ayant appartenu à Pierre Remy (Arch. nat., II 65 B, n. 66, fol. 15 v., et n. 142, fol. 36 v.; cf. *Inventaire des registres du Trésor des chartes. Règne de Philippe VI,* par A. Vallee, t. I, n. 355 et 431).
134. Emprunt aux Anguissola en 1329: 775 l. 12 s. p. (Bigwood, p. 73).
135. Emprunt de la ville de Gand au Anguissola et aux Faletti d'Asti, à Paris en quatre fois (N. de Pauw, *Comptes de la ville de Gand, 1325-1326,* p. 405).
136. Bigwood, p. 118 et 292; en 1308, Gandoulfe d'Arcelles donne procuration à Guelfo d'Amico pour recouvrer la dette d'Alost.
137. Arrêt des comptes des dettes du comte de Hainaut Jean d'Avesnes pour 1308-1311: à Fulcone Dolzano, 1092 l. t. (Bigwood, p. 62).
137 bis. Charles IV en juin 1324 procède à la liquidation de la dette qu'il avait contractée en 1317, quand il n'etait encore que comte de la Marche, envers « Halegrun de Belin », changeur aux foires Champagne: la dette portait sur 1200 livres parisis « par lettres » et 800 livres « comptant »; nous devons voir là l'intérêt. Le roi rembourse, en fait, aux heritiers du créancier par une remise de la composition a lui due (*Journaux du trésor de Charles IV,* n. 3438).
138. G. Naud, *op. cit.,* pp. 235-237.
139. Pour l'emprunt signalé ci-dessus (note 135), les sommes reçues ont été successivement de 4166 florins soit 2677 l. 16 s. 4 d. par., de 1849 l. 14 s. 10 d., de 866 l. 13 s. 4 d. et de 914 l. 6 s. 3 d., et les reconnaissance furent respectivement de 3000, 2000 et deux fois 1000 l. par.

140. Anne TERROINE, *Gandoulfe d'Arcelles et les compagnies placentines à Paris (fin du XIIIe siècle)*, dans *Annales d'histoire sociale*, XII-VIII, 1945, pp. 35-74.
141. Par exemple: en mai 1294, les gardes des foires de Champagne condamnent Jean de Busancy à payer ses dettes envers les marchands de Plaisance, soit 72 livres à Alberto di Torano, 93 à Enrico et Algerino Bellini, 24 à Nicolò Anguissola et 24 à Giacomo Dolzano; pour les payer, il vend à l'abbaye de Clairvaux tout le droit que sa femme Hélissent avait sur les Halles de Douai à Bar-sur-Aube, en la grand rue, pour 150 l. p. (Arch. dép. Aube, 3 H 972); Giocomino de Verano, pour lui et pour « Boussart » et Manuel ses frères, changeurs de Plaisance aux foires de Champagne, font abandon à l'Hôpital Saint-Antoine de tous les droits qu'ils ont sur les Halles de Châlons à Troyes en raison des 1200 livres petits tournois à eux dues par Philippe de Bouranton, écuyer, celui-ci les ayant vendus aux frères de Saint-Antoine; ils font également abandon de leurs droits sur le tiers du quart de l'Hôtel des marchands d'Abbeville et d'Amiens, la maison sire G. de Nivelle et le tonlieu des toiles de Lorraine et de Bourgogne, le débiteur les ayant également vendus pour se libérer (déc. 1295 et janv. 1297 n. st.: Arch. nat., S 4960 n. 10 — ex S 4964 A, 31 — et n. 12); vente aux enchères par le prévôt de Ferrières-en-Gâtinais de la maison de Jean le Ragne en cette localité, sur mandement des gardes des foires, pour 20 l. petits tournois, en vue du paiement d'une dette de 55 livres envers Galvano Anguissola et ses fils Riccardo et Bernardo (dans une lettre d'homologation des gardes des foires, avec reçu de la somme par Rufino di Stabile, de Plaisance, facteur des Anguissola; 11 nov. 1312, Arch. nat., S 266 n. 66; vente judiciaire d'immeubles de Pierre du Chastel, écuyer, pour dettes: à Pietro Simone, de Plaisance, marchand de chevaux, 60 l. de tournois petits (juillet 1332, Arch, nat., J 215, n. 4).
Défense des foires prononcée contre la ville de Bruges et ses justiciables jusqu'à ce que le bailli de cette ville ait fait contraindre, comme il en a été requis par le roi, les associés des Battosi de Lucques à payer leur dette de 15000 l. t. à Gherardo Capponi de Plaisance, Arnaud Chauchat de Clermont et autres changeurs et marchands des foires (octobre 1294, Bibl. nat., Coll. Moreau, vol. 503, fol. 252-267 v.); défense des foires ayant été prononcée par les gardes contre l'évêque de Paris et ses justiciables pour le fait de Colart Aubin, de Doullens, qui comme clerc avait été détenu en la prison de l'officialité de Paris, un accord intervient avec Guidotto Figl'Oddoni et les compagnies des Capponi, des Guadagnabene, des Rustigazzi et des Scotti, après que l'évêque a donné 100 l. de caution (oct. 1302: *Cartulaire de l'église de Paris*, éd. B. GUERARD, t. III, n. 27, pp. 18-19).
Arrêt ordonnant l'éxécution d'une sentence des Grands Jours de Troyes confirmant un jugement des gardes des foires condamnant Jean Christo à payer à Bernardo Anguissola une dette de 933 l. 14 s. t. (Arch. nat., X[1a] 4: Olim IV, fol. 191; cf. Ed. BOUTARIC, n. 3855; éd. BEUGNOT, p. 575 et 615: 29 avril 1310 et sept. 1311).
142. Arch. nat., X[1a] 5, Jugés, I, fol. 210 v.; cf. Ed. BOUTARIC, n. 6817: 15 mai 132): à ce titre les Anguissola devaient payer 77 l. et les Dolzani 48; les Faletti d'Asti, qui avaient renoncé au procès, 16).
143. Bibl. nat., Mss. latins 9258.
144. J.-P. BEAUMONT (*supra*, note 33) a étudié la constitution de ce patrimoine foncier dont il a dressé la carte.
145. Cf. *supra*, note 34.
146. Arch. nat. KK 283. Voir A. TERROINE, *op. cit.*, pp. 45-48.
147. *Ibid.*, MM 895, n. 90. Ces Placentins étaient: Bernardo Anguissola, Vicedomino di Fontana, Me Alberto Medico, Giacomo Ratti, Giovanni « Bousart », Giovanni « de Menan », Albertino di Cario, Antonio Cuccherla, Gregorio di Bonifacio et Giacomino son frère, Franceschino « Bigle », Pietrocino Mancassola, Salvino di Fiorencio, Dondacchino Diani, Gabriele di Thorano, Baldotto Barelli, Michele della Porta et Alberto « baratier ».
148. *Journaux de Trésor de Charles IV*, éd. J. VIARD, *passim*. Ont payé pour la « finance des Lombards » en 1325, par ordre d'importance décroissante: Giacomo Gazaroto (800 l.), Pietro Simoni (400), Pietro et Federico della Rocchetta, Milone Simoni (240), Giovanni « de Maignen » et ass., Ricciardo di Fontana, feu Simone Testa (160 l.), Ottolino Palestrelli (120), Alberto del Banco, Manfredo di Mezzano et Rinaldo Cupalata, Petruccio Anguissola (80), Gabriele de Fornaccia (24), Grimerio Vicedomini (15). En 1323, pour des « dons » au roi s'y ajoutaient notamment Cata-

lino Dolzani (500 l.), Bartolomeo « Damoros » del fù Arnaldo, Guglielmo et Daniele Ermizone (100), Guglielmo et Nicolino Capponi (100 flor.), Ysaldino Dolzani (80 l.), Giacomo Filiciani (20).

149. Vito Vitale avait constitué aux Archives de l'Ospizio civico des dossiers sur les prêts de ces personnages et sur les quittances délivrées ensuite après restitution des usures à leurs anciens débiteur ou leurs héritiers. (Dossier: Mercanti 2, n. 178-273, 380-400, 529-567 et G. Buccapiccina, plus documents épars). Ces documents sont aujourd'hui à leur date à l'A. St. Piac. Le testament de Guglielmo Buccapiccina était du 17 février 1326 n. st. (not. Tommaso Cattaro) et le S. Spirito prit possession de la succession le 2 oct. 1327; voir la lettre du custode des Frères Mineurs de Nice au couvent des Frères Mineurs de Plaisance (Nice, 1 févr. 1327) et certificat de la remise des sommes prévues par le testateur (Nice, 22 septembre 1328). Son cousin Monaco Fulgosi, archiprêtre de Castel'Arquato, héritier ab intestat de Guglielmo, contesta la validité du testament et la répartition de l'actif de la succession sous prétexte que le *de cujus* était *manifestus usurarius* et il revendiqua l'héritage pour lui-même et son neveu Nicolino, alors qu'il n'avait bénéficié que d'un legs de 200 livres. Finalement il renonça à son action, ainsi qu'à cele qu'il avait soulevée à propos de la succession d'Oberto, en déclarant agir pour le salut de son âme (*ibid.*, 2 déc. 1339).

150. De très nombreuses restitutions d'usures sont, les unes, prescrites par l'autorité religieuse, les autres, prévues dans le testament du prêteur; elles apparaissent tant dans les registres des notaires de Plaisance que dans le fond des « Pergamene ». Ainsi, entre tant d'autres exemples: 19 octobre 1307, Marchixio del fú ser Ghislerio Anguissola restituera jusqu'à 200 livres d'usures (A. St. Piac., not. Michele de' Mussi, cart. 1, reg. 1, fol. 7 v°); de même, 17 juillet 1326, Oberto Buffa (*ibid.*, not. Gabriele de' Mussi, cart. 3, reg. 1, fol. 33).

151. Enquête du sénéchal de Beaucaire adressée au chambrier du roi, sur la pratique de l'usure sous couvert de commerce par des marchands toscans et lombards vivant à Nimes sous le régime des « conventions royaux » (Arch. nat. J 335, n. 14). Sur ce document, cf. R.-H. BAUTIER, *Les Lombards et les problèmes du crédit en France aux XIIIe et XIVe siècles,* dans *Rapporti culturali ed economici fra Italia e Francia nei secoli, dal XIV al XVI. Atti del Colloquio italo-francese, Roma, febbr. 1978* (Roma, Giunta centrale per gli studi storici, 1979, p. 7-32), p. 21-22.

152. Voir mon article: *Soudoyers d'Outremont à Plaisance, leur origine géographique et le mécanisme de leurs opérations (1293-1330),* dans *Actes du 101e Congrès national des sociétés savantes,* Lille, 1976 (Section de philologie et d'histoire): *Guerre et paix au Moyen Age* [Paris, 1978], pp. 95-129.

153. Sur la politique répressive de la royauté française, voir mon article cité *supra* note 151. Pour tout ce qui suit, outre cet article, nous nous permettons de renvoyer à l'édition du dossier que nous avons préparée et qui réunit l'ensemble des documents subsistants, enquêtes et comptes.

154. Cf. *Journaux du Trésor de Charles IV*, publiés par Jules VIARD, Paris, 1917 (Collection de documents inédits); voir note précédente et *supra* note 148.

155. Bibl. nat., mss. fr. 6739.

156. Cf. *supra*, p. 194.

157. Le 27 août 1294, à Nicosie est passé le contrat de mariage du Placentin Giuseppe Quattrocchi avec Caterina, fille d'Ing. Belle, de Gênes; il reçoit d'elle 800 besants sarrasinois d'or au poids du royaume de Jérusalem et lui constitue un douaire de la même somme sur l'ensemble de ses biens; parmi les témoins, un Pisan (Giunta del fù Buono Coltorto) et deux « femmes d'Acre » Héloïse et Marquise avec Guillaume le Sueur (A. St. Piac., Perg., ex Osp. civ., Perg. Mercanti 2, n. 23); le 12 septembre 1310 à Nicosie sont témoins de la démission du précepteur de Saint-Thomas des Anglais au diocèse de Limassol, deux marchands de Plaisance, Uguccio Cantarelli et Simone dell'Andito (Arch. Vaticano, Instr. miscellanea 510). Les Placentins garderont des liens avec Chypre: le 20 sept. 1362, un Génois habitant Famagouste reçoit du Placentin Oberto di Tuna, habitant cette place, en *comanda* 500 besants blancs de Chypre, investis en 20 sacs de coton de Hama, chargé sur une *cocca* d'Ancône, à aller négocier au quart profit à Ancône, dans les Marches ou en Pouille (A. St. Piac., Perg., ex Osp. civ., Perg. Mercanti 2, n. 111). On retrouve ce même Oberto, comme exécu-

teur testamentaire d'Aimerico Trigri, donnant à Quilico di Gualterio, lui-même exécuteur testamentaire de Leonardo di Gualterio, quittance mutuelle de ce que les deux défunts se devaient mutuellement (19 sept. 1363, *Ibid.*, n. 27).

158. Cf. Michel BALARD, *Gênes et l'Outremer I. Les actes de Caffa du notaire Lamberto di Sambuceto, 1289-1290* (Paris, 1973. Ecole pratique des Hautes Etudes, VIe Section. Documents, recherches, XII), passim. Il s'agit, semble-t-il, d'une colonie stable de gens modestes. Ugolino *ferrarius* de Plaisance vend une maison sise à Solgat ainsi que du bois et une grange, pour 2100 aspres baricats le 1er novembre 1289 (n. 369, 370), et il épouse le 14 (*ibid.*, n. 385) à Caffa une Russe (Franceschina, « de projenie rubea ») qui lui apporte une dot de 3000 aspres, lui-même lui constituant un douaire de la même somme. Sans doute est-ce lui aussi qui possède une maison à Caffa (n. 737) et que Bonino di Guercio charge de s'occuper de l'ensemble de ses affaires en Garazie (12 aoû 1290 - n. 894). Le boulanger Armanno de Plaisance apparait dans divers actes (n. 483, 867-870) etc. Au milieu du XIVe siècle, la colonie placentine parait plus importante. Les 18 et 19 janvier 1347 Giacobino « de Cuiarone », épicier, del fù Paolo, de Plaisance, rédige deux codicilles à son testament; ses exécuteurs testamentaires sont son médecin Giacobino de Montecanino et l'épicier de Plaisance Giacomo degl' Oliari. Parmi les témoins, Oberto del Furon, Janoto Guasco et Paolino, de Plaisance, et il est précisé par un codicille spécial que les 27 florins d'or qu'il a envoyés à Plaisance l'année précédente sont aux filles de feu Bertolino di Aimone, épicier, son cognat (A. St. Piac., *ibid.*, n. 360). Toujours à Caffa le 19 février 1347, dans la boutique de Giacobino degl' Oliari — que nous venons de voir mentionné — Oberto di Pasamonte, de Plaisance, fait son testament. Il élit sépulture en l'église San Francesco, près de l'autel de la Vierge qu'il a fait élever, et il fixe des legs à des églises de Caffa, de Cembalo, de Soldaia et de « Carasu » (Medjidi), preuve de ses relations d'affaires avec ces places; parmi les legs à sa famille, on peut noter ceux qui se rapportent à ses parents de Pontenuri, en ligne paternelle; parmi les témoins, de Plaisance, un tailleur (Janoto Guasco) et un fèvre (Giacomo Armanno), (*Ibid.*, n. 362). Le 7 janvier 1362, c'est à Caffa le testament de Giovanni Rondana, fils de Gherardo, de Plaisance qui se fait enterrer chez les Dominicains et lègue tous ses biens à Caffa aux deux enfants nés de sa « legitima concubina » et ses biens à Plaisance par moitié à ses enfants et au Santo Spirito, en prescrivant d'en placer tous les revenus dans une boutique au mieux des intérêts des mineurs (*ibid.*, n. 110). Le 30 août 1362, Filippo Palela, del fù Arduino, de Plaisance, teste en sa maison à Caffa; une fois encore les témoins sont des Placentins; l'année suivante, le 5 juillet, le procureur de la confrérie du Santo Spirito de Plaisance donne quittance à l'exécuteur testamentaire du défunt, l'épicier Michel de Olivis, de 27 « summi » d'argent au poids de Caffa, sur les 30 qui avaient été légués à son établissement (*ibid.*, n. 108-109).

159. A La Tana, le 14 octobre 1307, le Placentin Oberto di Pasamonte (déjà cité à Caffa à la note précédente) reçoit en *comanda* d'Obertino di Portemiglio de Plaisance 1700 aspres de Tana, investies en leurs marchandises communes, à porter à mi-profit dans les mêmes conditions que lors des affaires précédentes (*ibid.*, n. 25).

160. A Péra le 28 mai 1331, Jacopino de' Fabri del fù Gherardo, de Plaisance, frère utérin et héritier par moitié ab intestat de Francesco Moraschi de Plaisance, donne reçu à l'exécuteur testamentaire de celui-ci, Giovanni Balbo, de Plaisance, pour la moitié des biens du défunt, tant à *Trébizonde* où il est mort qu'à Péra (*ibid.*, n. 26). A Péra, le 8 avril 1334, le barbier Guidoto Cario donne procuration générale au Placentin Giovanni Balbo, pour dix ans, indice d'un projet de voyage lointain et à long terme (*ibid.*, Mercanti I, n. 37). Autre procuration générale pour deux ans au même par un autre Placentin Federico « Camneum », dans la boutique d'un épicier (Me Niccolo de « Mulacco ») et en présence de deux témoins de Plaisance (*ibid.*, n. 38). Encore le 28 mai 1399, Oberto de' Videlli, de Plaisance, fils de Gregorio, donne reçu à Bonifacio di Mezzano, de Plaisance, pour 200 hyperpères d'or qu'il reçoit en « accomendacio », investis dans leurs affaires communes, pour en « naviguer » au mieux (*ibid.*, n. 48).

161. A Trébizonde, sous la loge, le 3 février 1331, Giovanni de' Baldi de Plaisance (voir note précédente) et Francesco di Rivo se donnent mutuelle quittance (*ibid.*, n. 39). La famille de Balbo s'était fixée à Trébizonde: le 2 mai 1335, la veuve de Perraccio Balbi, son fils et son frère Basso Balbo abandonnaient à leur fils et frère

tout l'argent et marchandises qui se trouvaient leur appartenir à Plaisance; les témoins sont de Plaisance Nicolino di Vicomarino, Tomasino et Leonardo degli Figl'Agadi et Francesco Burgaro (*ibid.*, n. 40). Le 18 décembre 1338, Dondazo Coppola, del fù Manuele, de Plaisance, reçoit de Bonifacio di Mezzano 212 besants et 4 aspres d'or de *Tabriz* en *accomendacio*, à commercer avec les siens propres, au tiers du profit (*ibid.*, n. 49).

162. Bartolomeo di Lando del fù Isembaldo et Francesco di Mezzano del fù Guglielmo, tous deux de Plaisance, indépendamment l'un de l'autre ou solidairement, vendent 50 puis 30 cantars de miel de Zagora, Bartolomeo donnant en gage une maison et une esclave; Bartolomeo achète du vin pour 3031 aspres d'argent et il est témoin d'une vente de vin destiné à Constantinople; Francesco achète pour son propre frère Oberto à un Tartare une esclave tartare de 22 ans pour le prix de trois « summi » et 38 aspres d'argent (Geo Pistarino, *Notai genovesi in Oltremare: Atti rogati a Chilia da Antonio di Ponzo, 1360-1361*, in *Collana storica dell'Oltremare ligure*, 1, 1971, actes n. 5, 10, 23, 42-43, 61); Giacomo Saladino de' Vicedomini, de Plaisance, habitant Kilia, est témoin de plusieurs actes: change maritime sur Péra, vente de 10 cantars de cire, vente d'esclave à un habitant de Péra (*ibid.*, n. 13, 78, 85).

163. Change maritime de besants remis à Tabriz par le Génois Turchio Lercari au drapier de Plaisance Oberto del fù Giacomo, de Pontenuri, lequel paiera à trois mois à Gênes 197 l. 12 s. 6 d. gén. sur gage de 4 *pondi* de poivre à conduire de Tabriz à Gênes, 17 décembre 1311 (A. St. Piac., ex Osp. civ., Perg. Mercanti, n. 12); Procuration donnée par le drapier de Plaisance Pietro Buccapiccina, habitant Tabriz, pour liquider la succession de son père, 28 oct. 1328 (*ibid.*, n. 106). Autre procuration dressée à Tabriz en présence de l'évêque par Pietro Buccapiccina del fù Guglielmo pour liquider la succession de son père en faveur de la confrérie du Santo Spirito, les témoins étant tous de Plaisance: Antonio di Bonifacio del fù Oberto, le notaire Giovanni Cabrit, Lucchino Malraso et Gioannino di Ghisulfo Tommasi (*ibid.*, n. 107).

164. M. Balard, *Les Génois en Asie centrale et en Extrême Orient au XIVe siècle. Un cas exceptionnel?*, dans *Mélanges offerts à Edouard Perroy. Economies et sociétés au Moyen Age*, p. 687 (d'après A. St. Gen., not. Tommaso Casanova [230], 1343, 2, fol. 246).

165. Cf. *supra*, note 163.

166. A. St. Piac., Perg. ex Osp. civ., Perg. Mercanti 2, n. 60.

167. *Ibid.*, Mercanti 2, n. 158. Un autre membre de la famille était également pelletier, Lorenzo Torselli, qui à Gênes le 15 décembre 1313 donnait commission aux deux consuls des marchands de Plaisance à Gênes, ser Giovanni Ardizone et Bosone Anguissola, de régler par arbitrage un conflit que comme procureur de la famille Mezzano, il avait avec les Compromoldi (*ibid.*, ex dossier Commercio).

168. *Ibid.*, ex Mercanti 2, n. 59.

A l'extrême fin du XIIIe siècle, Majorque parait bien avoir été une plaque tournante du commerce génois et placentin, mais on l'atteignait par l'intermédiaire de Marseille et d'Aiguesmortes. On possède, en effet, établi le 3 septembre 1296, un état des marchandises chargées par le marseillais Guillem Franc sur sa galée pour le compte de divers marchands depuis 1289. On y voit les Placentins Leonardo della Porta et Gherardo Orseto transporter de Marseille et d'Aiguesmortes sur Majorque des sportes de poivre, Giovanni Siccamelica (que nous retrouverons à Séville), de la laque et de la porcelaine, les Borrini de la laque et du poivre, toutes marchandises venant donc de l'Orient méditerranéen. Inversement de Majorque sur Aiguesmortes et Marseille, les Guadagnabene font venir des cuirs de boeuf, des balles d'anis, des *pondi* de *grana*, de la cire, Alberto di Fontana, 7 pondi de cire et Giorgio Sarraceni de la cire et 5 pondi de *grana*, toutes marchandises qui visiblement proviennent de la péninsule hispanique (Blancard, *Documents inédits sur le commerce de Marseille*, *op. cit.*, t. II, IV, n. 92).

169. R. Doehaerd, *Relations commerciales entre Gênes, la Belgique et l'Outremont*, *op. cit.*, t. III, n. 1666, 1667 et 1668, pp. 980-983.

170. Procuration du 13 septembre 1303 insérée, avec une autre du 4 février 1304, dans un acte passé à Séville le 31 octobre 1304 (A. St. Piac., Perg., ex Osp. civ., Perg. Mercanti 2, n. 132).

171. Sur ces étoffes de luxe, cf. R.-H. Bautier, *La place de la draperie brabançonne et plus particulièrement bruxelloise dans l'industrie textile du Moyen Age*, dans *Annuaire de la Société royale d'archéologie de Bruxelles. Volume jubilaire*, 1962, pp. 31-36.
172. Acte cité à la note 170.
173. Procuration passée à Bruges le 13 février 1307, à Majorque le 1er février, et insérées le 9 avril de cette année dans un reçu délivré à Plaisance (A. St. Piac., Perg.).
Sur les relations maritimes entre Gêne et la Flandre, le travail classique demeure Renée Doehaerd, *Les galères génoises dans la Manche et dans la Mer du Nord à la fin du XIIIe siècle et au début du XIVe*, dans *Bulletin de l'Institut historique belge de Rome*, XIX, 1938, pp. 1-76 (qui fixe à 1277 les premiers voyages occasionnels et à la décennie 1310-1320) le debut des relations vraiment régulières (cf. R. Cessi, *Le relazioni commerciali tra Venezia e le Fiandre nel sec. XIV*, in *Nuovo Archivio Veneto*, N. s., XXVII, 1914, pp. 5-116).
174. En octobre 1304, Pagano de Mirabello, qui se dit notaire impérial, passe l'acte mentionné ci-dessus pour les Placentins, il était depuis peu à Séville puisque les deux procurations qu'il insère, dont une de février, étaient encore passées par un autre notaire, Stefano Ferrandi. Mais le 22 avril 1320, quand il passe une procuration de Giacomino Siccamilica à son frère Filippo Siccamilica del fù ser Oberto del fù ser Giannaccio, il se dit notaire impérial, notaire du consulat des Génois (A. St. Piac., not. 3: Tommaso Cattaro, cart. 3, fragm. de cahier, fol. 2). Le 13 mars 1325, quand il passe un acte en la maison de l'écolâtre de Séville Carbone de Montelupone, par lequel Nicolino de « Mazinassio » et Francesco son frère, « marchands de Plaisance habitant Séville » donnent procuration pour qu'on gère toute leurs affaire à Plaisance, il est dit « notaire public impérial et maintenant notaire du consulat des Génois » (A. St. Piac., Perg., ex Osp. civ., Perg. Mercanti 2. n. 378).
175. Testament de Pietro Ottonello, marchand de Plaisance, 12 février 1349 (*ibid.*, n. 149).
176. Cf. *supra* note 173.
177. A. St. Piac., Perg., ex Osp. civ., Perg. Mercanti 2, n. 152.
178. Antonio Collantes de Teran Sanches, *Sevilla en la Baja Edad Media. La ciudad y sus hombres*, Sevilla, 1984, p. 217.
179. Document cité *supra* note 152. Soulignons au passage que Pietro Passacaldiera, témoin de cet acte de Séville, était fils de feu Oberto Passacaldiera; or en 1357 ce dernier était à Bruges et agissait en qualité d'exécuteur testamentaire d'un défunt; l'un des témoins était un Siccamilica: la liaison Séville-Bruges est une fois de plus évidente.
180. 2 sept. 1381, à Séville, dans la maison de ser Giovanni di Aquanigra, marchand de Plaisance: procuration générale donnée par Lodovico Enverardo del fù ser Rubaldo, marchand de Plaisance, aux marchands placentins, absents, Giovanni et Antonio di Burla; témoins: Giovanni di Aquanigra del fù ser Paolo, Niccolo di Gloria, del fù Francesco, Giacomo di Brilengnio (?) et Pietro Siccamilica del fù Roberto, tous marchands de Plaisance (A. St. Piac., Perg., ex Osp. civ., Perg., doss. Commercio).
181. 9 juin 1383: testament de Nicolino « de Quero » (= di Cario) (*ibid.*, Mercanti n. 15).
182. Léone Liagre de Sturler, *Les relations commerciales entre Gênes la Belgique et l'Outremont d'après les archives notariales génoises* (1320 - 1400), dans *Etudes d'histoire économique et sociale publiées par l'Institut historique belge de Rome*, t. VIII, t. II, Bruxelles-Rome, 1969, n. 581.
183. Testament dressé à Séville le 14 mars 1401 de Giovanni della Castellana, cité dans l'acte de remise d'un legs, à Plaisance de 17 mars 1402 (A. St. Piac., Perg., ex Osp. civ., Perg. Mercanti 2, n. 343). Ce Giovanni della Castellana apparait dans divers actes: notamment le 24 avril 1392, c'est de ses deniers que son associé Giovanni Balbi dit Ballesterio, drapier, paie Giovanni Mancassola, de Plaisance; il avait alors dans leur commune société 1500 florins d'or (*ibid.*, n. 96).
184. A. Collantes de Teran, *op. cit.*, p. 217. On a mis cette récession des marchands avec la décision de l'archevêque Gonzalo de Mena d'expulser les marchands qui encombraient les abords de la cathédrale et d'entourer celle-ci de chaines accrochées à de hautes bornes de marbre, qui subsistent encore (cf. Diego Ortiz de

ZUÑIGA, *Anales eclesiásticas y seculares de... Sevilla*, t. II, 1975, pp. 249-250).
185. Par son testament du 5 août 1320, Rinaldo Zanardo, chevalier, ordonne la restitution des usures et *male ablata* qu'il à exigées à Bordeaux et en Gascogne jusqu'à 1000 florins d'or, le remboursement devant se faire à raison de 200 par an pendant cinq ans (A. St. Piac., not. 4, Gabriele de' Mussi, Testamenti, fol. 55; nouveau testament, 14 décembre 1323, fol. 74 v.).
Gandolfino Cupalata et sa femme, fille de Giovanni Gregorio de Plaisance, donnent procuration pour recouvrer des créances à Bordeaux et en Gascogne, 7 août 1326 (*ibid.*, même notaire, cart. 3, reg. 1, fol. 35); Oberto de Cario et son frère Guglielmo, ainsi que leurs femmes, promettent payer 100 florins d'or en Gascogne, à leur père Giacomo, pour change reçu à Plaisance, 6 nov. 1326 (*ibid.*, fol. 53).
Ce même Obertino di Cario fait payer à la femme de Giovanni Malvicini di Fontana 104 l. 3 s. plac. pour la créance qu'il a recouvrée en son nom à Bordeaux par l'intermédiaire de Giovanni di Lando, 7 mai 1328 (*ibid.*, cart. 3, reg. 2, fol. 13 v.).
186. Acte du 16 septembre 1340: le change sur la Normandie est assuré par un groupe de marchands de Plaisance: Oberto Bergognone del fù ser Oberto, Guglielmo Calvo del fù ser Gabriele, Niccolo Gariverto del fù ser Palmiero et Opicino del Prete del fù ser Pietro (A. St. Piac., Perg., ex Osp. civ., Perg. Mercanti 2, n. 94).
187. 7 avril 1359 (*ibid.*, Mercanti I, n. 17).
188. 14 janvier 1361, en la maison de Nicolino di Bubbiano. Procuration générale donnée par Franceschino de' Bianchi del fù ser Oberto, à son frère, Lodovico, absent; témoins: outre Nicolino et Bartolino di Bubbiano del fù ser Giovanni, Vicenzo Cupalata del fù ser Giovanni, Pietro Gariberto et Surdo di Gabriele, le notaire était Bartolomeo Bozollano, de Plaisance (*ibid.*, Mercanti 2, n. 3).
189. 16 novembre 1363. Parmi les témoins étaient Pietro di Burla, Andreà di Gazo, Ruggero de' Medi de Milan, Giovanni Fangos, Odiardo di Mezzano, Armanno Terramoto, Gherardo di Cornegliano, Giacomo di Mezzano, Giacomino di Mezzano, Giacomo di Pigazano, Bartolomeo di Pino, tours marchands de Plaisance, indice de l'importance de cette colonie placentine (*ibid.*, Mercanti 2, n. 151).
190. 12 septembre 1365 (*ibid.*, dossier Commercio). Les exécuteurs testamentaires étaient ser Gasparo Leccacorvo, beau-frère du de cujus, Gabriele di Aquanigra del fù ser Paolo et Lorenzo Bracciforte, de Plaisance. Les marchands désignés par le Consorzio furent: Dionisio di Bonifacio et Gualdo Corbolino.
191. 26 juin 1366 (*ibid.*, Mercanti, n. 24). Les marchands placentins présents à Lisbonne à cette publication étaient: Manfredo Gazanna di Fontana, Andriolo di Gazo et Andreà di Nicelli del fù ser Castello.
192. Signalons encore la revendication faite à Lisbonne le 15 juin 1375 par Lodovico Enverardo del fù ser Tebaldo, marchand de Plaisance, de la succession ab intestat de son neveu Albertino del fù Bartolomeo Enverardo; trois marchands de Plaisance étaient présents, Guelfo d'Amico di Oberto, Colmido de' Banchi et Giovanni de Strincani (*ibid.*, Mercanti 2, n. 153).
193. 27 mai 1399 et 14 février 1400 (*ibid.*, Mercanti 2, n. 139 et 122).
194. Testament connu par le reçu donné par la ville de Bruges, le 30 août 1420, pour les legs faits par le défunt (12 livres de gros pour Notre-Dame, 20 francs pour les Chartreux hors les murs, 20 francs pour les Prêcheurs, autant pour les Carmes et pour les Franciscains, ainsi que de menus legs pour sa sépulture et les services religieux (*ibid.*, Mercanti 2, n. 103).
195. 30 août 1420 (*ibid.*, Mercanti 2, n. 120-121).
196. *Comanda* du 22 mai 1326 mentionnée dans la quittance du 23 mars 1340; les témoins de celle-ci sont Simone Calvo, Giacomo de Villalonga et Perzivale Figl'Oddoni (*ibid.*, n. 161).
197. Prenons quelques exemples. 6 juillet 1334: à Plaisance, Giacomino Guadagnabene et Oberto Bergognone promettent payer à Francesco Tridapane, marchand de Plaisance, pour lui et son frère et associé Oberto, pour change de 194 livres d'impériaux, 125 florins d'or au 1er août à Bruges; ce délai extrêmement rapide de 26 jours suppose un passage par les foires de Champagne (*ibid.*, n. 340); en fait le paiement n'en a été fait que le 6 septembre à Oberto (quittance: *ibid.*, n. 137). Les témoins à Bruges sont: Uguccio Siccamilica, Giovanni Figl'Oddoni, et l'acte est passé par le notaire génois Tommaso di Struppa. Le 31 mars 1340, est payée à Bruges par Guglielmo Calvo une somme de 62 florins d'or et demi pour un change conclu à Plaisanec le 21 janvier

précédent avec son associé Oberto Bergognone (*ibid.*, n. 145): ici encore le très court délai implique un passage par les foires de Chamagne. En revanche, après le milieu du siècle, l'activité des Placentins de Bruges semble orientée directement sur la péninsule ibérique.

198. Tridapane, de Plaisance, hôtelier à Gênes, 1er décembre 1353 (*ibid.*, n. 359); procuration générale donnée à Malines, en l'hôtel de l'Aigle, par Antonio Tredepani, à son frère Gabriele et à ses neveux, bourgeois de Malines; témoins Giovanni Tredepani et Pietro Nenni de Plaisance, 5 février 1389 (*ibid.*, n. 478). Voir aussi note 197.

199. 18 novembre 1360: procuration générale donnée par Orlandino Bosone, fils et héritier pour un tiers de ser Gabriele son père, à son frère Franceschino; parmi les témoins, Nicolino di Ziano del fù Giacomo, marchand de Plaisance (*ibid.*, n. 493).

200. 3 août 1401: reçu donné par Raffaele di Ziano del fù ser Guglielmo, notaire, de Plaisance — comme procureur de Bartolomeo di Vexola del fù Francesco — à Giovanni di Aglio del fù Rinaldo, de Plaisance, de 230 francs qui étaient dûs pour prêt; témoins, Giacomo Rosso del fù ser Giovanni et Pietro Siccamilica del fù Roberto. (*ibid.*, n. 45).

201. 29 janvier 1418, en la maison du testateur, testament de Giovanni di Bonifacio del fù Dionisio et d'Elena (*ibid.*, n. 156). Un des derniers témoignages relatifs au commerce des draps flamands est le 3 août 1405, à Plaisance, l'inventaire des biens de Bartolomeo Bagaroto del fù ser Lanfranco, par lui légués au Santo Spirito, où se trouve notamment un inventaire des draps de sa draperie: draps de Milan et Côme, mais aussi de Bruges et de Malines, pour 1600 livres plac. (*ibid.*, n. 321).

202. Il ne faut cependant pas oublier que divers Placentins ont réussi leur reconversion en entrant au service du roi. Un bon exemple est celui de Francesco Quattrocchi de Plaisance qui vend pour 150 écus d'or à Obertino Scovaloco tous ses droits sur sa maison de Plaisance le 24 novembre 1349 pour acheter avec lui la ferme de la prévôté de Châtillon-sur-Seine (*ibid.*, n. 162). D'autre part, Pietro Palmieri et Chiarino, sans doute son frère, deviennent respectivement apothicaire du roi et clerc des comptes. Mais la réussite la plus exceptionnelle fut sans doute celle de Giovanni Val di Taro qui devient valet de chambre du roi et l'homme de confiance de Charles V qui lui donne l'administration de ses coffres, c'est-à-dire de ses fonds personnels: il est la souche des Vaudetar grands commis au service de la royauté française.

INDEX DES NOMS PROPRES

On ne trouvera ici qu'un index sélectif des noms géographiques et des noms de personnes cités dans les articles. De nombreuses localités ou personnes citées à une seule reprise ne sont pas retenues.

Les pièces justificatives reproduites à la fin de l'article IV (p.320–327, appendice n° III: actes notariés passés en Orient par des marchands de Plaisance, 1294–1363) étaient accompagnées d'un index (IV, p.327–331), qui n'a pas été repris ici. Dans l'article XI, les noms des soudoyers n'ont généralement pas été pris en compte et seule leur origine a été notée sous le nom de la région (Provence, Rouergue . . .) ou du diocèse lorsque celui-ci était connu.

Lorsque les renvois à un même article sont trop nombreux (en général plus de sept), seul le numéro d'ordre de l'article (en chiffres romains) est indiqué, et non la page d'origine (par ailleurs donnée en chiffres arabes). On ne renvoie aux notes que si elles apportent un développement original par rapport au texte.

Dans le classement des noms géographiques, on n'a pas tenu compte de l'article. Sous certains noms géographiques (ville, province, pays) sont aussi regroupés les renvois génériques à leurs habitants (p.ex. "Génois" sous "Gênes", "Catalans" sous "Catalogne"). On a toutefois conservé tel quel le terme "Lombards" dans son acception d'"Italiens établis à l'étranger". On n'a pas retenu les occurences des mots "France", "Italie", "Méditerranée", "Terre sainte", trop nombreuses pour être significatives.

Les localités aujourd'hui situées en France sont identifiées par leur département, le cas échéant la commune de rattachement, indiqués entre parenthèses; les localités italiennes et espagnoles (citées le cas échéant sous leur forme française courante), par la mention "It.", "Esp." et la province actuelle de rattachement (sauf dans le cas d'un chef-lieu de province); les autres, par le pays actuel. Les cours d'eau sont suivis de la mention: (fl.). Les noms de personnes figurent, le cas échéant, sous le nom familial.

For Product Safety Concerns and Information please contact our EU representative GPSR@taylorandfrancis.com Taylor & Francis Verlag GmbH, Kaufingerstraße 24, 80331 München, Germany